«In deiner Hand meine Zeiten ...»

TVZ

reformiert!

herausgegeben von
Matthias Felder, Magdalene L. Frettlöh,
Frank Mathwig, Matthias Zeindler

Bd. 4 – 2018

Matthias Zeindler, David Plüss (Hg.)

«In deiner Hand meine Zeiten ...»

Das Kirchenjahr – reformierte Perspektiven, ökumenische Akzente

T V Z

Theologischer Verlag Zürich

Gedruckt mit freundlicher Unterstützung des Schweizerischen Evangelischen Kirchenbunds und der Reformierten Kirchen Bern-Jura-Solothurn.

Der Theologische Verlag Zürich wird vom Bundesamt für Kultur mit einem Strukturbeitrag für die Jahre 2016–2018 unterstützt.

Bibliografische Informationen der Deutschen Nationalbibliothek
Die Deutsche Nationalbibliothek verzeichnet diese Publikation in der Deutschen Nationalbibliografie; detaillierte bibliografische Daten sind im Internet über http://dnb.dnb.de abrufbar.

Umschlaggestaltung: Simone Ackermann, Zürich
Umschlagbild: Matthias Käser-Braun, Bern

Druck
Rosch Buch GmbH, Schesslitz

ISBN 978-3-290-17911-3

www.tvz-verlag.ch

Vorwort zur Reihe

Die Schweizer Reformation war die erfolgreichste Reformation sowohl im Blick auf ihre Reichweite als auch auf ihre Nachhaltigkeit. Das Ausrufezeichen hinter «reformiert» hebt den Finger im deutschsprachigen Raum der lutherischen Erbengemeinschaft. Die reformierte Tradition steht für Offenheit gegenüber anderen Konfessionen und Religionsgemeinschaften, für ein kritisch-engagiertes und zugleich aufmerksam-widerständiges Verhältnis gegenüber dem Staat und für einen revisionsfreudigen Gegenwartsbezug ihrer Glaubensinhalte.

Das Ausrufezeichen fällt auf und bekräftigt sichtbar das, worauf es bezogen ist. Ausrufezeichen sind – wie Theodor W. Adorno bemerkt hat – ein Stilmittel des Expressionismus, das zugleich Auflehnung und Ohnmacht signalisiert. Ein Widerspruch wird über- oder zugespitzt – Karl Barths «Nein!» – oder ein Protest als kollektive Bewegung stilisiert – Stéphane Hessels «Empört euch!». Der Strich mit dem Punkt hat Konjunktur in den sozialen Medien als Satzzeichen der ewig Unverstandenen. Das Ausrufezeichen reagiert auf eine gestellte oder unterstellte Frage und versucht die Zweifel zu überspringen, die der Satz selbst nicht auszuräumen vermag. Das Ausrufezeichen nach «reformiert» steht für all das: eine Position, ihre Bekräftigung und den dadurch alsbald provozierten Widerspruch.

Mit dem Ausrufezeichen unterscheiden sich die Reformierten vom Punkt der Lutheraner. Was bei Letzteren zum Abschluss kommt, wird bei den ersten offengehalten. Wer ein Ausrufezeichen setzt, rechnet mit Fragezeichen: mit Nachfragen, Einwänden, Kritik und der Nötigung, noch einmal und immer wieder neu zu beginnen. In diesem Sinn folgen die reformierten Reformatoren dem Humanisten Erasmus, der den Ausdruck *logos* in Johannes 1,1 nicht mit *verbum* «Wort», sondern mit *sermo* «Gespräch/Rede» übersetzte. Reformiertes Bekennen gehört seither in das Gespräch der Kirche über den Glauben und tritt nicht an seine Stelle. Kirche nach reformiertem Verständnis ist entsprechend geistbegabte Kommunikationsgemeinschaft in der Nachfolge ihres Herrn.

Die Geschichte und Gegenwart der reformierten Kirchen und Theologien besteht aus einem Netz solcher Kommunikationsgeschichten. Das machte sie einerseits zum weltweit wirkungsmächtigsten schweizerischen Exportartikel. Andererseits erzeugt dieses Selbstverständnis bis heute ein vielstimmiges Gemurmel, in dem das eigene Wort manchmal untergeht, Missverständnisse und Dissense zum Alltag gehören und der Streit um die Wahrheit zum Dauerbrenner wurde. Die Zumutung, die Debatte nicht abreissen zu lassen oder gar doktrinär abzubrechen, kann so ermüdend werden, wie sie unverzichtbar ist und bleibt.

Die Reihe «reformiert!» greift diese lange Tradition des reformierten Gesprächs auf: zeitgenössisch, herkunftsbewusst, kontrovers, innovativ. Reformiert steht nach dem Verständnis der Herausgebenden für einen lebendigen Streit um die Sache ohne Schlusspunkt, aber mit deutlichem, zur kritischen Reflexion herausforderndem Ausrufezeichen.

Matthias Felder
Magdalene L. Frettlöh
Frank Mathwig
Matthias Zeindler

Bern, im November 2017

Inhalt

Vorwort

Weihnachten, Karfreitag, Ostern, Pfingsten: Die Festzeiten des Kirchenjahrs strukturieren bis heute den Kalender. Und zwar nicht nur den Kirchenkalender, sondern auch die Freizeitagenda. Für manche Kirchenmitglieder sind Weihnachten oder Karfreitag Anlässe für einen Gottesdienstbesuch. Für uns alle signalisieren die Kirchenfeste zusätzliche Freitage und damit Gelegenheiten für Kurzurlaube in wärmeren Weltgegenden, für Oster-Skitouren oder Konzerte. Die Kirchenfeste strukturieren und rhythmisieren auch das bürgerliche Jahr und unterbrechen den Alltagstrott. Und das ist gut so. Auch aus der Sicht religiös Unmusikalischer und kirchlich Distanzierter. Auch wenn Herkunft und Bedeutung einzelner Feste zunehmend in die Vergessenheit absinken und viele Menschen keine Advents- oder Pfingstgottesdienste mehr mitfeiern, so ist doch bei vielen noch immer ein Bewusstsein dafür vorhanden, dass diese Feste einen Sinn in sich bergen und für eine von guten Mächten gefügte und menschenfreundliche Ordnung stehen.

In den folgenden Beiträgen geht es darum, diese Ahnung in ein Wissen zu überführen und sowohl die Grammatik als auch die Semantik der Kirchenfeste in Erinnerung zu rufen, deren Geschichte und Theologie und gegenwärtige Relevanz. Es handelt sich um Arbeiten am kulturellen und religiösen Gedächtnis des Christentums. In früheren Zeiten wurde diese Arbeit auch Katechismus genannt. Das Kirchenjahr fungiert in diesem Band als Struktur eines solchen Katechismus. Die einzelnen Feiertage fokussieren die Erinnerungs-, Reflexions- und Übersetzungsarbeit in Bezug auf die zentralen Inhalte des christlichen Glaubens.

Damit stemmen wir uns gegen einen um sich greifenden Sprachverlust in religiösen Dingen, insbesondere in Bezug auf den eigenen Glauben und die eigene Herkunft.

Dieses Bemühen ist oft beschwerlich, aber auch verheissungsvoll. Wenn es sein Ziel erreicht, befreien uns die wieder gewonnenen Erinnerungsräume, die wiederentdeckte Sprache und Grammatik des Glaubens von der Eindimensionalität der Gegenwart. Die Liquidation von Erinnerung, Zeit und Gedächtnis, welche die bürgerliche Gesellschaft nach Theodor W. Adorno auszeichnet, führt, so der Kulturwissenschaftler Jan Assmann, «zur ‚Eindimensionalität' der modernen Welt, die, ohne Erinnerung, um die andere Dimension der Wirklichkeit verkürzt ist. Diese Kritik [Adornos, Anm. MZ/DP] verweist sehr nachdrücklich auf die kontrapräsentische Funktion des kulturellen Gedächtnisses: die Funktion der Befreiung durch Erinnerung»[1].

Die Reformierten haben ursprünglich kein besonders inniges Verhältnis zum Kirchenjahr. Zwingli und Calvin brachen in ihrer Predigtpraxis mit dem herkömmlichen liturgischen Kalender und stellten auf eine fortlaufende Textauslegung (*lectio continua*) um. Damit sollte, im Sinne des reformatorischen *sola scriptura*, die Souveränität des Bibelwortes aller kirchlichen Tradition gegenüber unterstrichen werden. Der Gottesdienst galt nun als die christliche Feier schlechthin, der von der Kirche definierte Festzyklus rückte entsprechend in den Hintergrund. Diese prinzipielle, theologisch motivierte Festkritik und -sprödigkeit macht bis heute eine Dimension reformierter Konfessionskultur aus.

Mit der vorliegenden Publikation verfolgen die Herausgeber deshalb eine mehrfache Absicht: Angesichts einer fortschreitenden religiösen und kulturellen Amnesie sollen die Herkunft und der Gehalt der kirchlichen Feste vertieft bewusst gemacht werden. Im Besonderen soll sie die kirchlichen Festtage auch einer reformiert geprägten theologischen und konfessionellen Tradition gegenüber plausibilisieren. Dies geschieht auch dadurch, dass einer der Beiträge aus römisch-katholischer Sicht formuliert ist. Und nicht zuletzt geht es darum, mindestens in Ansätzen über das angemessene Feiern der kirchlichen Feste nachzudenken.

Die meisten Beiträge dieses Bandes gehen auf Vorträge im Rahmen einer Ringvorlesung im Frühlingssemester 2014 an der Universität Bern zurück. Sie wurde gemeinsam verantwortet vom Institut für Systematische Theologie der Theologischen Fakultät Bern, dem Schweizerischen Evangelischen Kirchenbund und von den Reformierten Kirchen Bern-Jura-Solothurn. Den beiden Letztgenannten danken die Herausgeber für grosszügige Druckkostenschüsse.

Den Autorinnen und Autoren danken wir dafür, dass sie sich auf die Thematik eingelassen haben. Frank Mathwig danken wir für seine Arbeit am Layout, Lisa Briner vom Theologischen Verlag Zürich für die kompetente Begleitung des Bandes.

Matthias Zeindler — Ostern 2018
David Plüss

1 Assmann, Jan (1999), Das kulturelle Gedächtnis. Schrift, Erinnerung und politische Identität in frühen Hochkulturen, München, 85.

David Plüss

Das Kirchenjahr als Menschenhaus

Einführung

I. Einleitung

Das Kirchenjahr gehört nicht zu den zentralen Themen der systematischen Theologie. Dasselbe gilt für die reformierte Konfession. Die meisten reformierten Kirchen kennen historisch betrachtet kein Kirchenjahr, das über die herausgehobenen Feste und Festzeiten hinaus auch den wöchentlichen Gottesdienst am Sonntag mit einer verbindlichen Ordnung der Perikopen und der liturgischen Farben, der Wochensprüche und der Introituspsalmen bestimmen würde.[2] Wie ist vor diesem Hintergrund das gegenwärtige Interesse am Kirchenjahr zu erklären? Leiden wir Reformierten wieder einmal an der alten *maladie suisse*: leiden wir unter stillem «Heimweh [...] nach den ‹schönen Gottesdiensten› des Katholizismus mit der beneidenswerten Rolle des Priesters am Altar»,[3] wie Karl Barth vor deutschen Pfarrern frotzelte, nach sinnenfrohen, rituellen und festlichen Feiern sonntags und übers Jahr? Anhand von drei kommentierten Vignetten sollen Varianten der Rückkehr des Kirchenjahres in

---

2 Vgl. Bruno Bürki, Gottesdienst im reformierten Kontext: Hans-Christoph Schmidt-Lauber/Michael Meyer-Blanck/Karl-Heinrich Bieritz (Hg.), Handbuch Liturgik. Liturgiewissenschaft in Theologie und Praxis der Kirche, Göttingen ³2003, 160–171; Gregor Etzelmüller, Was geschieht beim Gottesdienst? Eine Bibel und die Vielfalt der Konfessionen, Leipzig 2014, 51–61; Ralph Kunz, Gottesdienst evangelisch reformiert. Liturgik und Liturgie in der Kirche Zwinglis, Zürich 2001. In Kunz' umfangreicher Habilitationsschrift findet sich im Stichwortregister bezeichnenderweise kein Eintrag zum Kirchenjahr.

Weitere Hinweise und Ausführungen zum Kirchenjahr finden sich auf den Websites der Deutschschweizer Liturgiekommission (1.8.2015): http://liturgiekommission.ch/customer/files/II_G03_Lesungen.pdf; http://liturgiekommission.ch/customer/files/II_G_03a_Einige_aktuelle_Perikopenordnungen.pdf; http://liturgiekommission.ch/customer/files/07-01-02_Auswertungsbericht_zur_Umfrage_Textordnungen.pdf; http://liturgiekommission.ch/liturgiekommission/jahreslauf; http://liturgiekommission.ch/customer/files/00-02_Minima_Liturgica.pdf.

3 Karl Barth, Not und Verheissung der christlichen Verkündigung (1922): ders., Das Wort Gottes und die Theologie, München 1924, 99–124 (109).

Gottesdienste reformierter Gemeinden exemplarisch erhoben und diskutiert werden.

Vignette 1

Am Sonntagmorgen im Berner Münster. Nach dem Eingangsspiel der Orgel eröffnet die Pfarrerin den Gottesdienst mit einem trinitarischen Votum und begrüsst dann die Gemeinde mit folgenden Worten: «Seien Sie willkommen zu diesem Gottesdienst im Berner Münster am Sonntag Lätare, dem vierten Sonntag in der Fastenzeit!» Sie übersetzt den Namen des Sonntags und stellt eine Verbindung zum Thema der Predigt her, das wie ein *cantus firmus* auch in den folgenden Gesängen und Gebeten anklingen wird.

Der Hinweis auf den Namen des Sonntags und seinen Ort im Kirchenjahr ist im Berner Münster Tradition. Wie weit diese zurückreicht, lässt sich nur vermuten. Auch in vielen anderen reformierten Gemeinden hört man gelegentlich solche Hinweise. Dies ist allerdings eine neuere Entwicklung. Die meisten reformierten Gottesdienste wurden und werden ohne eine solche Benennung und Verortung eröffnet. Der explizite Kirchenjahresbezug im Sonntagsgottesdienst entspricht, wie erwähnt, weder der Geschichte noch der Theologie reformierten Feierns.

Wie kommt es zu solch einer liturgischen Innovation? Welche Bedeutung kommt ihr zu und welche Funktion? Was feststeht: Die Pfarrerin hat die liturgische Zeitansage nicht selber gewählt, sondern sie übernommen. Schon ihre Vorgänger haben dies so gehalten, und auch ihr Kollege macht es so. Im Münster gehört es sich so. Die explizite kirchenjahreszeitliche Verortung gehört zum Ritual und entspricht dem Stil des Berner Münsters: Die Gottesdienste sollen liturgisch gediegen und feierlich sein. Dazu dient der rituelle Anschluss an die grossen Liturgietraditionen, denen gegenüber sich reformierte Gottesdienste zumeist ausgesprochen spröde ausnehmen.[4] Der Hinweis auf den Sonntag Lätare und seinen Ort in der Passionszeit ist von der Pfarrerin wohl nicht als Katechese gedacht, sondern als rituelle Geste und Sprechakt zu inter-

4 Diese Aussage bezieht sich zunächst auf die reformierten Gottesdienste der Deutschschweiz. Sie stimmt weder für die Reformierten in der Suisse romande noch für die Reformierten in Deutschland, die sich seit langem an der anglikanischen oder an der lutherischen Tradition orientieren bzw. Elemente und Codes derselben in ihre Liturgie übernommen haben. Vgl. dazu Bürki, Gottesdienst (Anm. 1), 166–171. Zu den Gottesdiensten reformierter Kirchen weltweit vgl. Lukas Vischer, Christian Worship in Reformed Churches Past and Present, Cambridge UK 2003.

pretieren. Sie bringt die geheimnisvolle Nomenklatur und Ordnung der mittelalterlichen Liturgie ins Spiel und stellt den aktuellen Gottesdienst in diese hinein. Wer in dieser Weise an alte und bewährte liturgische Ordnungen und Formen anknüpft, tut das wohl auch, um dadurch der eigenen Rolle Kontur zu geben. Er oder sie stellt sich explizit auf die Schultern anderer, vieler anderer, die über die Jahrhunderte dieselbe Aufgabe übernommen haben, in dieselbe Rolle geschlüpft sind. Rituelle Gesten bringen das Feiern in Form und können die Last des pastoralen Amtes auf ein erträgliches Mass reduzieren.

Was aber hört und versteht die Gemeinde, wenn der Gottesdienst so eröffnet wird? Zunächst hat der Hinweis wohl auch für sie eine rituelle Bedeutung. Wenn die kirchenjahreszeitliche Verortung jeden Sonntag erfolgt, gewöhnt die Gemeinde sich daran. Jene gehört dann zum Ritual der Eröffnung und würde vermisst, wenn sie fehlte, unabhängig davon, ob sie verstanden wird oder nicht.[5] Hinzu kommt der Bezug zur *Tradition*, zur «fremden Heimat Liturgie»[6]: Mit dem Hinweis wird eine Türe aufgestossen zu einem geheimnisvollen Raum, der der Feier Bedeutung und Tiefe verleiht. Mit der Tradition kommt eine *Ordnung* ins Spiel, die nicht dem Belieben der Liturgin und auch nicht dem Belieben der Gemeinde oder der Berner Kirche anheimgestellt ist, sondern von weit her kommt. Ich vermute, dass die damit umrissene rituelle und performative Bedeutung des Kirchenjahres sowohl für die Pfarrerin als auch für die Gemeinde von grösserem Gewicht ist als seine Funktion als homiletischer Stichwort- oder Themenlieferant.

Vignette 2

Heiligabend um halb fünf. Eine grosse Menschenmenge – Familien mit kleinen Kindern, aber auch ältere Menschen – hat sich vor dem Hauptportal des Berner Münsters eingefunden und wartet geduldig, um vom feierlich gewandeten Sigristen eingelassen zu werden. Um fünf beginnt die Familienfeier mit dem

---

5 Historisch betrachtet ist dies weder ein typisch reformiertes Phänomen noch Symptom eines spätmodernen Traditionsabbruchs, sondern gilt auch für lutherische Gottesdienste der Vergangenheit. Vgl. Paul Glaue, Art. Kirchenjahr: RGG^2 (1929), Bd. 3, 909–912, 909: «In der Erschliessung des Kirchenjahres und der damit verbundenen Deutung der einzelnen Festtage tritt viel geistreiche Spielerei zutage, von der sich die evangelische Kirche fernhalten sollte und zum grossen Teil auch ferngehalten hat. Die Idee des Kirchenjahres ist ja überhaupt in der evangelischen Gemeinde kaum lebendig.»

6 Vgl. Thomas Klie, Fremde Heimat Liturgie. Ästhetik gottesdienstlicher Stücke, Stuttgart 2009.

Kinderchor des Münsters, mit viel Musik und vielen Kerzen, die den zunächst noch stockdunklen, riesigen Raum langsam erhellen. Die Pfarrerin erzählt die Weihnachtsgeschichte. Die Feier ist schlicht, der Ablauf bekannt, seit Jahren etwa gleich. Wer einen guten Sitzplatz will, muss sich früh aufmachen. Kaum einmal habe ich das Münster so voll besetzt und zugleich so feierlich erlebt wie in diesen Gottesdiensten.

Was zeigt sich hier in Bezug auf das Kirchenjahr?

1. Unsere Kirchen wurden nicht für den Sonntagsgottesdienst gebaut, sondern für den Weihnachtsgottesdienst. Gewiss, auch für Konfirmationsgottesdienste und grosse Trauerfeiern. Aber nicht für den Sonntagsgottesdienst. Wenn an einem gewöhnlichen Sonntagmorgen ein Kirchenraum nur locker besetzt ist, entspricht dies durchaus dem Raumkonzept und volkskirchlicher Normalität, wie sie sich seit 200 Jahren und mehr darstellt. Unsere Kirchen sind für die grossen Feste des Kirchenjahres konzipiert. Sie sind so gebaut, dass diejenigen, die nur einmal im Jahr zur Kirche gehen – oder vielleicht drei- oder fünfmal –, Platz finden und mitfeiern können. Unsere Kirchen sind *Festtagskirchen.*
2. Damit ist auch gesagt, dass die Festtags-Christinnen und -Christen keine defizitäre Beteiligungsform praktizieren, sondern eine, die in der Volkskirche seit langem zur Normalität gehört, die die Volkskirche als solche auszeichnet.[7] Unsere Kirchen und Feierformen sind auf ein Festtagschristentum hin angelegt – stärker noch als auf eine Beteiligung im Wochenrhythmus. Die Volkskirche ist nicht nur «Kasual- und Pastorenkirche»,[8] wie die Bochumer Praktologin Isolde Karle pointierte, sondern auch eine Festtagskirche. Zumindest eine Weihnachtskirche.
3. Dies ist auch für diejenigen so, die am Heiligabend ins Münster strömen. Sie freuen sich darauf, dass auch dieses Mal wieder die Kinder singen, das dunkle Münster durch Kerzen illuminiert und die Weihnachtsgeschichte schön erzählt wird. Sie wünschen, dass alles so bleibt, wie es war: wie im letzten Jahr und die Jahre davor. Die Weihnachtsfeier im Münster – oder wo auch immer – gibt dem zuweilen anstrengenden Familienfest einen rituellen Rahmen, eine stilsichere Form und einen Glaubensinhalt. Dafür brauchen sie und dafür schätzen sie die festzeitlichen Liturgien – ob um

7 Vgl. dazu David Plüss/Matthias Wüthrich/Matthias Zeindler, Perspektiven einer Ekklesiologie der Volkskirche: dies. (Hg.), Ekklesiologie der Volkskirche. Theologische Zugänge in reformierter Perspektive, Zürich 2016, 395–438.

8 Isolde Karle, Volkskirche ist Kasual- und Pastorenkirche?: Deutsches Pfarrerblatt 12/2004, 625–630.

fünf mit den Kindern, um zehn in der Christnacht oder im Weihnachtsgottesdienst mit Abendmahl am Tag darauf.

Vignette 3

In der Karwoche wurden in der Kirche von Münchenbuchsee in den letzten Jahren jeweils sogenannte «Osterspiele» durchgeführt. Exemplarisch schildere ich die Osterfeierlichkeiten von vor wenigen Jahren:

- Am Gründonnerstagabend um acht wurde der Gemeinde die Passionsgeschichte mit einem Schattenspiel vor Augen geführt und anschliessend das Abendmahl gefeiert.
- Der Gottesdienst am Karfreitagmorgen begann in der Kirche. Nach einer kurzen Liturgie zog die Gemeinde mit einem Kreuz durchs Dorf. An verschiedenen Stationen wurden Klagelitaneien gebetet und Lieder angestimmt. Die Feier schloss wiederum in der Kirche mit einer Fürbitte.
- Am Karsamstagabend folgte ein weiteres Schattenspiel mit Szenen aus dem apokryphen Evangelium nach Nikodemus: von Jesus, wie er hinabsteigt ins Totenreich und die Verstorbenen zum Leben befreit. Lieder und Musik begleiteten die Feier.
- Der Ostermorgen beginnt um 6 Uhr, indem die Osterkerze in die noch dunkle Kirche getragen und so die Feier eröffnet wird. Es folgen Taufen von Jugendlichen in einem Holzbottich mit warmem Wasser draussen vor der Kirche und eine daran anschliessende Tauferinnerungsfeier in der Kirche. Die Osterspiele von Münchenbuchsee schlossen mit einem gemeinsamen Frühstück im Kirchgemeindehaus.

Auch dieses Beispiel zeigt eindrücklich: Das Kirchenjahr ist bei den Reformierten keineswegs am Wegbrechen. Die grossen Festzeiten Weihnachten und Ostern werden in vielen Gemeinden sorgfältig und aufwendig, aber auch in grosser Freiheit und Eigenständigkeit gestaltet. Während etwa in der Christkatholischen Kirche die Karwoche den liturgischen Glutkern des ganzen Kirchenjahres darstellt, für den ein eigenes Gebet- und Gesangbuch erstellt worden ist, das sich stark an altkirchlichen Formen orientiert,[9] erfolgen die Rückgriffe auf liturgische Traditionsbestände auf reformierter Seite nicht nur sehr

9 Vgl. Gebet- und Gesangbuch der Christkatholischen Kirche, Bd. II: Heilige Woche – Palmsonntag bis Ostern, hg. vom Bischof und Synodalrat der Christkatholischen Kirche der Schweiz, Allschwil 2008.

unterschiedlich und eklektisch, sondern vor allem so, dass auch kirchendistanzierte und den traditionellen Riten entfremdete Zeitgenossinnen und Zeitgenossen mitsingen und mitbeten, mitfeiern und mitdenken können.

Soweit drei Streiflichter auf das hiesige Kirchenjahr, welche einige Fragen aufwerfen, denen ich mich im Folgenden zuwenden will: Was zeichnet das Kirchenjahr aus? Woher kommt es und wie hat es sich entwickelt? Darum soll es im zweiten Teil gehen. Im dritten Teil folgen eine Systematisierung kirchenjahreszeitlicher Zyklen sowie abschliessende Thesen zur Theologie und Ekklesiologie des Kirchenjahres.

II. Die Geschichte des Kirchenjahres

1. Haus oder Dom

Karl-Heinrich Bieritz hat das Kirchenjahr vor 25 Jahren mit einem Haus verglichen, einem «Haus in der Zeit», das wir nicht selber gebaut haben, sondern das lange vor uns erstellt wurde, das wir aber bewohnen, gestalten und umbauen können – und müssen.[10] Mir gefällt dieses Bild. Alte, ehrwürdige Häuser haben ihren Charme und ihre Tücken, und man ist nie fertig mit ihnen. Sie sind kaum auf Minergiestandard zu bringen. Man muss sie kennen und sie lieben, um in ihnen und mit ihnen gut leben zu können.

In den 1930er Jahren, als das Kirchenjahr in der liturgischen Bewegung wiederentdeckt wurde, war die Metaphorik pathetischer: Das Kirchenjahr ist für Rudolf Spieker

> «ein Dom, an dem die Jahrtausende gebaut haben. Wie am Dom von Chartres oder dem Strassburger Münster die ganze Heilsgeschichte von Melchisedek bis zu Christus und dem jüngsten Gericht, aber auch die Geschichte der Kirche mit ihren Propheten und Aposteln, Heiligen und Märtyrern, Kirchenlehrern, Priestern und Königen dargestellt ist, so spiegelt sich im Kirchenjahr die ganze Geschichte des Heils und seiner Einpflanzung in diese Erdenwelt wieder. Das Kirchenjahr begehen, bedeutet, dass wir die ganze Heilsgeschichte durchschreiten, von der Ankündigung des Heils bis zum Ende aller Dinge.»[11]

10 Karl-Heinrich Bieritz, Ein Haus in der Zeit. Kirchenjahr und weltliches Jahr: ders. (Hg.), Zeichen setzen. Beiträge zu Gottesdienst und Predigt, Stuttgart/Berlin/Köln 1995, 177–187.

11 Rudolf Spieker, Lesung für das Jahr der Kirche, Kassel 1950 (1936), 8f.

Die Begeisterung über diese Entdeckung war in der liturgischen Bewegung gross. Gross auch die Hoffnung, dadurch für Kirche und Christentum wieder einen Stand zu gewinnen in einer Welt, die zunehmend unchristlich wird, aus den Fugen gerät und in Stücke zerfällt. Das Kirchenjahr wurde in diesen politisch und gesellschaftlich unwirtlichen Zeiten zu einer Pathosformel für kirchliche Identitätsbildung. Leider auch für Rückzug und Abschottung, zumindest auf lutherischer Seite.[12]

2. Die Anfänge

Kehren wir zurück zu den Anfängen. Das Christentum hat schon früh Festzeiten bestimmt und Festkalender definiert: Christusfeste, Marienfeste und Märtyrerfeste. Zuerst wurde der *Osterfestkreis* entwickelt, später kam der *Weihnachtsfestkreis* hinzu, jeweils mit einer Fasten- und Vorbereitungszeit und einer nachklingenden Festzeit. Allerdings waren die Feste und Kalender regional sehr unterschiedlich ausgeprägt, haben sich weiterentwickelt, verdichtet und wurden von Zeit zu Zeit wieder entschlackt und mit einer anderen theologischen Gewichtung versehen.

3. Luther und die Wittenberger Reformation

So auch in der Reformation. Für die Reformatoren war der herkömmliche Festkalender nicht nur zu engmaschig gewoben, sondern mit häretischen Einschlägen und Zwirnen versehen. Die Reformation war zunächst eine Zeit der resoluten *Festkritik*. Dabei war die Kritik nicht nur theologisch, sondern auch ganz lebenspraktisch und alltagsmoralisch motiviert. So schreibt Martin Luther 1520 im «Sermon von den guten Werken»:

> «Wollte Gott, dass in der Christenheit kein Feiertag wäre als der Sonntag, dass man unserer Frau und der Heiligen Feste alle auf den Sonntag legte. Dann unterblieben durch die Arbeit der Werktage viele böse Untugenden, würden auch die Länder nicht so arm und ausgezehrt. Aber nun sind wir mit vielen Feiertagen geplagt.»[13]

Die Feste sind für Luther nicht nur moralisch abträglich, sondern auch dem Heil keineswegs zuträglich, denn «wir wissen ohne Ostern und Pfingsten,

12 Vgl. Peter Cornehl, Art. Gottesdienst, VII: Evangelischer Gottesdienst von der Reformation bis zur Gegenwart, TRE 14 (1985), 54–85 (77f.).

13 Martin Luther, Sermon von den guten Werken (1520), WA 6, 243,13–16.

ohne Sonntag und Freitag selig zu werden».[14] Die Seligkeit hängt für Luther – wie auch für die Schweizer Reformatoren – in keiner Weise an der Observanz der Festtage und schon gar nicht an der Verehrung der Heiligen. Gegenüber einer strikten Observanz bringt Luther die *Freiheit des Glaubens* ins Spiel, sogar in Bezug auf den Sonntag. Denn, so Luther in der berühmten Torgauer Kirchweihpredigt von 1544 (mit Bezug auf Mk 2,27f.):

> «So sind auch alle, die an Christus glauben, Herren des Sabbats. Wir haben die Freiheit, wenn uns der Sabbat oder auch der Sonntag nicht gefällt, so können wir den Montag oder auch einen anderen Tag der Woche nehmen und einen Sonntag daraus machen.»[15]

Doch auch wenn die vielen Heiligenfeste für die Sitten abträglich und für das Heil nicht zuträglich sind, ist Luther im Umgang mit ihnen einen weit pragmatischeren Weg gegangen als die Schweizer Reformierten: Er hat sich nicht für ihre Abschaffung eingesetzt, sondern für eine theologisch reflektierte Umcodierung. Der Festkalender wurde gestrafft und theologisch gereinigt.[16] Die grossen Christusfeste wurden beibehalten, ebenso Marienfeste, Apostel- und Heiligentage. Und zwar nicht aus Nachlässigkeit oder fehlendem Durchsetzungsvermögen, sondern aus *pädagogischen* Gründen. Denn, so Philipp Melanchthon, der Pädagoge der Wittenberger Reformation: «Man kann nicht alle Stücke des Evangeliums auf einmal lehren. Darum hat man solche Lehre auf das Jahr verteilt.»[17]

Dieser Grundsatz ist zentral. Hinzu kam das Kriterium der biblischen Begründung eines Festes. Das Kirchenjahr war für Luther durch und durch «Verkündigungsjahr. Für die liturgische Gestaltung benutzte man den klassischen Bestand an Lesungen und Gesängen und schuf für die Hauptfeste neue Lieder und Kirchenmusiken.»[18]

---

14 Martin Luther, Von den Konziliis und Kirchen (1539), WA 50, 559,6–9.

15 Predigt am 17. Sonntag nach Trinitatis, bei der Einweihung der Schlosskirche zu Torgau gehalten am 5. Oktober 1544, Luther Deutsch, Bd. 8: Predigten, 440–444 (441); WA 49, 588–615.

16 Vgl. Peter Cornehl, Liturgische Zeit und Kirchenjahr. Sinn, Gestalt und Gestaltungsmöglichkeiten aus evangelischer Sicht: ders. (Hg.), «Die Welt ist voll von Liturgie». Studien zu einer integrativen Gottesdienstpraxis, Stuttgart 2005, 260–288 (263).

17 Karl Gottlieb Bretschneider (Hg.), Corpus Reformatorum, Bd. 24, Berlin 1847, 884: «Deus ordinavit festa, sapienter distributa certis anni temporibus, ut sint commonefactiones de rebus maximis, quas Deus operatus est in ecclesia.»

18 Cornehl, Zeit (Anm. 15), 263.

4. Zwingli und die Zürcher Reformation

Die Zürcher Reformation beginnt nicht mit einem theologischen Paukenschlag: nicht, wie in Wittenberg, mit einem in Thesen gefassten Programm, sondern pragmatisch und performativ: mit der teilweisen Suspension des Kirchenjahres. Die erste Neuerung des Leutpriesters Huldrych Zwingli, der am 1. Jänner 1519 seine Stelle am Zürcher Grossmünster antrat, bestand darin, die das liturgische Jahr konturierende Leseordnung zumindest in Bezug auf die Predigten durch eine *lectio continua* zu ersetzen. Statt der vorgegebenen Perikopen beginnt er, das Matthäusevangelium Stück für Stück auszulegen. Dann die Apostelgeschichte und später Briefe des Neuen Testaments.

Diese Reform des Gottesdienstes zielte allerdings nicht auf das Kirchenjahr als solches. Die Einführung der *lectio continua* war darauf angelegt, der Gemeinde die Quellen ihres Glaubens möglichst rein, möglichst eingehend und umfassend zu erschliessen. Der Grundimpuls war ein durchaus humanistischer: eine *Bildungsoffensive* in Bezug auf das Buch der Bücher. Dass damit die Verbindlichkeit des Kirchenjahres ins Wanken geriet, war nicht mehr als ein *side effect*, eine nicht beabsichtigte, aber tolerierte Nebenwirkung.

Zwingli hat das Kirchenjahr zunächst nicht explizit kritisiert und auch nicht abgeschafft, sondern in seiner Gemeinde nur die Verbindlichkeit der herkömmlichen Leseordnung ausser Kraft gesetzt. Man kann und soll darin allerdings schon eine implizite Kritik erkennen. Und zwar eine dreifache:

1. Das Kirchenjahr ist für Zwingli offenbar kein Selbstläufer. Die Lesungstexte, die jährlich wiederkehrenden Perikopen zu den einzelnen Sonntagen, erschliessen sich – je für sich und in ihrer Abfolge – nicht von selbst, sondern sie bedürfen der Auslegung.
2. Unverständlich bleiben die einzelnen Lesungen auch darum, weil sie nicht in ihrem *Textzusammenhang* gelesen und ausgelegt werden. Wer das biblische Wort ernst nimmt, muss sich mit dieser Quelle gründlich und im Zusammenhang beschäftigen.
3. Leseordnungen *zerstückeln* den Kanon der biblischen Bücher nicht nur, sie heben nur *wenige* Stücke aus dem reichen Schatz; der grösste Teil erblickt nie das Licht gottesdienstlicher Öffentlichkeit; er wird der Gemeinde vorenthalten.

Der dezidierte Schriftbezug und die damit verbundene humanistische Bildungsemphase führten zu weiteren Kritikpunkten und Provokationen, die das herkömmliche Kirchenjahr infrage stellten. Ich nenne stellvertretend diejenige

Symbolhandlung oder theologische Performance, die als eigentlicher Auftakt der Schweizer Reformation bezeichnet werden kann:

Am frühen Abend des 9. März 1522, dem ersten Tag der Fastenzeit, versammeln sich im Haus des Buchdruckers Christoph Froschauer etwa ein Dutzend Männer. Zwei geräucherte Würste werden in kleine Stücke geschnitten und unter den Anwesenden verteilt. Mittels einer dem Abendmahl nachempfundenen Szene wird demonstrativ das Fasten gebrochen.[19]

Zwingli war dabei, hat aber selber nicht gegessen, wohl um die Sprengkraft dieser Aktion einzudämmen. Er verteidigt das provokative Wurstessen jedoch zwei Wochen später in einer Predigt, in der er mit Verweis auf Paulus betont, «dass ein Christ alle Speisen essen dürfe, weil sie für sich genommen weder gut noch schlecht seien».[20] «Wiltu gern vasten, thû es; wiltu gern das fleisch nit essen, iss es nüt, lass aber mir daby den Christenmenschen fry.»[21]

Das zentrale theologische Argument Zwinglis ist – wie bei Luther – das der *evangelischen Freiheit.* Wer die Passionszeit als Fastenzeit gestalten will, soll dies tun, daraus aber kein Gesetz für die anderen machen. Die Seligkeit hängt nicht daran, im Gegenteil.

Damit stellt Zwingli zugleich das herkömmliche religiöse Regime infrage: Nicht mehr der Bischof soll künftig in Fragen religiöser Praxis bestimmen können, sondern der einzelne Christ, orientiert an den biblischen Schriften und instruiert durch die evangelische Predigt. Denn, so argumentiert Heinrich Bullinger vierzig Jahre später im Zweiten Helvetischen Bekenntnis, «das vierzigtägige Fasten vor Ostern ist wohl in der alten Kirche bezeugt, jedoch kein einziges Mal in den Schriften der Apostel; also soll und darf es den Gläubigen nicht auferlegt werden».[22]

19 Vgl. Ulrich Gäbler, Huldrych Zwingli. Eine Einführung in sein Leben und Werk, München 1983, 51f.

20 Gäbler, Zwingli (Anm. 18), 52.

21 Huldreich Zwinglis sämtliche Werke, Bd I, Berlin 1905 (Corpus Reformatorum, Bd. 88), 106,15–17.

22 Heinrich Bullinger, Das Zweite Helvetische Bekenntnis (Bekenntnis und einfache Erläuterung des orthodoxen Glaubens und der katholischen Lehren der reinen christlichen Religion, Zu Zürich gedruckt bei Christoph Froschauer im Monat März 1566), Zürich 1998, 125.

5. Paradigmenwechsel

Soweit einige Positionen zum Kirchenjahr im 16. Jahrhundert. Sie illustrieren einen Paradigmenwechsel im Verständnis und im Vollzug des liturgischen Jahres. Und auch wenn die Protagonisten der Zürcher Reformation radikaler zu Werke gingen als die Wittenberger, sind sie sich in den Grundzügen dennoch weitgehend einig: Mit der Reformation erfolgt ein Wechsel vom Festkalender zum Predigtkalender, vom Ritual zur Lehrrede und von der Priestermesse zur Katechismuspredigt. Das sinnenfrohe Spektakel eines Heiligenfestes wird entweder ganz abgeschafft oder durch einen Predigtgottesdienst ersetzt, in dem der oder die Tagesheilige der Gemeinde als frommes Vorbild vor Augen gemalt wird. Nicht mehr der performative Sprechakt des Betens zum jeweiligen Heiligen, der sich seinerseits für die Belange der Verstorbenen im Purgatorium verwenden soll, steht im Vordergrund, sondern die Belehrung der Gemeinde, die Ermahnung und der Glaubenstrost. Der Altar wird von der Kanzel abgelöst. Was an den Höhepunkten und in den Zwischenzeiten des Kirchenjahres geschieht, soll nicht nur ehrfürchtig oder vergnügt betrachtet, sondern vor allem gehört, verstanden und im Herzen bewegt werden. Das liturgische Jahr der Kirchen der Reformation ist allenfalls ein nach didaktischen Gesichtspunkten gegliedertes Hörereignis, aber kein Spektakel und kein Ritual mehr.

Die Betonung der evangelischen Freiheit führt indes dazu, dass vormals fraglose Verhaltenscodes wie das Fasten zur Disposition gestellt werden. Der «Zwang zur Häresie»[23] ist kein Phänomen der Postmoderne, sondern beginnt in religiöser Hinsicht mit der Reformation, welche sich ihrerseits auf Paulus beruft.

6. Die Aufklärung und das Kirchenjahr

Die genannten paradigmatischen Umbrüche des 16. Jahrhunderts akzentuierten sich in der Aufklärungszeit und wurden in Grundsätze und Formen überführt, die auch heute noch von Belang sind, vor allem in der reformierten Konfessionskultur der Deutschschweiz. Um dies zu erkennen, muss allerdings zunächst einem Vorurteil begegnet werden. In der theologischen Literatur beansprucht noch immer ein vielfach kolportiertes Zerrbild der Aufklärung die Deutungshoheit, gerade in liturgischer Hinsicht. Als wäre es der Aufklä-

23 Siehe zum Thema Peter Ludwig Berger, Der Zwang zur Häresie, Frankfurt a. M. 1980.

rungstheologie vornehmlich darum gegangen, traditionelle Formen *tel quel* zu schleifen, das Kirchenjahr gänzlich abzutragen und an seiner Stelle einen durchrationalisierten Kunstbau zu errichten. Das ist nachweislich falsch. Die Neologen waren, wie Peter Cornehl zu Recht betont, keine «Agenten der Entstrukturierung als vielmehr bemüht, eine zeitgemässe Neustrukturierung des Kirchenjahres vorzunehmen».[24] Vorausgegangen waren ein dramatischer Rückgang der Beteiligung am kirchlichen Leben und ein Plausibilitätsverlust der orthodoxen Kirchenlehre bei den Gebildeten.[25] Die Kirchgangspflicht wurde gelockert. Die Mobilität wie auch die Freizeitmöglichkeiten vergrösserten sich. Auf diese Krisensymptome reagierten die Aufklärungstheologen mit einem «konstruktiven Programm der Gottesdienstreform»,[26] das ausgesprochen modern anmutet und aus den 1970er Jahren stammen könnte: Sie setzten einerseits auf *lebenszyklische Kasualfeiern* – wie Taufe, Konfirmation, Hochzeit und Bestattung – und andererseits auf *jahreszyklische Festgottesdienste*. Beide Zyklen wurden grundlegend theologisch bearbeitet und praktisch umgestaltet.

Das Kirchenjahr wurde nun ganz von den Christusfesten und nicht vom einzelnen Sonntag her bestimmt. Die grossen Feste sollten die spirituellen Leuchttürme für die aufgeklärten Zeitgenossinnen und Zeitgenossen sein und die Haftpunkte ihrer religiösen Praxis bilden. Die Theologen der Aufklärung gingen nicht mehr vom wöchentlichen Kirchgang aus, bei dem die christliche Lehre nach dem Curriculum einer Perikopenordnung oder durch eine *lectio continua* vermittelt wurde, sondern stellten das bis heute dominante volkskirchliche Teilnahmeverhalten in Rechnung, das sich an bestimmten Zeiten und Schwellen im Jahr und im Lebenslauf orientiert.

In Bezug auf das Kirchenjahr setzten die aufklärungsaffinen Theologen nicht nur auf die grossen Christus- und Kirchenfeste, sondern kombinierten diese programmatisch mit weiteren, bereits bestehenden Festen, etwa mit dem *Neujahrsfest* und dem *Erntedank*. Neue Jahreszeitenfeste sollten eingeführt werden: so ein *Frühjahrsfest* und ein *Herbstfest*, die sich aber nicht durchzusetzen vermochten.[27] Hinzugefügt wurde auch ein Gedenktag für die Verstorbe-

24 Cornehl, Zeit (Anm. 15), 264.

25 Vgl. Cornehl, Gottesdienst (Anm. 11), 61–64; Alfred Ehrensperger, Die Theorie des Gottesdienstes in der späten deutschen Aufklärung (1770–1815), Zürich 1971, 28–30; Hans Schneider, Die Aufklärung: Thomas Kaufmann/Raymund Kottje (Hg.), Ökumenische Kirchengeschichte, Bd. 2: Vom Hochmittelalter bis zur frühen Neuzeit, Darmstadt 2008, 514–531.

26 Cornehl, Zeit (Anm. 15), 264.

27 Vgl. Paul Graff, Geschichte der Auflösung der alten gottesdienstlichen Formen in der evangelischen Kirche Deutschlands, Bd. 2: Die Zeit der Aufklärung und des Rationalismus, Göttingen 1939, 93f.

nen: der *Totensonntag*, der sich gegen alle theologischen Bedenken durchsetzte und als *Ewigkeitssonntag* in den letzten Jahren zu einer zunehmend wichtigen Station im Kirchenjahr geworden ist. Weitere gesellschaftliche, politische oder dynastische Anlässe und Gedenktage können dazukommen und das Kirchenjahr bereichern.

Der Ansatz bei den *Festen* und der *Festpädagogik* führte zu einem erneuten Paradigmenwechsel in Bezug auf den liturgischen Code, wobei Anliegen und Medien des vorreformatorischen Festkalenders mit denjenigen der Reformation kombiniert wurden: Die zentralen Sonntage des Kirchenjahres sollten wieder festlicher werden. Der Gottesdienst soll keine orthodoxe Lehrveranstaltung sein, sondern ein sinnenfrohes Fest oder zumindest eine das Gemüt bewegende Feier. Friedrich Schleiermachers bis heute massgebliche Unterscheidung von *Alltag* und *Fest*, von *wirksamem* und *darstellendem Handeln*, wird hier präfiguriert. Gleichzeitig sollen die Feiernden nicht in eine sakrosankte Ordnung eingebunden und religiös instruiert, sondern in ihrer religiösen Mündigkeit und Reflexionsfähigkeit ernst genommen und gefördert werden. Das *religiöse Individuum* kommt zunehmend in den Blick und wird zur massgeblichen liturgischen Referenzgrösse, auch in Bezug auf das Kirchenjahr.

Dies hat zur Folge, dass das homiletische und hermeneutische Paradigma der Reformationszeit nicht abgelöst, sondern eher noch verstärkt wird. Das Fest versteht sich nicht von selbst, sondern es bedarf der Einführung und Ausdeutung. Es soll nicht nur gefeiert, sondern auch verstanden und alltagspraktisch relevant werden. Das aufklärungsliturgische Kirchenjahr erhält einen bürgerpraktischen und alltagsmoralischen Grundzug. Das ist seine Stärke und Schwäche zugleich: die Stärke einer religionskulturellen Zeitgenossenschaft und die Schwäche des Zeitgeistes. Denn das liturgische Jahr gewann seine produktive, humanisierende und heilsame Kraft schon immer aus der Spannung von Heilsgeschichte und Zeitgeschichte.

Die reformierten Kirchen der Deutschschweiz stehen bis heute, so meine These, in der Traditionslinie der Aufklärungstheologie. Die Richtungskämpfe im 19. Jahrhundert im Zusammenhang mit dem Bekenntnisstreit haben diese Linien nicht unterbrochen, sondern noch verstärkt.[28]

28 Vgl. Rudolf Gebhard, Umstrittene Bekenntnisfreiheit. Der Apostolikumstreit in den Reformierten Kirchen der Deutschschweiz im 19. Jahrhundert, Zürich 2003 (eine ausgesprochen instruktive Arbeit).

7. Luthertum und liturgische Bewegung

Anders im Luthertum, das sich im 19. Jahrhundert gerade in Abgrenzung gegenüber Aufklärung und Rationalismus definierte und etablierte. Diese wurden der Zerstörung der althergebrachten lutherischen Ordnung bezichtigt und für den Verfall des kirchlichen Lebens verantwortlich gemacht. Das Kirchenjahr sollte in seiner authentischen Gestalt wiederaufgebaut werden, und zwar sowohl aus den Trümmern des alten als auch aus dogmatischen Grundsätzen. Es wurde neu definiert und liturgisch konstruiert. Dieser Gestaltungswille ist seinerseits, wie Peter Cornehl feststellt, ein Ausdruck von Modernität, wenn auch im Gestus der Abgrenzung. Statt einer kompromittierenden Liaison von Christusfesten, Naturjahr und bürgerlichem Jahr soll das neue Bauwerk einzig auf eigenen Fundamenten – altreformatorischen und altkirchlichen – errichtet werden, autonom und abgeschirmt vom modernistischen Zeitgeist. Dieses Programm führte dazu, dass die Maschen wieder enger geknüpft und nicht nur die wenigen Feste des Jahres, sondern auch die Woche und der Tageslauf geistlich getaktet und luftdicht gegenüber den giftigen Dämpfen einer sich säkularisierenden Umwelt abgedichtet wurden. Der Grundsatz evangelischer Freiheit wurde verbunden mit demjenigen der Ordnung. Die Kirche bedürfe einer *gemeinsamen Ordnung*. Denn, so der lutherische Praktologe Theodosius Harnack, «der Cultus ist kein privater und lokaler, sondern ein kirchlicher und gemeinsamer».[29] Der orientierende Bezugspunkt des Kirchenjahres verschiebt sich merklich vom religiösen oder aufgeklärt-kritischen Zeitgenossen hin zur *Kirche* als theologisch befestigter Grösse und «actuosem Subjekt».[30] Sie hat, so Harnack, im Kirchenjahr «die Zeit zu einem Organismus verarbeitet, in welchem ihr Geist sich reflectiert, und hat so eine heilige Woche und ein heiliges Jahr gebildet. Sie assimiliert sich dadurch die Zeit, macht auch diese zu einem Organ ihrer Selbstdarstellung, so dass ein [...] symbolisches Werk entsteht, durch welches sie ein [...] thatsächliches Bekenntnis ihres Glaubens vollzieht.»[31] Durch diese Verschiebung des Bezugspunktes wird die liturgische Ordnung zu einem objektiven, dogmatisch bestimmten Faktum: Sie gilt hinfort als «objectives kirchliches Recht und [...] objective

29 Theodosius Harnack, Praktische Theologie, Bd. 1, Erlangen 1877, 350.

30 So der Praktologe Carl Immanuel Nitzsch, der die Praktische Theologie Schleiermachers nicht nur systematisierte, sondern auch mit einer steilen Ekklesiologie verband. Ders., Praktische Theologie, Bonn 1847/1848/1867.

31 Harnack, Theologie (Anm. 28), 351.

Wahrheit», und wer sie missachtet, foutiert sich um die göttlichen Weisungen.[32]

Die *jüngere liturgische Bewegung* der Berneuchener und Alpirsbacher ist dem rückwärtsgewandten Luthertum des 19. Jahrhunderts geistesverwandt. Auch ihr Krisenbewusstsein bezieht sich in besonderer Weise auf das Kirchenjahr. Dieses liege – erneut oder noch immer – in Trümmern: «Es ist ein Trümmerfeld, und wie sehr dieses Trümmerfeld der festen Wegmarken und Fluchtlinien entbehrt, zeigt sich dann darin, dass zwischen diesen Ruinen wie zwischen den Trümmern einer zerstörten Stadt die unternehmungslustigen Bauleute irgendwo sinn- und planlos ihre Hütten oder Villen nach persönlichem Geschmack zu errichten unternommen haben.»[33] Dieses Trümmerfeld gilt es nun mittels eines klaren Planes in einen strukturierten Bau zu verwandeln. Der Weg war weit. Sowohl historisches Wissen und Bewusstsein, systematisches Denkvermögen als auch ein energischer Gestaltungswille waren notwendig, um dem Kirchenjahr jene durchkomponierte Form zu geben, wie wir sie heute von den lutherischen und unierten Kirchen Deutschlands her kennen. Selbst die reformierten Kirchen Deutschlands haben das lutherische Kirchenjahr in ihrer «Liturgie» von 1999 adoptiert, wenn auch nur in Teilen und als eine Variante neben anderen.

Die Fundamente dieses eindrücklichen Baus sind nicht die grossen Feste, sondern die *Sonntage.* Diese erhalten ein je eigenes Profil und eine thematische Ausrichtung, die sich aus der Konstellation von vier unterschiedlichen semantischen Feldern ergeben:

- der *Hauptlesung* – nach der Lese- oder Perikopenordnung,
- der *Losung* («Wochenspruch»),
- dem *Leitbild* (Wochenname, vgl. Vignette 1) und
- dem *Wochenlied.*

Damit wird der jeweilige Gottesdienst nicht thematisch enggeführt und auf einen einzigen Gedanken getrimmt, wie dies hierzulande oft der Fall ist. Aus den vier Motivfeldern, die mittels bestimmter liturgischer Handlungen artikuliert werden, sollen sich – so das Programm – «geistliche Bilder» einstellen, «die geschaut und meditiert werden wollen».[34]

32 Harnack, Theologie (Anm. 28), 352.

33 Theodor Knolle/Wilhelm Stählin, Das Kirchenjahr. Eine Denkschrift über die kirchliche Ordnung des Jahres. Im Auftrag der Niedersächsischen Liturgischen Konferenz und des Berneuchener Kreises, Kassel 1934, 8.

34 Cornehl, Zeit (Anm. 15), 271.

Der Gestaltungswille der – meines Wissens ausschliesslich männlichen – Baumeister reicht nun allerdings über den Sonntag hinaus und bezieht auch die Woche mit ein. «Jeder Tag erhält eine Morgen- und eine Abendlesung. Dazu kommen Wochen- und Tagespsalmen.»[35]

Das Kirchenjahr soll also nicht nur den Gottesdienst dirigieren und durchwirken, sondern auch die Alltagsspiritualität der Menschen, die sich in diesem Bau aufhalten und in ihm leben. Dass viele und zunehmend mehr Zeitgenossinnen und Zeitgenossen dies nicht tun und nicht wollen, ist seit den 1960er Jahren hinlänglich bekannt. Gleichwohl stellt dieser Bau eine beachtliche architektonische Leistung dar, die den deutschsprachigen Nachkriegs-Protestantismus nachhaltig geprägt hat und noch immer prägt, wenn auch in unterschiedlicher Intensität – und mit Ausnahme einiger von unbeugsamen Helvetiern bevölkerter Dörfer im Alpenbogen. Es ist den Bauleuten gelungen, ein Verständnis zu wecken und wachzuhalten für Zeiten und Rhythmen, für gedehnte Zeiten und verdichtete, für lineare Verläufe und kreisförmige, für den Zusammenhang von religiösen, jahreszeitlichen und gesellschaftlichen Kalendern sowie für die produktive Spannung von Tradition und Kontext wie von Ritualität und Diskursivität.

Allein, der kunstvoll errichtete Dom ist nicht so alt, wie er scheint. Kein Kölner Dom, sondern ein *historistischer* Bau – Neogotik oder Neobarock meinetwegen – mit vielen alten Stilelementen und einer dezidiert modernen Konstruktionslogik. Und auch wenn ich gestehen muss, dass mich die Komplexität, der theologische Gehalt und die rituelle Prägnanz dieses Domes immer wieder zu faszinieren vermögen, bleibt doch ein Unbehagen. Ist er noch zeitgemäss? Ist nicht seine soziale Basis – nämlich der christliche Hausstand einer Bauern- oder Handwerkerfamilie, die Einheit von Wohnen, Arbeiten und Kirchgang – längst weggebrochen? Was ist mit all den Menschen, die sich seit 200 Jahren ganz anders, nämlich lebens- und jahreszyklisch, am kirchlichen Leben beteiligen und dabei keinen Mangel empfinden? Werden sie nicht ausgeschlossen und stehen staunend, verwundert oder auch verärgert «draussen vor der Tür»?

Mir ist das in die Jahre gekommene Haus lieber, das weder nach Minergiestandard saniert noch in einen Dom verwandelt werden soll, sondern bewohnt, belebt und weitergebaut wird, Schritt für Schritt, vorausschauend und rückblickend, stilbewusst und innovativ. In dieser Situation stehen wir Reformierten seit der Aufklärung. Wenn wir über das Kirchenjahr nachdenken, dann über eines im Schatten des Domes. Seine Fundamente sind nicht die

35 Cornehl, Zeit (Anm. 15), 271.

Sonntage des Jahres, sondern die *Festzeiten*: die heilsgeschichtlichen, die jahreszeitlichen und die kulturellen. Nicht die Kirche ist der Bezugspunkt unserer liturgischen Ordnung, sondern die und der Einzelne sowie die Gemeinden vor Ort. Es soll ein Haus sein für unterschiedliche Bewohnerinnen und Bewohner, für Menschen verschiedener Generationen, Milieus und Frömmigkeiten. Und auch für die, die draussen stehen und sich nicht entscheiden können und wollen, ob sie eintreten sollen oder nicht.

III. Systematisierung und Ausblick

Im Folgenden sollen die bisherigen Darstellungen und Analysen gebündelt werden, indem ich diese zuerst systematisiere und danach in thesenhafter Kürze Potenziale und Risiken eines verstärkten Einbezugs des Kirchenjahres erörtere.

1. Die Kreise des Kirchenjahres

Aus dem bisher Erörterten wird deutlich: Die unterschiedlichen Bauwerke eines liturgischen Jahres in Geschichte und Gegenwart fallen in vielen Hinsichten sehr unterschiedlich aus. Dennoch gibt es einige Konstruktionsprinzipien, die alle verbinden. Ich greife eines heraus, das mir wesentlich scheint – und zwar nicht zuletzt für die Frage der Plausibilität und Relevanz des Kirchenjahres für unsere kirchliche, religiöse und gesellschaftliche Gegenwart. Jedes der betrachteten Bauwerke stellt eine *Kombination unterschiedlicher Zyklen* dar, wobei die einzelnen Zyklen verschieden ausgeprägt und gewichtet sind und mit den anderen verbunden werden. Ich skizziere die unterschiedlichen Kreise kurz mit Blick auf die Gegenwart und die Frage, in welcher Weise jene das Erleben und Verhalten sowohl des Individuums als auch seiner sozialen Umwelt bestimmen.

1.1 Der Tageskreis

Der Tageskreis gehört dem Einzelnen.[36] Der Tag gehört mir. Gemeinsame Gebetszeiten in der Familie sind – mit Ausnahme von Abendritualen mit kleinen

36 Die These eines Zusammenhangs von Zeitzyklus und Sozialgestalt übernehme ich von Bieritz, Haus (Anm. 9), 182.

Kindern[37] oder Tischgebeten – weitgehend weggebrochen. Das Kirchenjahr erreicht den Tageszyklus nicht mehr. Stundengebete von Kommunitäten und Klostergemeinschaften stellen seltene Ausnahmen dar.

1.2 Der Wochenkreis

Der Wochenkreis ist auf die *Familie* bezogen. Er funktioniert im Zweitakt von *Arbeitswoche* und *Wochenende*. Letzteres hat den Sonntag als Auferstehungstag überlagert und weitgehend säkularisiert. Nur ein sehr kleiner Teil der Christenmenschen nimmt wöchentlich an einem Gottesdienst teil und lässt damit die Woche liturgisch rhythmisieren. Daher finden liturgische Feierformen, die für einen Wochenzyklus gebaut sind, nur wenige Liebhaberinnen, zumindest in der Volkskirche. Sowohl eine Perikopenordnung als auch eine *lectio continua* stossen dann an eine harte Grenze, wenn sie eine wöchentliche Beteiligung voraussetzen. Wer allerdings den Gottesdienst wöchentlich feiert, erlebt die Kirche als Familie.

1.3 Der Monatskreis

Wahrscheinlicher ist eine monatliche Beteiligung am kirchlichen Leben. Dafür gibt es zwar Angebote – wie Abendmahlsfeiern, Taizé-Gebete, Altersnachmittage oder geistliche Konzerte –, aber keine traditionellen liturgischen Bauformen. Das Kirchenjahr ist nicht lunar, sondern solar gebaut. Es wäre daher zu überlegen, ob nicht auch der Monatskreis dezidiert und theologisch reflektiert ins Kirchenjahr eingebaut werden könnte und sollte. – Wer einen monatlichen Rhythmus pflegt, nimmt die Kirche eher als Verein wahr.[38]

1.4 Der Jahreskreis

Der liturgische Jahreskreis besteht nicht aus einem, sondern aus mehreren, sich überlagernden Kreisen, die je für sich betrachtet werden müssen. Wer sich im Jahreszyklus am kirchlichen Leben beteiligt, verbindet damit keine sozialen Erwartungen mehr. Andererseits erweist sich der Jahreskreis als gesellschaftlich, kulturell und kommerziell ausgesprochen potent. Er rhythmisiert den Jahreslauf und gibt einer Kultur ein Gesicht und eine Identität. Jahreszyklen inszenieren, reflektieren und entwickeln kulturelle Identitäten.

37 Christoph Morgenthaler, Abendrituale. Tradition und Innovation in jungen Familien, Stuttgart 2011.

38 Vgl. Bieritz, Haus (Anm. 9), 182.

Der natürliche Jahreskreis

Der Kreislauf der Jahreszeiten prägt unser Leben und Erleben in grundlegender Weise. Es ist denn auch kein Zufall, dass die Christusfeste diesem aufgepfropft, dass Weihnachten mit der Wintersonnenwende und Ostern mit dem Frühlingserwachen verbunden wurden. Erntedank gehört in diesen Zyklus, in gewisser Weise auch der Ewigkeitssonntag und der Jahreswechsel[39]. Ihm kommt eine unmittelbare Plausibilität zu. Den Bauleuten des Kirchenjahres ist zu raten, diese Evidenz nicht gering zu achten und als natürliche Theologie zu diffamieren, sondern als bio-rhythmische und lebensweltliche Andockstelle zu verstehen. Erweiterungsbauten wären sorgfältig zu prüfen, wie etwa die Sommersonnenwende.

Der heilsgeschichtliche Jahreskreis

Der heilsgeschichtliche Zyklus hat seine beiden Kulminationspunkte im *Osterfestkreis* und im später dazugekommenen *Weihnachtsfestkreis.* Seine Vitalität und Plausibilität erhält er nicht durch die heilsgeschichtlichen Bezüge allein, sondern durch die spannungsvolle Verbindung von individuellem und gesellschaftlichem Erleben auf der einen und religiöser Deutung und Gestaltung auf der anderen Seite. So erleben die wenigsten Christenmenschen den ersten Advent als Anfang eines neuen Kirchenjahres, sondern als Anfang einer Zeit der Besinnung und der Vorbereitung auf das Weihnachtsfest.

Der gesellschaftliche Jahreskreis

Neben dem jahreszeitlichen und dem heilsgeschichtlichen gibt es auch einen gesellschaftlichen – sei es eher kulturell oder eher politisch geprägten – Festkalender: die Fastnacht, den Buss- und Bettag, Schuljahresschlussfeiern – wie etwa die Solennität in Burgdorf –[40] oder Einschulungsfeiern. Die Schulferien bestimmen diesen Jahreskreis in grundlegender Weise. Der ausgedehnte Jahresurlaub mutiert immer mehr zur eigentlichen Festzeit des Jahres.[41] Nicht alle diese «weltlichen» Festzeiten drängen nach einer liturgischen Darstellung und homiletischen Ausdeutung, einige jedoch schon. Diese gilt es aufmerksam wahrzunehmen und stimmig zu gestalten.

39 Zum Jahreswechsel vgl. die grundlegenden Überlegungen von Kristian Fechtner, Schwellenzeit. Erkundungen zur kulturellen und gottesdienstlichen Praxis des Jahreswechsels, Gütersloh 2001.

40 Vgl. https//de.wikipedia.org/wiki/Solennität (12.10.2017).

41 So auch Karl-Heinrich Bieritz, Liturgik, Berlin u. a. 2004, 78.

2. Die Theologie des Kirchenjahres in Thesen

Wie ist das Kirchenjahr nun theologisch zu beurteilen und welche Bedeutung kommt ihm heute noch zu – und zwar sowohl in liturgiewissenschaftlicher und ekklesiologischer als auch in gesellschaftlicher Hinsicht? Ich antworte mit knappen Thesen.

These 1: Das Kirchenjahr ist ein Menschenhaus

Das Kirchenjahr ist kein Allerheiligstes, in dem Gott wohnt und dessen Bau von ihm verfügt worden wäre. Es ist kein Gotteshaus, sondern ein in die Jahre gekommenes und vielfach umgebautes Menschenhaus. Viele Baumeisterinnen und Baumeister haben daran gewirkt, Teile eingerissen und neue errichtet. Immer wieder wurde der Grundriss angepasst und die Statik verändert. Oder es wurden Neubauten aus den Trümmern der alten Tempel erstellt, um die Zeit je und je ins Gebet zu nehmen. Unsere Zeit wurde immer wieder anders in den Horizont von Gottes Zeit gerückt.[42] Liturgische Feier- und Festkreise inszenieren die unauflösliche Spannung von Zeit und Ewigkeit, vermögen dies aber nur dann, wenn sie die *Sprache ihrer Zeit* sprechen und die je aktuellen Grundfragen und das ästhetische Empfinden aufnehmen und in Szene setzen. Liturgische Kalender sind Zeitzeugen und Kulturträger gleichermassen. Die Abschottung gegenüber gesellschaftlichen Entwicklungen und kulturellen Zeitzeichen ist nicht möglich, sondern ist ihrerseits Ausdruck eines Zeitgeistes. Das Ziel muss vielmehr sein, die Zeichen und Rhythmen der Zeit zu lesen und sie, wo es sich anbietet, mit dem liturgischen Jahr zu verbinden.

These 2: Das Kirchenjahr ist eine in die Zeit gebaute Theologie

Sie ist dies nicht als Darstellung oder Vermittlung dogmatischer Grundsätze und Systeme, sondern als *theologia prima*, als ursprüngliche und noch immer vitale Gestalt des christlichen Glaubens, als Darstellung und Reflexion des Christusgeheimnisses, als Dramatisierung der menschlichen Antwort auf die *viva vox evangelii* im rhythmischen Wechsel von *ora et labora*, von Feier und Alltag. Und auch wenn sich die Zyklen verschoben und die Rhythmen gedehnt haben, so bleiben doch die in die Zeit inkarnierten Weisen des Glaubens Ausgangs- und Bezugspunkte theologischer Reflexion. Schöpfung und Sünde, Erlösung und das Reich der Himmel müssen in Bezug auf ihre konkrete Gestaltwerdung in Gesängen und Gebeten, in Leseordnungen und Liturgien, im

42 Vgl. Kristian Fechtner, Im Rhythmus des Kirchenjahres. Vom Sinn der Feste und Zeiten, Gütersloh 2007, 14.

Taufwasser und im Teilen von Brot und Wein, im Fasten und Festen wahrgenommen, reflektiert und darstellungspraktisch orientiert werden. Da es Gott gefallen hat, die Ereignisräume des Evangeliums radikal zu verzeitlichen, muss sich auch die Theologie – als *theologia secunda* – diesen Zeitgestalten mit Interesse und Leidenschaft zuwenden.[43]

These 3: Das Kirchenjahr ist eine in die Zeit gebaute Ekklesiologie

Die sichtbare Kirche lebt in Zeiten und Räumen. Gebete und Gesänge, Verkündigung und Sakramente einer Gemeinde haben ihre Zeit und rhythmisieren die Zeit. Kirche ist da, wo Menschen sich im Namen Christi versammeln, und zwar nicht einmalig, sondern immer wieder, von Zeit zu Zeit. Dabei unterscheiden die Rhythmen auch die jeweiligen Kirchen und Ekklesiologien: So tickt die *Volkskirche* mehrheitlich im Jahreszyklus, ist eine Kirche der Festzeiten. Die vereinsförmige *Freikirche* dagegen pulsiert im Wochenrhythmus und die *Kommunität* im Tageslauf. Allerdings scheint auch in der Volkskirche der Wochenrhythmus von einiger Bedeutung. Wenn wir auf die Ergebnisse einer repräsentativen Befragung blicken, erwarten auch viele distanzierte Mitglieder und sogar Ausgetretene, dass wöchentlich in jeder Kirche Basels gebetet und gesungen, gepredigt und gesegnet wird – auch wenn sie selber nicht hingehen.[44] Ein Befund, der das Konzept der *vicarious religion* von Grace Davie bestätigt.[45] Der Wochenrhythmus des Feierns hat somit auch eine Bedeutung über die feiernde Gemeinde hinaus.

These 4: Das reformierte Kirchenjahr ist die Ritualisierung evangelischer Freiheit

Die Freiheit und Nonchalance, mit der in den Osterspielen von Münchenbuchsee Elemente des mittelalterlichen und altkirchlichen Kirchenjahres einbezogen werden, scheint mir grundsätzlich kein Problem zu sein, ganz im Gegenteil. Liturgien und deren Rhythmisierung in der Zeit können nicht anders als mit Elementen aus dem Steinbruch der Liturgiefamilien und ihrer Festkreise

43 Diesem Grundsatz ist die in diesem Band publizierte Vorlesungsreihe verpflichtet.

44 Vgl. Manfred Bruhn, Ökumenische Basler Kirchenstudie. Ergebnisse einer Bevölkerungs- und Mitarbeitendenbefragung, Basel 1999; David Plüss, Wider die Rhetorik vom sinkenden Schiff. Erwägungen zum kommunizierten Selbstbild der Kirche: Albrecht Grözinger/Manfred Bruhn (Hg.), Kirche und Marktorientierung. Impulse aus der Ökumenischen Basler Kirchenstudie, Freiburg i.Ü. 2000, 231–250.

45 Grace Davie, Vicarious Religion. A Methodological Challenge: Nancy Tatom Ammerman (Hg.), Everyday Religion. Observing Modern Religious Lives, Oxford 2007, 21–35 (22): «[...] the notion of religion performed by an active minority but on behalf of a much larger number, who (implicitly at least) not only understand, but, quite clearly, approve of what the minority is doing.»

gestaltet werden. Ob dieser Einbezug theologisch sachgemäss und liturgisch stimmig erfolgt, ist fallweise und kontextuell zu entscheiden. Allerdings scheint es mir unabdingbar zu sein, dass die für die Gestaltung zuständigen Musikerinnen und Liturgen sich gründlich mit dem Kirchenjahr befasst haben, die theologischen und rituellen Programme sowie die kulturellen und politischen Kontexte der verschiedenen Bauelemente kennen und Renovationen mit Umsicht, Stilbewusstsein und Augenmass vornehmen. Andererseits ist der Mut zu loben, mit dem einer Pädagogisierung des reformierten Festkalenders entgegengewirkt und das Interesse an festlichen Inszenierungen aufgegriffen wird. Denn eine liturgische Festzeit will begangen werden: nicht nur durch Hören und Nachdenken, sondern auch durch Singen und Beten, durch Musik und dramatische Aufführungen, durch Stationenwege und Litaneien, durch langes Wachbleiben und frühes Aufstehen, durch Kerzen und Kreuze, durch Taufwasser und Untertauchen, durch Fasten und Festessen. Denn wir leben nicht vom gepredigten Wort allein, sondern auch und in besonderer Weise von den Gesten und Symbolen und von den Zeiten des Feierns im Jahreskreis, die unserem Glauben ein Haus geben, unseren Hoffnungen und Zweifeln Ausdruck verleihen und sie orientieren können.

Matthias Käser-Braun

Der adventliche Vorbehalt

Oder: Warum die Adventszeit uns (polyphon) beten lehrt

«Die Erwartung gilt dem Kommenden,
die Hoffnung dem Ausbleibenden»

Elazar Benyoëtz[1]

I. Advent: *cantus firmus* des Kirchenjahres?

«Noch ein Monat bis Weihnachten. Von hier oben kann ich den grossen Kometen über der Hauptstrasse des Dorfes mit all den Girlanden weisser Lämpchen davor und dahinter erkennen, die ihn mit anderen Sternen verbinden. Buntes Geflimmer schmückt auch die Häuser, Villen und Bauernhöfe. Tannen blinken im Dunkeln wie verrückt gewordene Ampeln neben mit Lichtern bekränzten Sträuchern, Rosenstöcken oder Apfelbäumen. Wer keine Bäume hat, hängt die Lichterketten an die Balustraden, Gitterzäune und Fensterbretter. Alles, was sonst in diskreter Dunkelheit gehüllt ist, funkelt in diesen Nächten und beleuchtet die ganze Umgebung. Wenn die Nacht die Nachmittage zu verschlingen beginnt, entdeckt man auf einmal, dass man sich nach Licht sehnt, und so verwandeln sich Täler, Hügel und Felder in das Zeichen dieses Mangels. Immer erstaunlichere, grellere Lichter verwandeln die stille Atmosphäre des Winters in das fröhliche Bild einer Kirmes. Was wird eigentlich gefeiert? Niemand weiss es mehr, niemand erinnert sich daran.»[2] Diese Worte legt die «erfolgreichste italienische Schriftstellerin der Gegenwart»[3] – Susanna Tamaro – dem Ich-Erzähler in ihrem Roman «Mein Herz ruft deinen Namen» in den Mund. Die Worte werden gleichsam zur Negativfolie der gesamten Geschichte, lebt der Ich-Erzähler – mit Namen Matteo und einst angesehener

1 Elazar Benyoëtz, Brüderlichkeit. Das älteste Spiel mit dem Feuer, München/Wien 1994, 69.

2 Susanna Tamaro, Mein Herz ruft deinen Namen. Aus dem Italienischen von Maja Pflug, München/Zürich [2]2013, 19f.

3 Tamaros Geheimnis: Der Spiegel 3/1997, 158.

Kardiologe – doch fernab des geschäftigen Adventstreibens zurückgezogen und im Einklang mit der Natur in einer Hütte im Bergwald. Es ist die Geschichte eines überwältigenden Verlustes: Matteos Leben zerbrach, als ihm durch einen tödlichen Unfall[4] seine geliebte Frau und ihr geliebtes Kind entrissen wurden. Und es ist ebenso die Geschichte eines (Neu-)Anfanges, insofern Matteo versucht, mit diesem Verlust (weiter)leben zu können. Dementsprechend ist für Matteo die Adventszeit weniger eine Festzeit denn «eine Form von Widerstand»: «Man trotzt der Dunkelheit, man wehrt sich gegen die geheimnisvolle Nacht, die tief in jedem von uns herrscht [...].»[5]

Ein erster, flüchtiger Blick in die Agenden der Kirchen Deutschlands[6] scheint das Geflimmer dieser Adventslichter geradezu zu unterstützen: Etliche Bibelstellen und Kirchenlieder verweisen auf die freudig-funkelnde Botschaft – das Kommen (des Sohnes) GOTTES – und sollen so den Weg zu einem der zentralsten Feste des Christentums bereiten: Weihnachten. Flimmernd ist dieser flüchtige Blick, weil der damit bereitete Weg zuweilen triumphal anmutet und so scheinbar ausschliesslich ein «fröhliches Bild einer Kirmes» evoziert:

> Der erste Sonntag im Advent verkündet «den kommenden Herrn»[7] als König: Die Lesung aus dem Evangelium ist der Einzug Jesu in Jerusalem nach Mt 21,1–9, und auch der Wochenspruch – «Siehe, dein König kommt zu dir, ein Gerechter und ein Helfer» – aus Sach 9,9 verleiht dem Sonntag einen in mancher Hinsicht festlichen Charakter.

4 Die Autorin scheint bewusst offenzulassen, ob es sich dabei womöglich um eine Selbsttötung vonseiten der Frau Matteos handelt. Viele Gespräche, die Matteo mit seiner verstorbenen Frau (und mit seinen Leserinnen und Lesern) in Gedanken führt, deuten in der Bearbeitung der Schuld-Frage zumindest darauf hin. Diese Frage und deren Bearbeitung ist insofern intendiert, als Matteo nach dem Tod seiner Frau seine schwangere Partnerin mit einem gefälschten Ultraschallbild dazu drängen will, ihr ungeborenes Kind abzutreiben, und er bis zum Ende des Buches davon ausgeht, dass sie diesem Rat gefolgt ist. Ein Wanderer mit Namen Nathan – ein sprechender Name?! – wird sich ihm als sein Sohn vorstellen.

5 Tamaro, Mein Herz (Anm. 2), 20.

6 Eine normativ schweizerische Antwort auf die Frage, was in den Adventsgottesdiensten gefeiert wird bzw. werden sollte, kann aufgrund der «Agenden-Freiheit», die im Zusammenhang mit der Aufhebung des Bekenntniszwanges seit dem 19. Jahrhundert steht, nicht gegeben werden: «Inhaltlich folgt die Liturgie dem Kirchenjahr. Die Pfarrerinnen und Pfarrer, im Gehorsam gegenüber Jesus Christus und gebunden durch das Ordinationsgelübde, sind in der Verkündigung des Evangeliums frei. Sie orientieren sich an der Heiligen Schrift nach bestem Wissen und Gewissen.» Liturgie: http://www.refbejuso.ch/grundlagen/liturgie-und-kirchenmusik/liturgie.html (12.10.2017).

7 Vgl. Hans-Gerd Krabbe, Gottesdienstbuch zum Kirchenjahr (Dienst am Wort. Die Reihe für Gottesdienst und Gemeindearbeit, Bd. 110), Göttingen 2006, 11–14.

Auch der zweite Sonntag im Advent feiert den Kommenden, präziser: «den kommenden Erlöser».[8] Die frohe Botschaft soll unter den Glaubenden Freude verbreiten, denn sie müssen nicht mehr lange warten: Gelesen wird Lk 21,25–33 (das Kommen des Menschensohnes und die Ermahnung zur Wachsamkeit), und auch das Wochenlied EG 6[9] verweist auf die freudige Stimmung: «Ihr lieben Christen, freut euch nun, bald wird erscheinen Gottes Sohn». Erneut auf das Schauen des Kommenden zielt der Wochenspruch aus Lk 21,28: «Seht auf und erhebt eure Häupter, weil sich eure Erlösung naht.»
Diesen visuellen Aspekt greift auch der Wochenspruch aus Jes 40,3.10 am dritten Sonntag im Advent auf: «Bereitet JHWH den Weg; denn siehe, JHWH kommt gewaltig.» Diese Wegbereitung ist denn auch Thema des Evangeliums: Mit Mt 11,2–6(7–10) wird der Gestalt Johannes des Täufers als des Wegbereiters des Heils schlechthin gedacht, wenn auch letztlich die Antwort Jesu auf die Frage «Bist du es, der da kommen soll, oder sollen wir auf einen anderen warten?» (V. 3b) die Weg-Metapher in die erfahrbare Wirklichkeit des GOTTESreiches überführt: «Blinde sehen und Lahme gehen.» (V. 5a)
Die Freude über das Kommen Jesu findet ihren vorweihnachtlichen Höhepunkt im Magnificat der Maria, dem Evangelium des vierten Adventssonntags. Unterstützt wird diese Freude durch den Wochenspruch aus Phil 4,4.5b – «Freuet euch in dem Herrn allewege, und abermals sage ich: Freuet euch. Der Herr ist nahe» – sowie das Wochenlied «Nun jauchzet all, ihr Frommen» (RG 365).

Auf Matteos Frage «Was wird eigentlich gefeiert?» scheinen zumindest die Agenden eine klare Antwort bereitzuhalten: Gefeiert wird die *Freude* über den entgegenkommenden GOTT. Die Vielstimmigkeit der christlichen Bibel, die auch vor Dissonanzen nicht gefeit ist, scheint hier – jedenfalls auf den ersten Blick – nicht anzuklingen. Oder anders ausgedrückt: Die durch das reformatorische *sola scriptura* gerade bewahrte biblische Polyfonie scheint gleichsam abhandengekommen. Auch Jochen Klepper beschliesst sein Gedicht «Das Kirchenjahr» mit den Worten: «Kein Jahr von unserer Zeit verflieht, das dich nicht kommen sieht»[10] – und verweist damit, wie es scheint, paradigmatisch auf den Beginn des Kirchenjahres, wird doch besonders in der Adventszeit des Kommens GOTTES in Jesus Christus gedacht. Dem gegenüber scheint die Auffassung zu stehen, dass an jedem Sonntag GOTT der Gemeinde begegnet, inso-

8 Vgl. Krabbe, Gottesdienstbuch (Anm. 7), 14–18.

9 Vgl. Evangelisches Gottesdienstbuch. Agende für die Evangelische Kirche der Union und für die Vereinigten Evangelisch-Lutherischen Kirchen Deutschlands und im Auftrag des Rates von der Kirchenkanzlei der Evangelischen Kirche der Union, Berlin 1999, 246. Das evangelisch-reformierte Gesangbuch der deutschsprachigen Schweiz (RG) führt das Lied nicht.

10 Jochen Klepper, Geistliche Lieder, Witten/Berlin ^{6}1955, 21–23.

fern sie sich zu SEINEM Gedenken versammelt, «bis er kommt» (1Kor 11,26). So bestimmt denn auch Gerhard Sauter in seiner «Theologie des Kirchenjahres» Letzteres als eine *Gedächtnisstütze* der Kirche, welche den Weg weise, «auf dem wir Jesus Christus als den Kommenden erwarten».[11]

Ein zweiter, vorerst ebenso flüchtiger Blick ans «Ende» des Kirchenjahres scheint diese Annahme zu stützen: Der adventliche Festzyklus schliesst an die letzten Sonntage nach Trinitatis an und geht so von der Frage «Was dürfen wir hoffen?» über in die Frage «Wen dürfen wir erwarten?». Ohnehin erinnern die Predigtperikopen des ersten Sonntages im Advent mit Offb 5,1–5(6–14) und Hebr 10,(19–22)23–35 thematisch an den Ewigkeits- und Totensonntag. Damit aber zeigt sich in der anfänglichen Monofonie – in jenem einseitig «fröhlichen Bild einer Kirmes» – nach und nach die vermisste Polyfonie: Trotz des flüchtigen Blicks muss nämlich auffallen, dass die Adventszeit, will sie «nur» auf das Christfest vorbereiten, nicht den Kommenden, sondern den *Ge*kommenen erwartet. Hält sie jedoch nach vorne *und* hinten Ausschau, kann sie womöglich zum *cantus firmus* des Kirchenjahres überhaupt werden.[12] Oder mit den Worten Sauters ausgedrückt: «Advent wird gleichsam zum Vorspiel für das Geburtsfest, die Epiphanie – das Kirchenjahr geht der Geschichte Jesu nach und schliesst mit seiner ‹Wiederkunft›, der Parusie, ab.»[13] Das liegt nicht zuletzt darin begründet, dass das lateinische Wort *adventus* (Ankunft) die gleiche Bedeutungsfülle haben kann wie das griechische Wort *epiphaneia* (Erscheinung).[14]

II. Das Wohnrecht des Advents im Kirchenjahr oder: Wider den falsch verstandenen Advent

Gehen wir dieser Jesusgeschichte im Kirchenjahr nach, erscheint auch letztere Annahme auf den ersten Blick als schlüssig: Die Festtage wollen daran erinnern, «dass Gott in einem bestimmten Zeitraum in markanter Weise in, an

11 Gerhard Sauter, Schrittfolgen der Hoffnung. Theologie des Kirchenjahres, Gütersloh 2015, 13.

12 Interessanterweise waren ursprünglich Inkarnation und Auferweckung Jesu als Einheit aufgefasst worden, weshalb bis heute Joh 1,1–17 im Westen einer der grundlegenden Weihnachtstexte ist. Vgl. Sauter, Schrittfolgen (Anm. 11), 14f.

13 Sauter, Schrittfolgen (Anm. 11), 51.

14 Vgl. Karl-Heinrich Bieritz, Das Kirchenjahr. Feste, Gedenk- und Feiertage in Geschichte und Gegenwart, München ^{7}2005, 202.

und mit Jesus Christus gehandelt hat».[15] Es erstaunt darum auch nicht, dass das Evangelium nach Lukas in den Predigtperikopen aller vier Sonntage des Advents auftaucht. Sauter sieht darin (unter Hinzuziehung der Apostelgeschichte) nur eine äusserliche Übereinstimmung mit dem zeitlichen Rahmen des Kirchenjahres, denn dieses sei innerlich dadurch begründet, «dass und wie *Jesus Christus als Person, in dem ‹die ganze Fülle der Gottheit leibhaft wohnt›* (Kol 2.9), sich an entscheidenden Stationen seines Lebens mit Gott zu erkennen gibt».[16] Nicht was sich *einmal*, sondern was sich *ein für alle Mal* ereignet habe, sei Programm des Kirchenjahres.[17] Dogmatisch – und durchaus provokativ – gewendet, scheinen Christi Stationen seines Lebens mit GOTT, welche die Gemeinde Sonntag für Sonntag feiert, nur bedingt unter eschatologischem Vorbehalt zu stehen. Zwar wäre Sauter missverstanden, würde er diese Aussage auf das Kirchenjahr als Ganzes beziehen – ist doch sein Titel «Schrittfolgen der Hoffnung» gerade darin begründet, dass «jeder Festinhalt [...] in seiner Eigenart, mit seiner Zuspitzung und seinen Verweisen entdeckt werden [will], und er [...] sich jedes Mal unter einem anderen Blickwinkel von unerwarteter Seite zeigen»[18] kann –, doch sein «Was dürfen wir hoffen?» ist eben kein Marquardt'sches «Was dürfen wir hoffen, *wenn wir hoffen dürften*?»[19]. Mit dieser Argumentation scheint Sauter jedoch dem agendarisch adventlichen Erzählduktus zu entsprechen, was sich besonders bei der lukanischen Erzählung zum Entzug des den Jüngerinnen und Jüngern widerfahrenen Advents zeigt. Im Kirchenjahr nennt sich dieses Entzugs-Fest Himmelfahrt:

> «Und es geschah, während er sie segnete, schied er von ihnen und wurde hinaufgetragen in den Himmel. Und sie warfen sich vor ihm nieder und kehrten nach Jerusalem zurück *mit grosser Freude;* und sie waren allezeit im Tempel und *priesen Gott.*» (Lk 24,51–53)[20]

Eben noch Zeuginnen und Zeugen des Advents, haben auch sie – wie die heutige Gemeinde – keinen leibhaftigen Christus mehr vor Augen. GOTT ist an ihnen vorübergegangen; nun haben auch sie das Nachsehen. Was bleibt, ist ein andauernder Advent. Doch das scheint sie nicht zu bekümmern: Mit grosser Freude kehren sie zurück nach Jerusalem und preisen GOTT. Es scheint fast so,

15 Sauter, Schrittfolgen (Anm. 11), 16.

16 Sauter, Schrittfolgen (Anm. 11), 28.

17 Vgl. Sauter, Schrittfolgen (Anm. 11), 28.

18 Sauter, Schrittfolgen (Anm. 11), 7.

19 So der Titel der Eschatologie Friedrich-Wilhelm Marquardts (Hervorhebung M. K.-B.), den ich als doppelten eschatologischen Vorbehalt lese.

20 Hervorhebungen M. K.-B..

als würde sich hier der Kreis zur adventlichen Freude wieder schliessen, weshalb der Advent, will er sich als *cantus firmus* des Kirchenjahres verstehen, in besonderer Weise nach seiner Beziehung zu Himmelfahrt fragen muss. Denn womöglich zeigt sich gerade darin paradigmatisch die heutige Adventspraxis einer besinnlichen Freude, die ich im Folgenden kritisch hinterfrage. Die Kirche bietet damit zwar ein Kontrastprogramm zum geschäftigen Treiben in den Adventswochen, indem sie mit dem *Warten* und *Erwarten* diese adventliche Hektik entschleunigt. Doch mir scheint die Frage berechtigt zu sein, ob sich die Kirche damit nicht ebenso gegen die «geheimnisvolle Nacht [wehrt], die tief in jedem von uns herrscht»,[21] indem sie Advent feiert, als wüsste sie nicht um den Verlust durch Himmelfahrt. Als würde sie den zweiten Teil der Adventspräfation – «Ihn hast du gesandt als Sohn deines Volkes Israel, den Völkern das Heil zu verkünden, *durch ihn erfüllst du alle Verheissungen der Propheten*» – als gegenwärtig erfahrbar deklarieren. So stellt sie den Advent gerade nicht unter eschatologischen Vorbehalt, sie fragt nicht, was wir hoffen dürfen, wenn wir hoffen dürften.

Ist darum Matteos Einschätzung zum Advent als zutreffend auszuweisen, zumal das Verhalten der Jüngerinnen und Jünger nach Christi Himmelfahrt insofern als trotzig erscheint, als dass sie sich mit ihren Doxologien des buchstäblich fundamentalen Verlustes erwehren? Freilich: Dieses Phänomen ist den bibelkundigen Leserinnen und Lesern nicht unbekannt: Sie kennen es vor allem aus den Klageliedern des Psalters, in denen nicht selten Klage und Lob nahe beieinanderstehen und sich bisweilen gar gegenseitig begründen. Zwischen Klage und Lob, zwischen Verlust und Gewinn, zwischen Christi Himmelfahrt und dem GOTTESdienst der Jüngerinnen und Jünger, zwischen Advent und Parusie gibt es einen Stimmungsumschwung,[22] eine Leerstelle. Eine, die wir theo*logisch* nicht allzu schnell übergehen dürfen, wollen wir zu verstehen versuchen, warum Jesus seine Jüngerinnen und Jünger *verlassen* musste, um bei ihnen *bleiben* zu können. Auf das Kirchenjahr bezogen wird damit die Frage evoziert, wie wir Advent *trotz bzw. vielleicht gerade wegen* Himmelfahrt feiern können und sollen. Wie, um Matteos Worte noch einmal aufzugreifen, «der Dunkelheit trotzen», ohne über sie hinwegzusehen, ohne sie mit freudi-

21 Tamaro, Mein Herz (Anm. 2), 20.

22 Bernd Janowski hat einen vor allem in literarkritischer Hinsicht überzeugenden Ansatz entwickelt, der davon ausgeht, «dass hinter der Wende von der Klage zum Lob ein Prozess, genauer: ein Gebetsprozess steht, der von Anfang an, d. h. mit Beginn des Betens, in Gang kommt und den ganzen Text durchzieht» (ders., Konfliktgespräche mit Gott. Eine Anthropologie der Psalmen, Neukirchen-Vluyn ^{4}2013, 80). Dieser Ansatz bildet die Grundlage für das Gebetsverständnis meines Textes.

gen und flunkernden Adventslichtern, -liedern, -doxologien und -chorälen – durchaus (be)sinnlich – zu überdecken?

Diesen vermeintlich deutlichen Differenzwahrnehmungen und anfänglich offenkundigen Leerstellen zwischen Himmelfahrt und Advent will der hier dargelegte Text, der sich wiederholt selbst ins Wort fällt, nachgehen, um damit (vor)letztlich ein in kritischer Auseinandersetzung mit den Agenden stehendes Verständnis von Advent zu profilieren: *ein Verständnis, das dessen Wohnrecht im Kirchenjahr in der Erfahrung von Himmelfahrt konstituiert sieht.* Denn wie auch eine Himmelfahrt vom Kreuz aus oder aus dem Grab die irdische Zeit des Auferweckten bei seinen Jüngerinnen und Jüngern negiert und damit einen für Menschen nicht nachvollziehbaren Stimmungsumschwung mit sich bringt, bedarf die heutige Gemeinde des Advents als einer Zeit des Verstehens. Schliesslich bedürfen auch die Emmaus-Jünger der Auslegung der Schrift durch Christus selbst, um das Evangelium verstehen zu können (Lk 24,13–35).

Der Text fragt darum, wie dieses Nachsehen GOTT gegenüber theologisch begründet und zu verstehen ist (III.), um es dann in der Folge theologisch zu verantworten, indem der Beitrag die praktischen Folgen dieser Nach-Sicht bedenkt (IV.). Ein letzter Abschnitt zielt darauf, die gewonnenen Erkenntnisse kurz mit einem Menschen im Advent, Zacharias, und dessen Doxologie, dem Benedictus, ins Gespräch zu bringen (V.).

III. Vom «Ach» und dem «Ach ja» der Himmelfahrt her den Advent verstehen oder: Himmelfahrt als Libretto des *cantus firmus*

Deutlich behutsamer als das lukanische Geschichtswerk ist Johann Sebastian Bach mit der genannten Leerstelle umgegangen. Friedrich-Wilhelm Marquardt hat in seiner theologischen Utopie dem letzten Paragrafen, welcher sich mit «*Gott in einem eigenen Zusammenhang*»[23] befasst, den Titel «Lobet Gott in seinen Reichen» gegeben, der dem Eingangschor zu Bachs Himmelfahrts-Oratorium entstammt. Dieser Titel zielt darauf, die christliche Gemeinde als Liedermacherin anzusprechen, weil dies «eine umfassende Vorstellung vom Wesen der *Kirche* gibt»:[24] «Dazu ist die da, das ist ihre raison d'être: in allem, was sie tut, mit Worten und mit Werken eine Liedermacherin zu sein, die Gott be-

23 Friedrich-Wilhelm Marquardt, Eia, wärn wir da – eine theologische Utopie, Gütersloh 1997, 276 (Hervorhebungen hier im im Folgenden im Original).

24 Marquardt, Utopie (Anm. 23), 283.

singt.»[25] Theologie – die wissenschaftliche, kirchliche und akademische – ist Doxologie. Das Reden von GOTT, seine Ver*antwort*ung und Bewährung in der Dogmatik, soll GOTTESlob und Liedermacherei sein. Doxologie ist dabei aber nicht unkritisch gedacht, als wäre GOTTESlob nur ein «ästhetische[r] Sonntags-Schnörkel»[26] – eben: ein fröhliches Bild einer Kirmes –, verweist doch Bachs Textdichter mit der Zeile «Such sein Lob recht zu vergleichen» auf das der Doxologie innewohnende kritische Moment. Dieses Moment findet seinen textlichen und musikalischen Niederschlag vor allem im Abschiedsmoment der Himmelfahrt Jesu. Diese stürzt die Jüngerinnen und Jünger Jesu in eine «*Krise der Trennung*».[27] Jeweils dreimal – sowohl in einem Bass-Rezitativ (Nr. 3) als auch in der ersten (Alt-)Arie (Nr. 4) – wird mit einem «Ach» der grosse Schmerz des Abschiedes bezeugt, woraus Marquardt folgert: «Das ist eine realistische Situationsbeschreibung des Christentums. Was es begründet und prägte, hat es jetzt nicht mehr in sich, nicht einmal bei sich, ihm ist mit seinem Gründer auch seine Substanz verloren, der Bachdichter sagte: sein Leben.»[28] Denn wenn Christus von der Christenheit geht, verliert sie GOTT. Bachs Himmelfahrts-Oratorium ist darum alles andere als ein Triumphzug der Erhöhung Christi zum Herrscher vom Himmel her, wie es das Kirchenlied «Jesus Christus herrscht als König» (RG 492) erahnen lässt, das gerne an Auffahrt lautstark von der Gemeinde gesungen wird.

Doch, analog zu den meisten Klageliedern des Psalters, geschieht er dann doch, wenn auch zaghaft: der Stimmungsumschwung im Alt-Rezitativ (Nr. 7a), in der Bitte um die Rückkehr des zum Himmel Gefahrenen: «Ach ja, so komme bald zurück.» Marquardt resümiert darum zutreffend: «Christ wäre danach, wer auf Wiederkehr von Verlorenem zu hoffen wagte.»[29] Jedoch, und das scheint mir besonders wegweisend zu sein, steht das «Ja» nicht alleine, sondern bildet zusammen mit dem «Ach» eine in sich selbst «spannungsgeladene Beziehung».[30] Wenn eine solche Spannung zweifelsohne auch auf den Stil des Barocks verweist,[31] sieht Marquardt darin eine christlich dialektische Erkenntnis: «Im Verlust, in der Negation wartet Position, eine, die es allerdings nicht

25 Marquardt, Utopie (Anm. 23), 283.
26 Marquardt, Utopie (Anm. 23), 282.
27 Marquardt, Utopie (Anm. 23), 284.
28 Marquardt, Utopie (Anm. 23), 284.
29 Marquardt, Utopie (Anm. 23), 285.
30 Marquardt, Utopie (Anm. 23), 286.
31 Vgl. Rolf Dammann, Der Musikbegriff im deutschen Barock, Laaber 1984, 196ff.341.

gäbe ohne den Schmerz der Trennung.»[32] Die damit ausgedrückte Fraglichkeit GOTTES im christlichen Glauben wird sodann nicht durch Einflüsse moderner oder antiker «Atheismen» an das Christentum herangetragen, sondern sie ist eine, «die im Inneren der von der Bibel erzählten Geschichte selbst aufkommt, an der die Christen sich beteiligen und die sie überhaupt zu Christen macht»[33].[34]

Daraus ergeben sich für ein entsprechendes Advents-Verständnis vor allem zwei Implikationen: Die Bach'sche Interpretation der Himmelfahrt führt die christliche Gemeinde zu einer Selbsterkenntnis, wie sie sich als adventliche Gemeinde zu verstehen hat. Darüber hinaus leitet sie die Gemeinde an, wie sie dieser Selbsterkenntnis Ausdruck verleiht.

Wird Advent *nach* Himmelfahrt gefeiert, kommt die christliche Gemeinde immer von der «Krise der Trennung» her und wird sich im Feiern des Advents dieser «christlich dialektischen» Existenz im Besonderen gewiss. Denn gerade im Lichte der Verlustserfahrung von Himmelfahrt, in der Erfahrung, als Mensch GOTT gegenüber das Nachsehen zu haben, wird sich die Bitte um die Rückkehr des Gekommenen umso dringlicher stellen. Und womöglich bedarf die adventliche Gemeinde dieser spannungsgeladenen Beziehung zwischen Himmelfahrt und Advent, um nicht einer besinnlichen Freude zu verfallen. Diese wüsste ja nicht um die Fraglichkeit GOTTES im christlichen Hoffen und Glauben, sondern flimmerte gleichsam nur fröhlich vor sich hin. Es ist – im Anschluss an Bach – weniger die Himmelfahrt als solche, denn die damit intendierte *Leerstelle*, die den Inhalt des *cantus firmus*, sprich das Libretto, bestimmt. Weil nun die Himmelfahrtserfahrung, GOTT gegenüber das Nachsehen zu haben, den Menschen gerade im Advent umso bewusster werden kann – er feiert ja im Bewusstsein, dass sich GOTT ihm durch Himmelfahrt entzogen hat –, lehrt diese Erfahrung beten:[35] Darin zeigt sich eine «umfassende Vorstellung vom Wesen der Kirche», indem die Gemeinde im Gebet dem GOTT entspricht, DER zwar an ihr vorübergegangen ist, auf DESSEN Wiederkehr sie

32 Marquardt, Utopie (Anm. 23), 286.

33 Marquardt, Utopie (Anm. 23), 286.

34 Es ist darum paradigmatisch, dass Bernd Janowski seine Anthropologie der Psalmen «Konfliktgespräche mit Gott» (Anm. 22) genannt hat, bezeugt doch der Psalter als Doxologiesammlung mit Themen wie GOTTverlassenheit, Krankheit, Rechtsnot und Anfeindung, aber auch Vergänglichkeit, Errettung vom Tod und GOTTESlob in besonderer Weise die ins Gebet genommene Fraglichkeit, ja Frag*würdigkeit* GOTTES.

35 Marquardt entfaltet diesen Zusammenhang zwischen Himmelfahrt und Doxologie bzw. warum GOTT gegenüber das Nachsehen zu haben, Menschen überhaupt erst lehrt zu beten, mithilfe der Erzählung aus Ex 33 und bestimmt diese als eine «Gott wesentlich bezeichnende Erzählung». Marquardt, Utopie (Anm. 23), 459, vgl. grundsätzlich 459–463.

aber im Advent zu hoffen wagt, indem sie betet. Und womöglich ist das Gebet auch die Art und Weise, die es der Gemeinde erlaubt, auch GOTT IHR Vorübergehen an ihnen nachzusehen, GOTT gegenüber nachsichtig sein zu können. Will die adventliche Gemeinde eine Liedermacherin sein, die sich des ihr «innewohnenden kritischen Moments» dieses Librettos bewusst ist, muss im Folgenden danach gefragt werden, *wie* (vornehmlich adventliche) Menschen beten, die an beidem festhalten: am «Ach» und «Ach ja» von Himmelfahrt.

IV. Adventliche Menschen sind betende Menschen

1. Vom falsch verstandenen Beten

Im Adventszyklus wird des auf uns zukommenden GOTTES, dem gegenüber wir das Nachsehen haben, gedacht. Dem entspricht, keine Wege zu suchen, GOTT erreichen zu wollen. (Adventliches) Gebet ist sodann kein Versuch des Menschen, GOTT aus sich selbst heraus zu erreichen, sondern viel eher ein dem Advent und damit dem auf uns zukommenden GOTT adäquates Tun – so erzählt es die zweite lukanische Erzählung von Himmelfahrt: Apg 1,11. Ausserdem beten adventliche Menschen, weil GOTT zuerst gebetet hat, verlässt doch auch Christus seine Jüngerinnen und Jünger im Gebet (Lk 24,51a). Denn erst der Entzug Christi durch Himmelfahrt fordert die Gemeinde dazu auf, selbst mündig zu werden. Dass dieser menschlichen Gebetsmündigkeit diejenige GOTTES vorausgeht, liegt darüber hinaus auch in GOTTES Wort-Sein (Joh 1,1) und IHRER vom freien göttlichen Erwählungshandeln evozierten (Liebes-)Bedürftigkeit begründet, die auf eine sich im Gebet artikulierende menschliche Entsprechung zielt.[36] Das Gebet der Menschen fragt indes selbst nach einer Entsprechung und kann so zur «Propädeutik und zum Vorspiel alles Himmlischen»[37] werden. Doch Letzteres verweist zweifelsohne auch auf die Schwierigkeit menschlichen Betens, gibt es doch auch so etwas wie ein falsch verstandenes Gebet. Beten kann, so hat es Dorothee Sölle einmal formuliert, «zu einem Alibi werden, das zur Zeit des Verbrechens die Nutzniesser und Mitschuldigen davon abhält, irgendetwas gewusst zu haben, es kann zu einer Passivität verführen, die lieber mit Martin Luther singt ‹Verleih uns Frieden gnädiglich›, als mit Franziskus ‹Werkzeug deines

36 Vgl. Fulbert Steffensky, Gebet: die Flucht in den Blick der Güte: ders., Der alltägliche Charme des Glaubens, Würzburg ^{6}2009, 11–30 (15f.).

37 Steffensky, Gebet (Anm. 36), 15.

Friedens› selber zu werden».[38] Adventliches Beten tut darum gut daran, der dem Advent zugrunde liegenden Erwartungszeit betend zu entsprechen. Einem so verstandenen Gebet fällt der Advent wiederholt ins Wort, um das Gebet von allzu menschlichen Erwartungen und Illusionen zu befreien:

> «Wer geduldig wartet und auch innerlich dem Erwarteten entgegengeht, wird auch bereit werden für die Klärung seiner Erwartungen, die gereinigt werden müssen von so vielem, das sie trübt und mit Illusionen durchsetzt. Manche Erwartungen, gerade auf Weihnachten hin, tragen den Keim zu ihrer Enttäuschung in sich, nicht nur, weil sie übertrieben sind, sondern vor allem, weil sie sich nichts entziehen lassen wollen.»[39]

2. Vom Beten, Tun des Gerechten und Warten auf GOTTES *Zeit*

Doch auch in diesem Zusammenhang gibt es wohl ein falsch verstandenes, um nicht zu sagen: unbiblisches Gebet, wird es einzig auf das Moment des Wartens und damit auf die vermeintliche Untätigkeit reduziert. Zwar spielt die Heilsarmee in den Adventswochen auf und erinnert Menschen mit ihren Liedtexten an das Heilshandeln GOTTES in und durch Jesus Christus. Und ohnehin ist die Heilsarmee Erinnerung an karitatives Handeln der Menschen gegenüber Notleidenden – geht sie doch mit bestem Beispiel voraus. Aber von diesem Beispiel abgesehen wollen uns die vielen Lichter, der Glamour in der Welt während der Adventszeit doch gerade davon ablenken zu sehen, dass da so gar nichts an ein Heilshandeln Christi erinnert, weil das Geflimmer der Adventslichter die Dunkelheit zu- und verdeckt. In den Adventswochen vergessen wir nur zu schnell, und dem Stress geschuldet sicherlich auch allzu gerne, das *Christo in pauperibus*.[40] Nach dem Verständnis der Bibel intendiert Warten bzw. Ruhe nicht die Untätigkeit des Menschen, sondern Hoffnung, in der verantwortliches Handeln ermöglicht wird.[41] Ein Warten, ein Ruhen und demge-

38 Dorothee Sölle, Das Recht ein anderer zu werden. Theologische Texte: dies., Gesammelte Werke, Bd. 1: Sprache der Freiheit, hg. von Ursula Baltz-Otto und Fulbert Steffensky, Freiburg i. Br. 2006, 183.

39 Sauter, Schrittfolgen (Anm. 11), 61.

40 Der als lateinischer Ablativ gelesene Zu- und Anspruch – «Christus unter den Armen!» – ist in Bern gewissermassen ins Bild gesetzt, um nicht zu sagen ein Mahnmal, wenn die Heilsarmee unter dem Baldachin des Hauptbahnhofes steht und hinter ihr die Inschrift «Christo in pauperibus» des ehemaligen Burgerspitals zu sehen ist.

41 Vgl. Jürgen Ebach, Zum Thema: Arbeit und Ruhe im Alten Testament. Eine utopische Erinnerung: ZEE 24/1980, 7–21 (21). Ohnehin ist biblische Zeit immer Zeit *für*

mäss auch ein Beten *an sich* gibt es nicht. Der Benediktinerorden hat ein solches Gebetsverständnis auf die Regel «ora et labora» gebracht. Es kann wohl bisweilen geschehen, dass Letzteres das Gebet überflüssig macht, aber das Gebet ersetzt nicht die Bereitschaft der Betenden, alles Menschenmögliche zu tun, um dem im Gebet Erbetenen zu entsprechen.[42] Beten ist keine Ersatzhandlung für menschenunmögliches und -unwirksames Handeln auf und in dieser Welt, durchbricht doch die Menschwerdung GOTTES – woran das Kirchenfest Weihnachten erinnert – die vertikale hin zur horizontalen Sprechachse des Gebets, weil sich dieses als ein «Im-Gespräch-mit-GOTT-Leben»[43] artikuliert. Eben damit greift adventliches Beten vor und verweist auf Weihnachten. Darüber hinaus scheinen adventliche GOTTESdienste dazu anzuregen, GOTTESdienst als Kommunikation zu verstehen, insofern «als dass unser lieber Herr selbst mit uns rede durch sein heiliges Wort und wir umgekehrt mit ihm reden durch unser Gebet und Lobgesang».[44]

Dietrich Bonhoeffers Ethik wird gerne und oft – analog der genannten Benediktinerregel – auf die Formel «Beten und Tun des Gerechten» gebracht. Doch diese Formel greift zu kurz und reduziert Bonhoeffers Intention, gibt er doch wenig später nach dem Ende der «Gedanken zum Tauftag von Dietrich Wilhelm Rüdiger Bethge»[45] zu bedenken: «[...] es wird Menschen geben, die beten und das Gerechte tun *und auf Gottes Zeit warten.*»[46] Was sich im Zusatz «und auf Gottes Zeit warten» verbirgt, ist die Hoffnung, die auf den *treuen* GOTT wartet. Diese Hoffnung setzt gegen den Augenschein und im Tun des

etwas. Vgl. dazu Jürgen Ebach, «Leben in der Zeit». Biblische Besinnung zu Prediger 3: ders., Vielfalt ohne Beliebigkeit. Theologische Reden 5, Bochum 2002, 192–210.

42 Dieser Argumentation entsprechend legt etwa Karl Barth die Bitte um die Heiligung des GOTTESnamens im Unservater aus: «Wer wirklich Gott mit dieser Bitte in der Gewissheit ihrer Erhörung inkommodiert und engagiert, der inkommodiert und engagiert – ein ernstlich und gründlich Beunruhigter und Aufgescheuchter – [...] auch sich selber, der erklärt und macht sich selbst innerhalb seiner Grenzen verantwortlich dafür, dass in der Sache, im Blick auf die er zu Gott betet, auch seinerseits ein Entsprechendes geschehe.» Ders., Das christliche Leben. Die Kirchliche Dogmatik IV/4, Fragmente aus dem Nachlass, Vorlesungen 1959–1961 (GA 7), hg. von Hans-Anton Drewes und Eberhard Jüngel, Zürich [2]1979, 284.

43 Vgl. Dorothee Sölle, Atheistisch an Gott glauben. Beiträge zur Theologie, Olten/Freiburg i. Br. [2]1969, 109–117 (113).

44 Martin Luther, Kirchweihtag. Luk. 14, 1–6 (1544): Kurt Aland (Hg.), Die Predigten (Luther Deutsch. Die Werke Luthers in Auswahl, Bd. 8), Göttingen 1991, 440–444 (440).

45 Dietrich Bonhoeffer, Widerstand und Ergebung. Briefe und Aufzeichnungen aus der Haft, hg. von Eberhard Bethge. Mit einem Nachwort von Christian Gremmels, München [14]1990, 321ff.

46 Bonhoeffer, Widerstand (Anm. 45), 328 (Hervorhebung M. K.-B.).

Gerechten letztlich doch auf GOTT. Auf diese Weise wird das menschliche Handeln in den Horizont göttlichen Handelns gestellt. Das Auf-GOTTES-Zeit-Warten zielt darauf, das vom Menschen gestaltete Präsens im Advent GOTTES zu sehen. Adventliches Hoffen heisst darum, auf GOTTES Handeln zu warten, insofern damit die Hoffnung ausgedrückt wird, dass GOTTES Möglichkeiten, SEIN Tun des Gerechten, unsere Möglichkeiten immer noch übersteigen. Adventliche Menschen beten darum polyphon: im Sprechen des Gebets als solchem, im Tun des Gerechten und im Warten auf GOTTES Zeit. Und ein solches Beten bleibt denn auch nicht beim (zu) oft zitierten Diktum Sölles stehen, wonach GOTT keine anderen Hände als die unsrigen habe,[47] und setzt nicht trotz, sondern wegen des *laborare* auf die Möglichkeiten GOTTES. Beten im Advent ist ein widerständisches Tun, weil es sich mit der Welt – als wäre sie die einzige und ganze Wirklichkeit –, wie sie ist, nicht abfindet. Sie bewährt damit, was Jürgen Ebach auf den Satz «Weil das, was ist, nicht alles ist, kann das, was ist, sich ändern»[48] gebracht hat. Vielleicht ist darum gerade der Sprechakt der Klage – nicht nur wegen der bereits genannten Leerstelle – die dem Advent entsprechende Gebetsform, steht sie doch für die «Leid- und Schmerzempfindlichkeit der biblischen Gottesrede und des biblischen Gottesglaubens»,[49] zumal die Welt gerade nicht so erfahren wird, wie sie um GOTTES willen sein sollte. Adventliche Menschen sind demgemäss differenzsensible Menschen, die ihr Recht zur Klage aus der Differenz zwischen der real existierenden Welt und den biblisch bezeugten Verheissungen GOTTES ableiten. Gerade darin wird der Adventszyklus zu einer Gebetsschule, weil sich die Differenzsensibilität nur dadurch einstellt, dass GOTT im Wort steht und bei eben diesem Wort genommen wird. Adventliches Beten muss also gelernt sein.[50]

47 Vgl. Sölle, Recht (Anm. 38), 184.

48 Vgl. Jürgen Ebach, Weil das, was ist, nicht alles ist. Theologische Reden 4, Frankfurt a. M. 1998, 9–11. Der Satz ist die theologische Variante des philosophischen Diktums von Theodor W. Adorno, Negative Dialektik (GS 6), Frankfurt a. M. (1966) 1997, 391: «Nur wenn, was ist, sich ändern lässt, ist das, was ist, nicht alles.»

49 Georg Steins, Klagen ist Gold!: ders. (Hg.), Schweigen wäre gotteslästerlich. Die heilende Kraft der Klage, Würzburg 2000, 9–15 (9).

50 Dass Beten per se keine Kunst, sondern ein Handwerk ist, betont Steffensky, Gebet (Anm. 36), 28ff.

3. Die adventliche Gebetsschule

In dieser Gebetsschule werden adventliche Menschen in besonderer Weise ein Zweifaches lernen: sich nicht selbst zu erfinden und sich daraus folgend in die *communio sanctorum* einzureihen, sprich, das Gebet als einen Ort zu verstehen, an dem die Traditionen lebendig werden.

Zum Ersten sei gesagt, dass das adventliche Gebet die bedingungslose Kapitulation des Ichs und die Annahme der *sola gratia* GOTTES ist, insofern die Hoffenden sich im Gebet nicht nur auf GOTT ausrichten, um so einen gestisch-rituellen GOTTESbezug herzustellen,[51] sondern sich darüber hinaus GOTT «elementar» stellen:[52] Der Mensch, der betet, will und muss nicht sein wie GOTT, denn was ihn menschlicher macht, lässt GOTT göttlicher sein. Das adventliche Gebet bestimmt damit auch seinen dogmatischen Ort in der *providentia Dei*, zumal sich die in dieser Weise betenden Menschen zu ihrem eigenen Bedürfen der Zuwendung und Fürsorge GOTTES bekennen.[53]

Zum Zweiten sei gesagt, dass nun adventliche Menschen, weil sie sich im Gebet nicht selbst erfinden müssen, im Gebet auf die Traditionen zurückgreifen und so einen Resonanzraum für die Geschichte GOTTES mit IHREN Geschöpfen schaffen.[54] Bedient sich das Gebet biblischer Doxologien, geschieht dadurch eine «radikale Entprivatisierung des Sprechens im Mitsprechen».[55]

Wie lässt sich dies biblisch theologisch begründen? Die Formulierung «Ich will singen JHWH, weil ER wohlgetan hat an mir», mit der Ps 13 – ein Klagelied – endet, erinnert an den Anfang des Schilfmeerliedes in Ex 15,1b: «Ich will besingen JHWH, denn hoch erhaben ist ER.» Das ist insofern interessant, als dass der Verfasser des Psalms – es könnte auch eine Verfasserin sein – ein Sprachelement ins Spiel bringt,

---

51 Vgl. Karl Barth, Not und Verheissung der christlichen Verkündigung: ders., Das Wort Gottes und die Theologie, München 1924, 99–124, bes. 104–107.

52 Vgl. Steffensky, Gebet (Anm. 36), 16–19.

53 Vgl. Ps 104.

54 Das Gebet nimmt damit womöglich auch eine Form der Katechese an, wohlbedacht dessen, dass sich diese ereignen muss und von den Betenden – etwa im gottesdienstlichen Raum – nicht intendiert sein darf: «Die Verwendung traditioneller liturgischer Elemente und Abläufe diene[n] [...] nicht nur der Pflege des kulturellen Gedächtnisses, der Rückbesinnung auf über Jahrhunderte Bewährtes, sondern verhelfe[n] der Gemeinde, sich die Liturgie anzueignen, sich in ihr ‹zu Hause zu fühlen›.» David Plüss, Die Bildungsfunktion liturgischer Ordnung: Claudia Kohli Reichenbach/Isabelle Noth (Hg.), Religiöse Erwachsenenbildung. Zugänge – Herausforderungen – Perspektiven (Praktische Theologie im reformierten Kontext, Bd. 7), Zürich 2013, 129–140 (137).

55 Dietrich Ritschl/Martin Hailer, Grundkurs Christliche Theologie. Diesseits und jenseits der Worte, Neukirchen-Vluyn [3]2010, 387.

das von den Adressatinnen und Adressaten nicht nur adäquat verstanden wird, sondern darüber hinaus an die «Rettungserfahrung Israels» erinnert. Darauf macht auch Beat Weber aufmerksam, wenn er konstatiert: «Er [sc. der Beter] bringt damit den Siegeshymnus seines Volkes neu zum Klingen, der die grundlegende Rettungserfahrung Israels besingt. Zugleich modifiziert er sie, indem er nach der Begründungspartikel (‹denn›) den Beginn des alten Siegesliedes in eine ‹Toda› (Lobdank) überführt. So wird die persönliche Heilserfahrung mit der grossen heilsgeschichtlichen des Volkes verbunden.»[56] Auf den Punkt gebracht: Die in Ps 13 formulierte Bezugnahme auf die Tradition begründet die Hoffnung.[57]

Adventliche Menschen fordern darum mit ihren Gebeten die göttlichen Verheissungen ein, indem sie das dem gesamten Kirchenjahr zugrunde liegende Gedenken GOTTES zwar nicht als Gespräch eröffnen, wohl aber auf das Angesprochensein durch GOTT antworten, mehr noch: ihr Reden *von* GOTT als ein Reden *mit* GOTT ver*antworten.*

Hat nun die Gemeinde in der adventlichen Gebetsschule gelernt, die Verheissung GOTTES durch das Gebet zu *wahren*, so wird ihr der Advent erneut ins Wort fallen müssen, um sie darauf hinzuweisen, dass er nicht nur dazu auffordert, zurückzublicken – er es demgemäss nicht nur mit dem *zuvor*gekommenen GOTT zu tun hat –, sondern auch vorauszublicken – er es folglich mit dem *entgegen*kommenden GOTT ebenso zu tun hat. Oder anders ausgedrückt: Die Gemeinde wird die Verheissungen auch zu *bewähren* haben. Gerade darin zeigt sich das dialektische Zeitverständnis des Advents: Er stellt uns vor die Herausforderung, Chronos und Kairos zusammenzudenken – ein freilich gewagtes, womöglich verwegenes Unterfangen, zumal die zwei Zeiten nicht eigentlich kommensurabel sind –, weshalb Magdalene L. Frettlöh zutreffend konstatiert: «Im Advent verschränken sich die Zeiten, die *chronologisch* unumkehrbar gegeneinander abgeschottet sind, *kairologisch* und öffnen sich füreinander. Das wehrt einer blinden Zukunftsgläubigkeit ebenso wie einer nostalgischen Verklärung der Vergangenheit, die beide in Gefahr stehen, die

---

56 Beat Weber, Art. Poesie (AT): Das wissenschaftliche Bibellexikon im Internet (www.wibilex.de), 2007 (1.11.2017).

57 Es ist die Hoffnung, dass JHWH die Betenden aus ihrer Not befreien wird, wie SIE auch einst IHR Volk aus dem Sklavenhaus in Ägypten befreit hat. Dass Befreiung die erste und grundlegende Erfahrung des Volkes Israel mit seinem GOTT, aber auch der Bibel überhaupt, ist, zeigt die Tatsache, dass die Exoduserfahrung den Geboten des Dekalogs vorangeht. Darum schreibt auch der Midrasch, dass der Beter in Ps 13 trotz allem an der Tora festhält: «Although I am sorrowfully oppressed by the kingdoms, yet I continue with my whole heart to observe the Torah and the commandments which Thou gavest me on Sinai.» William G. Braude, The Midrash on Psalms, New Haven 1959, 178.

Gegenwart zu überspringen, den Kairos des Hier und Heute zu verpassen. Im Advent leben heisst *geistesgegenwärtig* leben […].»[58]

Die Verschränkung der Zeitebenen durch den Advent zeigt sich darin, dass die adventliche Gemeinde sich in der Gegenwart – chronologisch – als durch das Handeln GOTTES – kairologisch – getragen und bestimmt findet. Gerade damit aber verstärkt der Advent sein Wohnrecht im Kirchenjahr in der Entzugserfahrung von Himmelfahrt, zumal sich damit die Frage nach der Relation zwischen dem Entzug der irdischen – und damit zeitlich und lokal begrenzten – Gegenwart des Gekreuzigten und der erhofften göttlichen *All*gegenwart stellt. Zwar ist die Heimkehr des *GOTTESsohnes*, um zur Rechten GOTTES zu sitzen, Anlass zur innertrinitarischen Doxologie, doch inwiefern sie auch Anlass zur menschlichen Doxologie ist, zeigt sich wohl erst in der Bedeutung der Inkarnation, der Menschenwerdung GOTTES – sprich in der Gegenwärtigkeit GOTTES in Jesus Christus bzw. in IHRER Entscheidung, aus dem Kairos in den Chronos einzutreten –, insofern sie in Bezug auf Himmelfahrt stärker die Heimkehr des *Menschensohnes* thematisiert. Weihnachten – das Fest des Kirchenjahres zwischen Advent und Himmelfahrt – ist dabei selbst höchst dialektisch, weil es einerseits zwar die Doxologie seitens der Menschen ermöglicht, andererseits aber diese Doxologie in Form der Klage noch verstärkt, zumal die Inkarnation damit die Differenzsensibilität – nun zwischen vermisster Gegenwart und erhoffter Allgegenwart – der betenden Adventsgemeinde auf die Spitze treibt.

Dietrich Bonhoeffer hat die Kategorie der Gegenwart als eine der Christologie inhärente dialektische Struktur, die durch die Inkarnation erst intendiert ist, in seiner in der Rezeption viel beachteten Christologie-Vorlesung im Sommersemester 1933 in Berlin entfaltet. Für den Diskurs hier interessant ist, dass er dafür indirekt die Frage des Johannes in Mt 11,3b – das agendarische Evangelium des dritten Sonntages im Advent – aufgreift: «Wer bist Du, bist Du Gott selbst? Um diese Frage geht es in der Christologie allein.»[59] Ziel müsse es sein, bei dieser Wer-Frage zu bleiben, «ohne sich in die Scylla der ‹Wie-Frage› oder die Charybdis der ‹Dass-Frage› zu verirren».[60] Dem ersten Ungeheuer sei die Alte Kirche, dem zweiten die moderne Theologie seit der Aufklärung verfallen. «In der Mitte hindurch ist Luther und Paulus und das Neue Testament gegan-

58 Magdalene L. Frettlöh, Die heilvolle Heimsuchung des Gottes Israels. Predigtmeditation zu Lukas 1,67–79: dies., Worte sind Lebensmittel. Kirchlich-theologische Alltagskost (Erev-Rav-Hefte, Biblische Erkundungen, Bd. 8), Wittingen 2007, 161–170 (161). Zum letzten Sonntag im Kirchenjahr als Entmachtung des Chronos vgl. ausserdem Frettlöhs Beitrag in diesem Band.

59 Dietrich Bonhoeffer, Vorlesung «Christologie» (Nachschrift): ders., Berlin 1932–1933 (DBW 12), hg. von Carsten Nicolaisen und Ernst-Albert Scharffenroth, Gütersloh 1997, 279–348 (282).

60 Bonhoeffer, Christologie (Anm. 59), 285.

gen.»[61] Bonhoeffers Konzeption der «Gegenwart Christi» fusst auf der soteriologischen These der Gleichzeitigkeit des gekreuzigten und auferstandenen Christus, womit er sich gegen Melanchthon und in dessen Gefolge wohl auch Schleiermacher und Ritschl wendet, welche die christologische Frage auf die soteriologische zurückführten und so nach dem *Wie* Christi, sprich seinem Werk, und eben nicht nach dem *Wer* Christi fragten. Für Himmelfahrt bedeutet ein solches Verständnis, dass der GOTTES- *und* Menschensohn heimkehrt, oder in einem Bild ausgedrückt: Zur Rechten GOTTES sitzt der Gekreuzigte mit seinem Auferweckungsleib. Und womöglich lässt sich damit in der Folge auch erklären, warum Karl-Heinrich Bieritz in den Adventsliedern in Anlehnung an Tit 3,4 die «*Erscheinung* der Menschenfreundlichkeit Gottes»[62] sieht.

Zudem zeigen sich in Bonhoeffers Christologie-Vorlesung Ansätze für jene Theologie, die sich vor allem im Briefwechsel mit seinem Freund Eberhard Bethge und anderen Aufzeichnungen aus der Haft 1943–1945 explizieren wird:[63] die Theologie, welche die sich in der Passion Jesu von Nazareth zeigende Leidensfähigkeit Gottes, gar SEIN Leiden *an* der Welt thematisiert. In dieser Betonung der Ohnmacht und der damit zwangsläufig einhergehenden Verabschiedung eines metaphysischen Allmachtsverständnisses bündelt sich die Frage, die letztlich jedes Gebet nach sich ziehen *muss* und an der folglich auch der Advent, nicht *wenn*, sondern *weil* er den Weg zu Weihnachten bereitet, nicht *vorübergehen* kann: die Frage, die «‹die› Krise der Theologie»[64] ist: die Theodizee – die Frage nach der Rechtfertigung GOTTES angesichts des Leide(n)s auf und in dieser Welt.

4. Die ins Gebet genommene Theodizee

Diesem erneuten adventlichen Ins-Wort-Fallen durch das Stellen der Theodizeefrage wird die Gemeinde nicht standhalten können, zumal menschliche Antworten auf die Theodizee per se gefährdet sind, wenn nicht Anthropodizeen,[65] so doch Theanthropodizeen zu sein, weil Menschen nur auf eine Be-

61 Bonhoeffer, Christologie (Anm. 59), 285.

62 Karl-Heinrich Bieritz, Der Gottesdienst im Kirchenjahr, Berlin 2002, 5.

63 Vgl. Bonhoeffer, Widerstand (Anm. 45).

64 Johann Baptist Metz, Theodizee-empfindliche Gottesrede: ders. (Hg.), «Landschaft aus Schreien». Zur Dramatik der Theodizeefrage, Mainz 1995, 81–102 (97).

65 Vgl. Magdalene L. Frettlöh, Gottes doppelter Ort. Gott denken jenseits der Alternative von Immanenz oder Transzendenz: FAMA 4/2014, 3–5 (4).

deutung des doppeldeutlichen Genitivs von «Theodizee» antworten können: auf eine menschliche Rechtfertigung GOTTES, nicht aber auf GOTTES eigene Rechtfertigung. Eine Antwort auf die Theodizeefrage ist folglich theologisch nicht ver*antwort*bar, wohl aber ist der Umgang mit ihr theologisch zu ver*antworten*, weil er darauf zielt, die menschenunmögliche Theodizee – *GOTTES* Rechtfertigung – zu provozieren und damit GOTT nicht aus der Verantwortung zu entlassen, selbst dazu Stellung zu nehmen. Das adventliche Gebet benennt damit als einen weiteren *locus theologicus* denjenigen der Soteriologie, weil es ebenso nach einer Rechtfertigung GOTTES fragt. Der Umgang mit der Theodizee indes artikuliert sich, entsprechend dem eigenen Umgang des GOTTESsohnes mit der Theodizee (vgl. Mk 15; Mt 27), im Sprechakt der Klage:[66] «Die Klagetexte sind Ausdruck der Hoffnung auf eine Selbstrechtfertigung Gottes angesichts des Leids.»[67] Will man das Motiv der Klage beibehalten, jedoch darüber hinaus die Theodizeefrage nicht beantworten, bedarf es der Bestimmung der Relevanz der Auferweckung Christi für die Theodizee. Darum ist die Rede vom mitleidenden GOTT christlicherseits nur dann sinnvoll, wenn sie der Rede von der totenerweckenden Macht GOTTES (Röm 4,16; 1Kor 15) klar untergeordnet[68] ist. Andernfalls wäre die Kreuzestheologie, die von einem mitleidenden GOTT ohne eschatologische Allmacht spricht, eine klägliche Hoffnungslosigkeit.[69] Was den Menschen im Umgang mit der Theodizee zutiefst mit GOTT bzw. mit dem Sohn GOTTES verbindet, ist der Umgang Christi selbst mit der Theodizee als Klage – bildlich symbolisiert in den nach Heilung *klagenden* Kreuzesmalen – und das eben *nicht nur* am Kreuz und im Kreuzesgeschehen: Die Menschen finden in Christus einen leiblichen Resonanzraum

66 Ich gehe hier davon aus, dass die Theodizeefrage eine existenzielle Frage darstellt, die im Leiden selbst aufbricht und so als «Anfechtung» des Glaubens zu verstehen ist. Dass die Theodizeefrage indes oft als eine theoretische Frage, das heisst als ein Akt des Denkens, verstanden wird, stelle ich nicht infrage, sie wäre aber demgemäss anders zu erörtern. Die Theodizeefrage, die hier behandelt werden soll, artikuliert sich menschlicherseits sodann in der Warum- und Wozu-Frage der betenden Advents-Gemeinde. Vgl. Joachim Kunstmann, Theodizee. Vom theologischen Sinn einer unabschliessbaren Frage: EvTh 59/1999, 92–108 (95).

67 Thomas Hieke, Schweigen wäre gotteslästerlich. Klagegebete – Auswege aus dem verzweifelten Verstummen: Georg Steins (Hg.), Schweigen wäre gotteslästerlich. Die heilende Kraft der Klage, Würzburg 2000, 45–68 (62).

68 Vgl. Karl Barth, Die Kirchliche Dogmatik, Bd. IV/1, Zürich 1980, 327ff.

69 Vgl. Hans Hermann Henrix, Machtentsagung Gottes? Ein Gespräch mit Hans Jonas im Kontext der Theodizeefrage: Johann Baptist Metz (Hg.), «Landschaft aus Schreien». Zur Dramatik der Theodizeefrage, Mainz 1995 Metz, 118–143 (140ff.).

für ihre Klage.[70] Exakt an diesem Punkt nun scheint sich der Kreis zwischen Advent und Himmelfahrt zu schliessen, denn hinaufgefahren zur Rechten des Vaters, mahnt Christus als Stellvertreter für alle Klagenden dieser Erde GOTT mit seinen Wundmalen und rechtfertigt so das Klagen vonseiten der Menschen, gar ihr Anklagen GOTTES. Himmelfahrt ist sodann – aber eben, wie mir scheint, erst aufgrund dieser hier beschrittenen Erkenntniswege – nicht als Verlust, sondern als eine Ent-Grenzung der Gegenwart GOTTES zu verstehen. An diese sowohl räumliche als auch zeitliche Entgrenzung erinnert die adventliche Gebetsgemeinde, zumal sie in ihrer eigenen Sehnsucht nach dem Himmel *betet* und *auf Gottes Zeit wartet,* jedoch in ihrem *Tun des Gerechten* der Erde treu bleibt.

Dadurch setzt nun Christus nicht nur den menschlichen Umgang mit der Theodizee ins Recht sondern erfüllt zugleich seine Aufgabe, GOTT daran zu erinnern, sich dieser Frage stellen zu müssen. Christus wird so zum Anwalt und Stellvertreter der Menschen, der sie von einer allfälligen Anthropodizee freispricht und für sie bei GOTT Gerechtigkeit ein*klagt.* Eine solche Eschatologie verzichtet nicht auf das Prädikat der göttlichen Allmacht, sieht es aber unter eschatologischem Vorbehalt. Sodann befindet sich «alles Leid der Erde [...] in ihm und findet auch in ihm statt. Die Passion Gottes mit den Menschen ist also keine schwächliche Angelegenheit, sondern der Beweis einer masslosen Liebes- und Lebenskraft».[71] Damit sind aber die Menschen keineswegs aus ihrer eigenen Verantwortung entlassen. Durch die Erfahrung der Himmelfahrt im Advent angekommen, bekennen sie sich zu ihrer *cooperatio Dei,* zur Mitarbeit mit GOTT, indem sich das menschliche Klagen nicht nur nicht über die Opfer hinwegsetzt, sondern das Bewusstsein der Menschen zum Ausdruck bringt, mit der Welt und ihren Bewohnerinnen und Bewohnern in solidarischer Achtung und Aufmerksamkeit verbunden zu sein. Darin zeigt sich die bereits genannte adventliche *caritas,* und die liturgische Konsequenz für den reformierten GOTTESdienst wäre wohl eine Für-Klage. Eine solche Klage ist stellvertretendes Beten, weil sie das Nicht-beten-Können anderer angesichts der noch

70 Vgl. Ottmar Fuchs, Gottes trinitarischer «Offenbarungseid» vor dem «Tribunal» menschlicher Klage und Anklage: Magnus Striet (Hg.), Monotheismus Israels und christlicher Trinitätsglaube (QD 210), Freiburg i. Br. 2004, 271–295, 279: «Christus ist die offensive Öffnung zwischen Gott und der Welt. Und als diese Öffnung ist er eine Wunde, nicht heilend, bis alles heil ist.»

71 Ottmar Fuchs, Christologische Karriere als Kehre in der Theodizee. Pastoraltheologische Aspekte: Rudolf Hoppe/Ulrich Busse (Hg.), Von Jesus zum Christus. Christologische Studien. Festgabe für Paul Hoffmann zum 65. Geburtstag, Berlin/New York 1998, 571–613 (603).

ausstehenden Rechtfertigung GOTTES ins Gebet nimmt. Hierin lehrt uns der Advent, Doxologie anders und weiter zu denken: «Gott gegenüber ist die Gottesbeschimpfung eine Form der Doxologie, der letzten Anerkennung seiner Verantwortung, indem Gott wenigstens noch ernst genommen wird in seinem kontrafaktisch erlebten Anspruch, gut und Liebe zu sein.»[72] Der Advent hält mit seinen Klagegebeten den Rechtsstreit mit GOTT offen. Es ist dieser Rechtsstreit, der darauf hinweist, dass Advent nicht trotz, sondern gerade wegen Himmelfahrt den – eingangs vermissten – eschatologischen Vorbehalt wahrt: Es bleibt auch mit Blick auf Christus dabei, dass GOTT vorübergeht und wir IHM gegenüber das Nachsehen haben.

V. Am Anfang die Hoffnung – die Hoffnung am Anfang

Wie ist das alles zusammenzudenken und womöglich doch noch – jetzt mit einem angereicherten Blick – mit den Agenden für die Adventszeit in Verbindung zu bringen? Ich bin der Überzeugung, dass es so etwas wie einen adventlichen Vorbehalt gibt: Alle Adventstexte und viele der vorgeschlagenen Adventslieder – und eben nicht nur die, welche bereits auf den ersten Blick eschatologisch anmuten – üben uns ein, das (Wieder-)Kommen des Erlösers be- und bodenständig in der Tat, also praktisch, zu ersehnen, zumal diese Sehnsucht *noch nicht* ver-hofft ist, denn in eine – durchaus rhetorische – Frage gefasst: Wie sonst Jahr für Jahr Advent feiern? Die Frage Johannes des Täufers – «Bist du es, der da kommen soll, oder sollen wir auf einen anderen warten?» – mag durch die Wirkungsgeschichte Jesu, nicht zuletzt durch Ostern, beantwortet erscheinen. Doch Jesus von Nazareth hat die Gemeinde vielmehr «auf den Geschmack gebracht, mehr und anderes zu erwarten, als er in seiner Zeit und mit seinen eingeschränkten Mitteln mit sich bringen und bewirken konnte».[73] Die Adventszeit eröffnet demnach gerade die Vielfalt von Erwartungsperspektiven. Sie zeigt, dass sich das die biblische Polyfonie wahrende reformatorische *sola scriptura* auch und gerade im Advent immer wieder neu ereignet, der Blick sich je neu und anders fokussiert, ohne dass sich die Gemeinde dabei im Kreis dreht: «Die Festtage des Kirchenjahres muten uns zu und ermutigen uns, *immer* wieder von Neuem *anzufangen* und unermüdlich erwartungsvoll voranzuschreiten, ohne dass Gottes Fülle schrittweise einge-

72 Ottmar Fuchs, Der zerrissene Gott. Das trinitarische Gottesbild in den Brüchen der Welt, Ostfildern ²2014, 22.

73 Sauter, Schrittfolgen (Anm. 11), 55.

holt werden könnte.»[74] So setzt denn auch die Epistel Röm 13,8–12(13.14) – «Die Nacht ist vorgerückt, der Tag aber nahe herbeigekommen» – am ersten Sonntag im Advent nicht, wie Bieritz schreibt, einen «eigenen Akzent»,[75] sondern verweist paradigmatisch auf die dialektische Struktur der Adventszeit.

Diesen genannten adventlichen Vorbehalt praktisch zu wahren, bedeutet, auch dann nicht vom Gebet zu lassen, wenn eine Verheissung GOTTES sich erfüllt hat, *bis* und *auf dass* alle Verheissungen erfüllt sind. Und womöglich helfen uns die hier dargelegten Überlegungen auch, die drei grossen Doxologien des Lukasevangeliums – Magnificat, Benedictus und Nunc dimittis – nicht nur als Lob- und Danklieder, sondern zugleich als Hoffnungslieder zu verstehen, die wir heute als Gemeinde dennoch beten können, auch wenn uns anders als Maria, Zacharias und Simeon, eine Epiphanie bisher verwehrt ist.[76] Diese drei Menschen im Advent haben auch dann nicht von der Erwartung abgelassen, als sich eine Verheissung, nämlich die Menschwerdung GOTTES, erfüllte.[77] Nichts anderes bezeugt das Benedictus – Lk 1,67–79 ist eine der Predigtperikopen des ersten Sonntags im Advent –, wenn es mit zahlreichen Bildern darauf verweist, dass das Vergangene nicht einfach vergangen ist: Zacharias, dem es wortwörtlich die Sprache verschlagen hat, bricht in GOTTESlob aus (V. 67), Vergebung tritt an die Stelle der Sünde (V. 77b), die Finsternis und die Todesschatten weichen dem Licht (V. 79a) und Feindschaft begibt sich auf den Weg des Friedens (V.71.74.79b).

1. Adventsgeschichte als Israelgeschichte

Ein weiteres, vorläufig letztes Cluster sei hier noch angehängt, einerseits um den Bogen zurück zur Adventspräfation zu schlagen und andererseits um damit den bisher nicht berücksichtigten adventlichen Aspekt der Bereitung und Busse zumindest ansatzweise aufzunehmen: Mit dem Benedictus ist Adventsgeschichte der Form und dem Inhalt nach Israelgeschichte: «Auch dies kann ein Anlass sein, adventliche Freude und adventliche Busse (angesichts

74 Sauter, Schrittfolgen (Anm. 11), 34.

75 Bieritz, Gottesdienst (Anm. 62), 6.

76 Andreas Krebs gab in seinem Vortrag im Rahmen der Ringvorlesung zu bedenken, dass Epiphanias im Kirchenjahr für die Sehnsucht nach messianischer Erfüllung ebenso wie für das beharrende Warten steht. Das Kirchenjahr sei darum Einüben in die Sehnsucht und die Ungeduld, die sich nicht zuletzt im Gebet zeigen würden.

77 Vgl. Sauter, Schrittfolgen (Anm. 11), 58f.

der Israelvergessenheit so mancher Advents- und Weihnachtsgottesdienste) miteinander zu verbinden.»[78]

Das Benedictus ist in vielerlei Hinsicht ein Gebet, das uns ins Beten Israels hineinführt, verweisen doch etliche darin enthaltene Worte auf die Psalmen, die Prophetie, die Tora, auf die rabbinische Auslegung und die jüdische Gebetsliteratur. Besonders augen- und allemal ohrenfällig sind dabei die Bezugnahmen auf die Benediktionen des Achtzehnbittengebets.[79] Und ohnehin scheint die Betonung der unmittelbaren Kontinuität von Israel und Gemeinde ein spezifisches Anliegen in der Vorgeschichte von Lk 1–2 – in dem Evangelium also, das so prominent in den Adventsperikopen vertreten ist – zu sein: Maria, Zacharias und Simeon, aber auch Josef, Elisabeth und Hanna sind «typische Repräsentanten des wahren, unverfälschten Israels, die das Heil erwarten».[80] In einer sensiblen und differenzierten Predigtmeditation hat Jürgen Roloff diese Israelzentriertheit des Benedictus herausgearbeitet und bezeichnenderweise darauf hingewiesen, dass Zacharias von GOTTES rettendem Handeln in der Vergangenheitsform spricht: «Er umschreibt durch die Vergangenheitsform narrativ jenen Ort, an den die Kirche gestellt ist. Sie, das durch Jesu Kommen Jesu erneuerte und gesammelte Volk Gottes, blickt gemeinsam mit Zacharias und Maria, den Repräsentanten Israels, in dankbarem Lobpreis auf jenes Handeln Gottes zurück, das sie zu dem gemacht hat, was sie ist.»[81]

Müsste darum nicht unser christliches Benedictus damit beginnen, GOTT für Israel zu danken, indem der christlichen Gemeinde ihre Wurzeln im Judentum bewusst gemacht werden und sie dazu motiviert wird, «im Zeichen adventlicher Busse und Besinnung zu einer Revision der herkömmlichen Vorurteile über Juden und Judentum»[82] zu kommen?!

2. Das Amen vor dem Kirchenjahr

Tamaros Roman «Mein Herz ruft deinen Namen» ist ein fiktives, aber nicht minder eindrückliches Gesprächs- und Gefühlsprotokoll einer Trauerarbeit, des Versuchs, einen Verlust nicht zu bewältigen, aber mit ihm leben zu können. Ähnliches werden bestimmt auch die Jüngerinnen und Jünger nach Him-

78 Frettlöh, Heimsuchung (Anm. 58), 167.

79 Vgl. Joachim Gnilka, Der Hymnus des Zacharias: BZ NF 6/1962, 215–238, bes. 222–232.

80 Jürgen Roloff, 1. Advent – 3.12.2000. Lukas 1,67–79: GPM 55/2000, 7–15 (10).

81 Roloff, Advent (Anm. 80), 11.

82 Roloff, Advent (Anm. 80), 12.

melfahrt erlebt haben. Matteos Fragen drängen ihn, sich aus dem geschäftigen Treiben unserer Zeit zurückzuziehen und sich als einstiger Kardiologe nun seinem eigenen Herzen und dessen Bruch zu stellen. Matteo findet Antworten. Und nicht wenige von ihnen durch Begegnungen mit Wanderern – Menschen, die ihm *entgegen*kommen. Auf Matteos Frage, was es mit dem Fest des Entgegenkommenden auf sich hat, was eigentlich gefeiert wird, antwortet der Advent – das hat der hier dargelegte Text clusterhaft und folglich fragmentarisch versucht darzulegen – mit einer Fülle von Erwartungsperspektiven, die sich allesamt im Sprechakt des Gebetes nicht selbst genügen. Sodann feiert der Advent, wird der Gedanke des Gebets ausgezogen, das Amen: nicht als ein – im Sinne des Heidelberger Katechismus verstandenes – «Das soll wahr und gewiss sein»,[83] sondern als ein den eschatologischen Vorbehalt wahrendes «Es werde wahr!».[84] Mit dem Feiern des Advents setzt die Gemeinde damit ihr Amen nicht *unter*, sondern *vor* das Kirchenjahr und artikuliert darin ihre begründete Hoffnung, dass die im Kirchenjahr gefeierten, erhofften, erbetenen und eingeklagten Wahrheiten end-lich wahr werden. Die Gemeinde nimmt damit – gegen den Augenschein des in der Adventszeit besonders vermissten *Christus in pauperibus* – das *sola fide* Christi für sich in Anspruch. Damit verweist der Advent auf die dem Kirchenjahr inhärente eschatologische Struktur, die nicht erst am Toten- und Ewigkeitssonntag zum Ausdruck gebracht werden soll, sondern es von Anfang an konstituiert. Mit dem Amen wird folglich einerseits das Bekenntnis zu dem einen Auferweckten, zu Jesus Christus – die Osterbotschaft, worauf christliches Hoffen gründet – irdisch bewährt. Andererseits wird damit an die Treue GOTTES appelliert, SIE möge sich nicht auf früheren Taten ausruhen. Gerade in diesem zeigt sich die im Amen ausgesprochene Bestätigungsbedürftigkeit GOTTES, weil zu den dem Amen vorausgehenden Wirklichkeiten nach Verständnis der Hebräischen Bibel konstitutionell und wesenhaft das *kol ha-am*, das ganze Volk, gehört.[85] Damit ermahnt das Amen die Gemeinde und ihre Mitglieder zur politischen Verantwortlichkeit. Kurzum: Die Adventszeit lehrt uns, zu beten und das Gerechte zu tun, *weil, obwohl und indem* wir auf GOTTES Zeit warten.

83 Vgl. FA 129 des Heidelberger Katechismus, hg. von Otto Weber, Gütersloh [4]1990.

84 Vgl. Martin Luthers Auslegung des «Amen» in seinem Kleinen Katechismus: «Amen, Amen, das heisst: Ja, ja, es soll also geschehen.» BSLK 515, 17f.

85 Vgl. Friedrich-Wilhelm Marquardt, Amen – ein einzig wahres Wort des Christentums: Jochen Denker u. a. (Hg.), Hören und Lernen in der Schule des NAMENS. Mit der Tradition zum Aufbruch. Festschrift für Bertold Klappert zum 60. Geburtstag, Neukirchen-Vluyn 1999, 146–159.

Martin Hailer

Weihnachten als Religionskritik[1]

«Weihnacht

damals
als gott im schrei der geburt
die gottesbilder zerschlug
und
zwischen marias schenkeln
runzelig rot
das kind lag»[2]

Diese Zeilen von Kurt Marti geben den Ton für die hier folgenden Erwägungen an: Es besteht Anlass, den Ereigniszusammenhang «Weihnachten» als spezifisch theologische Form der Religionskritik zu lesen. In Teil I meiner Überlegungen werden einige Voraussetzungen dafür namhaft gemacht. Sie haben es mit der besonderen Semantik des Glaubens an den einen Gott zu tun. In den nächsten beiden Abschnitten erwäge ich dann das religionskritische Potenzial der weihnachtlichen Botschaft. Es soll sich zeigen, dass es zwei durchaus verschiedene Grössen gibt, die Gegenstand dieser Religionskritik werden. Ihre Unterscheidung tut not, auch wenn sie letztlich aus *einer* Quelle stammen. In einem vierten Teil soll das Gegenteil noch beleuchtet werden: Was bekennt eigentlich, wer die zuvor skizzierte Religionskritik für schlüssig hält? Den Abschluss macht eine kurze Reflexion zur Theologie des Kirchenjahres, wie sie sich vom hier Entwickelten her darstellt.

Vorweg zu fragen ist noch dies: In welchem Verhältnis steht Weihnachten eigentlich zur liturgischen Zeit des Advents? Wissend, dass eine Fülle von Aspekten abzublenden ist, lässt sich das Verhältnis der beiden wohl auf folgende Formel bringen: Advent ist *inhaltlich* unselbstständig, weil er auf etwas vorbereitet, was er selbst nicht sagt. *Formal* ist er sehr wohl selbstständig, weil er mit dem Wartenkönnen und Wartendürfen die grundständig eschatologische

1 Den initialen Gedankenanstoss samt Hinweis auf das Gedicht von Kurt Marti und wichtige Anregungen für Teil II verdanke ich Marco Hofheinz, Radikale Weihnacht oder: Weihnachten als «Götterdämmerung»: ders./Raphaela J. Meyer zu Hörste-Bührer (Hg.), Theologische Religionskritik. Provokationen für Kirche und Gesellschaft, Neukirchen-Vluyn 2014, 206–232.

2 Kurt Marti, geduld und revolte. die gedichte am rand, Stuttgart ^{2}1984, 8.

Dimension des Christseins thematisiert. Diese adventliche, eschatologische Dimension gehört zum Christsein insgesamt, weil alle Glaubensaussagen zugleich den Hoffnungsaspekt implizieren, Gott möge sich endgültig so zeigen, wie er es verheissen hat. Im Advent wird diese Signatur christlicher Existenz deutlich. Das gilt selbstverständlich auch für alles, was im Folgenden über die Weihnachtsbotschaft zu sagen ist.

I.

Das Weihnachtscredo ist ein Kontrastsignal. Es spielt mit den menschlichen Erwartungen an das, was und wie Gott sei, und es irritiert, ja zerstört diese Erwartungen. Erwartungen an das, was und wie Gott sei, funktionieren mit komparativen und superlativen Motiven: Ist Gott Gott, so muss er über das Alltägliche und über das Normale hinaus sein. Denn wäre er mit dem schlechterdings identisch, so gäbe es schlicht keinen Anlass, Gott Gott zu nennen und ihn vom ganz normalen Inventar des Alltags zu unterscheiden – zumal wenn man darauf besteht, dass die Unterscheidung zwischen Alltagsinventar und Gott möglich und der Bezug auf Gott dabei entscheidend sei.

Ich will diese Unterscheidung zwischen Alltagsinventar und Gott noch ein wenig näher ansehen. Ihre im Raum des Judentums und des Christentums normale Gestalt ist diese: Gott und Alltagsinventar sind nicht irgendwie geschieden, sondern schlechterdings. Gott ist nicht Welt und umgekehrt ist die Welt nicht Gott. Man hat das, ob glücklich oder nicht, die schöpfungstheologische Fundamentaldifferenz genannt: Die Welt ist wesentlich Geschöpf und damit mit ihrem Schöpfer genau nicht wesenseins. Die Welt muss es ertragen, *ex nihilo* geschaffen worden zu sein. Darin liegt einerseits ihr totaler Statusunterschied zu Gott. Zugleich liegt darin aber auch ihre ganz eigentümliche und unvergleichliche Würde: Gott hat sie ihrer Existenz gewürdigt. Er hat sie dessen gewürdigt, dass er nicht mit sich allein bleiben will und dass er als sein Gegenüber genau nicht das ihm Gleiche wählt. – In dieser Art, als seien Gott und Welt wesensgleich oder doch wesensähnlich, ist am Rande und jenseits des Christentums gedacht worden, etwa von denen, die mit Aristoteles die Ewigkeit der Welt lehren oder mit manchen Strömungen des Platonismus und Neuplatonismus die Welt als einen Hervorgang Gottes aus sich selbst denken, als eine Emanation. So also genau nicht im Rahmen der jüdisch-christlichen Normalanmutung. Vielmehr: Die schöpfungstheologische Grunddifferenz, die Gott und Welt gänzlich auseinanderhalten lehrt – die Nicht-Göttlichkeit der Welt.

Es ist gut verständlich, dass immer dann genau hingesehen wurde, wenn die Theologie räsonierte, ob es über diese Grunddifferenz hinaus nicht doch Kontinuitäten gebe. Die Schalmeienklänge des Aristotelismus haben immerhin grosse und grösste Denker des Christentums auf den Plan gerufen, und zudem ist die Nachbarschaft zwischen Emanationsgedanken und Schöpfungsprinzip eine, die eine nähere Betrachtung unbedingt lohnt. Man denkt ebenso an die Debatten zur *analogia entis*, und dies im Jahr 2015 wohl besonders unter Hinblick auf das zu begehende achthundertste Jubiläum des IV. Laterankonzils. Dieses lehrte bekanntlich, dass es eine Ähnlichkeit zwischen Gott und Welt gebe, die jedoch von je grösserer Unähnlichkeit gegengelagert und umgriffen sei. Ist das eine erkenntnistheoretische Notwendigkeit, weil anders als ohne die Annahme einer wie auch immer gearteten Kontinuität zwischen Gott und Welt von Gott nun mal nicht die Rede sein kann, oder wird dadurch nichts weniger als das Offenbarungsprinzip unnötig, weil die Welt aus sich heraus Gott kenntlich macht? Karl Barth hielt bekanntlich die römisch-katholische Lehre der *analogia entis* für den einen Grund, warum man nicht katholisch werden könne. Ob das recht gesagt ist, sei dahingestellt. Jedenfalls aber weist er zu Recht darauf hin, dass sich an der schöpfungstheologischen Grunddifferenz ungemein viel entscheidet.

Gilt sie, so dürfte einigermassen klar sein: Gott, der nicht Welt ist und doch die Welt geschaffen hat, muss mit superlativischen Begriffen beschrieben werden. Nichts kann ausserhalb oder oberhalb Gottes sein, wenn die schöpfungstheologische Grunddifferenz gilt. *Nihil contra Deum nisi Deus ipse* (nichts gegen Gott ausser Gott selbst) nannte die Tradition das. Ihren klassischen Ausdruck erhielt sie im ontologischen Argument – entgegen einer hartnäckigen Lehrbuchtradition in der Tat ein Argument, nicht etwa ein ‹Beweis› – des Anselm von Canterbury: Gott ist *aliquid quo nihil maius cogitari possit* (dasjenige, worüber hinaus Grösseres nicht gedacht werden kann). Die Feinheiten dieses Arguments und die reichen Umbauarbeiten, die an ihm im Laufe der Theologiegeschichte vorgenommen wurden, einmal beiseite: Dass Gott dasjenige sei, über das hinaus Grösseres nicht zu denken ist, ist eine ausgezeichnete Kurzformel der jüdisch-christlichen Basisintuition: Der Schöpfer der Welt ist nicht Teil von ihr und deswegen gibt es nichts, was ausserhalb oder ‹oberhalb› von Gottes Sein, Wollen und Zulassen bestünde.

So weit, so klar. Freilich dürfte ebenso klar sein: Das Weihnachtscredo macht diesen Gedanken sehr viel schwieriger, als er zunächst erscheinen mag. Das Weihnachtscredo mutet zu, Gott in dem kleinen Kind in der Krippe zu denken, eben «zwischen marias schenkeln runzelig rot». Die Herausforderung besteht darin, das weihnachtliche Credo so zu verstehen, dass es den Grundgedanken der schöpfungstheologischen Fundamentaldifferenz nicht dementiert, sondern vielmehr erklärt. Der Heidelberger Neutestamentler Gerd Theissen hat diese Erklärungsaufgabe gar zur Basis der Theologie des Neuen Testaments überhaupt erhoben. Ihm zufolge gibt es, wenn man das NT insgesamt betrachtet, elf Basismotive, die immer wiederkehren. Darunter zählen etwa das Schöpfungsmotiv, das Wundermotiv, das Erneuerungsmotiv und das Motiv, nach dem Gott auf verschiedene Weise in der Welt antreffbar ist.[3] Noch gleichsam hinter diesen Motiven liegen nach Theissen freilich zwei Axiome, die die unhintergehbarsten und «fundamentalsten Regeln» darstellen:[4] Es handelt sich um das Axiom des Monotheismus und um das Axiom des Erlöserglaubens. Das Monotheismusaxiom ist vom ersten Gebot her klar; es verbindet Judentum und Christentum in unlöslicher Weise. Das Axiom des Erlöserglaubens gestaltet das Verhältnis zum Judentum auf bleibende Weise interessant bis schwierig. Und doch – oder gerade deshalb – ist es allgemeinchristlicher Konsens, dass an beiden Axiomen vollinhaltlich festzuhalten ist. Schwere bis schwerste Verkennungen traten regelmässig dann auf, wenn jemand meinte, man könne auf eines dieser Axiome verzichten. Die Liste dessen, was in der Tat verdient, Häresie genannt zu werden, reicht von Markion und der Gnosis bis zu den sogenannten Deutschen Christen und – so ist wohl zu befürchten – über sie hinaus.

Die spezifische Schwierigkeit, das monotheistische Axiom und das Axiom des Erlöserglaubens beieinander zu halten, treten angesichts der Weihnachtsbotschaft in den Schein eines besonders hellen Lichtes. Es bleibt immer noch richtig, dass Gott Gott ist und mithin nichts Grösseres als er denkbar ist. Freilich ist genau dies – über Gott hinaus nichts Grösseres – in spezifischer Weise zu denken: nämlich so, dass es mit dem Kontrastsignal einherzugehen vermag, Gott sei in diesem Baby in der Krippe. Die Versicherung, Gott sei jedenfalls grösser als alles andere, wird allein nicht genügen können.

Das ist die Stelle, an der Kurt Marti zu Recht davon spricht, dass Gott im Schrei seiner Geburt die Gottesbilder zerschlug. Die Sache von Weihnachten fordert, ja drängt, in Sachen Monotheismus entscheidende Präzisierungen und Klarstellungen vorzunehmen. Diese Präzisierungs- und Klarstellungsaufgabe ist nach meiner Überzeugung in zwei Schritten vorzunehmen: Zum einen geht es um Klarstellungen im Rahmen dessen, was landläufig Monotheismus genannt wird. Das ist eine unverzichtbare Form von theologischer Religionskri-

3 Gerd Theissen, Die Religion der ersten Christen. Eine Theorie des Urchristentums, Gütersloh ^{2}2001, 371–381.

4 Theissen, Religion (Anm. 3), 368.

tik. Darauf aber beschränkt sich die Aufgabe nicht. Durch das Credo von Weihnachten wird vielmehr noch eine zweite Form von theologischer Religionskritik aufgerufen, nämlich die Kritik, die sich nicht an Fehlstellungen im monotheistischen Gottesbegriff wendet, sondern die behauptet: Gottesprätendenten sind ein Phänomen des Alltags. Falsche Gottesbilder gibt es auch und gerade da, wo das monotheistische Credo abgelehnt wird oder einfach nur unüblich wurde. Theologische Religionskritik hat auch und gerade dies in den Blick zu nehmen, auch und gerade vom weihnachtlichen Credo her. Das zu bearbeiten, erscheint mir dringend geboten. Aus Gründen, die sich zeigen sollen, ist das aber der übernächste, nicht der nächste Schritt.

II.

Im nächsten Schritt nun also zur religionskritischen Potenz von Weihnachten in Sachen Monotheismus. Ich beginne damit, dass mit gutem Recht schon gesagt wurde, der Begriff Monotheismus sei so vielgestaltig und divers, dass er als Sammelbegriff überhaupt nicht tauge und also zu verwerfen sei.[5] Jedenfalls aber sind die Deutungsangebote vielfältig und vom Weihnachtscredo aus fällt jeweils ein bezeichnendes Licht auf sie. In Auswahl zu nennen sind mindestens diese:

1. Der *deistische Monotheismus*: Ihm zufolge bestand Gottes Tat darin, die Welt in all ihrer Vielfalt geschaffen und dabei in staunenswerter Weise wohl geordnet zu haben. Auch sorgte Gott dafür, dass die Welt forthin stabil funktioniert. Er ist der – so lautet der oft zitierte Slogan – *Master Clockwinder of the Universe*. Nach dieser initialen Schöpfungstat aber zog Gott sich zurück. Insbesondere solle man nach deistischer Auskunft nicht denken, dass Gott durch Wunder oder andere übernatürliche Taten in den Lauf der Welt eingreife. – Dieser Gedanke war ursprünglich apologetisch gedacht: Lässt sich zeigen, dass das Christentum im Kern nichts anderes lehrt als genau die initiale Schöpfungstat, mit der Gott die Welt wunderbar funktionierend einrichtet, dann ist ein Wahrheitsbeleg für den christlichen Glauben erbracht. Dann muss man nicht an wunderliche Wunder, übernatürliches Eingreifen, Dämonen und deren Austreibung usw. glauben. Die deistische Konzeption versteht sich also als Befreiung von dem, was in ihrer Sicht als falsche Glaubenslasten konzipiert worden ist. Freilich lässt

5 Vgl. Jürgen Moltmann, Kein Monotheismus gleicht dem anderen. Zur Destruktion eines untauglichen Begriffs: EvTh 62/2002, 112–122.

sich der identische Gedanke auch gegen die mutmasslichen Verteidiger des Glaubens wenden: Wenn die schöpferische und ordnende Initialhandlung alles ist, dann muss alles andere, was zum christlichen Glauben auch gehört, falsch sein, gleichsam vom Exodus bis Offenbarung 21.[6] Deistischer Monotheismus bleibt, oberflächlich-biblisch gesprochen, bei einem Aspekt des Noahbunds stehen, der Verheissung der Fortdauer kreatürlicher Stabilität. Die Verheissungs- und Segenstradition muss er restlos herauskürzen. Dies Ungenügen ist ihm verschiedentlich vorgehalten worden; vom Weihnachtscredo fällt ein besonders scharfes Licht darauf: Gottes Gottheit ist nicht zu verstehen, ohne sein Eingehen ins Endliche. Dagegen ist der Gott des Deismus eine traurige und unendlich distanzierte Vorstellung. Nebenbei bemerkt: Es ist schon sehr verwunderlich, dass ausgerechnet von den Vertretern des Kreationismus auf deistische Argumente zurückgegriffen wird, treten sie doch an, die Wahrheit des biblischen Gottesglaubens zu verteidigen. Abgesehen davon, dass dies meistens auf erbärmlichem intellektuellen Niveau geschieht: Wer deistisch beginnt, wird bei der Zeugniswelt der Verheissungs- und Bundestheologie nimmermehr ankommen können. Auch vor solchen Scheinargumenten bewahrt das weihnachtliche Credo.

2. Der *vage, bürgerliche Theismus*: «Brüder, überm Sternenzelt / Muss ein lieber Vater wohnen!» heisst es in Friedrich Schillers «Ode an die Freude» (manche werden die Beethoven'sche Vertonung dazu im Kopf haben). Bürgerlicher Theismus lebt von der Idee, dass es eine transzendente Letztinstanz gibt und dass diese transzendente Letztinstanz vertrauenswürdig ist. Es ist möglich, Abschattungen dieser Güte zu erleben, etwa in der intensiven Erfahrung der intakten Natur oder in Freundschaft und Partnerschaft. Freilich bleibt ihr Bezugspunkt stets vage: ein unsagbares Letztes eben. Diese Vagheit wird aber nicht als Negatives erlebt, sondern gerade als das, was den bürgerlichen Theismus vom in Regeln, Traditionen und Dogmen gefassten Kirchenglauben unterscheidet: Er ist frei, er bedarf keiner Interpretation durch kirchliche Festlegungen und Autoritäten. – Vom Weihnachtscredo aus stellt sich die Frage, ob wirklich ein Gewinn ist, was hier als ein solcher angeboten wird. Zwei Aspekte sind zu nennen: (1) Was ist

6 Diese argumentative Schaukelbewegung zeigt die Rezeption von John Toland, Christianity not Mysterious. Or, a Treatise Shewing, that there is Nothing in the Gospel contrary to Reason, nor above it: And that no Christian Doctrine can be properly call'd a Mystery, London 1696 (Übersetzung: Giessen 1908): Vom Verfasser apologetisch intendiert, wurde das Buch rasch nach seinem Erscheinen kritisiert und als radikal kirchenkritische Schrift angesehen. Für einige Aspekte der Wirkungsgeschichte vgl. Christopher Voigt, Der englische Deismus in Deutschland, Tübingen 2003, 17–27.

ein Gottesbezug wert, dessen höchste Aufgipfelung in einer Mutmassung besteht? Dass überm Sternenzelt ein lieber Vater wohnen muss, ist erkenntlich eine Hypothese. Sie steht überdies am Ende einer Schlusskette, so dass man kaum wird sagen können, dass von ihr orientierende Wirkung für das Leben auszugehen vermag. (2) Die Bewährungsinstanz für die Hypothese über die Existenz des «lieben Vaters» ist das perzipierende Subjekt selbst: Weil es ihm lebensgeschichtlich so und so in positiver Weise eingeht, kann die Hypothese gewagt werden. Die Frage ist nicht nur, wie es sich verhält, wenn eben nicht der «schöne Götterfunken» anwesend ist, die Frage ist vielmehr: Wenn der Glaube derart über das Erlebnis des Subjekts konfiguriert wird, ist er dann nicht de facto Glaube an die eigene Gläubigkeit? Hier zeigt sich die Aporie der subjektivistischen Denkfigur in Sachen des Glaubens, die neuzeitlich zu einiger Popularität gelangte, diese fundamentale Schwierigkeit aber nicht abstreifen kann.[7]

3. Der *Monotheismus der Allkausalität*: Dieses Modell aus der theistischen Philosophie greift v. a. auf die Basisbestimmung aus der Gotteslehre der aristotelischen Metaphysik zurück, nach der der Gott die seinerseits nicht verursachte Ursache aller anderen Zustände ist. Dies ist – im Rahmen einer windungsreichen Wirkungsgeschichte – auch so verstanden worden, als müsse die Allverursachung mehr oder weniger rein kausal verstanden werden: Gott verursacht alle Weltzustände, sei es direkt, sei es dadurch, dass er von ihm abhängigen Verursachern ihrerseits Verursachungstätigkeiten ermöglicht und sie dazu anstiftet. Dieses Gedankenmodell – vordergründig kompatibel mit dem Allmachtsprädikat des Glaubensbekenntnisses – hat unstreitig Stärken. Freilich zeigen sich seine Probleme, sobald man es mit der Theodizeeproblematik zu tun bekommt. Ihre klassische Variante ist die Argumentation, die ihr den Namen gab, die Theodizee Gottfried W. Leibniz'. Diese fein ausgeführte Theorie balanciert die Kausalität Gottes gegen die Freiheitskausalitäten des Menschen aus und schliesst dabei, dass eintretende Übel entweder hinzunehmen sind, weil sie mit der Endlichkeit menschlichen Lebens einhergehen, oder aber auf falschen menschlichen Freiheitsgebrauch zurückgehen.[8] Dies über lange Zeit enorm populäre Mo-

7 Genauso polemisch wie trefflich auf den Begriff gebracht wurde dies von Michael Welker, Exkurs – Subjektivistischer Glaube: Christophobe Suche nach Nähe Gottes: ders., Gottes Offenbarung. Christologie, Neukirchen-Vluyn 2012, 39–47.

8 Vgl. Gottfried Wilhelm Leibniz, Die Theodizee I, §§ 10.20–30: Herbert Herring (Hg.), Gottfried Wilhelm Leibniz, Philosophische Schriften, Bd. 2.1, französisch und deutsch, Frankfurt a. M. 1996, 221.239–257. Ein einführender Bericht bei Martin Hailer, Glauben und Wissen. Arbeitsbuch Philosophie und Theologie, Göttingen 2006, 93–111.

dell erlitt Schiffbruch, als es mit einer aller Erklärung spottenden Naturkatastrophe konfrontiert wurde, dem Erdbeben von Lissabon im Jahre 1755. In entscheidend abgeschwächter Form taucht es gleichwohl wieder in den Theodizeedebatten der Gegenwart auf, namentlich in der *free will defense* und der *natural law defense.*[9] Wenn auch – was zu diskutieren hier nicht der Ort ist – die beiden *defenses* eine durchaus plausible Selbstkritik der klassischen Theodizee darstellen, so partizipieren sie doch an einem entscheidenden Nachteil: Gott wird hier wesentlich und nur vermittels des Kausalitätsgedankens gedacht.[10] Das Argument begibt sich der vielfältigen und erfahrungsgesättigten Redeweisen von Gott aus den biblischen Traditionen. Seine typischen Probleme entstehen als direkte Folge einer äusserst kühnen Abstraktion. Diese zu durchbrechen ist offenkundig ein Basisanliegen des weihnachtlichen Credos.

Das sind drei Typen monotheistischer Begriffsbildung, jeweils gut eingeführt, aber aus der Perspektive des weihnachtlichen Credos erkenntlich problematisch, ja für weiter gehende theologische Konstruktionsarbeiten geradewegs unbrauchbar. Man kann fragen, was das ihnen Gemeinsame ist, das sie so unbrauchbar macht. Denn eines sind sie ja: eben Monotheismen, und das allein kann sie ja noch nicht ehrenrührig erscheinen lassen. Das den drei Modellen oder Typen gemeinsame Problem ist vielmehr dies: Diese Monotheismen haben jeweils *eine* starke Zentralmetapher: den *Master Clockwinder*, die vage Güte, die Allkausalität. Diese Zentralmetapher ist so stark, dass sie die ganze Sache beherrscht: Im Deismus ist Gott nichts als der *Master Clockwinder*, im bürgerlichen Theismus ist er nichts als vage spürbare Güte, im Theismus der Allkausalität wird ganz analog jedes andere denkbare Thema durch das Monothema Allkausalität interpretiert. Monotheismen dieser Art sind strikt monothematisch gefasst. Das Bekenntnis zum einen Gott tritt hinter dem Mono-

9 Die Wandlung des Konzepts besteht im Wesentlichen darin, dass die Existenz des freien Willens und das Leben in einer Welt, die den uns bekannten Naturgesetzen gehorcht, nicht mehr als Gottesbeleg ausgegeben werden; wohl aber wird argumentiert, dass es trotz aller möglicher Härten wünschenswert ist, in einer so bestimmten Welt zu leben. Eine konzise Darstellung bei Klaus von Stosch, Theodizee, Paderborn 2013, 56–69.87–111.

10 Es gehört zu den Überraschungen des gegenwärtigen Diskurses, dass diese – und andere – Formationen des vorkantischen Theismus wieder diskutiert und kräftig beworben werden. Vgl. exemplarisch Joshua Hoffmann/Gary Rosenkrantz, Allmacht: Bernd Irlenborn/Andreas Koritensky (Hg.), Analytische Religionsphilosophie, Göttingen 2013, 67–77. Ein Fragezeichen dazu bei Martin Hailer, Religionsphilosophie, Göttingen 2014, 142–158.

Thema zurück. Ist das der »Monotono-Theismus«, gegen den Friedrich Nietzsche in seinen allerletzten Schriften einst polemisierte?[11] Wir werden es kaum wissen, denn die Fundstellen sind ziemlich disparat, und hinter diesen Zetteln eine ausgefeilte Theorie zu vermuten, dürfte sich für eine selbstkritische Hermeneutik verbieten. Aber man mag durchaus so denken. Entscheidend ist: Die *Sache* eines so oder so gedachten Einen erhält hier den Vorzug gegenüber der *lebendigen* Einheit und Einzigkeit Gottes. In gleichsam heiliger Wahl wird ein Vorzugselement in Stellung gebracht, und durch die Brille dieses Vorzugselements muss nun alles betrachtet werden.[12] Anders als durch das Vorzugselement ist nichts mehr der Betrachtung wert. Sind wir einmal so weit gelangt, dann ist einem Schluss kaum mehr auszuweichen, den Karl Barth in aller Klarheit notiert hat: Hier sind Subjekt und Prädikat verwechselt worden. Das Subjekt ist über den Leisten des Prädikats geschlagen worden. Das Geheimnis der Majestät Gottes ist verletzt worden, gerade indem man versuchte, es zu ehren. Die Monotheismen mancher Couleur haben dies zu ihrer Grundkrankheit: Sie verwechseln eben Subjekt und Prädikat. In einen einfachen, aber ungemein wichtigen Gegensatz gebracht: Gott ist «der absolut Eine», nicht aber gilt, dass «das absolut Eine Gott ist».[13] Wer meint, die Einzigkeit Gottes über die Sache bestimmen zu können, die diese Einzigkeit ist, hat die Sache zum Prinzip erhoben und muss notwendig das Subjekt vergessen, dessen Einzigkeit er doch hatte erklären und retten wollen.

Dem gegenüber – ich bin immer noch bei Karl Barth – muss die Verallgemeinerung und der Rückgriff auf absolute Prädikate als der Grundfehler erkannt werden: «Nicht jenes Allgemeine ist das Erste, sondern dieses Besondere.»[14] Ich höre die Botschaft von Weihnachten als den Aufruf, es mit dieser Logik sehr ernst zu meinen. Der Kontrast der Weihnachtsbotschaft zu den eben skizzierten Lesarten des Monotheismus ist nur zu offensichtlich. Ihnen gegenüber schärft sie ein, dass gelingende Rede von Gott in biblischen Bahnen eben nicht im Ausschreiten eines Prinzips besteht, sondern zunächst nicht

11 Friedrich Nietzsche, Der Antichrist § 19: Giorgio Colli/Mazzino Montinari (Hg.), Friedrich Nietzsche, Sämtliche Werke. Kritische Studienausgabe 6, München 1988, 185, dasselbe 75 (Götzen-Dämmerung, Die «Vernunft» in der Philosophie, § 1). Ein Hinweis auf die Nachlassfundstelle KSA 13, 525, bei Andreas Urs Sommer, Nietzsche-Kommentar 6/2, Berlin/Boston 2013, 109.

12 Das ist Terminologie aus einem nachgelassenen Fragment Karl Barths. Vgl. ders., Unveröffentlichte Texte zur Kirchlichen Dogmatik (GA 50), 179 u. ö. Näheres dazu bei Martin Hailer, Gott und die Götzen. Über Gottes Macht angesichts der lebensbestimmenden Mächte, Göttingen 2006, 332–348.

13 Karl Barth, Die Kirchliche Dogmatik, Bd. II/1, Zollikon ^{4}1958, 504.

14 Barth, KD II/1 (Anm. 13), 679.

anders kann, als sich dieser in der Tat punktuellen und in der Tat höchst besonderen Geschichte anzuvertrauen. Eine solche Gotteslehre *hat* nicht das Ganze. Sie findet sich jeweils im Prozess des Verstehens und Erklärens vor. Dieser Verstehensprozess ist Nach-Rede und *ex post* sich vollziehendes Verstehen – aber doch Verstehen und Nachvollziehen der Geschichte des einen Gottes mit seinem Volk und aller Welt. Genau in diesem Vollzug zeigt sich die erhebliche religionskritische Potenz des weihnachtlichen Credos.

Es ist, nebenbei, auch exegetisch nicht ganz uninteressant, wie die Kritik an der sich auf Allgemeinbegriffe stützenden Gottesrede in den weihnachtlichen Erzählungen angelegt ist. Der lukanischen Weihnachtsgeschichte – und dem Doppelwerk insgesamt – ist gern eine apologetische, ja affirmative Tendenz nachgesagt worden: Es verorte das Christusgeschehen auf der Achse Jerusalem–Rom und es lasse eine Parallelisierung von Gottes Herrschaft und der Pax Augusta mitlaufen – das wiederum sowohl in der Weihnachtsgeschichte als auch im gesamten Doppelwerk. Entscheidend ist hier aber doch: Mit der Nennung der römischen Herrscher Lk 2,1–2 ist wohl der weltgeschichtliche Rahmen genannt. Dieser wird aber in eine denkbar scharfe Kontrastierung mit den ersten Empfängern der Botschaft von der Geburt Jesu gebracht: den Hirten und den an den Rand menschlicher Existenz getriebenen Eltern Jesu. Das eben als religionskritisch ausgemachte Kontrastmotiv scheint biblisch also durchaus belegt zu sein.

III.

So weit zur weihnachtlichen Religionskritik, die sich mit Vorstellungskomplexen befasst, die selbst explizit religiös konnotiert sind. Diese Form der Religionskritik ist unerlässlich und von Weihnachten her unabweisbar, gerade weil diese Vorstellungskomplexe sich als christentumsaffin andienen. Freilich sind ihre jeweiligen Gestehungskosten immens. Das liegt wesentlich daran, dass von den geschilderten Konfigurationen ein Sog zur thematischen Unfreiheit ausgeht:[15] Wer deistisch, vage theistisch oder mit dem Theismus der Allkausalität beginnt, verstellt sich systematisch den Reichtum der biblischen Zeugniswelt und zahlt so für vermuteten apologetischen Gewinn einen viel zu hohen Preis.

15 Vgl. Dietrich Ritschl, Zur Logik der Theologie. Kurze Darstellung der Zusammenhänge theologischer Grundgedanken, München ²1988, 176.

Freilich, und das ist der zweite religionskritische Aspekt des weihnachtlichen Credos, gilt das nicht nur für Konzeptionen, die sich als theologische der theologischen Erklärungsanstrengung zu empfehlen suchen. Die religionskritische Kraft des weihnachtlichen Credos geht gleichsam noch über sie hinaus und lässt Phänomene in den Blick nehmen, die oberflächengrammatisch nicht religiös codiert sind, die sich aber auf den zweiten Blick als pseudoreligiös zeigen werden, als schlechter, ja fataler Religionsersatz. Gerade weil diese Phänomene auf den ersten Blick nicht religiös sind, ist ihre Wirkung umso kritischer einzuschätzen und der religionskritische Blick von Weihnachten her umso wichtiger. Ich meine die kleinen und die grossen Ersatzkonfigurationen, die sich in der vermeintlich entzauberten, gewohnheitsatheistisch geprägten und illusionslos gewordenen Welt doch nachgerade persistent am Leben erhalten, mutieren und sich erneuern. Die biblische Begrifflichkeit für sie wurde zu gern leicht verschämt in den Hintergrund gerückt oder entschlossen zu dem erklärt, was zuallererst dem Inventar zuzuschlagen sei, das man mit dem Programm der Entmythologisierung zu traktieren habe: neutestamentlich etwa die Rede von Mächten und Gewalten, von Thronen oder – besonders in den Evangelien – von den Dämonen.[16] Es besteht, so meine ich, kein Anlass, diese Vorstellungswelt als gestrig und überkommen zurückzuweisen. Wohl aber kommt es darauf an, sie jenseits einer zu flotten Reifizierung – die etwa in nicht kleinen Teilen des Neupfingstlertums und manchen christlichen Heilungsbewegungen vorzuliegen scheint – sich ihrer eigentümlichen Sachlichkeit innezuwerden. Das Basisphänomen ist, dass Menschen sich immer wieder in immer verschiedenen Zuständen vorfinden, in denen sie nicht Herr oder Herrin der Lage sind, sondern vielmehr sich als solche vorfinden, die von etwas beeinflusst, begeistert, getrieben oder sonstwie «in Beschlag genommen» werden. Das geht vom Eingeständnis des Verliebten «Es hat mich erwischt» bis hin zu komplexen Gestimmtheiten grosser Gruppen oder gar ganzer Be-

16 Vgl. die einschlägigen Arbeiten von Otto Böcher, bes.: Dämonenfurcht und Dämonenabwehr. Ein Beitrag zur Vorgeschichte der christlichen Taufe, Stuttgart 1970, sowie: Das Neue Testament und die dämonischen Mächte, Stuttgart 1972; ferner die Teilartikel «Dämonen», TRE 7 (1981), 270.279–286. Im englischsprachigen Bereich wurden vor allem die Bände der «Powers»-Trilogie von Walter Wink bekannt: Unmasking the Powers. The Invisible Forces That Determine Human Existence, Philadelphia ^{3}1988; Naming the Powers. The Language of Power in the New Testament, Philadelphia 1984; Engaging the Powers. Discernment and Resistance in a World of Domination, Philadelphia 1992. Dazu kam noch als nachgelagerte Studie: ders., Cracking the Gnostic Code. The Powers in Gnosticism, Atlanta 1993. Eine Übersicht über den semantischen Bestand in: Dictionary of Deities and Demons in the Bible, Leiden 1999.

völkerungsteile. Dergleichen zu beschreiben ist schwierig, aber nicht unmöglich. Folgende Elemente könnten hilfreich sein:[17]

1. Die Basisfunktion von Macht/Mächten ist, dass sie die Position des Subjekts einnehmen und andere – seien es Menschen, Dinge, Umstände – zu ihrem Werkzeug und Medium machen.
2. In sehr vielen Fällen handelt es sich bei denen, die hier zum Werkzeug und Medium werden, nicht nur um Individuen. Vielmehr entsteht auf diese Weise eine Gruppe, die dieser partikularen Macht untersteht. Sie kann aus einigen wenigen Menschen oder aus ganzen Völkern und Kulturen bestehen.
3. Mächte beginnen und enden, sie sind wesentlich zeitlich verfasst. Ihre Dauer kann kurz sein und entsprechend heftig, sie kann sich aber genauso über lange Zeiträume erstrecken und dabei als Hintergrundgestimmtheit entsprechend schwer wahrzunehmen sein.
4. Macht/Mächte können bewusst eingesetzt und inszeniert werden, müssen es aber nicht.
5. Es gibt gute Mächte, nach denen sich zu sehnen auch nach rigoroser Prüfung als redlich gelten darf, genauso aber solche, die nicht anders als böse und verderblich bezeichnet werden können.
6. Niemand lebt ausserhalb der Reichweite von Macht und Mächten.

Wer oder was könnte gemeint sein? Es war wiederum Karl Barth, der hierzu weitverbreitete Vorschläge gemacht hat. Unter anderem geht er in den Bereich der politischen Theologie und schlägt vor, von der «Idee des *Imperiums*» oder vom «*Mythus* des Staates» zu sprechen.[18] Totalitäre Inszenierungen von Staat-

17 Die Aufzählung zitiert gekürzt und leicht verändert Martin Hailer, Götzen, Mächte und Gewalten, Göttingen 2008, 45.

18 Karl Barth, Das christliche Leben. Die Kirchliche Dogmatik IV/4, Fragmente aus dem Nachlass, Vorlesungen 1959–1961 (GA 7), Zürich 1976, 374 bzw. 375. Die zugleich faszinierendste wie abgründigste Auseinandersetzung mit dem Thema dürfte nach wie vor sein: Carl Schmitt, Politische Theologie. Vier Kapitel zur Lehre von der Souveränität, Berlin ^{9}2009. Hellsichtig erkannte Schmitt die «unermesslich fruchtbare Parallele von Metaphysik und Staatstheorie» (64): Die Konzeption der letzten Wirklichkeit impliziert immer auch die Konzeptionen von Herrschaft. Schmitt selbst warb bekanntlich für ein stark dezionistisches Modell von Herrschaft, wofür er freilich wenig mehr aufzubieten hat, als selbst ein dezisionistisches Argument vorzulegen: Dass die von ihm vorgelegte Begriffssoziologie «[e]twas ganz anderes» sei und «allein Aussicht auf ein wissenschaftliches Resultat» habe (50), setzt Behauptung gegen Behauptung, zumal er gegen Ende seines Essays den Begriff des Politischen allein für sein Konzept reklamiert und eine verfahrensgesteuerte Demokratie als blossen Betrieb diffamiert (69). Wer für sich beansprucht, allein über die Sachlichkeit einer Sache Auskunft geben

lichkeit mögen das augenfällig machen. Freilich gilt es auch dann, wenn die gemeinte Staatlichkeit demokratisch ist, aber auf Selbstinszenierungen nicht meint verzichten zu können, die ohne Selbstgefälligkeit und Selbstüberhöhung nicht auskommen. Man muss, so Barth, freilich nicht nur im hohen Bereich der gesellschaftlichen Analogien nach den Mächten suchen. Es gibt sie auch im eher kleinen Bereich, etwa im Hingerissensein durch Mobilität, durch die Faszinationskräfte des Sports, der Mode oder durch anderes.[19] Beispiele gibt es in der Tat.

Sie sind hier nicht mehr in extenso weiter zu verfolgen. Es kommt mir vielmehr darauf an, Folgendes zu zeigen: Die religionskritische Potenz des Weihnachtscredos richtet sich nicht nur gegen explizit religiöse Ersatzkonfigurationen, wie sie etwa im deistischen Theismus begegnen. Sie hat es vielmehr genauso mit Religionsformen zu tun, deren Religionsförmigkeit nicht offen zutage tritt. Die hier strukturell kurz umrissenen Mächte bzw. Gewalten – an Einzelheiten der Terminologie hängt nicht das Entscheidende – sind offensichtlich genug Ersatz- und Kontrastfigurationen gegen das, was die Barmer Theologische Erklärung «Gottes kräftige[n] Anspruch auf unser ganzes Leben» genannt hat.[20] Sie sind es in durchaus perfiderer Weise als die zuerst genannten theistischen Konzepte, weil ihr Herrschaftsanspruch durchaus nicht immer offen, d. h. verbalisiert, zutage tritt. Wirksam ist er gleichwohl.

Die beiden Typen von Ersatzkonfigurationen klingen zuerst recht unterschiedlich: verschiedene Ausprägungen des Gottes der Philosophen hier, Mächte und Gewalten da. Diese Unterschiedlichkeit gilt es zunächst auch zu sehen und festzuhalten, denn wer sie zu einem unterschiedslosen Einerlei der falschen Gotteskonzeptionen erklärte, begäbe sich wichtiger Differenzierungen. Freilich gibt es doch etwas, was sie in ihrer Unterschiedlichkeit eint: Es handelt sich so oder so um Deifizierungen von etwas, was geschöpflich da ist. Ein Element, das geschöpflich fraglos vorhanden ist, gerät in den Status eines Vorzugselements, welches die Wahrnehmung und den Status aller anderen Elemente regelt. Ob dies explizit unter Berufung auf den Terminus «Gott» geschieht, wie im ersten hier zu besprechenden Fall, oder ob das faktische Vorhandensein eines solchen Vorzugselements festgestellt werden muss, auch wenn es genau als solches nicht benannt wird, wie im zweiten Fall, ist dem gegenüber sekundär. Jedenfalls geht es darum, dass ein geschöpfliches

zu können, hat den Diskursraum freilich verlassen und in der Tat bereits das etabliert, was Barth den «Mythus des Staates» nennt.

19 Vgl. Barth, Leben (Anm. 18), 388–396.

20 Barmer Theologische Erklärung, These 2.

Element in eine Rolle gerät, die es gleichsam zu etwas Übergeschöpflichem erhebt.

Und wenn es nun wahr ist, dass «Gott im Schrei der Geburt die Gottesbilder zerschlug», dann zeigt sich hier Folgendes: Die Basisfunktion des weihnachtlichen Credos ist der Ikonoklasmus der falschen Gottesbilder, seien sie nun mit diesem Terminus eingeführt oder nicht. Dieser Ikonoklasmus geschieht an Weihnachten. Freilich wissen wir zugleich, dass er an prominentester anderer Stelle in der Bibel gefordert wird, nämlich durch das Fremdgötterverbot im Dekalog. Das ist wohl kaum zufällig, und es ist ein Signal von erheblicher Wichtigkeit: Denn mit der Weihnachtsbotschaft wird ein Stück christlicher Identitätsaussage gesetzt, die für Menschen jüdischen Glaubens nicht reformulierbar ist. Geschieht dies aber nun genau so, dass der Kern des Weihnachtscredos die Treue zum ersten Gebot enthält, dann ergibt sich für das christliche Selbstverständnis eine wichtige Themaregel: Die christliche Rede vom Gottessohn Jesus ist und bleibt eine, die vom Judentum auf schmerzliche Weise trennt. Gleichwohl oder gerade deswegen ist die christliche Selbstauslegung aufgefordert, ihre Christologie so zu entwickeln, dass sie das Fremdgötterverbot des ersten Gebots nicht nur selbstverständlich achtet, sondern geradewegs durchführt. Das ist vom Weihnachtscredo her alleine nicht zu leisten. Aber von seiner religionskritischen Potenz her stellt das Weihnachtscredo diese Aufgabe, die an allen anderen Punkten der Christologie einzulösen ist. «Weihnachtlich gestimmt» zu bleiben auch über die Weihnachtszeit hinaus, gehört also zu den Axiomen der Christologie.

IV.

Am Schluss eines Erwägungsgangs, der vor allem sagt, was Weihnachten *nicht* will, muss Platz wenigstens für eine Andeutung sein, was sich jenseits des unvermeidlichen religionskritischen Aspekts am Weihnachtscredo zeigt, die Frage – wenn man so will – nach dem «Positiven» des Weihnachtscredos. Das hat die Form eines Umkehrschlusses aus dem bislang Erarbeiteten. Er geht, im Ansatz vorgestellt, so:

Gleich, ob es sich um ein Gottesbild handelt, das im Namen von Gott und Religion aufgestellt wurde, und ihn verfehlt, weil es doch nur eine Überhöhung eines menschlichen Wunsches oder einer menschlichen Möglichkeit ist; gleich auch, ob es sich um einen anonymen Prätendenten handelt, der dafür in Stellung gebracht wird: In beiden Fällen, die der weihnachtlichen Religionskritik anheim fallen, würden Menschen gern über sich hinaus sein. Zum Gottesbild angeboten wird immer eine Steigerungsform des normal Vorfindlichen: nicht Macht, sondern Allmacht; nicht eine flüchtige Ahnung der Wirklichkeit Gottes, sondern die Versicherung, solche Ahnungen träfen immer und in jedem Fall zu; nicht die irgendwie stattfindende Aggregation von Menschen, sondern die Versicherung, die Staatsform sei unabdingbar, ja göttlich. Die Reihe der Beispiele lässt sich fortsetzen, ihr Befund ist jedoch gleichartig: Die Ersatzgötter sind immer Steigerungsformen, Intensivierungsformen, Formen des Je-schon-über-sich-hinaus-Wollens.

So also nicht, und dann sagt der schon angekündigte Umkehrschluss: Im Kind in der Krippe sucht Gott Gemeinschaft mit denen, die sich nicht von sich selbst entfernen müssen. Im Kind in der Krippe ruft Gott Menschen zu dem, was sie sind, aber womöglich gründlich vergessen haben: eben endliche, normale, begrenzte Menschen in ihrer unspektakulären Alltäglichkeit. Die Steigerungsformen, die die falschen Götter sind, suchen so oder so die Endlichkeit ihres Anfangs vergessen zu machen und versprechen ihren Jüngern, sie aus der belanglosen Alltäglichkeit mit- und emporzunehmen. Wenn man dann merkt, wie atemlos und wie gnadenlos das ist, ist es oft genug zu spät. Das Wohltuende am weihnachtlichen Kontrastprogramm dazu ist dies: «Wie, wenn wir nicht von unserer Endlichkeit erlöst sein müssten, sondern von unserer Unendlichkeit, unserem Absolutseinwollen, unserem Willen, die Bindungen zu brechen, die Zeit und Raum, Leib und Geschichte heissen? Wie, wenn das der tiefe Grund unserer Sünde, des mit dem Menschen in die Welt gekommenen Bösen wäre?»[21] So sagt es Hans Joachim Iwand in einer seiner posthum veröffentlichten Vorlesungen zur Christologie. Er trifft einen wichtigen Punkt damit: Das Gnadenlose und also Sündhafte an den falschen Göttern ist, dass sie samt und sonders Programme der Negierung von Endlichkeit sind. Weihnachten demaskiert das als falsche Gottesbilder und lädt also ein zur Wahrnehmung und zum Annehmen der eigenen Endlichkeit. Gott kommt als ein solcher Endlicher zur Welt und er will mit solchen Endlichen Gemeinschaft haben. Noch einmal Hans Joachim Iwand: «[...] dass Christus Mensch wird, um uns zu helfen, wieder endliche, sterbliche, in Raum und Zeit hinein geborene Menschen zu sein; dass Jesus Christus Mensch wird, um darzustellen, dass es ein Menschsein gibt, welches nicht über sich hinauswill, welches mit Gott lebt und in Gott lebt, ohne sich versuchen zu lassen, wie Gott zu sein. Indem Gott Mensch wird, hebt er eben nicht die Endlichkeit des Menschen auf,

21 Hans Joachim Iwand, Christologie. Die Umkehrung des Menschen zur Menschlichkeit: ders., Nachgelassene Werke. Neue Folge, Bd. 2, Gütersloh 1999, 59.

sondern stellt sie wieder her! Er stellt die verlorene Endlichkeit als die Menschlichkeit des Menschen heraus.»[22]

Das ist der elementar stellvertretende Akt des weihnachtlichen Credos: Gott ist zu finden an dem Ort, den der Mensch in lauter Hektik, selbst Gott sein zu wollen, verlassen hat. Zu einer derart elementaren Umkehr sich einladen zu lassen, ist die Mitte des weihnachtlichen Credos. Das lässt sich mit einem Bezug zu einem Grosswerk Johann Sebastian Bachs gut illustrieren: Sein populärstes Werk ist ohne Zweifel das Weihnachtsoratorium. Dessen sechste und letzte Kantate endet mit einem festlichen Schlusschoral, der wie jeder Bach'sche Choral die Funktion der Summierung des Geschehens und der gläubigen Annahme durch die singende Gemeinde hat. Dieser Schlusschoral blickt also aufs Ganze des weihnachtlichen Geschehenszusammenhangs zurück und endet mit den Worten: «Bei Gott hat seine Stelle / das menschliche Geschlecht.» *Wo* diese Stelle ist, das wissen wir jetzt.

V.

Kaum einer der hier genannten Gedanken kann für sich allein bestehen: Die weihnachtliche Religionskritik wäre, wie eben zu sehen war, letztlich fade und leer, kontrastierte sie nicht mit der soteriologischen Einladung zum versöhnten endlichen Leben. Auch kann der weihnachtliche Grundgedanke, dass Gott tatsächlich Mensch wird, nicht als weihnachtlicher allein stehenbleiben: Inkarnation ist kein Augenblick, sondern meint den gesamten irdischen Weg Jesu Christi, die auf die Ausgrenzung dessen im Namen Gottes zuläuft, der doch Gottes Nähe selbst ist. ‹Weihnachten allein› läse sich demgegenüber als Fehlisolierung und Fehlabstraktion, die auch vor einer fatalen Verharmlosung nur schwer zu schützen ist, die uns alljährlich in einem in der Tat beklagenswerten Weihnachtschristentum entgegentritt.

Und doch ist das Wagnis dieser Konkretion gerechtfertigt. Nicht nur ist es unmöglich, stets alle thematischen Fäden in der Hand zu halten – wer dies versuchte, hätte wohl kaum mehr als die Fiktion eines Überblicks und müsste zwangsläufig zu propositionalen und doktrinalen Denkstilen greifen, für die wir doch vor allem abschreckende Beispiele aus der Theologiegeschichte kennen. Dies allein dürfte schon Warnung genug sein. Die eigentliche Erlaubnis für das Wagnis der Konkretion ist bereits angetippt worden: Die Mitte des christlichen Glaubens ist nicht eine Sache oder ein Thema – und sei es eine

22 Iwand, Christologie (Anm. 21), 59.

«absolute Sache», ein «absolutes Thema» –, der christliche Glaube hat es vielmehr mit der Selbstoffenbarung des lebendigen Gottes zu tun. Diese jedoch geschieht aspektreich und mehrgipflig. Es ist deswegen recht und sogar geboten, sich jeweils aufs Neue den einzelnen Provokationen der Selbstkundgabe Gottes auszusetzen, im vollen Bewusstsein dessen, dass es sich um eine thematische Konzentration und damit Isolierung handelt.

Ein waches Gespür für diesen Umstand dürfte für die Konzeption des kirchlichen Jahresfestkreises Pate gestanden haben, erlaubt er doch präzise beides zugleich: das je aufs Neue Sich-Einlassen auf genau einen Aspekt der Selbstkundgabe Gottes, wissend, dass es bei diesem einen Aspekt nicht bleiben wird. Sowohl das kirchliche Leben als auch die Theologie sind gut beraten, sich auf diese Logik einzulassen: Wer das Wagnis der Konkretion nicht eingeht, wird es wohl kaum mit den Provokationen der Weltlichkeit Gottes zu tun bekommen, und wer sich dabei nicht von Aspekt zu Aspekt weiterreichen lässt, verstellte sich deren Fülle.

Regine Munz

Eingang finden: Passion und Zeugnis Oder: Essen, um zu leiden?

I. Einleitung

Das Nachdenken über die Passions- oder Fastenzeit, wie sie in der katholischen Kirche genannt wird, ist für mich ein willkommener Anstoss, den Zusammenhang zwischen Essen, Leiden und Gemeinschaft systematisch-theologisch zu befragen. Zwei kleinere Vignetten sollen zu Beginn meiner Ausführungen eine Vorstellung davon geben, worum es im Folgenden geht.

1. Simone Weil

Im Jahre 1938 verbringt die Philosophin Simone Weil von Palmsonntag bis Osterdienstag einige Tage in der Benediktinerabtei Solesmes in Frankreich und besucht die dort angebotenen Gottesdienste und Messen. Weil schildert vier Jahre später in der Rückschau ihre Passionserfahrungen:

> «Ich hatte bohrende Kopfschmerzen; jeder Ton schmerzte mich wie ein Schlag; und da erlaubte mir eine äusserste Anstrengung der Aufmerksamkeit, aus diesem elenden Fleisch herauszutreten, es in seinen Winkel hingekauert allein leiden zu lassen und in der unerhörten Schönheit der Gesänge und Worte eine reine und vollkommene Freude zu finden. Diese Erfahrung hat mich auch durch Analogie besser verstehen lassen, wie es möglich sei, die göttliche Liebe durch das Unglück hindurch zu lieben. Ich brauche nicht eigens hinzuzufügen, dass im Verlauf dieser Gottesdienste der Gedanke an die Passion Christi ein für allemal in mich Eingang fand.»[1]

Durch analoges Erleben – dort Christi Leiden am Kreuz, hier die starken, durch die liturgischen Gesänge noch einmal bis ins Unerträgliche gesteigerten Kopfschmerzen – durchlebt Simone Weil das Leiden Christi noch einmal. Ihre durch keine Ablenkung getrübte, mit einem innerlichen Kraftakt geschmiedete Aufmerksamkeit verhilft zu einer sich im subkutanen Bereich ereignenden

1 Simone Weil, Zeugnis für das Gute. Spiritualität einer Philosophin. Aus dem Französischen übers. und hg. von Friedhelm Kemp, München/Zürich 1998, 110 (Brief an Pater Jean-Marie Perrin, 15. Mai 1942).

Mimesis mit der Passion Christi. Das Leiden Christi fährt Simone Weil in die Glieder, wird zu ihrem Inkarnationserleben, welches die dazu gegenläufige Bewegung aus dem Körper heraus in die Schönheit der Liturgie mit sich führt. In der liturgisch durchlebten Karwoche, der Woche des Kummers, der Klagen und des Trauerns, erlebt Weil sowohl intensivsten Schmerz als auch intensivste geistige Verzückung. Das erfolgreiche Hinaustreten aus dem Fleisch, die ekstatische Distanz zum eigenen Körper, welcher nun abgesondert vom empfindsamen Ich alleine leidet, wird zur Bedingung der Möglichkeit reiner und vollkommener Freude, welche zugleich als ein Gefühl für die Wirklichkeit qualifiziert ist.[2] Der Schmerz, der ihr in die Glieder gefahren ist, vermittelt einen je eigenen, wahrhaftigen Zugang zur Wirklichkeit, welche sich unverstellt von subjektiven Bedürfnissen und Empfindungen in ihrer eigenen Schönheit offenbart. Die Kehrseite von Weils Idealisierung des Leidens bilden die Negation der Körperlichkeit und die Ablehnung der Kreatürlichkeit.[3] Weils Leiden schaffende, leidenschaftliche Gottesliebe bewährt sich besonders im Unglück. Die Verinnerlichung des «Gedankens an die Passion Christi» bestimmt die ästhetische Empfindung im musikalischen Erleben und wird zum Zeugnis der Gottesliebe durch das Leiden hindurch als ästhetische Erfahrung reiner Freude jenseits des körperlichen Leidens.

2. Die Schopenhauer-Kur

Szenenwechsel: von der Philosophie zur gruppentherapeutischen Fiktion «Die Schopenhauer-Kur».[4] Im gleichnamigen Roman des Psychoanalytikers und Schriftstellers Irvin Yalom erfährt der fünfundsechzigjährige amerikanische Psychoanalytiker Julius Hertzfeldt bei einer Routineuntersuchung von einem malignen Melanom. Im besten Fall hat Hertzfeldt noch ein Jahr zu leben und gerät daraufhin in die Krise. Er gräbt in seinen alten Krankengeschichten, um herauszufinden, welchen Patienten er geholfen hat, und kommt auf den sexbe-

2 Vgl. dazu Maja Wicki, «Handlungen, die wie Hebel hin zu mehr Wirklichkeit sind. Wie funktioniert das?» oder Warum hungerte Simone Weil zu Tode: Imelda Abbt/Wolfgang W. Müller (Hg.), Simone Weil. Ein Leben gibt zu denken, St. Ottilien 1999, 151–170 (166).

3 Vgl. dazu Maja Wicki-Vogt, Simone Weil. Eine Logik des Absurden, Bern/Stuttgart 1983; Angela Büchel Sladkovic, Warten auf Gott – Simone Weil zwischen Rationalismus, Politik und Mystik, Münster 2004.

4 Irvin D. Yalom, Die Schopenhauer-Kur. Aus dem amerikanischen Englisch von Almuth Carstens, München 2005.

sessenen Philip Slate. Bei dessen Therapie ist er vor einigen Jahren gescheitert. Hertzfeldt ruft seinen ehemaligen Patienten an und erfährt, dass es Arthur Schopenhauers Philosophie und nicht ihm gelungen ist, Philip Slate von seiner Störung zu heilen. In einer Schopenhauer-Bibliotherapie hat sich Slate selbst kuriert. Hertzfeldt, dem Slate immer noch gleichermassen selbstbezogen und unsympathisch erscheint, misstraut dieser Heilung. Als er erfährt, dass Slate nun sogar Therapeut werden will, ist er geschockt. Allerdings bietet sich eine unerwartete Möglichkeit, mehr über diese Heilung zu erfahren – Slate braucht für die Ausbildung zum Therapeuten einen Supervisor und bietet ihm diese Rolle an. Hertzfeldt willigt ein, allerdings nur unter der Bedingung, dass Slate seiner Selbsthilfegruppe beitritt, um dort dasjenige soziale Verhalten zu erlernen, das von einem Therapeuten erwartet wird.

Während der wöchentlichen Gruppensitzung verhält sich Slate ausnehmend distanziert und doziert nur über Schopenhauer, statt seine Gefühle zu zeigen. Im Unterschied zu den anderen Gruppenmitgliedern ist für ihn die Nähe und Gemeinschaft mit anderen unerträglich. In der Bewertung des Bedürfnisses nach Gemeinschaft schliesst er sich Schopenhauers misanthropischen Bemerkungen an:

> «Eine Gesellschaft Stachelschweine drängte sich an einem kalten Wintertage recht nahe zusammen, um durch die gegenseitige Wärme sich vor dem Erfrieren zu schützen. Jedoch bald empfanden sie die gegenseitigen Stacheln, welches sie dann wieder von einander entfernte. Wann nun das Bedürfnis der Erwärmung sie wieder näher zusammenbrachte, wiederholte sich jenes zweite Übel, so dass sie zwischen beiden Leiden hin- und hergeworfen wurden, bis sie eine mässige Entfernung von einander herausgefunden hatten, in der sie es am besten aushalten konnten. – So treibt das Bedürfnis der Gesellschaft, aus der Leere und Monotonie des eigenen Innern entsprungen, die Menschen zueinander; aber ihre vielen widerwärtigen Eigenschaften und unerträglichen Fehler stossen sie wieder von einander ab.»[5]

Die Stachelschweine aus Schopenhauers Parabel können nicht ohne einander auskommen und zugleich nicht miteinander sein. Nur in durch widrige Lebensumstände bedingten Zeiten extremer Angewiesenheit müssen sie die Nähe der anderen ertragen, da das Leiden an der Nähe zu anderen immer noch ein Vorteil gegenüber dem einsamen Kältetod darstellt. Dabei wird die Gemeinschaft den Misanthropen zur Passion, die sich zwischen dem Leiden an zu grosser Nähe und dem Leiden an zu grosser Distanz zu den anderen in einer mittleren Entfernung einpendelt.

5 Arthur Schopenhauer, Parerga und Paralipomena, Bd. I, Frankfurt a. M. 1986, 765.

> «Es gibt wenig Dinge, welche so sicher die Leute in gute Laune versetzen, wie wenn man ihnen ein beträchtliches Unglück, davon man kürzlich getroffen worden, erzählt oder auch irgendeine persönliche Schwäche ihnen unverhohlen offenbart.»[6]

Zwar findet in der Kommunikation über Leiden eine bestimmte Form zwischenmenschlicher Nähe statt. Wenn man Schopenhauer Glauben schenkt, ist dies eine besonders widerwärtige Form von Nähe, da sie sich am Leiden der anderen erfreut. Slate gleicht in seinem Verhalten in vielem der pessimistischen, menschenscheuen und misanthropischen Grundhaltung Schopenhauers. Beide befürchten, durch den Kontakt mit anderen Menschen kontaminiert zu werden, und demonstrieren deswegen ihre Unabhängigkeit von den andern und das Gefühl scheinbarer Überlegenheit. Die Isolation und Einsamkeit sieht Slate durch die Gemeinschaft des Essens an einem Tisch bedroht, da hier die Distanz zum anderen eingezogen wird. Da Slate das gemeinsame Mahl als unangenehm und abstossend erlebt, ist er nicht nur allein, er isst in der Regel auch alleine: «Alle Mahlzeiten wurden freiwillig allein eingenommen. Er tröstete sich mit dem Gedanken an Schopenhauer und seine Angewohnheit, die ihm manchmal sogar ein breites Lächeln entlockte, in seinem Stammlokal für zwei zu bezahlen, nur damit niemand neben ihm sass.»[7]

In Yaloms Roman endet Slates Gruppentherapie mit dem Tod von Julius, kurz nachdem sein philosophisch-misanthropisch ausgekleidetes Gedankengebäude Risse bekam und er der Gruppe seine Verletzlichkeit zu zeigen wagte.

II. Eingang finden: Palmarum und Passion

Mein Part ist es, die Passionszeit, genauer die Zeit bis und mit Gründonnerstag, aus reformierter Perspektive zu beleuchten. Allein schon aus der Wahl der Bezeichnung für diesen Zeitraum als «Passionszeit» spricht ein protestantisches Ethos: Während in katholischen Gegenden die Zeit vor Ostern als Fastenzeit gilt, wird sie in reformierter Tradition als Passionszeit bezeichnet, auch wenn hierzulande diese Tradition eine Änderung in Richtung Fastenzeit erfährt. Vielleicht lässt dieser Ausdruck schon Rückschlüsse auf eine wichtige Akzentsetzung zu.

Die Semantik des Wortes «Passion» ist von verschiedenen Kraftlinien durchzogen. Die verschiedenen Bahnen der Passionen nehmen in der Passionszeit ihren Weg, durchziehen und durchkreuzen sie. Der Ausdruck «Pas-

6 Schopenhauer, Parerga (Anm. 5), 548.
7 Yalom, Schopenhauer-Kur (Anm. 4), 260.

sion»[8] konnotiert diese verschiedenen Sinnrichtungen, eine Geschichte, die sich innerhalb der christlichen Kultur entfaltet hat. «Passion» konnotiert ebenso die Erfahrung der Leidenschaft und Liebe, da, wo sie wie bei den Märtyrern untrennbar geworden ist vom bekennenden Zeugnis und vom Zeugnis der Wahrhaftigkeit. Passion konnotiert eine Erfahrung der Endlichkeit, des Todes und der Passivität dem Anderen gegenüber, da sie unvereinbar ist mit Freiheit und mit Autonomie. Passion konnotiert die Strafbarkeit, eine bestimmte Form von Schuldigsein und Verantwortlichkeit, eine ursprüngliche Schuld des Vor-dem-Gesetz-Seins, auch wenn sie sich als das reine Schuldlose zu erkennen gibt. Passion konnotiert eine im Leiden auf sich genommene Einbindung, das Erleiden, die Erfahrung ohne Beherrschung und ohne aktive Subjektivität. Überdies konnotiert Passion das Martyrium, das Zeugnis. Es ist immer eine Passion, die Zeugnis ablegt, als Zeugnis für die Wahrheit, welches mehr ist als nur eine Mitteilung, da der Zeuge der Einzige ist, der die Möglichkeit auf sich nimmt, für diese Wahrheit zu sterben.

Die letzte Woche der Passionszeit, die sogenannte Heilige Woche oder Karwoche, ist die Zeit der Trauer, des Greinens. An ihrem Beginn steht der Palmsonntag. An Palmarum wird der Eingang Jesu in Jerusalem gefeiert. Jesus als König reitet auf einem Esel, wie ihn der Prophet Sacharija (9,9) verheissen hat. Zum Zeichen des Sieges dieses eselreitenden Königs nun hält ihm das Volk bei seinem Einzug in Jerusalem Palmzweige entgegen und jubelt (Joh 12,13–15). Hier ist es noch eine nicht näher bezeichnete Öffentlichkeit, die Jesus empfängt. Der Kreis der Jubelnden, die ihn in der Stadt willkommen heissen, wird über die Jünger hinaus geweitet. Sie sind erste Zeugen, welche die göttliche Majestät und den Weg des Gottessohnes hin zum Leiden bezeugen.

8 Vgl. zum Folgenden Jacques Derridas Ausführungen zu Passion und Zeugnisablegen: ders., Bleibe. Maurice Blanchot (Paris 1998). Aus dem Französischen von Hans-Dieter Gondek, Wien 2003, 23–33.

Leopold Layer, Jesu Einzug in Jerusalem. Bienenstockstirnbrett, 1821, © Slovene Ethnographic Museum Picture Library, Foto: Marko Habič

Die christlichen Gläubigen aller Konfessionen versuchen in der Passionszeit ebenfalls Eingang zu finden, sie bemühen sich darum, ihre Erfahrungen der Endlichkeit, den Einbruch des Todes im Leben, das Erleben von Passivität und die vielfältigen leidvollen Kontingenzerfahrungen des Lebens mit der Passion Christi aufeinander zu beziehen, sie miteinader in Wort und Tat zu verbinden, zu ver-sprechen und sich selbst an dieses Versprechen zu binden. Denn der an das Kirchenjahr gebundene Zyklus der Passion und der Fastenzeit eröffnet eine Distanz zur allzeit verfügbaren Welt des Konsums und der allgegenwärtigen Glücks- und Ewigkeitsversprechen der Moderne und führt zurück zum leidvollen Anfang des Christentums. In der Passionszeit finden vielfältige Wiederholungen der Passion statt; diese wird im Hören auf die biblische Geschichte vom Leiden Christi, im Fasten in vielerlei Gestalt sowie im gemeinsamen Gebet und Handeln erinnert, erfahren und vergegenwärtigt. Dadurch erweist sich die Passionszeit als ein wertvoller Ort, die Passion Christi als Grund des Glaubens nicht allein verstandesmässig zu erkennen, sondern auch leibhaftig zu erfassen. Während sich diese Vergegenwärtigung des Passionsgeschehens in der katholischen Tradition durch ein «Fasten» anzeigt,[9] wird sie von reformierter Seite durch das Hören auf die Passionsge-

9 In südamerikanischen Ländern und auf den Philippinen ereignet sich die Mimesis in Passionsprozessionen auf radikale Weise. Männer durchbohren ihre Hände, tragen Kreuze von mehreren Hundert Kilo, die Erschöpfung ist dabei vorprogrammiert. Hier wird die biblische Heilsgeschichte nicht allein dargestellt, sondern wird mit Christus gelitten.

schichte und die Vergegenwärtigung des Abendmahles am Gründonnerstag oder Karfreitag ermöglicht.

Allein, ich muss hier meine affirmatorischen Ausführungen zur reformierten Passionsfrömmigkeit etwas genauer in den Blick nehmen, da die Reformatoren zugleich auch wieder auf Distanz dazu gehen. Sie plädieren für die Freiheit der Christenmenschen gegenüber dem Passionserleben in Form von Verzicht und Leiden. Sie lehnen eine mit dem Verdienstgedanken gekoppelte asketische Praxis ab, welche durch *compassio* und *imitatio Christi* das eigene Seelenheil zu retten anstrebt, und plädieren für die Rückbindung der Passionsfrömmigkeit an das biblische Zeugnis sowie an die Sonntagsgottesdienste als eine schlichte Meditation über Christi Leiden und Tod.[10] Von den Reformierten wird zudem eine Kritik an dem Versuch geübt, die Passionszeit ausserhalb des Alltags der Welt anzusiedeln. Sie plädieren dafür, die geistlichen Übungen in der Passionszeit nicht als spezifische Unterbrechung der Zeit zu feiern, sondern sie vielmehr in den Alltag der Gläubigen und deren Gebet zu integrieren. «Eigentlich bedarf es keiner Feste, um selig zu werden, zumal Feiertage Müssiggang und Laster fördern [...].»[11]

Martin Luther empfiehlt in der Vorrede zur «Deutschen Messe», die Fastenwochen, Palmtage und Marterwochen bleiben zu lassen, damit niemand zum Fasten gezwungen werde, sondern vielmehr die Passion und die Evangelien auf dieselbe Zeit geordnet bleiben.[12] Er hält allzu hoch gesteckte Erwartungen hinsichtlich überbordender Bräuche und Riten zur Vergegenwärtigung des Passionsgeschehens für überzogen. Die verschiedenen Fastenbräuche, die Hungertücher, die Sitte, in der Fastenzeit die Kreuze und Bilder zu verhüllen, sowie alle anderen diesbezüglichen Bräuche sowie die achtstündigen Andachten und Predigten an Karfreitag hält Luther für überflüssig. Die Passionszeit soll vielmehr wie alle anderen Wochen auch sein, ausser dass man die Passionsgeschichte täglich eine Stunde predige, oder auch weniger, und dass jeder, der will, die Sakramente empfange.[13] Gegenüber den von der Volks-

---

10 Vgl. dazu Klaus-Peter Jörns/Karl-Heinrich Bieritz, Art. Kirchenjahr, TRE 18 (1989), 576–599, sowie Ulrich Köpf, Art. Passionsfrömmigkeit, TRE 27 (1997), 722–764.

11 Jörns/Bieritz, Kirchenjahr (Anm. 10), 587.

12 Nach Martin Luther, WA 19, 112,20–22: «[D]ie fasten, palmtag und marterwochen» bleiben zu lassen, damit wir nicht jemand «zu fasten zwingen, sondern das die passion und die Euangelia, so auff die selbige zeyt geordnet sind, bleyben sollen [...].»

13 «[N]icht also, das man das hunger tuch, palmen schiessen, bilde decken [d. i. die Sitte, in der Fastenzeit die Kreuze und Bilder zu verhüllen, R. M.] und was des gauckel wercks mehr ist, halten odder vier passion singen odder acht stunden am karfreytag an der passion zu predigen haben, sonder die marterwoche sol gleych wie ander wochen seyn, on das man die passion predige des tages eyne stunde durch die woche

frömmigkeit inspirierten Ausdrucksformen des Passionsgedenkens betont Luther in der Neuordnung des Gottesdienstes die Bedeutung der Fastenzeit als Meditationsperiode über Christi Leiden und Tod. Sie ist weniger die Zeit des Fastens und der Busse als schlicht die Jahreszeit, in der man von dem Leiden unseres lieben Herrn Jesus Christus in den Kirchen zu singen und zu predigen pflegt.[14] Das protestantische *sola scriptura* gilt auch für die kollektive Passionsfrömmigkeit, welche sich auf deren biblische Grundlagen zu konzentrieren hat.

Gegenüber Luthers Rückgriff auf die Geschichte vom Leiden Christi in der Passionszeit legt der reformierte Kirchenvater Heinrich Bullinger im Zweiten Helvetischen Bekenntnis hinsichtlich des Passionsgedenkens den Akzent auf die Ordnung der Kirche, die Rückkehr zu Mässigung und Zucht und zugleich auf die Freiheit der Christenmenschen im Fasten:

> «Je mehr aber die Kirche Christi zu klagen hat über Schwelgerei und Trunksucht, über allerlei Wollust und Unmässigkeit, um so eifriger empfiehlt sie uns christliches Fasten. Fasten ist nämlich nichts anderes als die Enthaltsamkeit und Mässigkeit der Frommen, die Zucht, Wachsamkeit und Bestrafung unseres Fleisches, der wir uns je nach der jeweiligen Notwendigkeit unterziehen und wodurch wir uns vor Gott demütigen und die entzündliche Gier des Fleisches mindern, damit es um so leichter und lieber dem Geist gehorche. Deshalb fasten diejenigen gar nicht, die dem nicht Rechnung tragen, sondern zu fasten meinen, wenn sie nur einmal am Tage den Bauch vollstopfen und sich dann zu bestimmter und vorgeschriebener Zeit gewisser Speisen enthalten, in der Meinung, dass sie schon durch die Vollbringung dieses Werkes Gott gefielen und damit ein gutes Werk täten. Das Fasten ist vielmehr nur *eine kleine Beihilfe zum Gebet der Heiligen* (Gläubigen) und *zu jeglicher Tugend.*»[15]

Diese kleine Beihilfe zum tugendhaften Wandel und Gebet kann allerdings nur dann wirksam werden, wenn sie ohne äusseren Zwang, Essensvorschriften und Zeitvorgaben auskommt. Denn das Fasten selbst, sowohl das individuelle als auch das kollektive, ist als solches noch keine Form des Gottesdienstes und ebenso wenig ein Mittel, um sich des individuellen Seelenheils und der himmlischen Gerechtigkeit zu versichern; es kann lediglich eine Weise der Ein-

---

odder wie viele tage es gelustet, und das sacrament neme wer do wil.» Martin Luther, WA 19, 112,22–113,2, zit. nach Köpf, Passionsfrömmigkeit (Anm. 10), 752.

14 Nach Martin Luther, WA 52, 226. Luther bestimmt die Passionszeit als die Zeit, «das man von dem leyden unsers lieben Herrn Jesu Christi in der Kirchen singen unnd predigen pflegt».

15 Heinrich Bullinger, Das Zweite Helvetische Bekenntnis (1566). Ins Dt. übertr. von Walter Hildebrandt und Rudolf Zimmermann, Zürich [5]1998, Kap. 24 (Hervorhebung R. M.).

übung in christliche Tugendhaftigkeit und als solche eine Vorbereitung auf den rechten Gottesdienst sein.

> «Alles Fasten soll aus freiem, bereitwilligem und gedemütigtem Geiste hervorgehen und nicht auferlegt sein, um den Beifall oder die Gunst von Menschen zu erlangen, noch viel weniger dazu, dass der Mensch sich dadurch verdienstliche Gerechtigkeit erwerben will. Jeder faste aber zu dem Zweck, dass er seinem Fleisch die entzündliche Gier entziehe und Gott um so inbrünstiger diene.» (Ebd.)

Für das Fasten spricht, dass sich hier Glaube und Erkenntnis, das «ganz gewisse[] Erfassen der Wahrheit Gottes»,[16] nicht allein im Hören der Predigt, der Passionsgeschichte, sondern vielmehr in einer leiblichen Erfahrung ereignen kann. Für das Fasten spricht zudem, dass die leiblichen Begierden um des hingebungvollen und rechten Gottesdienstes willen von «der entzündlichen Gier» gereinigt werden können. In Anerkennung der Tatsache, dass es verschiedene Formen und Bräuche des Fastens in der Passionszeit gibt und gab, soll auch hier die christliche Freiheit gewahrt und den Einzelnen ohne Furcht und Zwang das überlassen werden, was gut ist.

Heute erlebt das Fasten auch in den Kirchen der Reformation eine kleine Renaissance. Die Evangelische Kirche in Deutschland ruft beispielsweise mit ihrer Aktion «7 Wochen ohne» seit einigen Jahren sehr erfolgreich zu einem selbstgewählten Verzicht in der Passionszeit auf. In der Schweiz haben sich «Fastenopfer» und «Brot für alle» zu einer ökumenischen Aktion zusammengeschlossen. Während Bullinger noch im Zweiten Helvetischen Bekenntnis an die Freiheit zum Fasten erinnert, scheint in der gegenwärtigen reformierten Praxis diese kritische Distanz eingezogen zu sein. Die protestantischen Kirchen knüpfen an die katholische Fastenpraxis an und interpretieren dabei das Fasten durchaus grosszügig. In der Aktion «7 Wochen ohne» reicht die Semantik des Fastens vom Medienverzicht, Verzicht auf bestimmte Nahrungs- und Genussmittel bis hin zu «Du bist schön – 7 Wochen ohne runtermachen» im Jahr 2015 oder «Grosses Herz. 7 Wochen ohne Enge».[17] Im schweizerischen Pendant dazu, der ökumenischen Kampagne «Brot für alle» und «Fastenopfer», geht es in der Fastenzeit und in den eigens dafür konzipierten Fastenkalendern unter dem Titel «Weniger für uns – genug für alle» (2015) oder «Sehen und Handeln: Die Saat von heute ist das Brot von morgen» (2014)[18] da-

16 Bullinger, Bekenntnis (Anm. 15), Kap. 16.

17 Vgl. http://7wochenohne.evangelisch.de (20.11.2017).

18 Vgl. dazu etwa die ökumenische Kampagne 2014: www.missio.ch/fileadmin/user_upload/Publikationen/pdf/mission-konkret/mission-konkret_06_2013.pdf, sowie für die anderen Kampagnen: https://sehen-und-handeln.ch (20.11.2017).

rum, persönliche Konsumgewohnheiten zu hinterfragen und Zusammenhänge zwischen Konsum und weltweiten Formen der Ungerechtigkeit zu entdecken. Obschon in dieser Aktion das Fasten seinen reglementierenden und disziplinierenden Charakter verliert, bleiben die Versuche, neue Horizonte zu eröffnen, Alltagsgewohnheiten zu überdenken und Abhängigkeiten aufzuzeigen, eigenartig aufgesetzt und lassen religiöses Leistungsdenken als untergründige Gegenbewegung dazu vermuten. Wenngleich hier zu einer inneren Einkehr und Besinnung eingeladen wird, findet daneben die leibliche Erfahrung und Vergegenwärtigung der Passion schwer Eingang.

III. Halb (dr)aussen: Annäherung mit einer reformierten Denkfigur

Es stellt sich die Frage, wieso die Tradition des Fastens in den reformierten Kirchen eigentümlich fremd erscheint. Hierzulande meldet sich, spätestens seit dem Zürcher Wurstessens während der Fastenzeit 1522 im Hause von Christoph Froschauer, eine gewisse Distanz zu Wort. «Würste, die die Welt bewegten»,[19] demonstrierten die Freiheit der Christenmenschen dem Essen und Fasten gegenüber. Huldrych Zwinglis am Gründonnerstag erschienene Schrift «Von Erkiesen und Freiheit der Speisen»[20] verteidigte gegenüber den kirchlichen Autoritäten die Praxis, zu jeder Zeit auch Würste essen zu dürfen, nachdrücklich. Sein allein durch die Heilige Schrift begründetes reformatorisches Grundanliegen lautete, dass die Freiheit der Christen sich auch darin äussert, dass es keine verbindlichen Zeitvorschriften und Essensgebote geben kann und somit Christen frei sind, selbst zu entscheiden, was und wann sie etwas essen oder eben nicht essen möchten. «Willst du gerne fasten, dann tue es! Willst du dabei auf Fleisch verzichten, dann iss auch kein Fleisch! Lass mir dabei aber dem Christen die freie Wahl!»[21]

Doch nicht allein in expliziten theologischen Äusserungen zur Fastenfrage meldet sich das halbherzige Einlassen auf die Passion und die Distanz zur kirchlichen Fastenpraxis zu Wort. Die Distanz ist bis in dogmatische Denkfi-

19 Titel über einem Artikel von Ulli Kulke in der «Welt», 27.3.2011.

20 Huldrych Zwingli, Von Erkiesen und Freiheit der Speisen, 16. April 1522: Huldreich Zwinglis sämtliche Werke, Bd. 1 (Berlin 1905), 88–136.

21 «Wiltu gern vasten, thu es; wiltu gern das fleisch nit essen, iss es nüt, lass aber mir daby den Christenmenschen fry.» Zwingli, Erkiesen (Anm. 20), 106.

guren hinein verankert. Die reformierte Denkfigur des Extra-Calvinisticums:[22] *etiam extra carnem* besagt, dass der göttliche Logos nicht ganz ins Fleisch eingeht und sich in der menschlichen Natur inkarniert, sondern zugleich auch ganz ausserhalb bleibt. Dieses *illud extra* führt in Bezug auf das Abendmahl zu folgender Konsequenz: Jesu menschliche Natur befindet sich seit der Himmelfahrt zur Rechten Gottes im Himmel und kann deswegen nicht gleichzeitig im Abendmahl körperlich präsent sein. Das heisst, die Gottheit Christi geht nicht nur ganz ins Fleisch ein, sondern bleibt zugleich auch ganz ausserhalb, ganz *extra* desselben. Die bekannte Formulierung der Institutio Calvins lautet:

> «Das ist das grosse Wunder: der Sohn Gottes ist vom Himmel herniedergestiegen – und hat ihn doch nicht verlassen; er ist aus der Jungfrau geboren worden, ist auf der Erde gewandelt, ja er hat mit seinem Willen am Kreuze gehangen – und doch hat er immerfort die ganze Welt erfüllt, wie am Anfange!»[23]

Calvins Behauptung, dass der göttliche Logos ungeachtet seiner vollen Einwohnung im Menschen Jesus auch ganz ausserhalb bleibe, setzt eine Distanz zwischen Gott und Mensch. Obschon, wie wohlmeinende Interpreten zeigen, Calvins theologische Denkfigur an der Herrschaft Gottes interessiert ist, bleibt allzu oft ihre Kehrseite unerwähnt: Der Preis für die Herrschaft ist die Distanz zum Objekt der Herrschaft. Werden die Majestätseigenschaften des Sohns Gottes nicht zwangsläufig eingeschränkt, wenn der Logos in einen kreatürlichen Leib eingeschlossen bleibt? Und vielleicht gilt im Gegenzug auch, dass Distanz die Grundlage von Herrschaft bildet. Oder anders ausgedrückt: Das extracalvinistische Sowohl-als-auch eröffnet den Raum zwischen erdhaftem Leib und göttlichem Entzogensein von der Erde, es begründet eine Spannung zwischen Nähe und Distanz, Anwesenheit und Abwesenheit, eine Nähe und schwere Fassbarkeit Gottes. Oder noch einmal, mit den Worten des Dichters Friedrich Hölderlin ausgedrückt, der in der Hymne «Patmos» diese Dialektik von Anwesenheit und Abwesenheit so umschreibt: «Nah ist / Und schwer zu fassen der Gott.»[24]

---

22 Vgl. dazu Matthias D. Wüthrich, Ein ‹theologischer Betriebsunfall›? Erwägungen zum sog. *extra calvinisticum* ausgehend vom Heidelberger Katechismus: ThZ 70/2014, 97–117; Christian Link, Die Entscheidung der Christologie Calvins und ihre theologische Bedeutung. Das sogenannte Extra-Calvinisticum: Herman J. Selderhuis (Hg.), Johannes Calvin. Neue Wege der Forschung, Darmstadt 2010, 125–151.

23 Calvin, Institutio (1559), II,13,4.

24 Friedrich Hölderlin, Sämtliche Werke. Frankfurter Ausgabe, Bd. 7, hg. von D. E. Sattler, Frankfurt a. M./Basel 2000, 238; Peter Horn, Im Liede wehet ihr Geist. Hölderlins späte Hymnen, Oberhausen 2012, 186f. In einer anderen Fassung beschreibt

Dieser partielle Selbstentzug des göttlichen Logos lässt auf das voluntaristische Element schliessen, welches das Element der Distanz mitführt. Schon im Gottesgedanken[25] Calvins kann ein voluntaristisches Element entdeckt werden. Gott kann machen, was er will (*facere quaecunque vult* [I,16,3]), sein Wille ist fest und entschieden.[26] Denn nur in der Distanz kann ein Souverän, der Gesetzgeber und König, für und gegen das Wohl Einzelner entscheiden. Dieses untergründige Element in Calvins «Gott regiert» entzieht sich jedem denkerischen Zugriff, der in den Kategorien der theologischen, humanistischen und philosophischen Tradition operiert. So bestreitet Calvin, dass der göttliche Logos aufgrund der Inkarnation von der menschlichen Natur Christi wie von einem Gefäss umschlossen sein könnte – für ihn gleichsam die Vorstellung eines *horror vacui*, welcher die freie Bindung Gottes an die Sphäre der Endlichkeit beschneidet.

Was haben diese Ausführungen zu einem – wie Barth ihn genannt hat – theologischen Betriebsunfall[27] mit der Bedeutung der Passionszeit für den reformierten Kontext zu tun? Ich meine, nicht wenig. Der kritische Vorbehalt Calvins gegenüber dem Eingang Gottes in die menschliche und leibliche Geschichte Jesu Christi impliziert eine paradoxe Nähe bzw. eine paradoxe Distanz zum Eingang-Finden des Leidens auch bei seiner Gemeinde. In der Abendmahlslehre, dem Sitz im Leben des Extra-Calvinisticums, versichert sich die Gemeinde unter den Zeichen von Brot und Wein ihrer Verbundenheit mit

---

Hölderlin die Erfahrung des für den Einzelnen abwesenden Gottes: «Voll Güt ist. Keiner aber fasset / Allein Gott.» Hölderlin, Werke, 490.

25 Christian Link hat darauf hingewiesen, dass das Extra-Calvinisticum kein Specialissimum der calvinistischen Christologie ist, sondern den Horizont für nahezu alle theologischen Themen eröffnet. Link, Entscheidung (Anm. 22), 128.

26 Das Wort «will/vult» legt ein voluntaristisches Element im Gottesgedanken nahe. Dieser Voluntarismus ist besonders in Anschluss an Albrecht Ritschl als das skotistische Element in Calvins Gottesbegriff behauptet worden. Indem es den Gedanken des souveränen Willens und seiner Kontingenz betont, führt es zugleich das Element der Distanz mit. Vgl. Albrecht Ritschl, Geschichtliche Studien zur christlichen Lehre von Gott: Jahrbücher für deutsche Theologie, Bd. 13, Gotha 1868, 107, zit. bei François Wendel, Calvin. Ursprung und Entwicklung seiner Theologie, Neukirchen-Vluyn 1968, 106.

27 Karl Barth, Die christliche Lehre nach dem Heidelberger Katechismus. Vorlesung gehalten an der Universität Bonn im SS 1947, Zollikon-Zürich 1948, 70f., zu Frage 47 und 48 des Heidelberger Katechismus. Frage 47: «Christus ist wahrer Mensch und wahrer Gott. Nach seiner menschlichen Natur ist er jetzt nicht auf Erden; aber nach seiner Gottheit, Majestät, Gnade und Geist weicht er nimmer von uns.» Auf die Frage, ob hier nicht die zwei Naturen in Christus voneinander getrennt werden, lautet die Antwort: «Weil die Gottheit unbegreiflich und allenthalben gegenwärtig ist, so muss folgen, dass sie wohl ausserhalb ihrer angenommenen Menschheit und dennoch nichts desto weniger auch in derselben ist und persönlich mit ihr vereinigt bleibt.»

dem Auferstandenen. Für das reformierte Verständnis des Abendmahls bedeutet dies, grob gesprochen, dass Christus nicht leiblich im Abendmahl präsent sein kann und dass es sich dennoch um eine durch den Heiligen Geist vermittelte, lebendige Gegenwart des *Christus praesens* handelt.

Der Leib Christi zur Rechten des Vaters lässt sich nicht in die Elemente einschliessen. Calvins Interpretament ist die Wiederholung, Vergegenwärtigung. Die Abwesenheit des kommenden Herrn lässt das Abendmahl als Repräsentation der Verheissungen Gottes erscheinen. Der Akzent verlagert sich vom für sich selbst sprechenden wirksamen Zeichen, dem Element als dem stofflichen Träger der Präsenz Christi, zum Vorgang, zur Handlung, durch deren Vollzug das Abwesende repräsentiert wird. Die Elemente sind nun nicht Träger der Präsenz Christi, nicht direkt als Elemente erlebbar und erkennbar, sondern vielmehr im Akt der Handlung und Darstellung eines Geschehens anwesend. «Dies ist mein Leib» heisst nun, dies, diese Gemeinde, die Gemeinschaft des Leibes Christi ist Ort der Gegenwart Christi im Abendmahl.

IV. An einem Tisch: Gründonnerstag – oder: Essen als Zeugnis

Ebenso wie das Fasten eine Möglichkeit sein kann, sich der Wirklichkeit der Passion Christi zu nähern, ist auch das Essen im reformierten Kontext eine Möglichkeit, die Passion Christi zu erleben. Darauf weist schon eine mögliche Herkunft der Bezeichnung «Gründonnerstag» für den Donnerstag vor Karfreitag hin. Die Bezeichnung «Gründonnerstag» kann sich auf den Brauch, am Gründonnerstag besonders grünes Gemüse (Grünkohl, Salate, Nesseln, junge Triebe) und grüne Kräuter zu essen, beziehen. Diese Verbindung des Namens mit einer speziellen Speise steht nicht nur im Einklang mit den allgemeinen Fastenvorschriften für die Karwoche, sondern auch im Zusammenhang mit der vorchristlichen magischen Vorstellung, dass durch das Essen der Frühlingsboten die Kraft des Frühlings und eine Heilwirkung für das ganze Jahr aufgenommen werde.[28] In den Gottesdiensten am Abend des Gründonnerstags – bzw. in vielen reformierten Gemeinden auch am Karfreitag – kommt die integrative gemeindestärkende Dimension des gemeinsamen Essens zur Darstellung. Es wird die Einsetzung des Abendmahls memoriert, die Erinnerung an

28 Gründonnerstag kann auch von mhd. gronan, «lachend, winselnd, weinend den Mund verziehen», abgeleitet werden. Damit können die Tränen der Büsser gemeint sein, welche in der alten Kirche an diesem Tage nach beendeter Busse wieder in die kirchliche Gemeinschaft integriert wurden.

den letzten Abend im Leben Jesu wird wachgerufen und das gemeinsame Mahl begangen. Das gemeinsame Essen, das «Liebesmahl» oder «Agapemahl», bestätigt den sozialen Zusammenhalt und die Identität der Gemeinschaft. Im Unterschied zu Schopenhauers Angewohnheit, alleine zu essen und in einem Wirtshaus jeweils für zwei zu bezahlen, um einen Platz frei zu halten, wird hier die beziehungsstiftende Dimension des gemeinsamen Essens gefeiert. Es gibt nichts Gemeinschaftsstiftenderes als das Essen, in kleineren und grösseren Gruppen, und wenig, was Beziehungen etwa in einer Familie so nachhaltig stören kann, als wenn jemand sich weigert, mit den anderen am Tisch zu essen. Die an einem Tisch zum Essen und Trinken versammelten Jünger sind Erinnerung und Gedächtnis der Präsenz der Passion Christi. Im gemeinsamen Essen und Trinken werden sie heimgesucht, sie lassen etwas geschehen, das sie nicht herstellen können, was sie aber in das Geschehen selbst hineinzieht. Und genau dieses Geschehen ist es, was auf Dauer bleibt. Die Reihe der Zeugen und Zeuginnen feiert und bestätigt die Bleibe Jesu Christi in der Mahlgemeinschaft, und sie sind Zeuginnen und Zeugen von dessen Leiden und Tod.

Matthias Grünewald (vor 1480–1528) Abendmahl, um 1500, Mischtechnik auf Holz, Kunstsammlungen der Veste Coburg als Dauerleihgabe der Oberfrankenstiftung Bayreuth.

Abendmahlfeiern in reformierten Gemeinden finden sich in einer etwas paradoxen Situation: Sie sind Erinnerung an das letzte Mahl, welches Jesus noch mit seinen Jüngern feierte, und auch Feiern des abwesend anwesenden Christus. Die feiernde Gemeinde vergegenwärtigt den Abwesenden im Modus des Bezeugens. Als Gemeinschaft ist sie nicht lediglich die Summe der je einzelnen Empfänger und Empfängerinnen der Gabe des Abendmahls, sondern als Gemeinschaft des Leibes Christi ist sie auch sowohl die Gabe selbst als auch die Empfängerin der Gabe, repräsentierte Grösse und Präsenz des Repräsentierten. Die Gegenwart und Bleibe Christi manifestiert sich in der Gegenwart der in seinem Bund versammelten Brüder und Schwestern. Es ist also die Gemeinschaft der Essenden, welche Zeugnis der gelebten *koinonia* ablegen. Christus soll nicht in den Elementen und Symbolen erfahren werden, sondern «die Sache selbst» wirkt als gemeinschaftsstiftende Kraft, wie es das Zweite Helvetische Bekenntnis festhält:

> «Wir bringen deshalb den Leib des Herrn und sein Blut mit Brot und Wein nicht so in Verbindung, dass wir sagten, das Brot sei selber der Leib Christi, ausser im sakramentalen Sinn, oder: unter dem Brot sei der Leib Christi körperlich verborgen, so dass er in der Gestalt des Brotes angebetet werden müsse, oder: wer das Zeichen empfange, der empfange unbedingt die Sache selbst. Der Leib Christi ist im Himmel zur Rechten des Vaters. Darum muss man die Herzen emporheben und darf nicht am Brot hängen bleiben und den Herrn nicht im Brot anbeten. Und doch ist der Herr nicht abwesend, wenn seine Gemeinde das Abendmahl feiert. Die Sonne ist ja auch weit weg am Himmel und trotzdem ist sie mit ihrer Kraft bei uns.»[29]

In dieser reformierten Zeugenschaft überliefern die im Abendmahl versammelten Christinnen und Christen das Wissen um die Wirkungen der Gegenwart Christi in seiner Gemeinde, sie übermitteln die Erfahrung der gelebten Gemeinschaft in Christus. Im testimonialen Wissen verbürgt die Abendmahlsgemeinschaft die Wahrheit dessen, was sie nicht beweisen, aber doch glaubend überliefern kann.[30] Als gerade nicht vom Tod Zerstörte, sondern Weiter- und

29 Bullinger, Bekenntnis (Anm. 15), Kap. 21.

30 Die Überlegungen Derridas verorten den Begriff der Zeugenschaft genau dort, wo faktische Beweise aufhören. Die Wahrheitsbedingung des Zeugnisses besteht in dem Versprechen, dass jeder, der zur selben Zeit an derselben Stelle gewesen wäre, das gleiche wie der Zeuge gehört bzw. gesehen hätte und die Wahrheit des Zeugnisses exemplarisch wiederholen könnte. Doch der Augenblick, in dem der Zeuge das zu Bezeugende gesehen hat, lässt sich nur re-präsentieren, da ein zeitlicher Abstand zwischen Bezeugtem und dem Moment des Bezeugens vorhanden ist. Dieser lässt sich nur überbrücken im Medium der Sprache, des Bildes. Vgl. Derrida, Bleibe (Anm. 8), 48. Das gemeinsame Essen kann m. E. auch zum Medium werden, in dem dieser Abstand leibhaftig überbrückt wird und dabei der Körper in den Modus des Bezeugens einbezogen wird. Vgl. dazu die verschiedenen Konzepte der Realpräsenz Christi im Abendmahl, die, wie etwa Luther, von einer Verschmelzung der Zeitebenen ausgehen, während die reformierte Position stärker den Aspekt des Wieder-Holens hervorhebt, und daran

Überlebende zeugen die im Abendmahl Versammelten von dem, der die Passion durchlitten hat, ermordet wurde und auferstanden ist, und tragen die Hoffnung weiter. Als gemeinsam Essende und Trinkende zeugen sie von der Wirklichkeit des in der Essensgemeinschaft Gegenwärtigen.[31] Damit wird das Gemeinschaftsmahl zum Bindeglied zwischen Vergangenheit, Gegenwart und Zukunft: Indem sie die Kluft zwischen der geschehenen Passion und der Gegenwart überwinden, werden die Zeugen und Zeuginnen zum Existenzial, indem sie als Weiterlebende und Überlebende eine Erinnerung wachhalten und die Hoffnung auf den, der die Todesmächte überwunden hat, weitertragen. In reformierter Tradition wird die Gemeinde nicht zur Blutzeugin und Märtyrerin, d. h., es ist nicht das Leiden der Abendmahlsgemeinschaft, welches die Zeugenschaft ausmacht. In der Gemeinschaft von Brot und Wein ereignet sich keine Transsubstantiation, welche die Grenze des Symbolischen überschreitet, sondern sie ist immer wieder Neubeginn und Mitte einer kollektiven existenzialen Zeugenschaft für das gemeinsame Leben. Die Gemeinde wird zum lebendigen Ort der Überlieferung der Passionsgeschichte Jesu. Die Bedeutung der Wiederholbarkeit dieses Zeugnisses ist besonders in der Passionszeit offenkundig: Das Über- und Weiterleben der Botschaft von Christi Leiden, Tod und Auferstehung wird in Wort und Tat, in Bericht und Handlung bezeugt. Die Passion Christi wird bestätigt durch die Abendmahlsgemeinschaft und wird zugleich noch einmal repräsentiert als Wahrzeichen und Siegel des Glaubens an den Sieg der leidenschaftlichen Liebe über den Tod.

V. Zeit haben

Eine theologische Reflexion auf das Extra-Calvinisticum ist eine Weise, sich dem Phänomen der Distanz reformierter Kirchen der Passion gegenüber zu nähern. Wenn Christus, der Leib, im Himmel ist, so ist die intensivste Form des Habens – das Essen – die einzige Möglichkeit, ihn überhaupt zu haben, und «das ‹ihn haben› zu erfahren (wie auch das Aufessen zu haben)»[32] nur eingeschränkt möglich. Wir können ihn nicht haben, wie ein Stück Brot, das wir dann in seiner intensivsten Form haben, wenn wir es im Bauch oder im

anschliessend eine je verschiedene Auffassung von der Rolle des Leibes im Modus des Bezeugens entwickeln.

31 Vgl. zum Konzept der Zeugenschaft aus kulturwissenschaftlicher und philosophischer Perspektive den Sammelband von Wolfgang Drews/Heike Schlie (Hg.), Zeugnis und Zeugenschaft. Perspektiven aus der Vormoderne, München 2011.

32 David Cooper, Die Sprache der Verrücktheit, Berlin 1980, 15.

Mund haben, und gerade weil wir das Haben in Bezug auf Christus nicht verwirklichen können, sind Distanzen, gedankliche Reflexionen und andere Formen von Vergegenwärtigung nötig.[33] Wenn dieser Gedanke aus der «Sprache der Verrücktheit» von David Cooper weitergeführt wird, stellt sich die Frage, ob es überhaupt möglich ist, Zeit zu haben und zugleich das Zeithaben zu erfahren, d. h. Distanz zu ihr nehmen zu können. Vielleicht ist es gerade diese Dialektik von Zeithaben und im Erfahren des Zeithabens Distanz nehmen zu können, welche die Passionszeit bestimmt.

Festzeiten können die Zeit gliedern, sie rhythmisieren und besondere Zeiten hervorheben, Heilige Feste können die Alltagszeit unterbrechen. Im Rhythmus der gegliederten Zeit ist eine Orientierung und Selbstvergewisserung möglich. «Die Erfahrung der Wiederkehr der Wochen, Monate und Jahre sagt mir, dass die Zeit nicht zu Ende ist und dass ich nicht in panischer Letztendlichkeit lebe.»[34] Die Kirchen der Reformatoren kennen die Freiheit von diesen Ordnungen der Zeit und wollen sie doch selbst in eine eigene Ordnung überführen. Nicht um in eine neue Zeit einzutreten und danach wieder geläutert etwas von diesem Erleben in den Alltag hinüberzunehmen, sondern um den Alltag in die Passionszeit hineinzunehmen. Zu kirchlichen Festzeiten müssen sich Christinnen und Christen Zeit nehmen, gerade weil diese Zeit gegeben ist, um selbst wieder Zeit zu empfangen. Die Zeit zu beten, singen, atmen, ruhen, träumen findet augenfällig in der Feier des gemeinsamen Essens statt. Sonst lassen sich die Menschen, wie Bullinger schon hellsichtig bemerkt, durch ihre vielfältigen Geschäfte davon abziehen. So schreibt er im Zweiten Helvetischen Bekenntnis:

> «Obwohl die Religion an keine Zeit gebunden ist, so kann sie doch nicht ohne rechte Einteilung oder Ordnung der Zeit gepflanzt und geübt werden. Deshalb wähle jede Gemeinde für sich eine bestimmte Zeit zum öffentlichen Gebet, zur Predigt des Evangeliums und zur Feier der Sakramente. Es ist aber nicht jedem erlaubt, nach Belieben diese Ordnung der Gemeinde umzustürzen. Und wenn keine rechte Musse zur Ausübung der äusseren Glaubenspflichten eingeräumt wird, lassen sich die Menschen bestimmt durch ihre Geschäfte davon abziehen.»[35]

---

33 Vgl. Cooper, Sprache (Anm. 33), 27: «Die Sprache der Verrücktheit ist nicht mehr und nicht weniger als die *Verwirklichung* der Sprache. Unsere Wörter beginnen den anderen zu berühren, und darin liegt die Gefährlichkeit der Verrücktheit, wenn sie ihre Wahrheit ausspricht.»

34 Fulbert Steffensky, Rituale als Lebensinszenierungen: ders., Das Haus, das die Träume verwaltet. Von der Schönheit tradierter Glaubensformen, Würzburg 2014, 101–112 (108).

35 Bullinger, Bekenntnis (Anm. 15), Kap. 24.

Was heisst es aber, sich nicht durch Tagesgeschäfte «abziehen» zu lassen? Die Zeit der Passion verbindet sich mit einer eigentümlichen Form von Passivität, welche die Selbstzurücknahme, die Aufgabe der eigenen (Herrschafts-)Ansprüche, den Verzicht auf das Übertragen der eigenen Tagesbedürfnisse auf die Geschäfte der Zeit und den Verzicht auf den Zwang, sich etwas anderem bemächtigen zu wollen, einschliesst. Sich nicht durch Geschäfte von den «Glaubenspflichten» abziehen zu lassen bedeutet, die Illusion zu verlieren, die Zeit zu besitzen.[36] Diese Form von Passivität und Verzicht der Zeit gegenüber hat Simone Weil theoretisch als eine besondere Form von Aufmerksamkeit (*attente*) formuliert und sie radikal als Verzicht auf jegliches Verlangen dem Anderen gegenüber gefasst. Der Verzicht auf das Habenwollen ermöglicht das Eingangfinden des Anderen. Exemplarisch erfährt Simone Weil dies in Solesmes in einem mystischen Erlebnis: Während ihrer Tage in der Benediktinerabtei lernt Simone Weil einen Engländer kennen, der sie auf den englischen Dichter George Herbert aufmerksam macht. Sie entdeckt dessen Gedicht «Love» und lernt es auswendig.

> «Liebe bot mir Willkommen; doch meine Seele schreckte zurück,
> Schuldig an Staub und Sünde.
> Doch die aufmerksame Liebe sah, wie ich zusammensackte
> Bei meinem ersten Eintreten,
> Trat näher und fragte zart,
> Ob ich etwas bräuchte. (Ob mir etwas fehlte.)
> ‹Ein Gast›, antwortete ich, ‹wert hier zu sein›:
> Die Liebe sagte, ‹Der wirst du sein.› (‹Du wirst er sein.›)
> ‹Ich, der Unfreundliche, Undankbare? Ah, mein Lieb,
> Ich kann Dich nicht ansehen.›
> Die Liebe nahm meine Hand und entgegnete lächelnd,
> ‹Wer hat die Augen gemacht, wenn nicht ich?›
> ‹Richtig, Herr, aber ich habe sie ruiniert: lass meine Schande
> Gehen wohin sie gehört.›
> ‹Und weisst du nicht›, sagt die Liebe, ‹Wer die Schuld auf sich genommen hat?›
> ‹Mein Lieb, dann will ich dienen.›
> ‹Du musst dich setzen›, sagt die Liebe, ‹und mein Fleisch kosten.›
> Da habe ich mich hingesetzt und gegessen.»[37]

36 Vgl. zu Weils Zeitdenken Bernhard Casper, Die gerettete Zeit. Überlegungen zum Verständnis der Zeit bei Simone Weil: Heinz Robert Schlette/André Devaux (Hg.), Simone Weil: Philosophie, Religion, Politik, Frankfurt a. M. 1985, 53–70.

37 Weil, Zeugnis (Anm. 1), 280.

Wieder und wieder, auch in Zeiten extremer Kopfschmerzen, rezitiert und memoriert Simone Weil George Herberts Gedicht. Sie beschreibt ihre Gottesbegegnung während einer Meditation von «Love» mithilfe der Sprache der Mystik. Sie schildert die Erfahrung als Widerfahrnis und als unerreichbar für das Bemächtigenwollen mithilfe der Einbildungskraft. Im Augenblick tiefsten Schmerzes ist das Ich zur ausdehnungslosen, schmerzhaften Masse geschrumpft, seine Einbildungskraft erlahmt. Es ist nicht mehr möglich, die Aussenwelt nach den eigenen Bedürfnissen zu imaginieren und zu modellieren. In dieser *décreation* findet Christus Eingang und ergreift die von heftigen Kopfwehattacken Geplagte:

> «Einmal, während ich es sprach, ist [...] Christus selbst herniedergestiegen und hat mich ergriffen. In meinen Überlegungen über die Unlösbarkeit des Gottesproblems hatte ich diese Möglichkeit nicht vorausgesehen: die einer wirklichen Berührung, von Person zu Person, hienieden, zwischen dem menschlichen Wesen und Gott.»[38]

Doch die ephemere, persönliche Präsenz des deszendenten Christus bei der Betenden hat die oben geschilderte *décreation*, die reine Passivität und Aufgabe der eigenen Selbstversicherungsstrategien und Ansprüche, als Voraussetzung. Passion heisst hier für Simone Weil die Begegnung mit dem Andern, dessen personale Gegenwart sie in Gestalt der Liebe unmittelbar ergreift:

> «Im Übrigen waren an dieser meiner plötzlichen Übermächtigung durch Christus weder Sinne noch Einbildungskraft im geringsten beteiligt; ich empfand nur durch das Leiden hindurch die Gegenwart einer Liebe gleich jener, die man in dem Lächeln eines geliebten Antlitzes liest.»

Ich hoffe, nicht nur Simone Weil hat sich nach dieser Erfahrung hingesetzt und gegessen.[39]

38 Weil, Zeugnis (Anm. 1), 111.

39 Weils Aufzeichnungen folgt die Parallelisierung von Essen und Lesen: «[I]ch lese soweit wie möglich nur das, wonach mich hungert, in dem Augenblick, wo mich hungert, und dann lese ich nicht, ich esse.» Weil, Zeugnis (Anm. 1), 111.

Matthias D. Wüthrich

Zur theologischen Bedeutung des Karfreitags im Kontext des reformierten Kirchenjahres

Am Karfreitag gedenken die christlichen Kirchen der Kreuzigung und des Todes Jesu. Laut neutestamentlichen Berichten wurde Jesus gefangen genommen, vor dem Hohen Rat verhört, dem römischen Statthalter Pilatus übergeben, zum Tode verurteilt, verspottet, geschlagen, nach Golgota geführt und gekreuzigt. Er starb um die neunte Stunde, wahrscheinlich am 15. Nisan, am Hauptfesttag des jüdischen Pessach.[1]

Sowohl in der protestantischen Tradition als auch heute noch gilt der Karfreitag gemeinhin als «höchster evangelischer Feiertag im Jahr».[2] Die Karfreitagsfrömmigkeit gilt geradezu als Inbegriff protestantischer Frömmigkeit und die dem Karfreitag zugeordnete Farbe – nämlich Schwarz – avancierte in der Neuzeit zu *der* protestantischen Kirchenfarbe schlechthin, wie sich auch an den schwarzen Talaren zeigt. Die Vorstellung vom Karfreitag als dem höchsten Feiertag bildete sich v. a. in der altlutherischen Tradition aus. Sie findet sich jedoch auch in reformierten Kontexten.[3] Auf der Website Ref.ch der Schweizer reformierten Kirchen heisst es unter der Rubrik Kirchenjahr sogar explizit: «Dieser Tag ist der Überlieferung nach der Todestag von Jesus und heute der höchste kirchliche Feiertag.»[4]

1 Vgl. Karl-Heinrich Bieritz, Das Kirchenjahr. Feste, Gedenk- und Feiertage in Geschichte und Gegenwart, München [7]2005, 123.

2 So in deskriptiver Hinsicht Kristian Fechtner, Im Rhythmus des Kirchenjahres. Vom Sinn der Feste und Zeiten, Gütersloh 2007, 103; vgl. auch Bieritz, Kirchenjahr (Anm. 1), 125f.; Gerhard Sauter, Schrittfolgen der Hoffnung. Theologie des Kirchenjahres, Gütersloh 2015, 121.

3 In der Schweiz hat sich diese Deutung des Karfreitags gerade auch in reformierten Diasporagemeinden katholisch geprägter Gegenden gleichsam als identitätsstiftendes Differenzmerkmal ausgebildet.

4 Vgl. www.ref.ch/die-reformierten-kirchen/portraet/kirchenjahr (7.10.2017). Auf der Website der EKD heisst es hingegen nicht weniger einseitig: «In den Medien wird fälschlicherweise immer wieder darauf hingewiesen, Karfreitag sei der höchste Feiertag in der evangelischen Kirche. Diese Einschätzung gründet sich darauf, dass Protestanten den Karfreitag als ganz besonderen Feiertag betrachten. Doch ist für sie wie für die ganze Christenheit Ostern, die Feier der Auferweckung Jesu, das höchste Fest.» Siehe: www.ekd.de/glauben/feste/passionszeit/karfreitag.html (7.10.2017). – Der folgende Beitrag wird zeigen, dass beide Behauptungen zu einseitig sind.

Ist der Karfreitag tatsächlich der höchste evangelische Feiertag des Kirchenjahres? Meines Erachtens ist diese Behauptung heute theologisch nicht mehr haltbar. Der folgende Beitrag möchte nicht nur zeigen, *warum* sie unhaltbar ist, sondern auch einen *Gegenentwurf* präsentieren, der von einer viel stärkeren Einbettung des Karfreitags ins Kirchenjahr ausgeht. Erst diese Einbettung ermöglicht es, seine theologische Bedeutung angemessen zur Sprache zu bringen. Der Beitrag ist so aufgebaut, dass zuerst ein traditionelles Verständnis des Karfreitags kritisiert wird, das den Karfreitag zu stark isoliert und aus seinem dramaturgischen Grosskontext herausgelöst hat (I.). Sodann wird in einem Gegenentwurf versucht, die Einbettung des Karfreitags Schritt für Schritt wieder einzuholen: zuerst vorwärts im Blick auf den Ostersonntag (II.), auf die Osternachtsfeier und den Karsamstag (III.), sodann rückwärts v. a. im Blick auf Weihnachten und die Zeit zwischen Weihnachten und Ostern (IV.). Drei methodische Bemerkungen seien den Ausführungen vorangestellt.

1. Zumindest nach den Synoptikern fällt Jesu Todestag auf den Hauptfesttag des jüdischen Pessach, den 15. Nisan.[5] Nach dem Johannesevangelium starb Jesus hingegen am 14. Nisan zur selben Zeit, als die Pessachlämmer im Tempel geschlachtet wurden (Joh 19,14). Und nach Paulus ist Christus als unser Passalamm geschlachtet worden (1Kor 5,7). Es ist davon auszugehen, dass sich bereits in neutestamentlicher Zeit eine christliche Passafeier ausgebildet hat, die offenkundig mit dem Kreuzestod Jesu in Verbindung stand. Schon diese wenigen Andeutungen verdeutlichen, wie eng im Blick auf Passion und Ostern der christliche Osterfestkreis an die alttestamentlich-jüdische Festtradition anschliesst und sich in ihren Bahnen ausbildet. Im Blick auf Karfreitag und Ostern wird die Rückbindung des Kirchenjahres an seine alttestamentlich-jüdischen Wurzeln besonders deutlich. Entsprechend wird auch die Verhältnisbestimmung von Karfreitag und Ostern unter Berücksichtigung dieser Rückbindung vorgenommen (siehe Kap. II).
2. Die Frage nach der theologischen Bedeutung des Karfreitags ist nicht nur für das Kirchenjahr von grosser Wichtigkeit, sondern auch für den Wochenzyklus. Im Sonntagsgottesdienst kehren wöchentlich Karfreitag und Ostern «en miniature» wieder.[6] Der Sonntag ist als Tag des Herrn der Tag des auferweckten *Gekreuzigten.* Liturgisch besonders sinnfällig wird das, wenn die Gemeinde in den Namen des dreieinigen Gottes tauft oder wenn

5 Die Angaben in Mk 14,12.14.16 beziehen sich alle auf den 14. Nisan, laut dem Markusevangelium wird Jesus dann in der Nacht verhaftet und am nächsten Tag, also am 15. Nisan, hingerichtet.

6 Vgl. Bieritz, Kirchenjahr (Anm. 1), 63.

sie Abendmahl feiert und sich damit die Passion Jesu vergegenwärtigt. Dieser evidente Sachzusammenhang ist im Folgenden mitzudenken, auch wenn er nicht ausgeführt wird.

4. Wer die religiöse Praxis des Kirchenjahres tiefer analysiert, stösst schnell auf prägnante Strukturen der Grammatik des christlichen Glaubens. Das Kirchenjahr ist darum nicht nur als Gegenstand glaubenspraktischer und praktisch-theologischer, sondern auch systematisch-theologischer Reflexion relevant, und die Verbindung dieser verschiedenen Reflexionsebenen ist aufschlussreich. Der folgende Beitrag changiert ungezwungen zwischen diesen Ebenen hin und her, ohne über dieses Hin und Her methodologisch jedes Mal Rechenschaft abzulegen.

I. Der Karfreitag als höchstes Fest des Kirchenjahres?

> «Das Kreuz ist die Mitte des christlichen Glaubens, weil am Kreuz Jesu Christi Gottes lebensschöpferische Liebe sich als Macht erwiesen hat, Gottes Liebe, die den Tod überwunden hat und überwindet, Gottes Liebe, die die Sünde überwunden hat und überwindet. Der christliche Glaube bekennt das Kreuz als Wende der Welt.»[7]

Bestimmungen wie diese finden sich in der Dogmatik oft. Diese Zeilen stammen aus der Dogmatik von Gunda Schneider-Flume. Sie könnten auch aus irgendeiner anderen Dogmatik stammen. Im Hintergrund steht die vor allem von Martin Luther stark herausgearbeitete *theologia crucis*, die Kreuzestheologie.[8] Sie ist für die protestantische Dogmatik bis heute prägend. Sie geht davon aus, dass der Kreuzestod Jesu *das* entscheidende Heilsereignis ist. Von dieser Annahme her wird nachvollziehbar, dass sich im Anschluss an Luther später in der altprotestantischen Theologie eine kirchliche Tradition ausgebildet hat, die den Karfreitag als *höchsten* Feiertag im Kirchenjahr bestimmt.

---

7 Gunda Schneider-Flume, Grundkurs Dogmatik. Nachdenken über Gottes Geschichte, Göttingen 2004, 223 (Hervorhebung gelöscht M. W.), vgl. 224, 240. Nur nebenbei bemerkt Schneider-Flume, dass der Kreuzestod als Heilsereignis noetisch die (selbst nicht als Heilsereignis bezeichnete) Auferstehung voraussetzt (vgl. 255). Eigenartigerweise spricht Schneider-Flume an anderer Stelle dennoch von der Auferweckung als «Gottes Durchbrechung der Welt des Todes, der Lebensfeindschaft und der Lieblosigkeit» (ebd.), doch diese Durchbrechung vollzieht sich – so wird aus dem Folgesatz deutlich – nicht *in* der Auferweckung selber, sondern aufgrund der durch sie ermöglichten Präsenz Jesu Christi, die Menschen im Glauben rechtfertigt.

8 Luther konnte bekanntlich sagen: «Crux sola est nostra theologia.» WA 5, 176,32f.

Doch auch auf reformierter Seite lässt sich diese staurologische Deutelinie verfolgen. Sie kommt etwa in einem alten ungarischen Karfreitagslied aus dem Gesangbuch der schweizerischen reformierten Kirchen zum Ausdruck:

> «Du schöner Lebensbaum des Paradieses, gütiger Jesus, Gottes Lamm auf Erden. Du bist der wahre Retter unsres Lebens, unser Befreier. [...] Dank sei dem Vater, unsrem Gott im Himmel, er ist der Retter der verlornen Menschheit, hat uns erworben Frieden ohne Ende, ewige Freude.»[9]

Angesichts des Kreuzes Jesu wird hier in ernsten, feierlich-ruhigen Dur-Klängen unsere Rettung besungen und Gott gedankt.

Gegenüber der Deutung des Karfreitags als höchster Feiertag erheben sich zunächst glaubenspraktische und religionssoziologische Bedenken:

1. Die *glaubenspraktischen* Bedenken bündeln sich in der Frage, ob bei diesem Verständnis des Karfreitags die Feierlichkeit und das Lob nicht zu früh kommen. Heben hier die Feierlichkeit und das Lob wirklich an dem Ort an, wo sie im existenziellen Glaubensvollzug hingehören? Sind Herz und Gemüt schon dort, wo es die Gestimmtheit des entsprechenden Karfreitagsgottesdienstes vorgeben?

Kommen aber Feierlichkeit und Lob zu früh, so hat das seine Ursache in einer *Verdrängung des Leidens.* Das Kreuz Jesu wird dann doketisiert und das Leid der Welt und der Gottesdienstbesucher werden wirklichkeitsfremd zujubiliert – eine Gefahr, der sonst v. a. freikirchliche Gottesdienste unterliegen.

Es kann aber auch der umgekehrte Fall eintreten (und das war wohl der klassisch hochkirchliche Normalfall): dass nämlich Feierlichkeit und Lob zu früh kommen nicht aufgrund einer Verdrängung, sondern aufgrund einer mystischen *Verherrlichung des Leidens.*[10] Im besten Fall führt sie zur dankbar-demütigen Einsicht, dass Christus «für uns» gelitten hat, um unseres Heils willen gestorben ist. Im schlechteren Fall wird das Heil in perverser Weise im eigenen Leid selbst gesucht und der christliche Glaube steht in der Gefahr, auf subtile Weise masochistische Züge anzunehmen.[11] Der Glaube degeneriert zur

---

9 Dieter Trautwein/Vilmos Gyöngyösi 1974, nach dem ungarischen Liedtext von Imre Pécseli Király (gestorben 1641), Evangelisch-reformiertes Gesangbuch der deutschsprachigen Schweiz, Basel/Zürich 1998, Nr. 454, Strophe 1 und 6.

10 Auch Kristian Fechtner operiert im Blick auf den Karfreitag mit den psychologischen Fehlformen der Verdrängung und Verherrlichung des Leidens, bestimmt sie aber anders. Vgl. Fechtner, Rhythmus (Anm. 2), 96.

11 Eine spezifische Form dieses christlichen Masochismus hat Dorothe Sölle beschrieben: dies., Leiden, Stuttgart/Zürich 1973, 17–41.

Jammertalsfrömmigkeit, verliert seine verspielte Leichtigkeit, und der Gottesdienst verkommt in «muffiger»,[12] klebrig-schwerer Serenität.

2. Es stellen sich auch *religionssoziologische* Bedenken ein: Traditionen sind gut und wichtig, doch wenn sie nur noch dogmatisch postuliert und nicht gelebt werden, werden sie sinnlos. So schlimm steht es mit dem Karfreitag glücklicherweise nicht. Doch es stellt sich trotzdem die Frage, wie der Karfreitag als Phänomen gelebter Religion wahrgenommen und erfahren wird.

Vor dem Hintergrund der gegenwärtigen religionssoziologischen Segmentierung der Reformierten in der Schweiz muss man sich schon fragen, für wen denn der Karfreitag tatsächlich noch den höchsten Feiertag im Kirchenjahr darstellt. Faktisch kann man das höchstens für die kleine Gruppe der sogenannten Institutionellen vermuten.[13] Im *lebensweltlichen* Empfinden des Jahresrhythmus verblasst der Karfreitag zusehends. Der Praktologe Kristian Fechtner hat zwar schön aufgezeigt, dass Ostern (und also auch der Karfreitag) in der popularen Religionskultur noch immer starke Resonanz findet.[14] Doch er hat ebenso gezeigt, dass es in dieser Religionskultur zusehends zu einer «Verweihnachtlichung des Osterfestes» kommt und sich ein Bedeutungsgefälle vom «Kreuz zur Krippe» beobachten lässt.[15] Im Blick auf die populare Religionskultur müsste man also sagen: Nicht der Karfreitag, sondern Weihnachten bildet das höchste Fest des Kirchenjahres. – Natürlich kann sich die Systematische Theologie ihre Explikation der Bedeutung des Karfreitags nicht *tel quel* durch seine Transformationen in der «gelebten Religion» vorschreiben lassen. Sie kann aber umgekehrt auch nicht unbehelligt an der «gelebten Religion» vorbeidenken, ohne selbst Schaden zu nehmen. Sie kann also nicht so

12 Auch Karl Barth schrieb im Blick auf den Karfreitag: «Es wird leicht zu viel Trübsal und dann auch Muffigkeit ins Christentum hineingearbeitet.» Ders., Dogmatik im Grundriss, Zürich [8]1998 (1947), 134.

13 Jörg Stolz und Judith Könemann gingen 2011 davon aus, dass in der Schweiz 32 % der Bevölkerung Reformierte sind. Sie haben das Segment der Reformierten unterteilt in Institutionelle, Alternative, Distanzierte und Säkulare. Von den Reformierten sind demzufolge 15 % «Institutionelle», also die Kerngemeinde, 8 % machen die «Alternativen» aus, denen auch esoterische Glaubenspraktiken wichtig sind. 70 % sind «Distanzierte», Kirchenferne mit inhaltlich nur sehr schwachem Traditionsbezug. 7 % sind schliesslich «Säkulare», die entweder gegenüber der Kirche ganz indifferent sind oder sich sogar als Kirchen- und Religionsgegner verstehen. Vgl. dies. u. a., Religiosität in der modernen Welt. Bedingungen, Konstruktionen und sozialer Wandel, Schlussbericht, Nationales Forschungsprojekt NFP 58, hg. von Observatoire des religions en Suisse (ORS), Lausanne 2011, bes. 14f.: www.nfp58.ch/files/downloads/Schlussbericht_Stolz.pdf (8.10.2017).

14 Fechtner, Rhythmus (Anm. 2), 96–100.

15 Fechtner, Rhythmus (Anm. 2), 99.

tun, als wäre der Karfreitag faktisch noch der höchste Feiertag des Kirchenjahres.

Gegenüber einer Deutung des Karfreitags als höchster Feiertag erheben sich auch grundlegende *systematisch-theologische* Bedenken:

3. Denn im Hintergrund einer Deutung, die den Karfreitag so isoliert und hervorhebt, steht eine systematisch-theologische Deutung des Kreuzestodes Jesu, die das Kreuz heilstheoretisch verabsolutiert. Diese Verabsolutierung ist jedoch schon aus noetischen Gründen unangemessen. Denn der Tod Jesu am Kreuz als solcher ist einfach nur schrecklich und abgründig. Er erschliesst sich erst retrospektiv von der Auferstehung her als Heilsereignis. Ohne die Auferweckung Jesu durch Gott liesse sich sein Kreuz nicht von allen anderen Kreuzen in der Geschichte der Menschheit unterscheiden. Das wird schon im Neuen Testament deutlich: Die Jünger fliehen schon bei der Gefangennahme Jesu (Mk 14,50 par.). Ausser ein paar Frauen hält es niemand aus, auch nur von ferne zuzusehen, wie Jesus stirbt. Erst die Erscheinungen des auferweckten Gekreuzigten führen die Jünger zu einer völlig neuen Hermeneutik des Todes Jesu und eröffnen seine Deutung als Heilsereignis.

Die theologische Behauptung, dass der Kreuzestod Jesu das entscheidende Heilsereignis sei, ist darum nicht einfach falsch, aber doch ergänzungsbedürftig. Korrekterweise müsste sie so umformuliert werden: *Der Kreuzestod Jesu und seine Auferweckung bilden zusammen das entscheidende Heilsereignis!*

Ein kleiner Exkurs zu Karl Barth möge diese Umformulierung plausibilisieren und vertiefen: Barth hat die Auferstehung Jesu Christi als zweiten, das Kreuz erschliessenden Offenbarungsakt Gottes dem Versöhnungsakt des Kreuzes an die Seite gestellt.[16] Seine Position steht gegen eine Überakzentuierung des Kreuzes «im Luthertum», das «die Auferstehung zur blossen Tautologie des bereits am Kreuz geschehenen Heils abgewertet hat».[17] Barths Kritik galt dabei in erster Linie Rudolf Bultmann, bei dem die Auferstehung zur Bedeutsamkeit des Kreuzestodes verengt wird und Jesus nur noch ins Kerygma aufersteht, die Wirklichkeit der Auferstehung sich also ganz in die Präsenz Christi in der Verkündigung auflöst.[18] Freilich beeilte sich auch Barth, die Auferstehung nicht einfach als Komplettierung und Ergänzung der Versöh-

16 Vgl. z. B. Karl Barth, KD IV/1, 332.

17 Horst Georg Pöhlmann, Abriss der Dogmatik. Ein Kompendium, Gütersloh ^{5}1990, 239f. Pöhlmann bezieht sich mit seiner Aussage auf die lutherische Theologie im Allgemeinen, ohne Hinsicht auf Barth.

18 Vgl. Bultmanns Präzisierung seiner Formel von der Auferstehung Jesu ins Kerygma: ders., Das Verhältnis der urchristlichen Botschaft zum historischen Jesus: SHAW.PH 3/1960, Heidelberg ^{5}1978, 27.

nung am Kreuz zu verstehen. Denn das hätte wiederum die *einzigartige*, wenn auch nicht absolute Heilsbedeutung des Kreuzes relativiert. Dennoch geht bei Barth das Verhältnis der Auferweckung Jesu zu seinem Tod über das einer Erschliessungsrelation hinaus. Denn die Auferstehung ist bei ihm nicht nur kognitive Entschleierung des Kreuzesgeschehens, sondern zugleich auch Gottes Validierungsurteil über das Kreuzesgeschehen[19] und als Offenbarung der Versöhnungstat im Kreuz selbst eine Gottestat der kreatorischen Selbstmitteilung und Gegenwart Jesu Christi. Günter Thomas hat aufgezeigt, dass und wie bei Barth daneben – wenn auch nur am Rande – schöpfungstheologische Aspekte der leiblichen Auferstehung Jesu in den Blick kommen,[20] so dass man im Blick auf Barth von der Auferstehung Jesu Christi zumindest als einer Heilswirklichkeit von eigener Valenz sprechen muss, die mit dem Kreuzestod gemeinsam einen «*differenzierte(n) Zusammenhang*»[21] bildet. Diese Valenz wird in jüngeren Publikationen der systematischen Theologie (mit und ohne Barth) in unterschiedlicher Weise weitergedacht.[22]

Aus den eben genannten drei Bedenken wird auf jeden Fall klar: Es gibt gewichtige Gründe gegen die isolierende Vorordnung des Karfreitags und seine Geltung als *höchstem* Festtag des Kirchenjahres. Ich möchte im Folgenden versuchen, den Karfreitag aus seiner *incurvatio*, aus seiner exklusiven Selbstverkrümmung, zu lösen und ihn sowohl nach vorwärts wie nach rückwärts besser ins Kirchenjahr einzubinden. Ich beginne mit der Relationierung nach vorwärts im Blick auf den Ostersonntag:

II. Karfreitag und Ostersonntag

Es wurde bereits gesagt: Tod und Auferstehung Jesu gehören zusammen. Und darum gilt analog für das Kirchenjahr: «[E]s gibt kein Ostern ohne Karfreitag,

19 Karl Barth, KD IV/1, 340f.

20 Vgl. Günter Thomas, Neue Schöpfung. Systematisch-theologische Untersuchungen zur Hoffnung auf das «Leben in der zukünftigen Welt», Neukirchen-Vluyn 2009, 156–196.

21 Karl Barth, KD IV/1, 343. Barth spricht von Tod und Auferstehung als «Grundereignisse[n]», in denen «die Versöhnung der Welt mit Gott zum Vollzuge kommt» (ebd.).

22 Zum Beispiel bei Thomas, Schöpfung (Anm. 20); in den Beiträgen: Hans Joachim Eckstein/Michael Welker (Hg.), Die Wirklichkeit der Auferstehung, Neukirchen-Vluyn 2002; oder bei Joachim von Soosten, Unde suspirat cor. Überlegungen zur Auferweckung Jesu Christi als Versprechen: EvTh 52/1992, 478–497.

aber ebenso sicher gibt es keinen Karfreitag ohne Ostern.»[23] Man kann nicht Karfreitag gegen Ostern ausspielen, Kreuzestod gegen Auferstehung, wenn es um die Mitte des christlichen Glaubens geht. Eine Höchstgeltung im Blick auf das Kirchenjahr kann weder für den Karfreitag noch für den Ostersonntag in Anschlag gebracht werden. Es gibt in ihrem Verhältnis kein Höheres gegenüber einem Niedrigeren. In einer *ersten These* ist darum festzuhalten: *Wenn es wirklich einen höchsten Feiertag im Kirchenjahr gäbe, dann müsste man – wenn schon – behaupten: Karfreitag und Ostern bilden in ihrem Zusammenhang die höchsten Feiertage des Kirchenjahres.*

Zudem stellt sich zu Recht die Frage: Haben wir überhaupt einen Grund zum Feiern am Karfreitag? Kann man in vollem Ernst behaupten, der Karfreitag sei ein Festtag, ein Feiertag? Mit einer *zweiten*, sachlich parallelen *These* ist zu antworten: *Der Karfreitag ist nicht als solcher ein Feier- und Festtag, er ist das nur aufgrund seines Zusammenhanges mit Ostern, aus der Sicht einer vorweggenommenen österlichen Retrospektive.*

An dieser Stelle muss nun eine Präzisierung vorgenommen werden. Denn mit der blossen Behauptung, dass Karfreitag und Ostern in irgendeinem Zusammenhang stehen und Tod und Auferstehung entsprechend zusammengedacht werden müssen, ist noch wenig gewonnen. Vermutlich stösst diese Behauptung sogar noch bei denjenigen auf verhaltene Zustimmung, die den Karfreitag als höchsten Feiertag des Kirchenjahres zelebrieren. Die entscheidende Frage ist denn auch nicht, *ob*, sondern *wie* Karfreitag und Ostern theologisch zusammengehören und wie diese Zusammengehörigkeit praktisch zu gestalten ist.

Gegenüber dem klassischen Überordnungsmodell, das Karfreitag und Ostern so zusammendenkt, dass der Karfreitag als höchster Feiertag Ostern vorgeordnet ist, möchte ich hier einen Gegenentwurf präsentieren, der auf einem unhierarchischen Zusammengehörigkeitsmodell basiert. Es handelt sich um ein *gebetstheologisches Modell*, das sich an der Gattung des *Klageliedes des Einzelnen* orientiert.[24] Das Modell soll hier an Psalm 22 aufgezeigt werden, dessen Grundstruktur auch schon als «Urform allen Betens»[25] bezeichnet wurde. Die

---

23 Barth, Dogmatik (Anm. 12), 134.

24 Das hier entwickelte Modell kommt übrigens einer Verhältnisbestimmung von Karfreitag und Ostern nahe, wie sie Joachim von Soosten anhand der Dramatik neutestamentlicher Ostergeschichten entwickelt und im Blick auf die menschliche Zeugenerfahrung ausgelegt hat. Man könnte hier von einem *narrativen Modell* sprechen. Vgl. Soosten, Unde suspirat cor (Anm. 22), bes. 486–491.

25 Alfons Deissler, «Mein Gott, warum hast Du mich verlassen!» (Ps 22,2). Das Reden zu Gott und von Gott in den Psalmen am Beispiel von Psalm 22: Helmut Merk-

Verse 2–22 des Psalms sind in der Form eines Klageliedes gehalten. Das Lied beginnt in den Versen zwei und drei mit den Worten:

> «Mein Gott, mein Gott, warum hast du mich verlassen, bist fern meiner Rettung, den Worten meiner Klage? ‹Mein Gott!› ich rufe bei Tag, doch du antwortest nicht, und bei Nacht, doch ich finde keine Ruhe.»[26]

Der Psalmbeter schreit in drei Klagegängen (Verse 2–6; 7–12; 13–22) sein Leid zu Gott. Gerade in seiner elenden Gottverlassenheit betet er zu Jahwe, dem Gott Israels, auf den er wider alles Elend vertraut. Das zeigt sich auch sprachlich daran, dass die beiden ersten Klagegänge abgeschlossen werden mit einem Vertrauensmotiv. Der dritte Klagegang hingegen mündet in Vers 20–22 in eine Bitte:

> «Aber du, JHWH, sei nicht fern, meine Stärke, eile mir zu Hilfe! Entreiss doch dem Dolch mein Leben, aus der Gewalt des Hundes ‹meine Einzige›! Rette mich vor dem Rachen des Löwen, vor den Hörnern der Wildstiere.»

Und dann folgt am Ende von Vers 22 unerwartet die Aussage: «du hast mir geantwortet!» Hiess es in Vers 3 noch: «doch du antwortest nicht», so ist hier nun im Beten die Antwort ergangen. Das Klagelied des Beters schliesst also in Vers 22 mit einer Gebetserhörung. Die Beterin ist nicht mehr von Gott verlassen, er hat ihr auf die Klage iheres Leids geantwortet. Und so bildet der zweite Teil des Psalms 22 nun nicht mehr ein Klagelied, sondern ein individuelles Dankeslied, einen Lobpreis Gottes. Vers 23 setzt entsprechend mit einer Selbstaufforderung zum Gotteslob ein: «Ich will deinen Namen meinen Brüdern erzählen, inmitten der Gemeinde will ich dich loben.» Und fordert danach in Vers 24 auch die anderen zum Gotteslob auf: «Die ihr JHWH fürchtet, lobt ihn, aller Same Jakobs, ehrt ihn und erschauert vor ihm, aller Same Israels!»

Mitten im Psalm, mitten im Beten kommt es also zu einer eigentümlichen Wendung, zu einer Peripetie. Die Exegeten sprechen von einem «*Stimmungsumschwung*»[27] von der Klage zum Lob, ein konstitutives Gattungsmerkmal des Klageliedes des Einzelnen. Der Stimmungsumschwung in Ps 22 setzt unerwartet ein, er ist unableitbar, unbedingt – er ist Ausdruck der unvordenklichen rettenden Gnade Gottes. Der Stimmungsumschwung gehört nicht an den An-

---

lein/Erich Zenger (Hg.), «Ich will euer Gott werden». Beispiele biblischen Redens von Gott (SBS 100), Stuttgart 1981, 97–121 (119).

26 Übersetzung hier und im Folgenden gemäss Bernd Janowski, Konfliktgespräche mit Gott. Eine Anthropologie der Psalmen, Neukirchen-Vluyn 2003, 348f.352f.

27 Vgl. Janowski, Konfliktgespräche (Anm. 26), 75–84.

fang des Psalms, der Gebetsweg muss gegangen sein, die Gottverlassenheit und das Leid ertragen und ausgehalten werden.

Der Psalm 22 setzt ein in der tiefsten Gottverlassenheit und endet schliesslich in der apokalyptischen Vision von der endzeitlichen Königsherrschaft Jahwes.[28] Diese Königsherrschaft umfasst bemerkenswerterweise nicht nur die Lebenden, sondern auch die ins Reich des Todes Hinabgestiegenen und die noch Ungeborenen (Verse 30–32):

> «[...] vor ihm sollen sich beugen alle, die in den Staub hinabsteigen/hinabgestiegen sind, und wer (immer) sein Leben nicht bewahrt hat. Nachkommenschaft soll ihm (sc. JHWH) dienen, erzählen soll man von Adonaj dem Geschlecht derer, die kommen werden, und man soll verkünden seine Gerechtigkeit dem Volk, das noch geboren wird: dass er (es/sie [die Gerechtigkeit]) getan hat.»

Der Psalm 22 durchmisst nicht nur den Weg vom Leben zum Tod und vom Tod zum Leben *im* Leben, sondern er reicht darüber hinaus: Auch die Toten und die künftigen Generationen werden Gott loben. Gewisse Exegeten sehen die hier erwähnte apokalyptische Königsherrschaft Jahwes sogar mit einer Errettung einzelner Frommer aus dem Tode verbunden.[29]

Bekanntlich zitiert Jesus – zumindest in der markinischen und matthäischen Überlieferung[30] – am Kreuz den 2. Vers von Psalm 22: «Mein Gott, mein Gott, warum hast du mich verlassen.» In der Passionsgeschichte des Markusevangeliums finden sich zudem weitere explizite Anklänge an Psalm 22: Zum Beispiel die Teilung der Kleider, das Kopfschütteln der Vorübergehenden, die Verspottung des Gerechten, das Tränken mit Essig.[31] Immer wieder stellten die Exegeten darum die Frage, ob in Jesu Gebetsschrei nicht nur die Klage von Psalm 22, sondern auch das darauf folgende Lob mitintendiert gewesen ist. Die Klage Jesu «Mein Gott, mein Gott, warum hast du mich verlassen» gliche dann nicht nur einem nackten Verzweiflungsschrei, sondern würde zugleich auch die Auferweckungshoffnung präfigurieren. Über den historischen Jesus ist damit nichts gesagt. Aber es scheint zumindest nicht unwahrscheinlich, dass die markinische Urgemeinde den am Kreuz schreienden Jesus als den im Vertrauen zu Gott klagenden Gerechten verstanden hat, als den Gerechten, den

28 So auch Janowski, Konfliktgespräche (Anm. 26), 348.

29 Vgl. etwa Hartmut Gese, Psalm 22 und das Neue Testament. Der älteste Bericht vom Tode Jesu und die Entstehung des Herrenmahles: ders., Vom Sinai zum Zion (BEvTh 64), München ^{3}1989, 180–201 (192).

30 Der johanneische Christus gehört mit seinem «Es ist vollbracht» (Joh 19,30) wohl eher zu den neutestamentlichen Impulsen, die der Deutung des Karfreitags als höchster Feiertag Vorschub geleistet haben.

31 Dazu ausführlicher Janowski, Konfliktgespräche (Anm. 26), 355.

Gott erhört und den er aus der Not erretten wird, dessen Klage sich in Lob verwandeln wird. Man kann darum zu Recht behaupten: Das Bekenntnis zur Auferweckung des Gekreuzigten entsteht traditionsgeschichtlich auf dem Boden alttestamentlicher Psalmenfrömmigkeit. An diesem Punkt zeigt sich die immense hermeneutische Bedeutung der alttestamentlich-jüdischen Klagespiritualität für die Ausbildung des christlichen Auferweckungsglaubens.[32]

Aus diesen exegetischen Überlegungen ist für unseren Zusammenhang folgender Schluss zu ziehen: Wenn es historisch zutrifft, dass sich die Deutung von Jesu Tod und Auferweckung auf dem Boden einer Gebetsform ausgebildet hat, die durch eine Klage-Lob-Struktur gekennzeichnet ist, ist es dann nicht naheliegend, die Feiertage Karfreitag und Ostern, die ja Tod und Auferweckung abbilden, ebenfalls nach dem Modell von Klage und Lob aufeinander zu beziehen? Gebetstheologisch entspricht dann dem Karfreitag das Klagelied und Ostern das Dankeslied bzw. der Lobpreis Gottes innerhalb des gesamten Klagegebetes. Wichtig ist bei dieser Analogie jedoch, nicht aus den Augen zu verlieren, dass der Beter von Psalm 22 ebenso wie wahrscheinlich der irdische Jesus am Kreuz[33] nicht schon in der Intention einer prospektiven Gebetserhörung klagen. Die Klage erreicht erst dann ihre wahre Tiefe, wenn sie nicht durch Vorwegnahme ihrer Erhörung schon zu Beginn ausgehöhlt wird, wenn also der unverhoffte Stimmungsumschwung wirklich «sola gratia» eintritt. *Die Spannung zwischen prospektiver Nichterhörung und retrospektiver Gebetserhörung gehört konstitutiv zur dramatischen Gebetsstruktur des Klagegebets.* Diese Spannung ist selbst dann unaufgebbar, wenn wir faktisch beim Beten des Psalms 22 immer schon um die Gebetserhörung und den Lobpreis wissen und von ihm herkommen, wenn wir am Karfreitag immer schon das letztjährige Osterfest hinter uns haben.[34] Ist meine Schlussfolgerung richtig, so hat sie Konsequenzen für die Praxis:

Deutet und gestaltet man den Karfreitag vor dem Hintergrund der Dramaturgie des Klagegebets, so wird dadurch verhindert, dass das österliche Lob zu früh kommt und die Spannung zwischen Prospektion und Retrospektion vor-

32 Zu dieser exegetisch durchaus gängigen These: Janowski, Konfliktgespräche (Anm. 26), 347ff., bes. 365.

33 So im Blick auf die matthäische Jesusdarstellung: Ulrich Luz, Das Evangelium nach Matthäus. Mt 26–28 (EKK I/4), Neukirchen-Vluyn 2002, 343.

34 Ganz ähnlich votiert aus narrativer Perspektive im Blick auf die Verhältnisbestimmung von Kreuz und Auferstehung Joachim von Soosten: «Blickt man von Karfreitag auf Ostern und nicht von Ostern immer schon zurück auf das Kreuz, so ist es gerade die gänzlich wirkliche Unwahrscheinlichkeit des Auferweckungsgeschehens, die die Glaubwürdigkeit der Geschichte Jesu Christi ausmacht.» Soosten, Unde suspirat cor (Anm. 22), 485, vgl. 484.

zeitig zusammenbricht. Die Orientierung an der Klage eröffnet am Karfreitag Räume, in denen Leid benannt und das Elend ohne moralische Zensur zur Sprache kommen kann – mit Gott, vor Gott, zu Gott, gegen Gott! Am Karfreitag sollen diese Klageräume auch liturgisch geöffnet werden: Alles Verdrängte, alles Schreckliche, alles Abgründige bekommt Sprache, in den Gebeten und Fürbitten, in der Predigt, bei den Kollekten, im Gemeindegesang, im Abendmahl. Im Karfreitagsgottesdienst *muss nicht*, aber es *darf* geklagt werden. Der *Gebets*charakter der Klage darf dabei aber nicht vergessen gehen – auch da, wo nicht direkt gebetet wird. Es gibt vom Inhalt her zwar nichts, was nicht in der Klage zur Sprache kommen dürfte, aber von der *Form* her unterscheidet sich ein gottesdienstliches Reden im Modus der Klage dennoch von zynischen, nihilistischen Traktaten, von selbstmitleidigem Jammern, von endlosen Litaneien, von aporetischer Dichtung. Die Klage ist kein Schrei in ein schwarzes Loch – sie ist Gebet! Sie lebt darum von der spannungsvollen Hoffnung, dass der Gott, der uns verlassen hat, der Gott ist, der uns früher immer wieder erhört hat und nun auch in der Verlassenheit erhören möge. Keine Gebetsform ist so durchdrungen von Gottessehnsucht wie die Klage, keine Gebetsform dringt so auf Gott ein, weil sie ihm angesichts des unerträglichen Elends so viel mehr zutraut als sie von ihm erfährt. Am Karfreitag soll darum nicht nur dem Elend und dem Leid Sprache gegeben werden. Der Karfreitag ist auch der Feiertag der *brennenden Gottessehnsucht*, der *heiligen Ungeduld* – «Wie lange noch, Herr?» (vgl. Ps 6; 13).

An diese Überlegungen sind zwei weitere Thesen anzuschliessen:

Dritte These: In Entsprechung zur psalmischen Urform jüdisch-christlichen Betens bilden Karfreitag und Ostern zusammen einen in sich differenzierten, durch einen irreversiblen Stimmungsumschwung geprägten, spannungsvollen Gebetsbogen, der nicht nur die individuelle Gebetspraxis, sondern auch die gemeinsame Liturgie und die ganze Festtagsdramaturgie prägt.

Vierte These: Vom Karfreitag als dem höchsten Feiertag oder von Karfreitag und Ostern zusammen als höchsten Feiertagen zu sprechen, macht aus Sicht der gelebten Religion keinen Sinn. Wohl aber darf man sagen, dass der intensive Gebetsbogen, der durch Karfreitag und Ostern aufgespannt wird, aus Sicht der Theologie die sachliche Mitte des Kirchenjahres bildet.

Ich blicke kurz zurück: Es wurde in diesem 2. Kapitel der Versuch unternommen, den Karfreitag aus seiner *incurvatio* zu befreien und ihn nach vorwärts mit dem Ostersonntag zusammenzudenken. Gegenüber dem traditionellen Überordnungsmodell des Protestantismus, das den Karfreitag als höchsten Feiertag im Kirchenjahr ansetzt, wurde dabei ein gebetstheologisches Modell entwickelt, das sich am Klagegebet orientiert. Ihm zufolge spannen

Karfreitag und Ostern zusammen einen Gebetsbogen auf, der dramaturgisch der psalmischen Urform jüdisch-christlichen Betens entspricht, die an der Wurzel des Auferweckungsglaubens steht.

III. Zwischen Karfreitag und Ostersonntag

Zwischen Karfreitag und Ostern herrscht nicht einfach Leere, sondern liegt eine Zeit von besonderer spiritueller Intensität. Auf der Schwelle zwischen Karfreitag und Ostern liegen der Karsamstag und die Osternachtsfeier. Auch zu diesen beiden Zeiten des Kirchenjahres ist der Karfreitag theologisch in Beziehung zu setzen und aus seiner *incurvatio* zu lösen.

Ich beginne mit der *Osternachtsfeier.* «Der Gottesdienst in der Osternacht galt ursprünglich als der bedeutendste des ganzen Jahres und als Herzmitte christlicher Festfeier überhaupt.»[35] Während der Karfreitag in den ersten Jahrhunderten gar nicht gefeiert wurde, sind Osternachtsfeiern in der Alten Kirche schon früh bezeugt.[36] Osternachtsfeiern erfreuen sich auch in unseren reformierten Kirchen zunehmender Beliebtheit – so sehr, dass zuweilen der Ostersonntagsgottesdienst weniger besucht ist als die Osternachtsfeier.

Die Osternacht wird als gottesdienstliche Nachtwache vom Samstag auf den Sonntag gefeiert. In ihr findet der *transitus*, der Übergang von der Totentrauer zur Auferstehungsfreude statt – rituell gestaltet als Übergang vom Dunkel ins Licht. Deutet man das Verhältnis von Karfreitag und Ostern im Sinne eines zusammenhängenden Gebetsbogens, der sich zwischen Klage und Lob aufspannt, so bildet die Osternacht den Ort des Stimmungsumschwungs. Das oben skizzierte gebetstheologische Modell schliesst die Osternacht als neuralgischen Punkt der Wende, als Ort der dramatischen *Peripetie* in sich. Es spricht theologisch alles dafür, der Dramaturgie dieses Spannungsbogens mit seiner Wende liturgisch grosse Aufmerksamkeit zu schenken und ihn nicht schon am Karfreitag abbrechen zu lassen. Genau das droht jedoch, wenn man den Karfreitag isoliert als den höchsten Feiertag versteht. Diesen Überlegungen folgt die *fünfte These*: *Die gebetstheologische Relationierung von Karfreitag und Ostern weist die Osternacht als neuralgischen Ort des Stimmungsumschwunges aus und gibt ihr damit etwas vom Gewicht zurück, das sie in der Alten Kirche hatte.*

35 Bieritz, Kirchenjahr (Anm. 1), 129.
36 Vgl. Bieritz, Kirchenjahr (Anm. 1), 86–89.124.

Auch der *Karsamstag* ist unter den erwähnten Gebetsbogen zu spannen. Sein Thema ist das Verweilen am Grab Jesu Christi, das stille Aushalten von Leiden und Tod.

Das Apostolikum bekennt sich in seinem 2. Artikel zu Jesus Christus, «gekreuziget, gestorben und begraben, niedergefahren zur Höllen, am dritten Tag auferstanden von den Toten»[37]. In der theologischen Tradition wurde die hier erwähnte Höllenfahrt Jesu zuweilen als ein dem Kreuzestod folgendes, isolierbares Datum der Heilsgeschichte vor der Auferstehung verstanden. Jesus steigt nieder in die Hölle, predigt den alttestamentlichen Gerechten und besiegt Teufel und Hölle (vgl. die Anastasis-Ikonen der Ostkirche!). Der zeitliche Ort dieses Geschehens im Kirchenjahr war der Karsamstag. Die altreformierte Tradition hat die Höllenfahrt Christi bekanntlich dem Status der Erniedrigung Christi zugerechnet und sie so als tiefsten Punkt seines Leidens verstanden. Anders die Altlutheraner, sie plädierten dafür, die Höllenfahrt Christi dem Status der Erhöhung zuzurechnen. Sie verstanden die Höllenfahrt entsprechend als ersten Akt der Erhöhung Christi, er bedeutete nicht Höllenqual, sondern Triumph über Teufel und Hölle. Für unseren reformierten Kontext ist immer noch Johannes Calvins Deutung der Höllenfahrt bedenkenswert. Ähnlich wie der Heidelberger Katechismus[38] vertritt Calvin eine existenziale Höllenfahrtsdeutung und behauptet: Das Leiden und die Gottverlassenheit Jesu in Gethsemane und vor allem am Kreuz *sind* bereits die Höllenfahrt. Christus leidet in seinem Tod die Hölle. Die Höllenfahrt bildet kein isoliertes Datum der Heilsgeschichte nach dem Tod Jesu, sie ist vielmehr ein Bild für die Leiden Jesu vor und in seinem Tod.[39] – Wird die Höllenfahrt wie bei Calvin nur als bildlicher Ausdruck dessen verstanden, was bereits am Karfreitag gefeiert wurde, dann braucht es keinen Gottesdienst am Karsamstag. Entsprechend lautet die *sechste These: Der Karsamstag bildet zwar einen Teil des durch Karfreitag und Ostern aufgespannten Gebetsbogens. Die reformierten Kirchen kennen aber richtigerweise keine gegenüber dem Karfreitag eigenständige liturgische Feier am Karsamstag.*[40]

37 Die Bekenntnisschriften der evangelisch-lutherischen Kirche, hg. im Gedenkjahr der Augsburgischen Konfession 1930, Göttingen ^{12}1998, 21.

38 Matthias Freudenberg/Aleida Siller, Was ist dein einiger Trost? Der Heidelberger Katechismus in der Urfassung, Neukirchen-Vluyn 2012, Frage 44, 32.

39 Johannes Calvin, Unterricht in der christlichen Religion/Institutio Christianae Religionis. Nach der letzten Ausgabe übers. und bearb. von Otto Weber, Neukirchen-Vluyn ^{6}1997, II,16,9f.

40 Vgl. aber immerhin das Karsamstagslied «O Traurigkeit, o Herzeleid» von Friedrich Spee (1628)/Johann Rist (1641): Gesangbuch (Anm. 9), Lied 442.

Der Karsamstag ist im reformierten Kirchenjahr der Ort, wo in die am Karfreitag benannte Verletzung, Wut, Ohnmacht und Trauer auch eine gewisse Ruhe einkehren kann. Vielleicht gehört es gerade zur Stärke der reformierten Deutung, durch dramaturgische Leere und liturgische Enthaltsamkeit zu dieser Ruhe zu verhelfen, auch wenn die Todesstille des Karsamstags nur schwer auszuhalten ist.

Durch diese Ruhe ist der Karsamstag nicht nur nach rückwärts mit dem Karfreitag verbunden, sondern auch nach vorwärts mit der Osternachtsfeier und dem Ostersonntag. Gerade indem er ihrem Dank und Lob Gottes nicht vorgreift und seinen vorperipetischen, widerständigen Charakter behält,[41] gehört er spannungsvoll zur Osternacht und zu Ostern, so wie Klage und Lob zusammengehören. Rechnet man die Höllenfahrt Christi hingegen mit der altlutherischen Tradition bereits der Auferstehung zu, so beginnt Ostern streng genommen schon am Karsamstag und entspannt sich die existenzielle Dynamik des zwischen Karfreitag und Ostersonntag aufgespannten Gebetsbogens vorzeitig.[42]

IV. Weihnachten bis Karfreitag

Zum Schluss soll nun versucht werden, den Karfreitag auch nach *rückwärts* aus seiner *incurvatio* zu befreien. Die Rückbindungen des Karfreitags werden hier natürlich nicht so intensiv ausfallen, wie das im Blick auf Ostern der Fall war. Die infrage stehenden Relationierungen sind überdies systematisch-theologisch sehr voraussetzungsreich und komplex, so dass die Darlegung notgedrungen etwas freihändig und holzschnittartig gehalten ist und auf eine Aus-

41 Diesen widerständigen Charakter betont zu Recht Gerhard Sauter: «Der Karsamstag zerschneidet das theologische Junktim ‹Kreuz und Auferstehung› […]. Es wird durchbrochen, nicht nur unterbrochen.» Sauter, Schrittfolgen (Anm. 2), 142. Auch seine Kritik an einem Überspringen des Karsamstags und seiner Gleichschaltung mit dem Karfreitag ist nachvollziehbar (a. a. O., 142f.). Doch gerade in dieser seiner Widerständigkeit gegenüber dem Karfreitag und vor allem gegenüber Ostern hat der Karsamstag seinen beziehungsreichen Ort in dem durch sie eröffneten dramatischen Spannungsbogen.

42 Es sei zumindest anmerkungsweise darauf hingewiesen, dass die reformierte Deutung der Höllenfahrt auch zu einer gewissen Engführung von Deutungspotenzialen des Descensus-Motivs geführt hat und führt. So lässt sich zum Beispiel von 1Petr 3,19f. und 4,6 her der Sieg Jesu über die Hölle im Bilde der urchristlichen Missionspredigt als Ausdruck der universalen Tragweite des durch Jesus vermittelten Heils auch gegenüber den Nichtglaubenden lesen. So etwa Wolfhart Pannenberg, Das Glaubensbekenntnis – ausgelegt und verantwortet vor den Fragen der Gegenwart, Gütersloh ^{3}1979, 102f.

einandersetzung mit der reichen Forschungsliteratur verzichtet wird. Am Anfang stehen zwei Überlegungen:

1. Folgt man den Berichten der vier Evangelien, so ist das Heilswerk Jesu Christi nicht auf seinen Kreuzestod beschränkt. Jesus vergibt Sünden, heilt Kranke, treibt Dämonen aus, hält Gemeinschaft mit den Randständigen, gibt den Armen zu essen, ruft in die Nachfolge – Jesus irritiert, befreit und heilt sein ganzes Leben lang, er ist schon vor seinem Kreuzestod der «Heiland» im umfassenden Sinne.

2. Man muss wohl noch einen Schritt weitergehen und sagen: Das Heilswerk Jesu Christi beginnt nicht erst mit dem Kreuzestod und auch nicht erst mit seinem öffentlichen Wirken, es beginnt schon mit seiner Inkarnation. Gerade die *Ostkirche* hat das gegenüber einem einseitigen westlichen Staurozentrismus, gegenüber einer Heilsverabsolutierung des Kreuzes, stark gemacht. Damit tritt der starke westkirchliche Fokus auf die Sünden- und Schuldthematik ein Stück weit zurück. Denn schon in der Inkarnation Christi streitet Gott gegen unsere schöpfungsbedingte Unvollkommenheit, Vergänglichkeit und Todverfallenheit. Der Schöpfung eignet von daher schon protologisch als Schöpfung und nicht nur aufgrund der Sünde und ihrer Folgen ein Moment der Erlösungsbedürftigkeit. Damit ist weder die Güte der Schöpfung[43] bestritten noch einem Marcionismus oder einer Naturalisierung der Sünde das Wort geredet.

Nimmt man die dogmatische Betonung der Inkarnation in der Ostkirche theologisch ernst, so hat das auch Konsequenzen für die Gewichtsverhältnisse im Kirchenjahr:

Es müssen dann nämlich auch diejenigen Feiertage und Zeiten, die Stationen aus dem Leben Jesu markieren, stärker ins Blickfeld gerückt und mit dem Karfreitag verbunden werden: Zu denken ist an *Epiphanias*, als Fest der Heiligen drei Könige, der Taufe Jesu, des Weinwunders zu Kanaan, zu denken auch an die *Fasten- und Passionszeit*. In besonderer Weise ist jedoch an *Weihnachten* als das Fest der Inkarnation zu denken. An Weihnachten beginnt, was sich Karfreitag und Ostern vollendet. Die bereits in der Inkarnation anhebende Erlösung gewinnt in der Versöhnung am Kreuz ihre einmalige und einzigartige Vollgestalt. Ist das richtig, dann folgt daraus die *siebte* und letzte *These: Wer aus der Theologiegeschichte des 20. Jahrhunderts gelernt hat, dass das frühchristliche Kerygma sich nicht vom historischen oder zumindest irdischen Leben*

43 Es bleibt freilich zu fragen, ob die Güte der Schöpfung nicht als protologische, sondern christologische (Karl Barth) oder eschatologische (Wolfhart Pannenberg) auszulegen ist.

Jesu ablösen lässt, und wer das ostkirchliche Inkarnationsverständnis ernst nimmt, kann im Blick auf das Kirchenjahr nicht den Karfreitag von den davorliegenden Festzeiten ablösen wollen. Es gilt dann vielmehr, der theologischen Verbindung von Osterfestkreis und Weihnachtszyklus tiefere Beachtung zu schenken.

Die mit der Betonung der Inkarnation angedeutete sündentheoretische Gewichtsverlagerung zeigt sich im Blick auf den Karfreitag noch an anderer Stelle. Auch wenn hier nicht für eine grundsätzliche Bestreitung der protestantischen Betonung der Sünde votiert werden soll, möchte ich doch für eine Transformation der traditionellen Deutung des Karfreitags als *Tag der Busse*[44] für unsere Schuld und Sünde hin zu seiner Deutung als *Tag der Klage* plädieren. Wobei es festzuhalten gilt, dass Klage durchaus Busse sein oder zur Busse führen kann, wenn sie eine Klage angesichts von Schuld und Sünde ist. Doch die Klage reicht hinab bis in den Bereich des Seufzens des der Nichtigkeit unterworfenen Kosmos. Sie hat nicht nur unsere Sünde(n) (und ihre Folgen) zum Gegenstand, sondern auch das unverschuldete eigene und fremde Leid, das sündentheoretisch unverrechenbare Elend, den unbegreiflichen, unableitbaren Schmerz. Das ist schon in den Psalmen so, und das Hiobbuch ringt ebenso damit. Die eben skizzierte Akzentverschiebung von der Busse hin zur Klage bildet im Grunde nichts anderes als eine dogmatische Ratifizierung einer Tendenz, die schon lange in unseren Kirchen Einzug hält. So zeigt etwa eine praktisch-theologische Studie, dass sich im Verlaufe des 20. Jahrhunderts eine Verschiebung von der Schuld- zur Leidthematik in den Karfreitagspredigten beobachten lässt.[45]

Ich ziehe ein Schlussfazit: Wie gezeigt werden konnte, gibt es theologisch gesehen kaum Gründe dafür, den Karfreitag weiterhin als *höchsten* Festtag des Kirchenjahres zu postulieren, vielmehr besteht dringender Anlass, ihn nach vorwärts wie nach rückwärts so ins Kirchenjahr einzubinden, dass er aus seiner exklusiven *incurvatio* befreit wird. Und zwar nicht deswegen, weil der Karfreitag in seiner theologischen Bedeutung für das Kirchenjahr *relativiert* werden müsste, sondern deswegen, weil er seine zentrale Bedeutung erst *in* diesem Zusammenhang nach vorwärts und rückwärts gewinnt.

---

44 So ist etwa das klassische Karfreitagslied von Paul Gerhardt «O Haupt voll Blut und Wunden» auch ein Lied der Busse. Vgl. Gesangbuch (Anm. 9), Lied 445.

45 Tilman Walther-Sollich, Festpraxis und Alltagserfahrung. Sozialpsychologische Predigtanalysen zum Bedeutungswandel des Osterfestes im 20. Jahrhundert, Stuttgart u. a. 1997.

Matthias Zeindler

«Das Alte ist vergangen, siehe, Neues ist geworden» (2Kor 5,17)

Ostern als Mitte des Kirchenjahrs

I. Den Tod verlachen

Drei Geistliche unterhalten sich darüber, wann das Leben beginne. «Das Leben beginnt mit der Geburt», sagt der protestantische Pfarrer. «Meine Herren», entgegnet der katholische Priester, «das Leben beginnt selbstverständlich mit der Empfängnis.» Darauf der Rabbiner: «Das Leben beginnt, wenn die Kinder aus dem Haus sind und der Hund gestorben ist.»

Mit dieser Geschichte habe ich vor einigen Jahren meine Osterpredigt eröffnet. Die Predigt mit einem Witz anzufangen, war eine Reverenz an einen alten Brauch, der in der letzten Zeit wieder vermehrt Aufmerksamkeit gefunden hat: das Osterlachen, der *risus paschalis.* Dass der Prediger im Ostergottesdienst die Gemeinde zum Lachen bringt, wird im 14. Jahrhundert bereits als alter Brauch verzeichnet, und er ist bis ins 19. Jahrhundert in einigen Gegenden bezeugt. Wie weit verbreitet er allerdings war, bleibt umstritten. Den Reformatoren galt der Brauch als Inbegriff des mittelalterlichen Predigtzerfalls. Dieses Urteil wundert nicht, wenn man sich die Beispiele vor Augen hält, die der Basler Reformator Johannes Oekolampad in seiner kritischen Schrift «De risu paschali» (1518) aufzählt: Am Münster zu Basel hätten Priester wie Gänse geschnattert oder wie ein Kuckuck gerufen, und einer soll quiekend auf allen Vieren durch die Kirche gelaufen sein.[1] Deftige, ja obszöne Worte und Handlungen waren offenbar mindestens eine Möglichkeit im mittelalterlichen Repertoire der Osterpredigt. Die Interpretationen des Brauchs gehen weit auseinander, er wird als blosse Unterhaltung, als karnevalistisches Unterlaufen von christlichen Ausgrenzungen oder als Form der Darstellung von Sexualität und Lust im Raum der Kirche gedeutet.[2]

1 Johannes Oecolampadius, De risu paschali, Oecolampadii, Ad V. Capitonem theologum epistola apologetica, Basel 1518.

2 Harald Schroeter, Art. Osterpredigt, TRE 25 (1995), 530–533 (532).

Was immer sozialgeschichtlich und volkskundlich über den Brauch des Osterlachens zu sagen ist – das theologische Recht hat er auf seiner Seite. Wenn es im christlichen Glauben Grund zur Freude und zur Fröhlichkeit gibt, dann ist es das, was an Ostern geschieht, der Sieg Gottes über den Tod. Dieser Sieg gewinnt darin Gestalt, dass der Tod ausgelacht, verlacht wird. Lachen ist dabei nicht etwa oberflächlicher Spass (*fun*), es ist ein Zeichen von Widerstand und Befreiung. «Das Lachen», so Jürgen Moltmann, «nimmt der Bedrohung durch die Gewalthaber die erwartete Angst weg und entwaffnet die Feinde. Es zeigt todesverachtende Freiheit dort, wo die Mächte und Gewalten mit Furcht und Unterwerfung gerechnet hatten.»[3]

Damit habe ich schon vieles vorweggenommen, was eigentlich erst zu entwickeln ist, also gleichsam die Pointe vor dem Witz erzählt. Dieses soll im Folgenden nachgeholt werden. Ich werde in drei Abschnitten verfahren. Unter der Frage «Wie wird gefeiert?» werde ich zunächst Ursprung und Entwicklung der Osterfestzeit und ihrer Gottesdienste behandeln und danach unter der Frage «Wann wird gefeiert?» kurz etwas zum Osterdatum sagen. Der grösste Raum soll der Frage «Was wird gefeiert?» zum Gehalt des Osterfestes gewidmet sein. Abschliessen möchte ich mit einigen Bemerkungen zur Osterpredigt.

II. Wie wird Ostern gefeiert?

Das Osterfest ist stark verbunden mit den jüdischen Wurzeln des christlichen Glaubens.[4] Den Ursprung seiner Entwicklung bildet das jüdische Passa, was sich an seinem Namen in manchen Sprachen bis heute ablesen lässt (griech. *pascha*, franz. *Pâques*, ital. *Pasqua*, span. *Pascua*). Die Juden gedenken in der Nacht des Passa nicht nur des Exodus, sondern vierer Heilsnächte, nämlich der Nacht der Schöpfung, der Opferung des Isaak, der Befreiung aus Ägypten und des erwarteten Kommens des Messias. Die Passafeier vergegenwärtigt damit die Fülle des Heilshandelns Gottes, durch welches dieser das Geschaffene, die Menschen und sein Volk in verschiedenen Zusammenhängen immer wieder aus dem Unheil ins Heil, aus der Trauer in die Freude führte. Das Osterfest der

3 Jürgen Moltmann, Der lebendige Gott und die Fülle des Lebens. Auch ein Beitrag zur Atheismusdebatte unserer Zeit, Gütersloh 2014, 195; vgl. ders., Die ersten Freigelassenen der Schöpfung. Versuche über die Freude an der Freiheit und das Wohlgefallen am Spiel, München [6]1981, 20f.

4 Zum Folgenden Karl-Heinrich Bieritz, Das Kirchenjahr. Feste, Gedenk- und Feiertage in Geschichte und Gegenwart. Neu bearbeitet von Christian Albrecht, München [9]2014, 169–184.217–228.

Christen war ursprünglich die christliche Variante des Passafestes, die sich von seinem jüdischen Vorbild durch eine neue Typologie unterschied: Der gestorbene und auferstandene Christus wurde als das Passalamm gedeutet, das Gott zum Heil für die Menschen gegeben hatte. Die historischen Einzelheiten sollen hier nicht weiter vertieft werden, wir entnehmen dem Zusammenhang von Passa und Ostern aber zwei Hinweise, einen sachlichen und einen liturgischen. Der sachliche Hinweis: Wie in Passa das Ganze des göttlichen Heilshandelns von der Schöpfung bis zur Neuschöpfung verdichtet ist, so wird an Ostern das Heil Gottes für alles Geschaffene vergegenwärtigt. Oder anders gesagt: Passa und Ostern lassen sicht- und erfahrbar werden, wer der Gott der Juden bzw. der Christen ist, nämlich ein Gott, der vom Dunkel ins Licht, vom Leid zur Freude führt. Und der liturgische Hinweis: Wie die Passaliturgie, so spielt sich auch die Osterliturgie in der Nacht ab, in einer Inszenierung des Weges von der Finsternis ins Helle.

Seit Mitte des 2. Jahrhunderts wird der christliche Ostergottesdienst als Feier durch die Nacht bis zum «Hahnenschrei» mit dem eucharistischen Freudenmahl gefeiert, als Weg des Übergangs vom Tod zum Leben. Leiden, Tod und Auferstehung bilden dabei eine Einheit, und eine Einheit bilden auch das Gefeierte und die Feiernden: Wie Jesus vom Tod ins Leben übergegangen ist, so werden die an ihn Glaubenden aus der Knechtschaft der Sünde befreit zu einem neuen Leben mit ihm. Aus diesen Zusammenhängen erklären sich zwei weitere Elemente, die sich im 4. Jahrhundert an die Osterfeier angelagert haben, die Feier der Taufe einerseits, ein Lichtritus zur Eröffnung der Feier andrerseits. Von der nächtlichen Osterfeier ist der Ostermorgengottesdienst zu unterscheiden, der nicht mehr den Übergang zum Thema hat, sondern den ersten Gottesdienst in der österlichen Freudenzeit bildet.

Die Nachtfeier als zentraler liturgischer Vollzug von Ostern ist erst durch die Liturgischen Bewegungen in den 30er Jahren des letzten Jahrhunderts wieder stärker ins Bewusstsein gerückt worden. Mittlerweile gehören verschiedene Arten von nächtlichen Feiern – etwa in der Form von Stationenwanderungen – auch in reformierten Kirchen zur gottesdienstlichen Begehung von Ostern. Dem war lange Zeit nicht so. Schon im 6. Jahrhundert wurde die Ostervigil vorverlegt, so dass sie bereits vor Mitternacht des Karsamstags endete. Die Eucharistiefeier am Ostermorgen war davon nun klar getrennt, nicht mehr der Abschluss eines Weges vom einen zum andern. Im Lauf des Mittelalters wurden die Osterfeierlichkeiten fortlaufend angereichert, insbesondere durch dramatische Darstellungen, etwa des Gangs der Frauen zum Grab. Verbreitet waren auch Benediktionen von Speisen wie Eiern, Käse, Butter oder Brot. Liturgische Feier und Volksfrömmigkeit vermischten sich zunehmend, was den Reformatoren dann Anlass zur Kritik gab. Die Nachtfeier wurde deswegen von ihnen ersatzlos gestrichen. Mit der Wiederentdeckung dieser zentralen Gottesdienstform stellen die reformatorischen Kirchen eine lange verlorene Verbindung mit der Alten Kirche und über sie hinaus mit ihren jüdischen Wurzeln wieder her.

III. Wann wird Ostern gefeiert?

In aller Kürze zur zeitlichen Verortung des Osterfestes. Auch am Datum lässt sich die Herkunft des Osterfestes von Passa, aber auch die Absetzung davon ablesen. Passa wird am 14. Nisan, dem ersten Tag des Frühlingsvollmondes, gefeiert. Das ökumenische Konzil von Nicäa (325) legte das Osterdatum auf den ersten Sonntag nach diesem Tag, nicht also den Tag des Todes Jesu, sondern den «Tag des Herrn», den Auferstehungstag. Da man bei dieser Regelung dem Mondkalender, nicht dem Sonnenkalender folgte, kann Ostern zwischen 22. März und 25. April zu liegen kommen.

Bekanntlich kennen West- und Ostkirchen unterschiedliche Osterdaten. 1582 wurde unter Papst Gregor XIII. der bis anhin gültige julianische Kalender reformiert, eine Änderung, die aber im nichtkatholischen Teil der Christenheit nur zögerlich übernommen wurde. 1923 schwenkte das Panorthodoxe Konzil zwar auch auf den gregorianischen Kalender ein, nahm das Osterdatum aber davon aus. So bleibt ein gemeinsames Osterdatum von Ost- und Westkirchen eine ökumenische Baustelle.

Zu den zeitlichen Fragen rund um Ostern gehört auch die Tatsache, dass diesem Fest ein ganzer Zyklus von kirchlichen Festen zugeordnet ist, ja dass Ostern – in den Worten des Liturgikers Rainer Volp – «in seinen Teilaspekten allmählich das ganze übrige Jahr vom Beginn der Fastenzeit bis vor den Beginn des Advent» zu strukturieren begonnen hat.[5] Die Ostern vorgelagerte vierzigtägige Passions- oder Fastenzeit war ursprünglich eine Busszeit, in welcher die Gemeinden sich mit den Taufbewerbern solidarisierten «und durch ihre eigene Haltung eine helfende Atmosphäre schufen».[6] Die überragende Bedeutung von Ostern wird ausserdem unterstrichen durch die anschliessende fünfzigtägige Osterzeit, die bestimmt ist durch die Freude über die Auferstehung Christi und die durch sie eröffnete Befreiung der Menschen. Himmelfahrt und Pfings-

5 Rainer Volp, Liturgik. Die Kunst, Gott zu feiern, Bd. 1: Einführung und Geschichte, Gütersloh 1992, 513.

6 Volp, Liturgik (Anm. 5), 513.

ten, die sich bereits früh als eigenständige Feiertage ausdifferenziert haben, liegen in der Osterzeit und werden dadurch verständlich als Anlässe, an denen je ein spezifischer Aspekt der Auferstehung Christi begangen wird, einmal seine Herrschaft mit dem Vater, zum andern seine Gegenwart im Heiligen Geist.[7] Schliesslich hat auch der Ewigkeitssonntag seinen Grund in der Auferstehung Christi, vergegenwärtigt sich doch dort die christliche Gemeinde ihre Hoffnung auf das endgültige Offenbarwerden dessen, der schon jetzt lebt und regiert.[8]

IV. Was wird an Ostern gefeiert?

Die bisherigen Beobachtungen zum Ursprung, zur zeitlichen Ansetzung und zur Liturgie von Ostern haben alle auf ihre Weise bereits Aufschlüsse über die Bedeutung dieses Feiertags für den christlichen Glauben gegeben. Unmissverständlich ist schon aufgrund dieser Aspekte die schlechthin zentrale Bedeutung des Osterfestes für den Glauben der Christinnen und Christen, so sehr, dass der Münchner Systematiker Gunther Wenz zu Beginn seines Christologiebuches kurz und knapp schreiben kann: «Christliche Religion ist Osterglaube.»[9] Es soll im Folgenden versucht werden, in einigen Strichen dieser umfassenden Bedeutsamkeit des christlichen Auferstehungszeugnisses auf die Spur zu kommen.

In seinem ersten Brief an die christliche Gemeinde in Korinth schreibt Paulus im 15. Kapitel, dem bekannten Auferstehungskapitel: «Ist aber Christus nicht auferweckt worden, so ist unsere Verkündigung leer, leer auch euer Glaube.» (V. 14) Es gibt, so der Apostel, keinen christlichen Glauben ohne Glauben an die Auferstehung Jesu.[10] Seine Verkündigung wäre ohne Inhalt,

7 Vgl. dazu die Beiträge von Ilse Junkermann sowie Matthias Felder/Frank Mathwig in diesem Band.

8 Vgl. dazu den Beitrag von Magdalene L. Frettlöh in diesem Band.

9 Gunther Wenz, Christus. Jesus und die Anfänge der Christologie (Studium Systematische Theologie, Bd. 5), Göttingen 2011, 30.

10 «Paulus behauptet nicht mehr und nicht weniger, als dass die ganze Verkündigung der Kirche, die sich am Zeugnis der Apostel Jesu Christi orientiert, und der ganze christliche Glaube, der aus dieser Predigt stammt und von ihr lebt, hinfällig werden, wenn der eine Satz: Jesus, der Gekreuzigte, ist von den Toten auferweckt worden, keine Geltung haben oder verzichtbar sein sollte.» Hans-Georg Geyer, Die Gegenwart Christi. Die Auferstehung: ders., Andenken. Theologische Aufsätze, hg. von Hans Theodor Goebel, Dietrich Korsch, Hartmut Ruddies und Jürgen Seim, Tübingen 2003, 176–189 (176).

denn es gäbe für Christen schlicht nichts Gehaltvolles mehr zu sagen. Machen wir uns bereits hier klar, was das für heutige Christlichkeit heisst: Jesu Worte und Taten, seine Bergpredigt wie seine Ethik, all dies wird bedeutungslos, wenn das Bekenntnis zu seiner Auferstehung nicht wahr ist. Es sind aber ausgerechnet die Worte und Taten Jesu – man spricht sogar von den «Werten», die er vertreten haben soll –, die den Nazarener für viele Zeitgenossen überhaupt noch relevant erscheinen lassen. Was heisst das für die Kirche Jesu Christi, die ja nach dem zitierten Satz des Paulus keine andere als die Kirche des *auferstandenen* Christus sein kann?[11]

Wir gehen demgegenüber von der Feststellung aus, dass christliche Religion Osterglaube ist.[12] Der Göttinger Theologe Joachim Ringleben differenziert diese Aussage im ersten Satz seines Buches zur Auferstehung Jesu so:

> «Die Botschaft von der Auferweckung des gekreuzigten Jesus von den Toten durch Gott ist das Fundament des christlichen Glaubens, und dieser ist ohne die Auferstehungsaussage ebensowenig historisch wie sachlich zu bestimmen.»

Er fügt aber sofort hinzu: «Zugleich ist diese Botschaft die härteste Zumutung an die verständige Wirklichkeitsauffassung und -einstellung des neuzeitlichen Menschen.»[13] Im verbleibenden Teil meiner Ausführungen werde ich den drei von Ringleben angezeigten Themen entlanggehen, nämlich der Auferstehung Jesu als historischem Ausgangspunkt und als sachlichem Zentrum des christlichen Glaubens sowie der Frage nach der Wirklichkeit und Wahrheit des Auferstehungszeugnisses.

---

11 Ulrich Kühn anerkennt, dass oft auch von Menschen, die das Bekenntnis zur Auferstehung Jesu nicht teilen, «die Bedeutung seiner Verkündigung, seines Lebens und gerade auch seines Sterbens sehr hoch eingeschätzt» wird. «Dennoch ist daran festzuhalten, dass die Verkündigung der *eschatologischen Heilstat Gottes* in Jesus Christus – in seinem Leben und in seinem Tod – das Bekenntnis seiner Auferstehung faktisch und auch grundsätzlich voraussetzt.» Ders., Christologie, Göttingen 2003, 295.

12 Anders Friedrich Schleiermacher: «Denn wenn doch auf dem Sein Gottes in Christo seine erlösende Wirksamkeit beruht, und eben der Eindruck davon, dass ihm ein solches einwohne, den Glauben an ihn begründete: so ist ein unmittelbarer Zusammenhang dieser Tatsachen mit jener Lehre [von Auferstehung und Himmelfahrt] nicht nachzuweisen.» Ders., Der christliche Glaube, Bd. 2 (1830), hg. von Martin Redeker, Berlin 1960, 82.

13 Joachim Ringleben, Wahrhaft auferstanden. Zur Begründung der Theologie des lebendigen Gottes, Tübingen 1998, 1.

1. Das Osterzeugnis als historischer Ursprung des christlichen Glaubens

Beginnen wir also mit einigen historischen Feststellungen. Am Ausgangspunkt des christlichen Glaubens steht das Bekenntnis der ersten Nachfolgerinnen und Nachfolger Jesu: «Jesus Christus ist auferstanden!» Ohne dieses Bekenntnis gäbe es keine christliche Gemeinde, keine christliche Verkündigung, kein Neues Testament, keine Geschichte der Kirche – und keine aktuelle Kirche, kein Kirchenjahr, keine theologischen Fakultäten und keine Ringvorlesung zum Thema Kirchenjahr. Das Ganze etwas langsamer: Kurze Zeit nach dem Tod Jesu am Kreuz traten in Jerusalem Menschen auf mit der Behauptung, dieser Jesus sei nicht tot, sondern lebendig. Den Kern ihrer Predigt finden wir in zahlreichen eingliedrigen Auferweckungsformeln im Neuen Testament, der Form: «Er [Jesus] ist [von Gott] auferweckt worden.»[14] Historisch zuverlässig lässt sich über den Grund des Auferweckungsbekenntnisses sagen: Die betreffenden Jüngerinnen und Jünger berufen sich auf eine Erfahrung, dass ihnen der gekreuzigte Jesus in einer einmaligen Weise erschienen ist und sich ihnen dabei als Lebender gezeigt hat. Nicht als wiederbelebte Leiche, nicht lebendig wie vor seinem Tod, aber nichtsdestotrotz als Lebendiger. Ursprung der Verkündigung des auferstandenen Jesus sind demnach historisch gesehen die Erscheinungen des Auferweckten, wie sie die Jüngerinnen und Jünger Jesu erfahren zu haben beanspruchen.[15]

Erst mit dieser Verkündigung seiner Auferweckung wird Jesus selbst zum Gegenstand der Verkündigung. Vorher war er ein Wanderprediger, wie es ihrer in der Antike unzählige gab. Auch durch seine Kreuzigung wäre seine Botschaft nicht zusätzlich überlieferungswürdig geworden, die Kreuzigung war im Römischen Reich bekanntlich eine verbreitete Hinrichtungsart für Hochverräter. So bestätigen denn auch Kritiker des Christentums, dass es ohne Auferstehungserfahrungen keine christliche Verkündigung gegeben hätte. David Friedrich Strauss, der sich im Lauf seiner Jahre vom Bibelkritiker zum Christentums- und Religionskritiker radikalisiert hat, schreibt in seinem Spätwerk «Der alte und der neue Glaube» (1872):

> «Es mag demütigend sein für den menschlichen Stolz, aber es ist so: Jesus könnte all das Wahre und Gute, auch all das Einseitige und Schroffe, das ja doch auf die Massen immer den stärksten Eindruck macht, gelehrt und im Leben bestätigt ha-

14 Mt 28,7; Mk 9,9f.; Apg 2,32; Röm 4,24; 10,9 u. ö.

15 Ingolf U. Dalferth, Volles Grab, leerer Glaube? Zum Streit um die Auferweckung des Gekreuzigten: Hans-Joachim Eckstein/Michael Welker (Hg.), Die Wirklichkeit der Auferstehung, Neukirchen-Vluyn [4]2010, 277–309 (287–289).

> ben; gleichwohl würden seine Lehren wie einzelne Blätter im Winde verweht und zerstreut worden sein, wären diese Blätter nicht von dem Wahnglauben an seine Auferstehung als von einem derben handfesten Einbande zusammengefasst und dadurch erhalten worden.»[16]

Strauss hat den Auferstehungsglauben als «welthistorischen Humbug» bezeichnet,[17] war sich aber über dessen welthistorische Bedeutung vollkommen im Klaren.

2. Das Osterzeugnis als sachliches Zentrum des christlichen Glaubens

130 Jahre nach diesen Sätzen hat sich ein anderer prominenter Christentumskritiker sehr ähnlich geäussert. Der Göttinger Neutestamentler Gerd Lüdemann schrieb damals:

> «Wir können keine Christen mehr sein, selbst wenn wir wollten, denn Jesus ist nicht auferstanden.»[18]

Diese Aussage findet sich in Lüdemanns Neufassung seines aufsehenerregenden Auferstehungsbuches aus den 90er Jahren des letzten Jahrhunderts, in welchem er die Historizität der Auferstehung Jesu mit – so der Anspruch – unumstösslicher Eindeutigkeit widerlegt: «Die Auferstehung Jesu. Historie, Erfahrungen, Theologie» (1994).[19] In diesem ersten Buch fasste Lüdemann noch die Möglichkeit eines christlichen Glaubens ohne Auferstehungsbekenntnis ins Auge, basierend auf Jesu Worten und Taten. Im Lauf seiner darauffolgenden Forschungen drängte sich ihm aber die Überzeugung auf, eine solche Möglichkeit existiere nicht, christlichen Glauben gebe es nur als Glauben daran, dass Jesus Christus von den Toten auferweckt worden ist. Gerd Lüdemann ist damit nicht nur ein unverdächtiger Zeuge der historischen Bedeutung des Auferstehungsbekenntnisses für den christlichen Glauben, sondern auch für dessen sachliche Zentralität. In der Neufassung seines Buches macht er unmissverständlich deutlich, dass mit dem Glauben an Jesu Auf-

16 David Friedrich Strauss, Der alte und der neue Glaube. Ein Bekenntnis, Leipzig 1923 (1872), 56.

17 Strauss, Glaube (Anm. 16), 56.

18 Gerd Lüdemann, Die Auferweckung Jesu. Ursprung und Geschichte einer Selbsttäuschung, Lüneburg 2002, 166.

19 Gerd Lüdemann, Die Auferstehung Jesu. Historie, Erfahrungen, Theologie, Göttingen 1994.

erstehung dieser Glaube als ganzer bestritten wird. Er selbst hat die Konsequenz denn auch gezogen.

Bereits ein erster Blick auf die Texte des Neuen Testaments bestätigt Lüdemanns Einsicht. Die vier Evangelien laufen allesamt auf das Ereignis der Auferweckung Jesu zu. Sie sind nicht, wie Martin Kähler gesagt hat, «Passionsgeschichten mit ausführlicher Einleitung»,[20] sondern – wenn schon – Auferweckungserzählungen mit ausführlicher Einleitung.[21] Wo im Neuen Testament von Jesus Christus gesprochen wird, ist es durchgängig der gegenwärtige, derjenige, von dem man glaubt, dass er lebt und bei den Seinen ist. Aber auch die neutestamentliche Eschatologie und Apokalyptik geht bei ihrer Erwartung des kommenden Christus davon aus, dass dieser mit dem auferstandenen Jesus identisch sein wird.

Der zentrale Stellenwert der Auferstehung Jesu zeigt sich endgültig dort, wo man in einzelne theologische Sachzusammenhänge geht und feststellt: Was immer die neutestamentlichen Zeugen theologisch formulieren, sie tun es grundsätzlich in der Gestalt von Sätzen über den Auferstandenen. Das gilt natürlich zuerst für *christologische* Aussagen. Jesus ist für das Neue Testament der Christus, weil und allein weil ihn Gott von den Toten auferweckt hat: «Ihn hat Gott auferweckt und aus den Wehen des Todes befreit», spricht Petrus in seiner Pfingstrede in Jerusalem (Apg 2,24). Durch die Auferstehung sind im Weiteren *theologische* Aussagen im engeren Sinne, Aussagen über Gott, bestimmt. Immer wieder begegnet man etwa bei Paulus Formulierungen der Art, dass «wir an den glauben, der Jesus, unsern Herrn, von den Toten auferweckt hat» (Röm 4,24). Auch *ekklesiologische* Sätze des Neuen Testaments sind in ihrem Kern Sätze über den Auferstandenen: «Denn wo zwei oder drei in meinem Namen versammelt sind, da bin ich mitten unter ihnen» (Mt 18,20) – Kirche ist primär bestimmt durch die Gegenwart Christi in dieser Gemeinschaft. Zur *Soteriologie*: Auch Aussagen über die menschliche Errettung kommen von Jesu Auferstehung her: «Sind wir aber mit Christus gestorben, so glauben wir fest, dass wir mit ihm auch leben werden.» (Röm 6,8) Desgleichen bei der *Ethik*: «Wir wissen, dass wir aus dem Tod ins Leben hinübergeschritten sind, denn wir lieben einander.» (1Joh 3,14) Und zum Schluss nochmals die Eschatologie, wo Paulus an die christliche Gemeinde in Korinth schreibt:

---

20 Martin Kähler, Der sogenannte historische Jesus und der geschichtliche, biblische Christus (ThB 2), München ^{3}1961, 60.

21 Vgl. Georg Strecker, Theologie des Neuen Testaments, Berlin 1995, 381f.

«Denn wir wissen, dass der, der Jesus, den Herrn, auferweckt hat, mit Jesus auch uns auferwecken [...] wird.» (2Kor 4,14)[22]

Wenn klar zutage liegt, dass die Botschaft des Neuen Testaments in ihrem Zentrum und bis in ihre Einzelheiten Botschaft von der Auferstehung Jesu ist – nun nochmals die Frage: Was wird an Ostern, dem Fest dieser Auferstehung, gefeiert? Was ist der Inhalt, der so erfreuliche Gehalt dieses Festtages? Um diesem Gehalt näher zu kommen, sei an den eben zitierten Texten noch eine Beobachtung abgelesen. Bedeutsam am neutestamentlichen Reden über die Auferstehung Jesu ist nämlich, dass es ein Reden über die Auferstehung *als solche* nicht gibt. Von dieser Auferstehung zu sprechen, heisst im Neuen Testament immer gleichzeitig, von deren Auswirkungen zu sprechen, sei es im Blick auf Gott, auf die Kirche, die Ethik usw. Dass mit Jesus damals etwas Grundlegendes geschehen ist, bedeutet immer auch, dass mit uns Menschen, ja mit der Welt etwas Grundlegendes geschehen ist.

Die Essenz des Bekenntnisses, dass Jesus Christus auferstanden ist, finden wir etwa am Schluss des Matthäusevangeliums prägnant zusammengefasst. Der auferstandene Jesus spricht dort zu seinen Jüngern: «Mir ist alle Macht gegeben im Himmel und auf Erden.» (Mt 28,18) Dass Jesus von Gott von den Toten auferweckt ist, ist gleichbedeutend mit der Gewissheit, dass diesem Auferweckten alle Macht verliehen worden ist. Macht, das bedeutet die Fähigkeit, dem eigenen Willen Wirklichkeit verschaffen zu können. Im Bekenntnis zu Jesu Auferstehung drückt sich also der Glaube aus, dass die letzte, die endgültige, die einmal sich realisierende Macht einem gehört, der im Namen von Gottes Treue zu den Kranken und Armen, zu den Frauen und Kindern, kurz: zu den Verlorenen gegangen ist. Sie gehört einem, der im Namen von Gottes Treue die von Menschen gezogenen Grenzen überschritten hat und Gottes Nähe ausgerechnet den Ausgegrenzten zugesagt hat. Sie gehört einem, gegen den sich religiöse Autoritäten, staatliche Hoheit und Volkes Stimme zusammengetan haben, um ihn einem elenden Tod zu überantworten.

Wenn dieser Jesus auferweckt wurde, heisst dies gemäss dem Matthäusschluss: Die endgültige Macht über das menschliche Leben gehört fortan nicht mehr dem Tod und denen, die diese scheinbar unverrückbare Tatsache für ihre Zwecke missbrauchen, sondern demjenigen Gott, der Jesus von den Toten auferweckt hat. Damit sind nun aber nicht bloss ein paar neue Dinge mitgeteilt

22 Zur theologischen Reichweite des Auferstehungsglaubens Hans Kessler, Sucht den Lebenden nicht bei den Toten. Die Auferstehung Jesu Christi in biblischer, fundamentaltheologischer und systematischer Sicht, erweiterte Neuausgabe, Würzburg 2002, 267–416; Daniel Migliore, Faith Seeking Understanding. An Introduction to Christian Theology, Grand Rapids MI ²2004, 191–196.

worden, nein, damit gelten die bisherigen eisernen Lebensgesetze nicht mehr. Es ist mit der Auferstehung Jesu *alles anders geworden*. Aus diesem Grund schreibt der Apostel Paulus an die christliche Gemeinde in Korinth: «Wenn also jemand in Christus ist, dann ist das eine neue Schöpfung; das Alte ist vergangen, siehe, Neues ist geworden.» (2Kor 5,17) Wenn Jesus lebt, so die Überzeugung der frühen Christen, dann gehört diesem Gott und seiner Liebe die Zukunft. Dann werden sich am Ende nicht der Zynismus der Stärkeren und die Angst der Schwächeren durchsetzen, sondern die Gerechtigkeit und der Frieden, den bereits die Propheten des Alten Testaments verkündet haben. Das ist in der Tat vollkommen Neues in einer Welt, durch deren Geschichte sich eine ununterbrochene Spur von Blut und Tränen zieht. Die Auferweckung Jesu von den Toten ist nicht weniger als neue Schöpfung, *creatio ex nihilo*.[23]

Die übrigen Verse des Matthäusschlusses zeigen auch die Konsequenzen, die dieser grosse Machtwechsel für diejenigen hat, die ihr Vertrauen auf ihn setzen: «Geht nun hin und macht alle Völker zu meinen Jüngern.» (V. 19) Die Neuigkeit des grossen Machtwechsels kann nicht in den wohnlichen Räumen vertrauter Kirchlichkeit eingeschlossen bleiben. Wenn wahr ist, dass die wirkliche und endgültige Macht dem auferweckten Gekreuzigten gehört, dann drängt diese Wahrheit hinaus, dann will sie allen verkündigt werden. Denn sie gilt allen, und es gibt niemanden, der sie nicht zu hören verdiente. So begründet die Auferstehung Jesu auch das Arbeitsprogramm der Kirche: die Mission.

Es war besonders die reformierte Theologie, die sich um ein differenziertes Verständnis des Bekenntnisses, dass Jesus Christus lebt, bemüht hat. Es lohnt sich, diese Bemühungen in Zeiten verdünnter christlicher Verkündigung wieder einmal bewusst zu machen – gemeint ist die Lehre vom dreifachen Amt Christi.[24] Nach vereinzelten Anfängen in Alter Kirche und Mittelalter beschrieb Johannes Calvin das Handeln Christi für uns in der Gestalt einer Christologie der drei Ämter. In der Institutio lesen wir:

> «Wollen wir wissen, wozu Christus vom Vater gesandt ward und was er uns gebracht hat, so müssen wir vornehmlich sein dreifaches Amt – das prophetische, königliche und priesterliche – betrachten.»[25]

---

23 Ingolf U. Dalferth, Der auferweckte Gekreuzigte. Zur Grammatik der Christologie, Tübingen 1994, 58f.

24 Dazu auch Matthias Freudenberg, Reformierte Theologie. Eine Einführung, Neukirchen-Vluyn 2011, 173–189; Michael Welker, Gottes Offenbarung. Christologie, Neukirchen-Vluyn 2012, 195–202.

25 Johannes Calvin, Institutio (1559), II,15,1.

Christus handelt also *pro nobis* als Prophet, König und Priester. Prophet, König und Priester, das sind im Alten Testament jene Funktionen, zu welchen Menschen gesalbt werden. Deshalb versammelt Christus als der vollendete Gesalbte diese Funktionen in sich und bringt sie seinerseits zur Vollendung.[26]

Wenn heute in der Kirche, besonders in der Kasualpraxis, von Gottes Präsenz vor allem als einem Begleiten die Rede ist, dann bringt die Rede vom dreifachen Amt Christi demgegenüber einen beträchtlichen Differenzierungsgewinn. Der lebendige Christus begleitet die Seinen nicht bloss, seine Gegenwart hat klare Konturen. Als *Prophet* ist er der Offenbarer von Gottes Wahrheit. Um den Reichtum des Weges Gottes mit uns zu ermessen, müssen wir uns Wort und Tat, Sterben und Auferstehen dieses Jesus zuwenden. Das prophetische Amt Christi impliziert für das christliche Leben noch mehr, nämlich die Verpflichtung der Glaubenden, sich ihrerseits in den prophetischen Dienst nehmen zu lassen und das Ihre zu tun, damit das Evangelium bekannt wird. Ähnlich beim *priesterlichen Amt*: Gott ist für uns da, indem er seinen Sohn für uns dahingibt und ihn von den Toten auferweckt. Indem er also unsere Verweigerung gegen ihn und Trennung von ihm bis zum Letzten auf sich nimmt, dann aber diese Verweigerung und Trennung durch seine immer noch grössere Treue überwindet. Kreuz und Auferstehung Christi entlasten uns von allen Versuchen, selbst unser Leben begründen und retten zu müssen. Sie sind das Zeichen der grenzenlosen Solidarität Gottes. Schliesslich das *königliche Amt*: Mit ihm wird ausgesagt, dass Christus nicht nur die Wahrheit über Gott ans Licht gebracht hat und für uns eingestanden ist, sondern dass er der Herr der Welt, der Kirche und unseres Lebens *bleibt*. Die grossartige Verheissung, die in dieser Glaubensaussage steckt, wiederholt die christliche Gemeinde allsonntäglich im Unservater: «Denn dein ist das Reich und die Kraft und die Herrlichkeit in Ewigkeit.»

3. Zur Wirklichkeit der Auferstehung Jesu

Es sei nochmals Gerd Lüdemann zitiert: «Historische Forschung zeigt mit unumstösslicher Sicherheit: Jesus wurde gar nicht von den Toten auferweckt, obwohl der frühchristliche Glaube dies bekennt und die Kirche darauf gebaut

26 Im 20. Jahrhundert wählte Karl Barth die Dreiämterlehre zum dogmatischen Strukturprinzip seiner Versöhnungslehre, vgl. KD IV/1–3; Eberhard Jüngel, Einführung in Leben und Werk Karl Barths: ders., Barth-Studien (ÖTh 9), Zürich/Köln/Gütersloh 1982, 22–60 (53–58).

ist.» Die Auferstehung Jesu muss «fortan als widerlegt gelten».[27] Mit Sätzen wie diesen hat Lüdemann bekanntlich eine grosse Debatte ausgelöst. Die enorme Resonanz, auf die seine Aussagen gestossen sind, zeigt, dass sie einen Nerv getroffen haben. Der gesunde Menschenverstand der Moderne muss die Auferstehung Jesu als Zumutung empfinden, denn ein naturwissenschaftlich geschulter Geist weiss: Von den Toten ist noch keiner zurückgekehrt. Es fehlt an dieser Stelle der Raum, um ausführlich auf die Lüdemann-Debatte einzugehen.[28]

Stattdessen sollen einige Hinweise auf biblische Auferstehungstexte gegeben werden. Das neutestamentliche Erzählen von Jesu Auferstehung ist nämlich in einem Masse theologisch reflektiert, dass nach einer genaueren Lektüre sich viele Kontroversen um die sogenannte Wirklichkeit der Auferstehung erledigen. In den Erzählungen von Begegnungen der Jünger mit dem Auferstandenen werden über diesen drei Feststellungen gemacht. Erstens: Die Anwesenheit des auferstandenen Jesus ist *leibliche* Präsenz. Dies wird etwa unterstrichen, wenn am Ende des Lukasevangeliums die Jünger Jesus ein Stück gebratenen Fisch geben und er es vor ihren Augen isst (Lk 24,42f.); oder in der Geschichte vom ungläubigen Thomas, wo Jesus seine Wunden betasten lässt (Joh 20). Die Auferstehung Jesu – so diese Texte – ist ein Stück in Raum und Zeit begegnende Wirklichkeit. Zweitens machen eine Reihe von Texten klar, dass es sich bei den Erscheinungen des Auferstandenen um eine *transformierte* Leiblichkeit handelt. So, wenn Jesus in einen verschlossenen Raum eintritt (Joh 20,26), wenn er beim Teilen des Abendmahls plötzlich verschwindet (Lk 24,31) oder wenn er vor Damaskus dem Paulus in einem Lichtglanz erscheint (Apg 9,3). Das Neue Testament spricht also bei Jesus nie von einem wiederbelebten irdischen Leib – wie beispielsweise Johannes in der Erzählung von der Auferweckung des Lazarus (Joh 11,1–44). Und drittens betonen die neutestamentlichen Erzählungen die Andersartigkeit der Präsenz Jesu auch damit, dass die Jünger ihn *nicht erkennen*. So heisst es von den beiden Jüngern auf ihrem Weg nach Emmaus: «Doch ihre Augen waren gehalten, so dass sie ihn nicht erkannten.» (Lk 24,16) Auch am Schluss des Matthäusevangeliums bleibt einigen der Jünger das wahre Wesen Jesu verborgen, so dass sie zweifeln (Mt 28,17).

---

27 Lüdemann, Auferweckung (Anm. 18), 156.

28 Zu Lüdemann vgl. Kessler, Sucht (Anm. 22), 420–442; Bernd Oberdorfer, «Was sucht ihr den Lebendigen bei den Toten?». Überlegungen zur Realität der Auferstehung in Auseinandersetzung mit Gerd Lüdemann: Hans-Joachim Eckstein/Michael Welker (Hg.), Die Wirklichkeit der Auferstehung, Neukirchen-Vluyn ^{4}2010, 165–182; Welker, Offenbarung (Anm. 24), 99–106.

Der Einwand, es sei noch keiner von den Toten zurückgekommen und deshalb sei dies auch bei Jesus auszuschliessen, trifft also das neutestamentliche Zeugnis nicht. Das Neue Testament behauptet nicht, dass da ein Toter wieder lebendig wie vorher sei, sondern dass hier einer in einer *ganz neuen Weise* lebendig sei. Dieses ganz Neue versuchen die angezogenen Texte zum Ausdruck zu bringen, indem sie bei der Umschreibung der Präsenz Jesu eine Spannungseinheit von Kontinuität und Diskontinuität, von Realität und Irrealität durchzuhalten versuchen. Mit dem Auferstandenen erscheint in der alten, vergehenden Wirklichkeit eine neue, kommende Wirklichkeit, und dies in der Sprache der alten Wirklichkeit zu artikulieren, kann nur andeutungsweise und in Grenzen gelingen. Mit dem auferstandenen Jesus wird in der Gegenwart die Zukunft Gottes präsent, wird das immer gleiche Gesetz des Reichs dieser Welt von der Gegenwärtigkeit des Reichs Gottes unterbrochen. Die Wirklichkeit der Auferstehung Jesu kann deshalb nur *eschatologisch* verstanden werden. In ihr ist schon gegenwärtig, was einmal für alle und alles wirklich wird. Sie kann deshalb auch nicht wie die bisherige Wirklichkeit gesehen, gemessen und bewiesen werden. Erfahrbar wird sie nicht im Sehen, sondern im Glauben, im Vertrauen auf die Wahrheit des kommenden Reichs Gottes.

V. Zur Osterpredigt

Es ist in den bisherigen Diskussionen dieser Vorlesungsreihe immer auch die Frage gestellt worden, wie denn nun an den jeweiligen Feiertagen zu predigen sei. Ich will deshalb hier einige wenige Bemerkungen dazu machen, im Bewusstsein, dass zu diesem Thema eine weitere Vorlesung gehalten werden könnte.

Vom katholischen Theologen und Lyriker Lothar Zenetti stammt dieses Gedicht unter dem Titel «Lieber Apostel Paulus»:

> «Lieber Apostel Paulus
> wenn ich mal so sagen darf
> nicht wahr, du hast doch
> ich meine, was Jesus angeht
> genauer seine Auferstehung
> das nicht so wörtlich gemeint
> eins Korinther fünfzehn
> du weisst schon
> nur
> in dem Sinne wohl

dass er sozusagen geistig
sinnbildlich gemeint
in uns allen weiterlebt
dass wir neuen Mut fassen
den Blick erheben wie
die Natur erneut aufblüht
so ähnlich eben
es geht schon, die Sache
geht schon weiter, man muss
sie vorantreiben, die gute Sache
an die wir doch alle irgendwie
glauben, den Fortschritt, mein ich
Mitmenschlichkeit und so
Friede, nicht wahr
das wolltest du doch sagen –

Nein?»[29]

Beim Hören dieser Zeilen erleben wir wohl alle unsere Déjà-vus, sei es als Predigende oder als Predigthörerinnen und -hörer. Ostern als «Sieg des Lebens», die blühende Forsythie als Symbol der Auferstehung, Ostern als Aufstand des Lebens gegen den Tod.[30] Ich erlebe diese Art der Auferstehungshermeneutik mittlerweile als Standard in unseren Ostergottesdiensten. Das Neue von Ostern findet sich darin als das Immer-wieder-Neue des Aufbrechens der Natur im Frühling, als unverwüstliche Lebenskraft in schwierigen Situationen meiner Existenz, aber auch als der persönlich-lebensgeschichtliche oder politisch-ethische Aufbruch, den ich zu leisten habe. Häufig erfolgt der Anschluss an die Auferstehung Jesu eher locker, nicht selten fehlt er ganz. Ebenfalls vertraut sind die regelmässigen Beteuerungen, wichtig seien die «kleinen Auferstehungen» im Alltag, die unspektakulären Schritte ausserhalb gewohnter Bahnen, die unscheinbare mitmenschliche Geste.[31] So verständlich dieser Versuch ist, das Sperrige von Ostern ins Alltagserleben einzuholen – handelt es sich dabei nicht um ein vorschnelles Einhegen des Revolutionären, um eine dienstfertige

29 Lothar Zenetti, Auf seiner Spur. Texte gläubiger Zuversicht, Mainz 2000, 149.

30 Jan Bauke-Ruegg, «Auferstehung als Aufstand». Hermeneutische Anfragen an eine gängige Deutung der Auferstehung: ZThK 99/2002, 76–108.

31 Luzia Sutter Rehmann u. a. (Hg.), Sich dem Leben in die Arme werfen. Auferstehungserfahrungen, Darmstadt [3]2004.

Depotenzierung des Anstössigen am christlichen Glauben, um ein verbürgerlichtes Evangelium?[32] In seiner «Dogmatik im Grundriss» schreibt Karl Barth:

> «Es sind ohnmächtige Versuche, wenn man Ostern in Beziehung setzen will zu gewissen Erneuerungen, wie sie auch im geschöpflichen Leben sich ereignen, etwa im Frühling oder auch im morgendlichen Erwachen des Menschen und anderem mehr. Auf den Frühling folgt unaufhaltsam einmal ein Winter und auf das Erwachen ein Einschlafen. Es geht hier um eine zyklische Bewegung von Neu- und Alt-werden. Das Neu-werden an Ostern aber ist ein Neu-werden ein für allemal!»[33]

Barth nennt hier das Grundproblem der erwähnten Osterhermeneutik: Sie macht aus dem Einmaligen der Auferstehung Jesu das Allgemeine wiederkehrender Erfahrungen. Peter Bukowski zitiert in seiner Predigtlehre eine Liedstrophe von Wolf Biermann: «Wir woll'n es nicht verschweigen in dieser Schweigenszeit, das Grün bricht aus den Zweigen, das woll'n wir allen zeigen, dann wissen sie Bescheid.» Bukowski bestreitet nicht, dass es sich beim ausbrechenden Grün um ein «gutes Hoffnungssymbol mit viel innerer Kraft handelt».[34] Gleichzeitig stellt er die Frage, «ob dem erwachenden Frühling der Natur denn tatsächlich ein Aufspriessen von Menschlichkeit und Gerechtigkeit oder welcher Lebensqualität auch immer entspricht». Und fügt dann an, worin der Mehrwert der Osterpredigt gegenüber Biermanns Bekräftigung von Hoffnung besteht:

> «Die christliche Verkündigung jedenfalls kann und braucht sich mit solcher ‹freischwebenden Symbolik› nicht zu begnügen. Denn hier gründen der Glaube und die

32 Peter Eicher umschreibt «bürgerliche Religion» als «eine spezifische Entschärfung des Gehaltes jüdisch-christlicher Tradition in der Moderne. Die bürgerliche Religion sucht nicht mehr eine kirchliche Institutionalisierung, sondern wirkt als tragendes Moment des öffentlichen Bewusstseins, als Ethos der Vernunft in den Wissenschaften ebenso wie im angeblichen ‹Geist› von Wirtschaft und Politik, in der Kampfkraft moderner Armeen ebenso wie in der Hoffnungsgestalt von neuen sozialen Lebensformen und psychologischen Heilsverfahren und – es ist nicht zu verschweigen – in der kirchlichen Bürokratisierung.» Ders., Bürgerliche Religion. Eine theologische Kritik, München 1983, 12f. Auch wenn seit der Niederschrift dieser Sätze die öffentliche Präsenz der Kirche stark zurückgegangen ist, bleibt bürgerliche Religion als entschärfte, an den gesellschaftlichen Mainstream angeglichene Gestalt christlicher Verkündigung eine prominente Erscheinung. Für eine neuere Interpretation des Verhältnisses von Evangelium und Common Sense vgl. Thomas Ruster, Der verwechselbare Gott. Theologie nach der Entflechtung von Christentum und Religion, Freiburg/Basel/Wien 2000.

33 Karl Barth, Dogmatik im Grundriss im Anschluss an das apostolische Glaubensbekenntnis, Stuttgart 1947, 162.

34 Peter Bukowski, Predigt wahrnehmen. Homiletische Perspektiven, Neukirchen-Vluyn 1990, 184.

Hoffnung auf einem Ereignis, auf einer Geschichte, die wir wahrnehmen können, weil der am Kreuz getötete, ins Grab gelegte Jesus denen, die uns diese Geschichte bezeugen, als der Lebendige erschienen ist.»[35]

Bukowski nennt hier, wie bereits implizit Karl Barth, ein Kriterium für eine angemessene Osterpredigt. Eine Osterpredigt, so kann man dieses Kriterium ausformulieren, muss das Einmalige, das Ein-für-alle-Mal der Auferweckung Jesu Christi sichtbar und verstehbar machen. Dann und nur dann spricht die Auferstehungspredigt vom «Grund des Glaubens».[36] Natürlich gehören dazu auch Bezüge zu unserer eigenen Erfahrungswelt, wie könnte es homiletisch anders sein! Oder mit Bukowski: «Die Predigenden werden in der Art der Erzählung und (nicht zuletzt) in der Wahl ihrer Bilder darauf zu achten haben, dass die HörerInnen ihr Leben, ihre Welt mitverhandelt sehen.»[37] Diese Bezüge dürfen sich aber nicht in mehr oder weniger losen Analogien erschöpfen. Sie müssen zeigen, inwiefern bestimmte Erfahrungen in unserem Leben in jenem einmaligen Vorgang von vor 2000 Jahren ihren Grund haben, inwiefern sie eine Wirkung davon sind. Anders gesagt: Inwiefern unser Leben davon bestimmt wird, dass Jesus Christus *lebt*. Das Problem jener losen Analogien ist, dass sie ohne den lebendigen Christus funktionieren. Genau dies darf in der Osterpredigt nicht geschehen, soll sie nicht faktisch zur Verabschiedung des christlichen Glaubens werden.

Der Auferstandene, so Bukowski, ist nicht allein Grund unseres Glaubens, er ist damit in eins auch Grund unserer Hoffnung. Der Auferstandene ist wesentlich bei uns als der Kommende, und das Bekenntnis zu ihm ergeht deshalb immer auch und vor allem im Modus der Hoffnungsaussage. Mag uns diese Aussage auch nur leise und gebrochen über die Lippen gehen, gerade hier sollten wir als Predigende «die eigene Person nicht draussen lassen»[38]. Nur wenige Sätze verwendet Bukowski danach auf die Paränese in der Osterpredigt, wohl nicht zuletzt, weil man dieser Sprachform in der zeitgenössischen Auferstehungsverkündigung allzu oft begegnet. Hingegen schliesst er seinen Überlegungsgang ab mit einer Erinnerung an dasjenige, «das unseren ach so ethikschweren Predigten allzuoft fehlt: das Lachen». Damit schliesst sich der Kreis zum Anfang meiner Ausführungen, denn auch er bezieht seine Schlussbemerkungen aus der Tradition des österlichen Lachens als eines Gleichnisses dafür, «dass durch die Kraft der Auferstehungsbotschaft die Resignation durch-

35 Bukowski, Predigt (Anm. 34), 184.
36 Bukowski, Predigt (Anm. 34), 186.
37 Bukowski, Predigt (Anm. 34), 186.
38 Bukowski, Predigt (Anm. 34), 188.

brochen wird und neue Lebendigkeit erwacht».[39] Die Verkündigung des auferweckten Gekreuzigten darf deshalb stets auch eine gewisse Leichtigkeit atmen, und Leben unter der Herrschaft des Auferstandenen wird sich dann nicht zuletzt darin äussern, «dass wir die Welt mit ihren Mächten und Mächtigen nicht mehr so ernst nehmen, wie die das gerne von uns hätten».[40]

Die Verkündigung der Auferstehung Jesu Christi bleibt ein anspruchsvolles und gewagtes, ja *das* anspruchsvollste und gewagteste Unternehmen, das Predigende zu verantworten haben. Denn hier entscheidet sich die Tragfähigkeit der gesamten Verkündigung, also alles. Aber im Grunde ist es auch wieder sehr einfach: Unsere Osterpredigt soll ja nicht mehr als den letzten Satz des Auferstandenen im Matthäusevangelium erläutern: «Und seid gewiss: Ich bin bei euch alle Tage bis an der Welt Ende.» (28,20)

39 Bukowski, Predigt (Anm. 34), 189.

40 Bukowski, Predigt (Anm. 34), 189f.

Ilse Junkermann

«Gott fährt auf unter Jauchzen»[1]

Das Fest Christi Himmelfahrt gestern und heute

Eine Vorlesung über Christi Himmelfahrt, so in Deutschland genannt, über seine Auffahrt, wie es in der Schweiz heisst, am Montag nach dem Palmsonntag hat schon etwas Besonderes an sich. 46 Tage bevor wir im Kirchenjahr dieses Fest und den Himmelfahrtsgottesdienst feiern, mitten in der Passion, noch vor Ostern denken wir heute dieser Auffahrt nach. Ist dies eben der anderen als der Kirchenjahreszeitrechnung, der Semesterzeitrechnung geschuldet? So könnte man es auf den ersten Blick erklären. Auf den zweiten Blick gesehen liegen wir heute gar nicht so weit entfernt von der ursprünglichen Verortung von Christi Himmelfahrt im christlichen Festkreis.

Wie bei *dem* Fachmann für alle Fragen des Kirchenjahres, Karl-Heinrich Bieritz, nachzulesen ist, wurde von der Jerusalemer Christengemeinde am frühen Morgen des *Palmsonntags* in der Himmelfahrtskirche auf dem Ölberg Gottesdienst gefeiert. Ein Gottesdienst in der *Himmelfahrts*kirche als Auftakt für die Gottesdienste der *Kar*woche und an den Tagen der *Oster*woche,[2] das erscheint fremd. Es bedeutet: Alle Heilstaten Christi wurden in einer Einheit gefeiert: Leiden, Tod, Auferstehung und Erhöhung Christi. Erst ab dem 4. Jahrhundert kann die zeitliche Reihung der Heilsereignisse belegt werden. Das Apostolicum ist einer der Zeugen für diese Aufgliederung der Heilsereignisse in eine Reihenabfolge.[3] Darin bekennen wir Christi Himmelfahrt bzw. Auffahrt mit den Worten: «[...] aufgefahren in den Himmel. Er sitzt zur Rechten Gottes, des allmächtigen Vaters. Von dort wird er kommen, zu richten die Lebenden und die Toten.»

Das ist eine bemerkenswerte Reihung: Bewegung und Dynamik wechseln zu Status und Ruhe, ja geradezu himmlischem Stillstand, bis wieder Bewegung und Dynamik in die Sache, vielmehr in die Person kommt. So wie wir Him-

1 Ps 47,6.

2 Vgl. Karl-Heinrich Bieritz, Das Kirchenjahr. Feste, Gedenk- und Feiertage in Geschichte und Gegenwart. Neu bearbeitet und erweitert von Christian Albrecht, München [9]2014, 240.

3 Im lukanischen Geschichtswerk ist die Chronologisierung zwar angelegt, allerdings hat sich dies offenbar erst relativ spät auch auf die Art der Feier der Heilstaten Christi ausgewirkt.

melfahrt feiern, in dieser chronologischen Abfolge, ist Jesu Erhöhung im Neuen Testament am wenigsten bezeugt – und ist (dennoch) sehr populär geworden. Und: Es ist ein Fest «im Grünen» geworden.

Denn wenn heute auch Christen – und nicht nur mit viel Alkohol bepackte Männergruppen – an diesem Feiertag durch den Frühling draussen ziehen, dann ziehen sie, «wo sich die Gelegenheit bietet, [...] zu Feld-, Wald- und Wiesengottesdiensten hinaus in die Natur; wo nicht, holen sie zumindest den Frühling in ihre Kirchen herein. Himmelfahrt hat weithin den Charakter eines Naturfestes angenommen, und es wäre töricht, dies schlichtweg ignorieren zu wollen. Und wer will, findet für den gottesdienstlichen Ausflug ‹ins Grüne› auch die passende biblische Begründung: Zur Stadt hinaus sind sie gezogen, auf einen Berg, und dort hat Jesus von ihnen Abschied genommen (Lk 24,50; Apg 1,12).»[4] Dabei steht, im Unterschied zu den «ganz grossen Feiertagen des Kirchenjahres [...], an der Wiege von Christi Himmelfahrt [...] kein vorgeschichtliches Natur-, Ernte- oder Sonnenfest».[5] Wie ist es also zu diesem Fest- und Feiertag gekommen? Und wie hat dieser Festtag den Charakter eines Naturfestes bekommen?

I. Zur Geschichte von Christi Himmelfahrt

1. Die biblische Überlieferung

Nach protestantischem Verständnis braucht ein Fest und ein Feiertag eine biblische Begründung. Schauen wir also als Erstes auf das biblische Zeugnis zu Christi Himmelfahrt. Es ist sehr vielfältig. Zunächst taucht es nicht gesondert als eigenes Ereignis auf.[6] Ja nach dem Mehrheitszeugnis der neutestamentlichen Schriften kann gar nicht von einer Himmelfahrt im Sinne einer von der Auferstehung zeitlich getrennten Erhöhung gesprochen werden:

– Im urchristlichen Zeugnis *impliziert* die Auferweckung Jesu von den Toten seine Erhöhung (z. B. Röm 1,4). Allerdings gibt es keine Aussage, *wie* er in den Himmel gekommen ist.

4 Karl-Heinrich Bieritz, Die Bibel im Kirchenjahr. Zeitgenössische Essays und Meditationen, Rheinbach 2011, 250.

5 Bieritz, Bibel (Anm. 4), 251.

6 Vgl. zum Folgenden Alfons Weiser, Art. Himmelfahrt Christi, I. Neues Testament, TRE 15 (1986), 330–334.

- Dies gilt auch für die Aussagen, dass der auferstandene Jesus eine himmlische Herrschafts- und Vormachtstellung hat (z. B. 1Kor 10,22; 15,3–5; Mk 16,19; 1Petr 3,22: «sitzt zur Rechten Gottes»).
- Einen ausdrücklichen Erhöhungsterminus finden wir in Phil 2,9: «Darum hat Gott ihn auch erhöht.»
- Im älteren Überlieferungsgut werden «Auferstehen, den Geistern Predigen, zum Himmel Gehen und in die Herrschaft Eingesetzt-werden als ein zusammenhängender Vorgang verstanden».[7]
- Im Johannesevangelium geben die Aussagen von der Erniedrigung und Erhöhung, dem Hin- bzw. Hinaufgehen und Verherrlicht-Werden dem ganzen Evangelium den entscheidenden Grundton. In Jesu letztem Wort am Kreuz ist das ganze Heilsgeschehen in Menschwerdung, Leiden, Auferstehung, Erhöhung in ein einziges Wort gefasst: *tetélestai.*

Bei Lk finden wir eine deutliche Veränderung, in dreifacher Hinsicht: Im Vergleich zur Osterüberlieferung von Mt und Mk *betont* Lk, dass die Frauen keinen Leichnam gefunden haben. Er schildert Jesu Himmelfahrt als zeitlich klar getrennt von den Oster- und Auferstehungserzählungen (Apg 1,3)[8]. Er schildert die Himmelfahrt als einen Vorgang, den Menschen sichtbar wahrnehmen konnten. Bei seiner Schilderung in Lk 24,50–53 und Apg 1,9–11 finden wir gleiche bzw. ähnliche Motive wie bei der Schilderung der Himmelfahrt bzw. Entrückung des Elija (2Kön 2). Dazu gehören folgende: Der Vorgang wird aus der Perspektive irdischer Betrachter geschildert; der ganze Mensch entschwindet, es wird kein Leichnam gefunden; es gibt Abschiedsgespräche sowie Auftrags- und Verheissungsworte. Mit anderen biblischen bzw. antiken Entrückungserzählungen[9] sind folgende Motive gleich: Die Entrückung geschieht von einem Berg aus und ins Wetter bzw. in eine Wolke; das Geschehen wird vom Himmel her gedeutet; der Aufgefahrene wird verehrt; die Jünger kehren mit Lobpreis heim.

Dass der Auferstandene in den Himmel aufgefahren bzw. dort ist, wird in der Schrift also vielfach und unterschiedlich bezeugt. Durchgesetzt hat sich das Einzelzeugnis des Lukas über das Wie und das Wann, nicht zuletzt mit der Verortung eines eigenen Feiertags im Kirchenjahr zwischen Ostern und Pfingsten, genau: 40 Tage nach Ostern. Wie ist es dazu gekommen?

7 Weiser, Himmelfahrt (Anm. 6), 331. Weiser verweist auf Eph 4,10; Kol 2,15; 1Petr 3,18–22; 1Tim 3,10.

8 Im Gegensatz zu Lk 24,50–53; dort muss der Leser, die Leserin davon ausgehen, dass seine Auffahrt gleich nach Ostern geschah.

9 Vgl. Weiser, Himmelfahrt (Anm. 6), 332.

2. Kirchengeschichtliche Entwicklung

Wie eingangs bereits erwähnt, feierten die ersten Christen Christi Himmelfahrt innerhalb des gesamten Osterfestkreises von 50 Tagen, der Pentekoste. Dabei war die gesamte Osterzeit eine Einheit, die keine weiteren einzelnen Festtage unterschied. Es war eine einzige Freudenzeit, in der die christliche Gemeinde ihr Hauptfest, ihr christliches Passa genauso lang und zur gleichen Zeit feierte wie die jüdische Gemeinde ihr Passa, 50 Tage. So wurde das Ostergeschehen ursprünglich als eine Einheit begriffen, die das Kreuzestodopfer Christi, seine Auferstehung und seine Erhöhung umfasst. Alles wird zugleich und als untrennbar Ganzes 50 Tage gefeiert.[10] Erst im 4. Jahrhundert ist ein eigener Feiertag nachweisbar, der sich wohl erst ab dem 6. Jahrhundert überall durchgesetzt hat. «Seine Entstehung bezeugt [...] jenen [...] Umbruch, der sich mit dem Übergang aus der primär eschatologisch ausgerichteten Verfolgungszeit in die Zeit der sich auf dieser Welt fest einrichtenden Reichskirche vollzog.»[11]

Zusammen mit diesem Umbruch kommt es zu einer Historisierung. Nun wird das eine grosse Heilsgeschehen in einzelne Teile aufgeteilt und chronologisch angeordnet. So wird aus einem die Weltzeit sprengenden Heilsgeschehen ein zeitlich und lokal nachvollziehbares, das so in den eigenen Zeit- und Weltlauf eingeordnet werden kann. Dieser Historisierungsvorgang resultiert aus der grundsätzlichen Veränderung im Selbstverständnis der Gemeinde und Kirche: von einer rebellischen Gruppe, die die Herrscher und Verhältnisse infrage stellt zu einer angepassten, weil vereinnahmten Staatsreligion. Die Schweizer Theologin Ina Praetorius erläutert diesen Vorgang sehr pointiert: «Vielleicht war die Konstruktion eines starken schwachen Gottes im Rom der ersten nachchristlichen Jahrhunderte eine Notwendigkeit. Dem Zwang, einem Kaiser zuzujubeln, der systematisch über Leichen ging, setzten die jungen christlichen Gruppen eine andere Pflicht entgegen: JESUS, der am Rande des Randes des mächtigen Imperiums mit den Aussätzigen gelebt hat, sitzt jetzt im höchsten Regiment. Ihm, dem starken schwachen Gott der LIEBE (1Joh 4,8) geben wir die Ehre, und koste es uns das Leben. SIE, die LIEBE, so bekannten die ersten Gemeinden, nimmt von nun an den Ehrenplatz zur Rechten der ALLMACHT ein. [...] Kaisertreue Römer und die Kaiser selbst versuchten zu-

10 «Die fünfzig Tage sind wie das Pascha zu feiern, und sie sind alle wie ein einziger Sonntag»: So zitiert Werner Milstein den Kirchenvater Ambrosius (ohne Quellenangabe): ders., Osterkreis (Dienst am Wort, Bd. 112), Göttingen 2007, 5.

11 Hans-Christoph Schmidt-Lauber, Art. Himmelfahrtsfest, TRE 15 (1986), 341–344 (341).

nächst, die rebellische ANDERE MACHT auszuschalten, mit denselben Mitteln, die auch schon Jesus vermeintlich unschädlich gemacht hatten. Und dann, ein paar Jahrhunderte später, erfand der Kaiser Konstantin [...] ein viel wirksameres Mittel, DAS ANDERE zu entmachten: die Vereinnahmung. Das Christentum wurde zur Staatsreligion erklärt.»[12]

So sind Chronologie und Lokalisierbarkeit des Heilsgeschehens also Zeichen für Anpassung; Zeichen für Anpassung an die herrschende Kultur, die mit Vereinnahmung einhergeht. Dies war und ist ein wechselseitiger Prozess, wie wir ihn aus der gesamten Kirchengeschichte bis in unsere Tage hinein kennen. Umso spannender ist die Frage, wie wir heute diese Spannung zwischen Anpassung und Abständig-, ja vielleicht sogar Widerständigkeit in unserem Feiern wenigstens offenhalten. Dazu später mehr. Bieritz schildert diese Entwicklung etwas weniger pointiert: «Nach allem, was wir wissen, verdankt es [sc. das Himmelfahrtsfest] sich einem relativ späten Bedürfnis, die Christusgeschichte historisierend auf dem Zeitkreis des Jahres abzubilden.»[13]

Dieser Prozess der Historisierung der Heilsgeschichte bleibt nicht ohne Folgen. Drei wesentliche Folgen lassen sich erkennen. Wir kommen ihnen auf die Spur, wenn wir uns den Sinn der *einen* österlichen Festzeit mit dem Abschluss des Himmelfahrtfestes erschliessen. Über Jahrhunderte war «das Himmelfahrtsgedenken der ursprünglichere Festinhalt des Pfingsttermins».[14] Im jüdischen Festkreis wird am gleichen Tag, am 50. Tag nach Passa, Schawuot gefeiert: Mose empfängt auf dem Berg Sinai die Zehn Gebote. So steht gerade die Feier der Himmelfahrt am *50. Tag* für den engen Zusammenhang zwischen Himmelfahrt und Schawuot, wie er in Eph 4,8–11 bezeugt ist: Wie Mose auf den Berg Sinai gestiegen ist und dort die Tora empfangen hat, «so ist Christus zum Himmel aufgestiegen und hat den Seinen die Gabe des Geistes geschenkt».[15] Noch gegen Ende des 4. Jahrhunderts feierte die Gemeinde in Jerusalem am 50. Tag des Osterfestkreises zunächst morgens auf dem Berg Zion die Ausgiessung des Heiligen Geistes, um dann nachmittags auf dem Ölberg (in der Himmelfahrtsbasilika) die Himmelfahrt Jesu zu feiern.

Erst mit der Kanonisierung der Apostelgeschichte, so eine These in der Forschung,[16] wird das Himmelfahrtsfest vom 50. auf den 40. Tag nach Ostern vorverlegt. Damit wird das enge Zusammenleben und -feiern mit den jüdi-

12 Ina Praetorius, Ich glaube an Gott und so weiter ... Eine Auslegung des Glaubensbekenntnisses, Gütersloh 2011, 123.

13 Bieritz, Bibel (Anm. 4), 251.

14 Schmidt-Lauber, Himmelfahrtsfest (Anm. 11), 342.

15 Schmidt-Lauber, Himmelfahrtsfest (Anm. 11), 342.

16 Schmidt-Lauber, Himmelfahrtsfest (Anm. 11), 342.

schen Geschwistern wenn nicht gekappt, so doch erheblich gelockert. Und das Himmelfahrtsfest wird seines jüdischen Kontextes entkleidet. Dies ist die eine Folge der Historisierung: die Trennung von der jüdischen Wurzel auch im gemeinsamen Feiern und damit der Verlust der ursprünglichen Deutung im Horizont des Sinaigeschehens. So kann es leicht ein Fest «im Grünen» werden.

Die andere Folge der Historisierung und Chronologisierung ist: Die Achse des Kirchenjahres ändert sich – und damit der ganze Festcharakter. Wird das Heilsgeschehen als unteilbare Einheit begriffen, dann bildet die österliche Pentekoste die «‹Achse› des Kirchenjahres».[17] Diese Achse gibt dem Kirchenjahr eine von der Achse der Weltzeit unterschiedene Eigenbewegung. Ihre Dynamik sprengt die Weltzeit und damit auch die Weltordnung.

Wenn die Einheit der fünfzigtägigen Osterzeit historisiert und chronologisiert in eine Abfolge gebracht wird, wird damit auch die Achse des Kirchenjahres verändert. Das Kirchenjahr und das in ihm erinnerte Heilsgeschehen wird an die Achse der Weltzeit angepasst.[18] Es beginnt chronologisch: mit der Geburt Jesu bzw. deren Ankündigung. Dieser erste Bogen, der auf Jesu Leben bezogen ist, endet mit seiner Himmelfahrt. Der zweite Bogen beginnt mit Pfingsten als dem «Geburtstag» der Kirche, die bis zum Ende der Zeiten zwar im Auftrag Jesu lebt und wirkt – aber, rein kirchenjahreszeitlich betrachtet, von ihrem Herrn getrennt. Jesu Himmelfahrt wirkt als erneute Trennung zwischen Erde und Himmel und Himmel und Erde. Die Welt bleibt bei ihrer Ordnung bzw. kehrt zu ihrer Ordnung zurück. Damit verliert auch das Kirchenjahr seine eigene Dynamik und Sprengkraft. Die Folgewirkung, die anschliessende Liturgisierung des Kirchenjahres durch die Zuordnung von Perikopen bzw. Bibelstellen, hat dann auch eine «‹Liturgisierung› der Bibel» zur Folge, damit wird «‹die befreiende und verändernde Kraft ihrer Botschaft domestiziert›».[19]

Und eine dritte Folge hat die Historisierung und Chronologisierung des einen österlichen Heilsgeschehens: Die Einheit von Tod und Erhöhung tritt in den Hintergrund. Die Gemeinde feiert Jesu Leben und ihr Leben zyklisch, nur auf Vergangenheit und Gegenwart bezogen. Die eschatologische Ausrichtung des Kirchenjahres und seine Formung von Kreuz und Auferstehung her geraten aus dem Blick. Entsprechend wird in der Folge an Himmelfahrt die Botschaft vom Kreuz in den Hintergrund gedrängt. So bekommt das Himmel-

17 Klaus-Peter Jörns/Karl-Heinrich Bieritz, Art. Kirchenjahr, TRE 18 (1989), 575–599 (584).

18 Vgl. Jörns/Bieritz, Kirchenjahr (Anm. 17) 590.

19 Vgl. Jörns/Bieritz, Kirchenjahr (Anm. 17), 590; hier zitieren Jörns/Bieritz Frieder Schulz, Die Ordnung der liturgischen Zeit in den Kirchen der Reformation: LJ 32/1982, 1–24 (14).

fahrtsfest z. B. in der byzantinischen Liturgie einen ausgesprochenen Triumphcharakter. Die entsprechenden Bilder lehnen sich eng an die der Kaiserapotheose an. So nimmt die Historisierung der Heilsgeschichte dieser ihre besondere Dynamik, sie verliert ihren *Kairos*-Charakter zugunsten einer *Chronos*-Prägung.

Die reformatorischen Kirchen haben den gesamten Festkalender christologisch bereinigt.[20] Sie haben das Himmelfahrtsfest, weil es ein Christusfest ist, in den protestantischen Festkalender übernommen. Allerdings haben sie es einfacher ausgestaltet und, leider, die Pentekoste nicht wiederhergestellt. Das ist schade. Denn die konsequente Kreuzestheologie der Reformatoren hätte hier ihre noch deutlichere Verortung im Kirchenjahr bekommen können! Stattdessen diente «die Himmelfahrt Christi [...] den Reformierten wie den Lutheranern als Begründungsmuster [...], um ihre kontroversen Meinungen in der Christologie und Abendmahlslehre [...] abzustützen».[21]

Allerdings, in den folgenden Jahrhunderten leidet das Himmelfahrtsfest. Es leidet unter der Frage: Was soll man zu Himmelfahrt verkündigen? Die Aufklärung, die ihre Wirkung auch in der Theologie entfaltet, die historisch-kritische Methode, schliesslich die existenziale Interpretation, all diese Entwicklungen machen die Antwort schwer. Und auch der Versuch im 19. Jahrhundert, das Fest kerygmatisch mit dem Thema Mission zu belegen und es als Missionsfest zu gestalten, hatte keinen grossen Erfolg. So bringt das Fest homiletisch in eine Verlegenheit, wie sie Peter Brunner 1961 in seiner Ansprache im Norddeutschen Rundfunk zum Himmelfahrtstag benennt: «Es gibt wenige Feste der Christenheit, die uns in eine solche Verlegenheit versetzen, wie das Gedächtnis der Himmelfahrt Christi.»[22] Und Hans-Christoph Schmidt-Lauber beendet seinen Artikel in der TRE zum Himmelfahrtsfest mit den Worten: «Für die evangelische Himmelfahrtfest-Homiletik wäre die Wiedergewinnung der Pentekoste von grosser Wichtigkeit.»[23] Schade, dass diese drei renommierten Theologen die Ausführungen von Karl Barth in KD IV/2 sich nicht homiletisch erschliessen konnten, wonach, wie Pöhlmann paraphrasiert, «Auferstehung und Himmelfahrt nur offenbar [machen], was bereits am Kreuz geschah, sie fügen ihm aber nichts hinzu».[24]

---

20 Vgl. Jörns/Bieritz, Kirchenjahr (Anm. 17) 587.

21 Horst Pöhlmann, Art. Himmelfahrt Christi, II. Kirchengeschichtlich, TRE 15 (1986), 334–341 (336).

22 Peter Brunner, Pro Ecclesia. Gesammelte Aufsätze, Bd. 2, Berlin/Hamburg 1966, 83.

23 Schmidt-Lauber, Himmelfahrtsfest (Anm. 11), 343f.

24 Pöhlmann, Himmelfahrt (Anm. 21), 338. Pöhlmann bezieht sich hier auf Karl Barth, KD IV/2, 149.151f.172.

Umso bemerkenswerter – im wahrsten Sinn des Wortes – ist, dass die römisch-katholische Kirche in der Liturgiereform des Zweiten Vatikanischen Konzils wieder «auf die altkirchliche Pentekoste zurückgriff».[25] Das ist einer wachen ökumenischen Aufmerksamkeit wert! Aber was kann die Botschaft von Himmelfahrt sein?

II. Heilsgeschichtliche Aussagen, die mit Christi Himmelfahrt verbunden sind, und ihre Botschaft

In einem ersten Abschnitt möchte ich die verschiedenen Aspekte dieser «einen Wirklichkeit»[26] anschauen, die das vielfältige Verständnis von Christi Himmelfahrt spiegelt. Jeder der folgenden Aspekte verdient eine eigene Ausführung. Im Rahmen dieses Beitrags können die einzelnen Aspekte allerdings nur ganz kurz genannt und angesprochen werden.

1. Theologische Aspekte

1.1 Christologischer Aspekt[27]

Im Blick auf Christus wird mit der Himmelfahrtsgeschichte der Abschluss seines Erdenlebens und der Oster-Erscheinungen erzählt (Lukas). Er kehrt heim zum Vater (Johannes), er übernimmt Platz und Aufgabe des ewigen Hohepriesters im himmlischen Heiligtum (Hebräer). Er wird mit seiner Erhöhung eingesetzt in die Herrschaft über alle Mächte und Gewalten auf, über und unter der Erde (Römer), diese Herrschaft hat begonnen und wird in seiner Wiederkunft endgültig offenbar. Wie sein Sitzen zur Rechten Gottes christologisch richtig zu verstehen ist, ob lokal oder als Beziehung, das hat in der Folge zwischen Lutheranern und Reformierten zu jahrhundertelang getrennten Abendmahlstischen geführt. Ich weise nur kurz hin auf die diffizile Frage der Zwei-Naturen-Lehre und der Frage der Real- bzw. spirituellen Präsenz im Abendmahl.[28]

25 Schmidt-Lauber, Himmelfahrtsfest (Anm. 11), 343.

26 Vgl. Weiser, Himmelfahrt (Anm. 6), 333.

27 Vgl. zum Folgenden Weiser, Himmelfahrt (Anm. 6) 333ff., alle Zitate dort.

28 Ich verweise gerne auf die pointierte Zusammenfassung und Diskussion bei Otto Weber, Grundlagen der Dogmatik, Bd. II, Neukirchen-Vluyn [3]1964, 150ff.

1.2 Soteriologischer Aspekt

Mit seiner Erhöhung hat Christus auch uns den Weg zum Himmel eröffnet, zu einer ewigen Gemeinschaft mit ihm. Schon jetzt steht er uns vom Himmel her bei und wirkt Vergebung unserer Sünden. Er wird uns im Endgericht retten. So auf ihn hin orientiert Leben empfangend, können wir unser Leben gestalten, und zwar in einer besonderen Lebenshaltung, die in jedem Gottesdienst gestärkt wird.

1.3 Liturgischer Aspekt

Wenn wir – bei der lutherischen Deutschen Messe – im Wechsel singen: «Erhebet eure Herzen« bzw. «Die Herzen in die Höhe» und antworten: «Wir haben sie beim Herren», dann üben wir Sonntag für Sonntag, Abendmahl für Abendmahl ein, uns nicht in die Tiefen dieser Welt, der menschlichen Gewaltförmigkeit wie auch unseres Lebens ziehen zu lassen, darüber abzustumpfen oder gar uns mit diesen Tiefen abzufinden. «Kopf, ja Herz hoch!», das ist eine Lebenshaltung, die sehr wohl um die Tiefen weiss und die, über die Aufschau zum Herrn, in Bewegung hin zu sich und zum Nächsten bringt.

1.4 Ethischer Aspekt

Unter Christi Herrschaft im Himmel leben wir auf Erden in Erwartung seines Kommens und seines Reiches der Gerechtigkeit und des Friedens: zwischen Gott und Mensch, zwischen den Menschen und zwischen dem Menschen und der ganzen Schöpfung, die ja nach Röm 8 mit uns seufzt und sich ängstet. In unserer Lebensführung wie in unserem gesellschaftlichen Engagement sind wir diesem Reich verpflichtet.

1.5 Ekklesiologischer Aspekt

Christus schenkt mit seiner Himmelfahrt seinen Jüngerinnen und Jüngern seinen Geist. Dieser ist Voraussetzung und bleibende – fremde, nicht verfügbare – Grundlage für den Dienst der Zeuginnen und Zeugen und für das Entwie das Bestehen der Kirche. Christus bleibt ihr Haupt, er steht ihr bei (Mt 28,20), er bewahrt ihr seinen Geist. Er prägt sie durch die Geistesgaben und er ruft in ihre Dienste und Ämter.

2. Die Botschaft des Festes Christi Himmelfahrt für Menschen heute: homiletische Aspekte

Wie können wir heute, Anfang des 21. Jahrhunderts, Christi Himmelfahrt feiern? Wie spricht die Botschaft von Christi Himmelfahrt zu den Menschen von heute? Jede Generation steht vor der Aufgabe und Herausforderung, ihr Feiern so zu gestalten, dass es die Menschen in ihrem Heute anspricht, dass es zu ihnen spricht als frohe, befreiende Botschaft. Und als Kirche am Anfang des 21. Jahrhunderts stehen wir vor der Frage, wie können wir die seit der konstantinischen Wende bestehende Spannung zwischen Anpassung und Abständig-, ja vielleicht sogar Widerständigkeit in unserem Feiern wenigstens offenhalten? Darauf will ich jetzt zurückkommen und etwas ausführlicher eingehen.

2.1 Die Botschaft vom geöffneten Himmel: kein billiger Trost, vielmehr eine kritische offene Wunde im geschlossenen Weltbild

Mit der Himmelfahrt ist der Himmel über der Welt geöffnet. Deshalb wird jedes menschliche System, das versucht, ein perfektes, vollkommenes, geschlossenes System zu schaffen, an der verleugneten Unvollkommenheit scheitern. Darin besteht ja Sünde im Kern: im Streben nach und der Behauptung von menschlicher Vollkommenheit und Perfektion, eben im Anspruch, sein zu können wie Gott. Dabei denke ich nicht nur an die totalitären Systeme, insbesondere des letzten Jahrhunderts. Dabei denke ich ganz aktuell an unsere Gegenwart – und hoffentlich nicht Zukunft.

Mit der Digitalisierung werden Überwachungssysteme möglich, deren totalitäre Potenz noch wenig öffentlich diskutiert wird. Eine Medienethik und begleitende Gesetzgebung, die die Möglichkeiten der sogenannten digitalen Welt mithilfe der demokratischen und freiheitlichen Grundwerte begrenzt, steht noch ganz am Anfang. Die Dringlichkeit dafür wird von politisch Verantwortlichen noch viel zu wenig gesehen, die Mehrheit der Menschen empfindet sogar anders. Denn in ihrem Alltag und subjektiven Erleben bringen ihnen die Neuen Medien ausschliesslich Vorteile und erleichtern das tägliche Leben. Die Kehrseiten – Überwachung jeder einzelnen Lebensäusserung und entsprechendes *profiling*, gefolgt von entsprechender Beeinflussung und Steuerung – sind kaum im Blick bzw. werden eben hingenommen.

Wie nah das Schöne und das Schreckliche im Totalitären beieinanderliegen, schildert Dave Eggers in seinem Roman «Der Circle».[29] Noch ist es Sci-

29 Dave Eggers, Der Circle. Roman. Aus dem Amerikanischen von Ulrike Wasel und Klaus Timmermann, Köln ^{6}2014.

ence-Fiction – doch beklemmend nah an dem, was schon möglich ist. Eggers schildert, wie die Hauptperson, die 24-jährige Mae Holland, rundum begeistert und motiviert ist, weil sie «bei der hippsten Firma der Welt, beim ‹Circle›, einem freundlichen Internetkonzern mit Sitz in Kalifornien, der die Geschäftsfelder von Google, Apple, Facebook und Twitter geschluckt hat»,[30] einen Job ergattert hat. Sie ist so engagiert, arbeitet Tag und Nacht, lässt sich immer und immer wieder vom Netz antreiben, dass sie bald Karriere macht. Doch irgendwann erkennt sie die Kehrseiten dieser schönen neuen Welt. Wenn man durch Überwachung alles Böse verhindern, ja das Böse ganz überwinden kann, kommt es zu einer Diktatur des Guten. In einem Gespräch mit dem Schöpfer und obersten Chef des Circle versucht dieser sie davon zu überzeugen: «Ich meine, dass selbstfahrende Autos getrackt[31] werden können, trägt natürlich schon erheblich zur Lösung dieses Problems bei. Mehr und mehr Ehepartner wissen, wo der andere gewesen ist, da der Bordcomputer ja die Zielorte speichert. Aber meine Frage ist: Was wäre, wenn wir alle uns so verhielten, als ob wir beobachtet würden? Das hätte einen moralischeren Lebenswandel zur Folge. Wer würde noch etwas Unethisches oder Unmoralisches oder Illegales tun, wenn er beobachtet würde? Wenn sein illegaler Geldtransfer getrackt würde? Wenn sein Erpresseranruf zurückzuverfolgen wäre? Wenn sein Überfall auf die Tankstelle von einem Dutzend Kameras gefilmt und gleichzeitig seine Netzhaut identifiziert würde? Wenn seine ausserehelichen Affären auf vielerlei Weise dokumentiert würden?»[32]

Zuvor hatte er ihr mit Blick auf das Firmenlogo – ein C – sein Ziel erläutert: «‹Sehen Sie, dass das c in der Mitte offen ist? Das stört mich schon seit Jahren, und es ist zum Symbol geworden für das, was hier noch zu tun ist, nämlich es zu schliessen.› Das c auf dem Bildschirm schloss sich und wurde ein vollkommener Kreis. ‹Sehen Sie?›, sagte er. ‹Ein Kreis ist die stärkste Form im Universum. Nichts kann ihn besiegen, nichts kann ihn verbessern, nichts kann vollkommener sein. Und genau das wollen wir sein: vollkommen. Jede Information, die uns entschlüpft, alles, was nicht zugänglich ist, hindert uns daran, vollkommen zu sein. Verstehen Sie?›»[33]

Mit der Himmelfahrt Christi haben wir eine andere Botschaft zu verkündigen. In unserer Welt mit dem Drang zu ständiger Selbstoptimierung gilt es in besonderer Weise darauf zu verweisen: Christus zur Rechten Gottes hält die

30 Klappentext zu Eggers, Circle (Anm. 29).

31 Das ist im Roman das Wort für Entschlüsselungen und Aufdecken, die in der digitalen Welt in Sekundenschnelle und problemlos möglich sind.

32 Eggers, Circle (Anm. 29), 331.

33 Eggers, Circle (Anm. 29), 328.

Welt offen. Sie ist kein geschlossenes Gebilde. Sie ist nicht perfekt. Sie bleibt vorläufig und Fragment. Der Mensch kann keine absolut schöne Zukunft schaffen. Deshalb: Sagt getrost Ja zur Gebrochenheit und Vorläufigkeit der Welt. Der Kreis menschlichen Könnens schliesst sich nicht, schliesst sich nie zu Vollkommenheit. Wenn Menschen dies anstreben, wird die Gesellschaft totalitär und gewalttätig, sie wird durch und durch inhuman.

2.2 Die Botschaft vom Auszug aus einem «höllischen Alltag»[34]

So falsch liegen die Männergruppen nicht, die den Vatertag nutzen, um aus einem «höllischen Alltag» von Leistung, Druck, Anpassung, Verkauf der Arbeitskraft, ja des ganzen Menschen mit all seiner Intuition und seinen Emotionen in Beruf, aber auch im persönlichen Leben unter dem Druck des Selfdesigning, der permanenten Optimierungsprozesse auch im Blick auf das persönliche Leben (Schönheit, Fitness usw.) auszuziehen. Ob es uns Predigerinnen und Predigern gelingen kann, sie zu verführen, anstelle des Geistes ihrer Getränke, die nur betäuben und einen schweren Kopf machen, sich vom Geist himmlischer Freiheit des Weltenrichters in Herz und Hirn berühren zu lassen?

2.3 Die Botschaft von einer «Gegen-Herrschaft» und «Gegen-Macht»[35] – Wiedereingliederung in die Pentekoste?

Die zentrale Botschaft von Christi Himmelfahrt ist im Ziel seiner Auffahrt, im Ziel dieser Bewegung zu finden: «Er sitzt zur Rechten Gottes, des allmächtigen Vaters.» Darum geht es: Er sitzt. In diesem Sitzen fliessen Vergangenheit, Gegenwart und Zukunft zusammen: Seine Vergangenheit als Mensch gewordener Gott unter Menschen, seine Gegenwart als von Leid und Tod Gezeichneter und von dort mit Lebens-Macht Ausgestatteter und seine Zukunft als wiederkommender Weltrichter – alles ist Präsens. In diesem Präsens seiner Herrschaft ist alles Anfrage an jede andere Macht oder Gewalt.

Er ist der «einzige Herr, dem wir im Leben und im Sterben zu vertrauen und zu gehorchen haben», wie die 1. These der Barmer Theologischen Erklärung angesichts der totalitären Diktatur festhält. Es ist kein Zufall, dass diese bekennenden Worte gerade am Himmelfahrtstag 1934 veröffentlicht wurden! Wie befreit uns das als seine Kirche auch in Nicht Diktaturzeiten? Was muss geschehen, dass uns diese Botschaft nicht in Verlegenheit bringt, vielmehr uns selbst und die Menschen mit uns auf den Geschmack der Freiheit bringt und uns danach hungern lässt?

34 Bieritz, Bibel (Anm. 4), 255.
35 Bieritz, Bibel (Anm. 4), 257.

Damit bin ich bei der Frage: Stehen wir in unserem Jahrhundert, nach Ende des Staatskirchentums, bei unserem Feiern vor der Aufgabe der Wiedereingliederung aller Heilsereignisse in die Pentekoste? Ich bin überzeugt, dass dem so ist. Denn dies bedeutet ja, dass wir nach Jahrhunderten der Bindung an und des Vertrauens auf die Macht der Macht nun neu der Macht der Ohnmacht verpflichtet sind; und dem werbenden Wort der Liebe; und dem Diskurs, dem Diskurs, dem Diskurs. Und es bedeutet: Nicht am Leiden vorbeizusehen; sich keine Illusionen über die Verletzlichkeit und Vergänglichkeit des Lebens zu machen. Es bedeutet: Grenze als Kategorie neu, in einer zweiten Aufklärung, neu als existenziell wichtige, lebensdienliche Kategorie wiederzugewinnen.[36] Und es bedeutet auf der Kehrseite: Abschied zu nehmen von Allmachtsfantasien, von Ausplünderungen von Menschen und der Schöpfung bis zur Neige.

III. Himmelfahrt ist nicht nur einmal im Kirchenjahr. Zur Vergegenwärtigung dieses Geschehens

«[...] denn indem die Lücke unausgefüllt bleibt, bleibt man durch sie miteinander verbunden»:[37] Was Dietrich Bonhoeffer an Heiligabend 1943 an Renate und Eberhard Bethge über die schmerzliche «Abwesenheit eines uns lieben Menschen» schreibt, kann ohne Abstriche auch für die Trennungserfahrung der Jüngerinnen und Jünger gelten. Mit Christi Himmelfahrt ist ihr Herr und Meister, ihr Heiland und Erlöser vor ihren Augen verschwunden. Eine grosse Lücke ist entstanden. Soll sie gefüllt werden? Womit bzw. mit wem?

Damit sie eben nicht mit Surrogaten – und sei es in frömmster Absicht und Manier – gefüllt wird, dazu dienen der Gemeinde und Kirche verschiedene Erinnerungen. An erster Stelle nenne ich Darstellungen von Christi Himmelfahrt in gottesdienstlichen Räumen, die das ganze Jahr präsent sind. Ich habe Ihnen einige davon aus unserer Evangelischen Kirche in Mitteldeutschland mitgebracht.

---

36 Ganz im Sinne der biblischen Vorstellung: Paradies, das ist das Umgrenzte, das durch Grenzen vor dem Chaos aussen und der Hybris innen Geschützte.

37 Dietrich Bonhoeffer, Widerstand und Ergebung. Briefe und Aufzeichnungen aus der Haft (DBW 8), Gütersloh 1998, 254–256 (255).

1. Präsent im Gottesdienstraum als Bild

1.1 Christi Himmelfahrt als Trost- und Hoffnungsbild für Trauernde

Ein Bild für den eigenen Schmerz finden nach dem Tod eines geliebten Menschen, dazu soll die Darstellung ausgerechnet von Christi Himmelfahrt auf Epitaphen helfen. Ich zeige Ihnen vier Beispiele:

Burgscheidungen: Kirchenkreis Naumburg-Zeitz, Epitaph für Christoph von Wiehe (gest. 1608) und seine Frau Marie von Bendeleben (gest. 1603), datiert 1598; im Aufsatz Himmelfahrt Christi, Sandstein, z. T. farbig gefasst. Foto: Albert Schorr, Naumburg (Bildarchiv Inventarisierung EMK).

Der Auffahrende ist noch halb zu sehen, ab dem Beinansatz abwärts. Alle Jünger und Jüngerinnen schauen ihm nach. Das ist die Erfahrung vieler Menschen, die einen lieben Menschen verloren haben. Ein Stück von ihm bleibt noch. Die Lücke, die er hinterlässt, der Berg, von dem aus er aufgefahren ist, ist deutlich zu sehen.

Gardelegen: Stadtkirche St. Marien, urspünglich aus der St.-Nicolai-Kirche Gardelegen stammend, Kirchenkreis Salzwedel, Epitaph für die Familie von Alvensleben zu Isenschnibbe, 1597; im Aufsatz Marmorrelief (Himmelfahrt Christi), Holz, geschnitzt, farbig gefasst, Marmorrelief. Foto: Rüdiger Muschke, Magdeburg (Bildarchiv Inventarisierung EMK).

Hier sieht es aus, als tanzte Christus in den Himmel hinein und als tanzten die beiden Engel rechts und links ihm zum Empfang entgegen. Ja sogar die Wolken gebärden sich beschwingt! Nicht alle elf Jünger schauen ihm nach. Manche sehen, wie auch die beiden Jüngerinnen, einander oder gar den Betrachter bzw. die Betrachterin an. Die beiden Bücher, das eine an die Brust gepresst, das andere zu Boden gefallen – deuten sie schon an, was die Lücke füllen wird, die der in den Himmel Fahrende hinterlässt? Auch auf dieser Darstellung ist diese Lücke sehr klein: Der Berg in der Mitte ist kaum als solcher zu erkennen.

Kleinwerther: Filialkirche St. Philippus, Kirchenkreis Südharz, Epitaph für Philipp und Anna von Werthern, um 1580; im Aufsatz Himmelfahrt Christi, Sandstein.

Und ein drittes Epitaph, aus der gleichen Zeit: Hier berühren sich Himmel und Erde. Besonders eindrücklich ist, wie alle nach oben ausgerichtet blicken, auch der auffahrende Christus. Er ist noch in ganzer Gestalt zu sehen. Er zieht alle Blicke auf sich. Die Jünger und Jüngerinnen knien in zwei Reihen rechts und links unter ihm, die spitz auf ihn zulaufen. Einer liegt ihm vorne quer zu Füssen, als versuche er vergeblich, dem Entschwindenden nachzusteigen. Das könnte ein Bild für den Trauernden der Familie sein, der und wie er von der Gruppe, von der Gemeinde gehalten wird, die für ihn zum Auffahrenden betet.

Stedten: Kirche St. Martini, Kirchenkreis Eisleben-Sömmerda, Epitaph, 17. Jahrhundert, Holz, farbig gefasst, Tafelmalerei. Foto Albert Schorr, Naumburg (Bildarchiv Inventarisierung EMK).

Hier sind wieder nur die Füsse zu sehen und auch der Abdruck seiner Füsse auf dem Berg oben. Die Lücke ist deutlich da. Zugleich ist sie von seinem Fussabdruck gefüllt. Auch hier schauen drei der Jünger bereits den Betrachter an, mit einer einladenden Hand zum Betrachter hin: «Komm, schau zum Herrn auf wie die anderen Jünger!»

Kein Epitaph, sondern ein Altarretabel trägt das nächste Bild, allerdings in einer Friedhofskirche.

Mühlberg: Friedhofskirche, Kirchenkreis Bad Liebenwerda, Altarretabel, geöffnet, rechter Flügel mit der Darstellung der Himmelfahrt Christi; das Altarretabel wurde 1614 vom Bürgermeister Christoph Ottenbach gestiftet, Holz, Tafelmalerei.

Nur ein Fuss und noch ein Stückchen Gewand sind zu sehen. Die Dynamik der Auffahrt kommt gut zum Ausdruck. Auch hier hält der Berg die Lücke offen. Zwei der Jünger strecken die Hände ihm nach, ein anderer scheint zu erläutern, ein dritter, links hinten, scheint es vor Schmerz kaum auszuhalten und wendet sich halb ab. Christi Himmelfahrt ist gezielt als Trost angesichts von Abschied und Tod im Kirchenraum verortet. Sie ist Trostbotschaft für Trauernde, die im Bild ein Bild, einen Ort, eine Geschichte für den eigenen Schmerz finden. Zugleich ist eine Himmelfahrtsdarstellung auf einem Epitaph auch Ausdruck und Zeichen der Hoffnung: Der bzw. die Verstorbene möge wie sein bzw. ihr Herr, Christus, nun auch auffahren in den Himmel, dem Erlöser auch auf diesem Weg folgen und Heil und Seligkeit erfahren, nun selbst erlöst von den irdischen Mühen und Sorgen.

1.2 Christi Himmelfahrt als Ruf zu Wachheit

Zunächst zwei Himmelfahrtsdarstellungen auf einem Kanzelaltar, beide Darstellungen datieren hundert Jahre später. Nun ist die Darstellung der Himmelfahrt Christi Teil der allgemeinen Verkündigung und gehört zu den zentralen Inhalten der Heilsgeschichte. Werfen wir zunächst einen Blick auf den Kanzelaltar in Schwenda.

Schwenda: Kirche St. Cyriaci und Nicolai, Kirchenkreis Eisleben-Sömmerda, Kanzelaltar, Hauptbild mit der Darstellung der Himmelfahrt Christi, 1695, Holz, geschnitzt, farbig gefasst. Foto: Albert Schorr, Naumburg (Bildarchiv Inventarisierung EMK).

Diese Darstellung direkt unter dem Kanzelkorb zeigt einen Christus, der auf einer Wolke sitzt. Nur drei Jünger und zwei Jüngerinnen sind bei ihm. Die Darstellung erinnert an die Nacht in Gethsemane. Nun sind sie hellwach, sichtlich von Abschiedsschmerz bewegt. So verkündigen sie: «Wachet und betet. Lasst die Lücke unausgefüllt. Flüchtet nicht in Surrogate, und sei es der Schlaf.»

Ganz ähnlich die Darstellung in Neustadt:

Neustadt: Pfarrkirche St. Georg, Kirchenkreis Südharz, Kanzelaltar, barock, Medaillon mit Himmelfahrt Christi im Aufsatz oberhalb des Schalldeckels, 1681.

Hier sind es nur drei Jünger, hellwach, am Boden noch, eher von Furcht und Schrecken gepackt und zu Boden gebracht als von Schmerz. Besonders ist an dieser Darstellung: Christus wird im Himmel empfangen von Mose und Elija, die ja auch in den Himmel aufgefahren sind. Auch dieses Bild mahnt die Gemeinde, dass sie sich nicht über den Abschieds- und Trennungsschmerz hinwegtröste, dass sie vielmehr die Beziehung zum Aufgefahrenen wachhalte.

«Mein Jesus nach vollbrachtem Lauf mit Jauchzen fährt gen Himmel auf», das lesen wir als Legende zu dem Bild aus Stendal.

Stendal: Pfarrkirche St. Petri, Kirchenkreis Stendal, Kanzel, 1696, gestiftet von dem Stendaler Bürger Hans Belitz, Brüstung mit sieben gemalten Szenen aus dem Leben Jesu, in einem Brüstungsfeld Himmelfahrt Christi, Tannenholz, farbig gefasst, mit Malerei.

Was für ein schöner Merkvers zum Bild, um die Heilsgeschichte besser zu behalten und zu verstehen! Die beiden Bibelstellen, Ps 47,6 und Lk 24, 51, verweisen auf den gesamtbiblischen Zusammenhang.

1.3 Christi Himmelfahrt als eine Freudengeschichte, die ansteckt

Nun noch zwei Bilder von Emporen, also weiter weg vom Zentrum, von Altar oder Kanzelaltar, als Teil der fortlaufenden Heilsgeschichte:

Stolzenhain bei Elsterwerda: Dorfkirche, Kirchenkreis Bad Liebenwerda, Empore, die Brüstung mit Tafelmalereien, um 1600. Ein Brüstungsfeld mit einer Darstellung der Himmelfahrt Christi, Holz, Tafelmalerei. Foto: Albert Schorr, Naumburg (Bildarchiv Inventarisierung EMK).

Die Dreizahl der Jünger erinnert an die Verklärung. Ob Petrus' Worte anklingen: «... hier ist für uns gut sein! Lass uns drei Hütten bauen ...» (Lk 9,33) – «... und der Welt entschwinden!»? Christus ist schon fast entschwunden. Auch hier sind seine Fussabdrücke noch zu sehen.

Ebenfalls auf einer Empore, allerdings der hervorgehobenen Patronatsempore in Wendemark:

Wendemark: Dorfkirche, Kirchenkreis Stendal, Patronatsempore, Brüstung mit sechs Tafelmalereien, davon eine Darstellung mit der Himmelfahrt Christi, um 1712, Holz, Tafelmalerei. Foto: Klaus Pohl, Magdeburg/Leipzig (Bildarchiv Inventarisierung EMK).

Auch hier sehen wir Christi Himmelfahrt als Freudenereignis: «Ich tanze mit dir in den Himmel hinein»,[38] sicher kannten die Menschen Anfang des 18. Jahrhunderts diesen Schlager nicht. Aber man könnte ihn doch fast anstimmen, oder? Und der Auffahrende wird von Engeln in Empfang genommen. Seine Ausstrahlung verbindet ihn noch durch die Wolken mit den Jüngerinnen und Jüngern, die sich mehr zu freuen scheinen, als dass sie trauern. Von der Trauer zur Freude, ganz oder kaum zu sehen, nur die Fussspuren noch bleibend, so breit ist die Palette der Darstellungen der Himmelfahrt Christi, die im Gottesdienst*raum* präsent bleibt und nicht nur einmal im Zeitlauf des Kirchenjahres erinnert wird. Allerdings, das fällt mir auf: Keine der Darstellungen zeigt die Wundmale des Gekreuzigten!

2. Präsent in jedem Gottesdienst

Die Berge in den Darstellungen könnten auch, unbeholfen wie sie wirken, als Abendmahlstisch gesehen werden. Dies gilt insbesondere für die Darstellungen, auf denen die Zurückgebliebenen in einer Runde sitzen oder stehen.[39] Das ist der Hinweis: Der Aufgefahrene ist gegenwärtig an seinem Tisch in der Gemeinde, am Tisch der Gemeinschaft mit ihm und untereinander. All unser Feiern im Gottesdienst steht unter dem Wort: «[...] dies tut zu meinem Gedächtnis.» Dabei geht es darum, dass aus dem Chronos ein Kairos wird; dass aus der Erfahrung vergehender Zeit und also von Vergänglichkeit qualifizierte Zeit, Zeit des Heils, der Versöhnung, erfüllte Zeit wird. Es geht darum, dass das Ostergeschehen unsere Zeit qualifiziert und nicht die Weltzeitachse Dreh- und Angelpunkt ist. Wie bleibt er, der Heiland, in Raum und Zeit präsent, wie bleibt er in der Gegenwart so präsent, dass seine Geschichte präsent bleibt? Wie kommt das Heil mit seiner Geschichte, wie mit seiner Zukunft in unsere Gegenwart?

Die lutherische Antwort auf diese Frage zielt ganz auf Vergegenwärtigung im Sakrament, auf die wahrhaftige Gegenwart des im Himmel Thronenden in Brot und Wein. Wir sind sein Leib, durch seinen Leib und sein Blut werden wir seiner leiblich teilhaftig, ja werden wir sein Leib. Die lutherische Abendmahlsliturgie beginnt nicht zufällig mit der Aufforderung: «Die Herzen in die Höhe», und der Antwort: «Wir haben sie beim Herren». Den Blick in die Höhe

38 Schlager aus dem Film «Sieben Ohrfeigen», 1937, Text: H. F. Beckmann, Musik: Friedrich Schröder.

39 Vgl. besonders die Epitaphe aus Burgscheidungen und Gardelegen.

erheben, dorthin, wo Christus ist, das heisst: sich nicht in die Tiefe ziehen lassen von schwergewichtigen Tatsachen und weltlichen Regeln. Vielmehr: Sich ausrichten auf ihn und schon heute so ausgerichtet handeln.

Die reformierte Antwort hält im Unterschied dazu die Lücke unausgefüllt. So unmittelbar nah ist Jesus Christus im Sakrament des Mahles nicht. Er ist im Himmel. Brot und Wein sind Zeichen seiner Zuwendung, er selbst bleibt unverfügbar.

Auch wenn die konfessionellen Unterschiede mit der Leuenberger Konkordie als Streitigkeiten überwunden sind, müssen wir uns doch neu fragen: Was bedeutet es für unseren Glauben, wenn wir die Lücke, die Christus auf Erden mit seiner Auffahrt hinterlassen hat, mit der Kirche und ihrem Tun füllen?

Wir folgen damit ganz dem lukanischen Geschichtswerk, das die Heilsgeschichte in einer Abfolge auf einem Zeitstrahl sieht. Nach Christi Himmelfahrt kommt Pfingsten, die Ausgiessung des Geistes, der die Gemeinde mit ihrem Herrn verbindet und zugleich die Zeit der Kirche einleitet. Diese wird dauern, bis der Herr wiederkommt, «zu richten die Lebenden und die Toten»: Das Apostolicum ist ganz in der Linie dieses Zeitverständnisses der Heilsgeschichte. Sie droht zu einem Geschehen allein im Chronos zu werden und ihren Kairos-Charakter zu verlieren. Bleibt dieser bewahrt, wenn die Lücke wirklich unausgefüllt bleibt?

3. Präsent im Kirchenjahr am Feiertag Christi Himmelfahrt

Schliesslich und endlich schauen wir auf das Himmelfahrtsfest im Kirchenjahr – heute. Einmal im Jahr gedenken wir ausdrücklich der Himmelfahrt Christi und hören auf entsprechende Texte der Bibel. Dabei sind die «Perikopen zum Himmelfahrtstag [...] weit weniger spektakulär und spekulativ, als man im Blick auf die Bezeichnung des Festes vermuten könnte».[40] Allerdings könnten Gottesdienst und Predigt zu Christi Himmelfahrt heute eine neue Dynamik entfalten, wenn diese weniger chronologisch verstanden und gepredigt wird als vielmehr eng zusammengehörig, in einer Einheit mit Christi Leiden, Sterben und Auferstehen.

Dabei können die unterschiedlichen christologischen Aussagen der Bibel wie der reformatorischen Erkenntnisse – ganz im Sinne der Leuenberger Konkordie – stärker miteinander ins Gespräch gebracht werden. Keine kann das

40 Manfred Josuttis, Erleuchte uns mit deinem Licht. Gedanken und Gebete zu den Gottesdiensten des Kirchenjahres, Gütersloh 2009, 132.

Geheimnis der Herrschaft des gekreuzigten und auferstandenen Erhöhten und seiner Präsenz in Wort und Sakrament allein erfassen. Vielmehr nähert sich jede christologische Pointierung diesem Geheimnis, ohne es – wie ein Rätsel – lösen oder gar auflösen zu können. Eine weitere Aufgabe für Liturgie und Predigt am Festtag Christi Himmelfahrt heute: Sie wird den herrschenden Dauerblick nach oben zur nächsten Stufe der Karriereleiter wieder beweglich machen; beweglich zu sich als Mensch, der nicht unbegrenzt optimierbar ist, als Mensch mit Grenzen und Schwächen; beweglich zu den Mitmenschen hin und zur geschundenen Schöpfung. Denn auch an Himmelfahrt geht es darum, das Leben realistisch wahrzunehmen, mit der geschundenen Kreatur zusammen zu seufzen und sich darauf zu verlassen, dass Jesu Geist unserer Schwachheit aufhilft. Und schliesslich: Wie wunderbar, wenn Johann Sebastian Bachs Himmelfahrtsoratorium im Gottesdienst erklingt mit seiner «Dialektik des ‹Ach ja›», die den Bogen «vom sehnsuchtsvoll-klagenden ‹Ach› zum hoffnungsvoll-gewissen ‹Ja›» spannt.[41]

IV. In Christi Himmelfahrt liegt die Zeitansage für die Welt: Die Zukunft der Welt ist ihr Ende

Mit der Himmelfahrt ist der Welt ihr Ende angesagt. Wie mit Ostern der Tod an sein Ende gekommen ist, so kommt mit der Himmelfahrt Christi bereits das Ende der Welt im Gericht in den Blick. Jesu Himmelfahrt schlägt den Bogen über sein Sitzen im Himmel hin zu seiner Wiederkunft zurück auf die Erde. So klingt an Himmelfahrt das Ende des Kirchenjahres bereits an. Er wird wiederkommen zum Gericht. Er wird die Welt richten. In manchen Mundarten, so auch in meiner, zum grösseren Bereich des Fränkischen gehörenden, hat das Wort «richten» auch die Bedeutung von herrichten, sich zurechtmachen. «Es ist Zeit, du musst dich richten», das sagt die Mutter zu ihrer Tochter am Sonntagmorgen, wenn es aus dem Haus zum Gottesdienst gehen soll. «Zieh andere Schuhe an und die Schürze aus», womöglich zieht die Tochter auch jetzt erst die Sonntagskleider an, wenn sie ihren Küchendienst in Alltagskleidung versehen hat. So kann «richten» auch heissen: sich einrichten auf das andere, sich ausrichten auf das, was kommt. Dieser Klang im Wort «richten», das gehört unbedingt zum Verständnis von Jesu Wiederkunft zum Gericht, die an Him-

41 Magdalene L. Frettlöh in ihrem Nachwort-Essay: Hannah Michaelsen, Adieu, Raphael! Erinnerungen einer Weiterlebenden, hg. von Magdalene L. Frettlöh, Uelzen 2014, 256.

melfahrt anklingt. Das ist eine frohe Aussicht, weil er alles so richten und herrichten, zurechtrichten wird, dass die Welt und das Miteinander der Menschen und der Menschen mit Gott wieder in sich stimmig und heil ist. Genau dafür haben wir, zweitrangig wie wir in aller Vorläufigkeit mit christologischen Einsichten gesegnet sind, seine Fussspuren. Dafür steht das Bild aus dem Merseburger Dom:

Dom zu Merseburg: Himmelfahrt Christi, Eichenholz, Detail der nördlichen Chorgestühlrückwand von Kaspar Schockholz O. P., 1446, Foto: Dörte Bester, Ludwigsburg.

Diese Spuren zu entdecken und ihnen zu folgen, ja, in seine Fussstapfen zu treten, dabei helfen uns Wort und Sakrament von der Gerechtsprechung der Sünder. Sie lassen uns einstimmen in Gottes Lob, in den alten Jubelruf: «Gott fährt auf unter Jauchzen!» (Ps 47,6) Ich schliesse mit dem wunderbaren Himmelfahrtslied von Jochen Klepper, gedichtet in schwerer, dunkler Zeit:

«Gott fährt mit Jauchzen auf,
mit hellem Jubeltone!
Nun, Welt, nimm deinen Lauf!
Wir sind bei Gott, dem Sohne,
wo er ein König ist!
Lobsinget Gott, lobsingt!
Wir sollen ewig leben!
Was uns auch niederzwingt,
er will uns hoch erheben.
Gefällt ist Satans List!
Er hat sich sehr erhöht!
Der an dem Kreuz gehangen,
herrscht voller Majestät
und trägt nach dir Verlangen,
der du gefallen bist!
Welch Dunkel uns auch hält,
sein Licht hat uns getroffen!
Hoch über alle Welt
steht nun der Himmel offen.
Gelobt sei Jesus Christ!»[42]

42 Jochen Klepper, Kyrie. Geistliche Lieder, Bielefeld/Frankfurt a. M. ^{16}1976, 50f.

Matthias Felder, Frank Mathwig

Pfingsten – das Erscheinen des Dritten

I. Pfingstfrei

Pfingsten ist Reisezeit, Urlaubszeit, Freizeit. Das verlängerte Wochenende im Umbruch zwischen Frühling und Sommer macht möglich, was an normalen Wochenenden keinen Platz hat, vom Kurztrip über die ersten Bergtouren bis zum Frühlingsputz oder zur überfälligen Gartenarbeit. Alles ist möglich – alles ist offen zu Pfingsten. Wozu man halt Lust hat.[1] Hunderte von Kindern und Jugendlichen reisen an Pfingsten mit ihrer Jungschar oder «Pfadi» ins traditionelle «Pfila» – das Pfingstlager –, für viele der heimliche Höhepunkt des Jahres. Pfingsten ist der ideale Zeitpunkt, sich eine Auszeit vom Alltag zu nehmen. Der Frühsommer lockt ins Freie, ins Leben und gibt einen Vorgeschmack auf den Sommer.[2]

Vielleicht hat Pfingsten als kirchliches Fest deswegen einen eher schweren Stand. Jedenfalls ist das Besucheraufkommen am Festgottesdienst im Vergleich zu Oster- und insbesondere Weihnachtsgottesdiensten eher gering, es sei denn, er wird mit Konfirmationen kombiniert. Der sachliche Zusammenhang dazu ist gegeben: Die Pfingstgeschichte erzählt davon, wie sich nach der Predigt des Petrus dreitausend Menschen taufen liessen und in die Gemeinde eingegliedert wurden (Apg 2,37–41). Ursprünglich war der fünfzigste Tag nach Ostern der Abschluss des Osterfestkreises. Seit dem 3. Jahrhundert wurde an diesem Tag – insbesondere in Jerusalem – der Himmelfahrt Christi und der Geistsendung gedacht. Die Konzentration auf den Aspekt der Geistausgiessung erfolgte gegen Ende des 4. Jahrhunderts, als das Feiern der Himmelfahrt über Jerusalem hinaus rezipiert wurde. Zu einer eigenen unabhängigen Festwoche geworden, konnte sich das Pfingstfest als zweiter grosser Tauftermin neben Ostern etablieren.[3] Entsprechend empfiehlt Tertullian in seiner Schrift «Über die Taufe» den Pfingsttag als idealen Tauftermin: «Sodann ist die Pfingst-

1 Vgl. Manfred Josuttis, Verführung zum Leben. Über die Geheimnisse des christlichen Glaubens, Gütersloh 2006, 135.

2 Vgl. Kristian Fechtner, Im Rhythmus des Kirchenjahres. Vom Sinn der Feste und Zeiten, Gütersloh 2007, 115.

3 Vgl. Karl-Heinrich Bieritz, Das Kirchenjahr. Feste, Gedenk- und Feiertage in Geschichte und Gegenwart, München ^{8}2013, 153f., und ders., Art. Pfingsten/Pfingstfest/Pfingstpredigt, II. Das Pfingstfest in der Kirchengeschichte, TRE 26 (1996), 382–387 (384).

zeit für die Vornahme des Taufbades ein freudenvoller Zeitraum, in welchem der auferstandene Herr häufig unter den Jüngern weilte, die Gnade des Hl. Geistes mitgeteilt wurde und endlich die Hoffnung auf die Wiederkunft des Herrn durchblickte, indem nämlich die Engel nach seiner Rückkehr in den Himmel den Aposteln sagten, er werde so wieder kommen, wie er in den Himmel gestiegen sei, natürlich in der Pfingstzeit. Auch Jeremias deutet, wenn er sagt: ‹Ich werde sie von den äussersten Enden der Erde zu dem Festtage versammeln!› [Jer 31,8], damit auf den Oster- und Pfingsttag hin, welche die Festtage im eigentlichsten Sinne sind.»[4]

Trotz dieses Zusammenhangs bleiben die Festmotive von Pfingsten eigenartig unkonkret und unanschaulich. Die ihm zugrunde liegende biblische Geschichte hätte zwar durchaus dramatische Aspekte: Der Heilige Geist kommt mit Brausen, mit Feuerzungen und mit wundersamem Sprachverstehen. Auditive und visionäre Aspekte verbinden sich in diesem Bericht. Gleichwohl können sie mit den narrativen Potenzialen des Kindes in der Krippe, des Kreuzes oder der Auferstehung nicht konkurrieren. Der Pfingstbericht drängt sich nicht für eine Sonntagsschulaufführung auf, dazu fehlen die starken menschlichen Figuren – Helden, Antihelden, Gegenspieler und Bösewichte –, kurzum: Es mangelt an einem dramatischen Plot. Der Geist bleibt ungreifbar, und entsprechend schwer lassen sich die Gehalte des Festes darstellen und vermitteln.[5]

Darüber hinaus fehlen starke Symbole und Traditionen, die das Verhalten und die Abläufe an diesem Festtag regeln würden. Ursprünglich verband die Volksfrömmigkeit Pfingsten mit Themen aus dem Frühlingsbrauchtum, die stark am Jahreszyklus orientiert waren: Fruchtbarkeit, Gesundheit und Wachstum. Dazu gehörten das Schmücken von Häusern und Wohnungen mit Zweigen und Blumen – diese wurden auch in Sträussen zum Gottesdienst mitgebracht –, das Aufstellen von Pfingstbäumen, Umzüge, Umritte, Tänze, Wettläufe, bei denen der «Pfingstkönig» gekürt wurde. Diese Überlieferungen sind zunehmend in Vergessenheit geraten.[6] Auch hier zeigt sich ein starkes Gefälle zu den klassischen christlichen (Volks-)Feiertagen: Pfingsten bietet kein gleichgewichtiges Symbol zu Christbaum oder Osternest. Pfingsten bleibt der eigenen Fantasie überlassen, der des Christen ebenso wie der der säkularen

4 Tertullian, De baptismo/Über die Taufe: Tertullians ausgewählte Schriften. Übersetzt von K. A. Heinrich Kellner, Bd. 1: Private und katechetische Schriften, Kempten u. a. 1912, 19,2 (297f.).

5 Vgl. Fechtner, Rhythmus (Anm. 2), 117.

6 Vgl. Bieritz, Pfingsten (Anm. 3), 387, und Josuttis, Verführung (Anm. 1), 135f.

Bürgerin. Der praktische Theologe Manfred Josuttis bringt es auf den Punkt: «Zu Pfingsten hat man frei.»[7]

II. An- und Abwesenheiten

Wir sind wieder unter uns. Der Zyklus des Kirchenjahres macht es deutlicher, als uns lieb sein kann: Auf Himmelfahrt folgt erst die grosse Ernüchterung und dann das immer endloser erscheinende Warten. Im Blick auf die kirchlichen Sonntage geschieht zwischen Himmelfahrt und Pfingsten etwas Einschneidendes: Der Protagonist des Kirchenjahres, dessen biografische Stationen den Sonntagen zuvor Namen und Bedeutung gaben, ist abhandengekommen und damit sind es auch mögliche weitere *stories* aus dem Leben dieses Menschen, die nicht nur die *stories* der *anderen* wären. Angekündigt – geboren – erkannt – verfolgt – verurteilt – bestraft – tot – neu belebt – erschienen – verschwunden. Eine Geschichte wie Zuckerwatte: vollmundig gefeiert an Weihnachten, himmelschreiend betrauert an Karfreitag, irritiert-ungläubig bejubelt an Ostern, hoffnungsvoll gehen lassend an Himmelfahrt ... und nun? Nichts mehr im Mund, der Biss geht ins Leere, kein Inkarnations-Widerstand mehr zwischen den Zähnen, kein Fleisch mehr am Knochen der biblischen Botschaft, nur noch leer schlucken – erst Enttäuschung, dann Desillusionierung, schliesslich Ratlosigkeit.

Das ist, nüchtern betrachtet, die Ausgangssituation von Pfingsten diesseits geschmückter Ochsen im Sonnenlicht des sich ankündigenden Sommers. Weil das nicht alles gewesen sein kann, hat die Kirche darauf reagiert, präzise in der Weise, in der Menschen auf solche Situationen zu reagieren pflegen. Sie machte aus der Not eine Tugend, suchte sich eine nächste biblische Geschichte – eben Pfingsten – und erklärte das Ereignis zum Geburtstag der Kirche. Der Held hat das Rampenlicht verlassen, die Kirche adaptiert seine Rolle. Genau genommen übernimmt sie seinen Part auf der Weltbühne nicht nur als Aushilfsheldin ersatzweise, sondern schlüpft in den Körper der abhandengekommenen Hauptfigur, um fortan für sich zu beanspruchen, dessen Leib zu sein. Denn obwohl die Person Jesu in den Himmel aufgestiegen ist, wird behauptet, dass der Christus

7 Josuttis, Verführung (Anm. 1), 135. Pfingsten konfrontiert uns mit einer Mehrsprachigkeit und Hörkompetenz, denen ein mehrstimmiger Dialog eher entspricht als ein Monolog. Die dialogische Versuchsanordnung des Vortrags bestand darin, vor dem Hintergrund gemeinsamer Gespräche, eigenständige Textteile zu verfassen und diese anschliessend zu montieren. Diese Struktur, inklusive der sprachlichen und thematischen Brüche, wurde bewusst beibehalten.

weiterhin als Leib seiner Kirche in und durch seinen Geist hier und jetzt da ist. Die Umdeutung von Pfingsten in den Geburtsakt der Kirche hält der praktische Theologe Kristian Fechtner für eine «zeitgenössische Verlegenheitstheologie».[8] Gerhard Sauter hat einmal nüchtern über Pfingsten bemerkt: «Erkannt und bekannt wird jetzt, was bereits an Weihnachten, Karfreitag und Ostern geschehen und bekundet worden war.»[9]

Die bekannten Irritationen um Pfingsten betreffen nicht nur das Ereignis selbst, sondern auch seine thematische Zuordnung. Endet der Osterfestkreis mit Pfingsten, wie die Herkunft der Festbezeichnung von *pentekoste* – fünfzigster Tag nach Ostern bzw. Passa – nahelegt? Oder steht der fünfzigste Tag für etwas Neues, zumindest einen tiefgreifenden Wandel dessen, was am vierzigsten Tag nach Ostern, mit der Auffahrt Christi zu einem – vorläufigen – Abschluss gekommen war? Dass in dieser Zeit des Kirchenjahres etwas Derartiges in der Luft liegt, zeigt sich bereits in der kirchenagendarischen Nomenklatur: Auf den ersten Blick etwas fantasielos besteht die Bezeichnung der Pfingsten resp. Trinitatis folgenden Sonntage bis zum Ende des Kirchenjahres schlicht aus der arithmetischen Zählung der Sonntage «nach Pfingsten» bzw. «nach Trinitatis».

III. Neu werden

Von den Pfingstwundern berichtet nur die Apostelgeschichte. Die drei neutestamentlichen Stellen, die das Pfingstfest – *pentekosté* – erwähnen (Apg 2,1; 20,16; 1Kor 16,8), haben das jüdische Wochenfest (*schawuot*) im Blick. Der Anfang von Apg 2: «Als nun die Zeit erfüllt und der Tag des Pfingstfestes gekommen war ...», bestätigt: Die Ereignisse, die wir heute mit dem Pfingstfest verbinden, setzen das jüdische Pfingstfest bereits voraus. 50 Tage nach dem Passafest (Lev 23,15f.), das die Erinnerung an den Auszug aus Ägypten mit dem Fest der ungesäuerten Brote (*mazzot*) anlässlich der Gerstenernte verbindet, findet das jüdische Wochenfest (Dtn 16,9f.) statt. Es ist kanaanäischen Ursprungs und war in Israel über das Fest zur Weizenernte (Ex 34,22; 23,16) zum Geschichtsfest der Erinnerung des Gottesvolkes an die Sinaigesetzgebung geworden, bei dem zunehmend das Motiv der «Bundeserneuerung» (vgl.

8 Fechtner, Rhythmus (Anm. 2), 117.

9 Gerhard Sauter, Zur Theologie des Heiligen Geistes im Blick auf die Pfingstpredigt: ders., In der Freiheit des Geistes. Theologische Studien, Göttingen 1988, 95–116 (95).

2Chr 15,10–15) in den Vordergrund trat.[10] «Wahrscheinlich hat die Zerstörung des Tempels i[m] J[ahr] 70 die zusätzliche Bedeutungsaufladung des zweiten Erntefestes mit der Sinaierinnerung beschleunigt und zur baldigen Festlegung geführt. Da der Tempel nicht mehr zur Darbringung der Erstlingsfrüchte zur Verfügung steht, erinnert nun die Weizenernte an die Überhöhung des Exodus mit der Erneuerung des Bundes und der Gesetzgebung am Sinai.»[11]

Während des Pfingsttages – der nach Datierung der Synoptiker auf einen Samstag (Sabbat) fiel und damit die Gottesdienstsituation voraussetzt (vgl. Apg 4,1: «versammelt an einem Ort»)[12] – ereignen sich gleichzeitig ein Natur-, Feuer- und Sprachwunder: «Ein Brausen, wie wenn ein heftiger Sturm daherfährt, [...] erfüllte das ganze Haus, in dem sie sassen; und es erschienen ihnen Zungen wie von Feuer, die sich zerteilten, und auf jeden von ihnen liess eine sich nieder. Und sie wurden alle erfüllt von heiligem Geist und begannen, in fremden Sprachen zu reden, wie der Geist es ihnen eingab.» (Apg 2,2-4) So - weit der erste, bekanntere Teil der Geschichte. Die Wunder gehen aber noch weiter. Die Geschichte schwenkt von der Hausversammlung zur Jerusalemer Öffentlichkeit. Dort «wohnten Juden, fromme Männer aus allen Völkern unter dem Himmel. Als nun jenes Tosen entstand, strömte die Menge zusammen, und sie waren verstört, denn jeder hörte sie in seiner Sprache reden.» (Apg 4,5f.) Die Diasporajuden, die sich anlässlich der Feiertage in Jerusalem aufhielten, waren fassungslos und verstört, wie Lukas gleich zweimal betont (vgl. Apg 4,12). Ihre Irritation galt aber weniger der Glossolalie – dem damals wenig spektakulären Zungenreden (vgl. Apg 10,44ff.; 11,15ff.; 19,1ff.) – als der Tatsache, dass sie dieses fremd klingende Gerede – eigentlich handelte es sich um Xenolalie – auch problemlos verstanden: «Wie kommt es, dass jeder von uns sie in seiner Muttersprache hört?» (Apg 4,8) Zumindest medientheoretisch handelt Pfingsten von einem Kommunikationswunder. Und weil Kommunikation stets zwischen Senderinnen und Hörern stattfindet, ist das Pfingstwunder ein Doppeltes bzw. Geteiltes: Die begeistert Gestimmten konnten sich nicht

---

10 Rudolf Pesch, Die Apostelgeschichte, 1. Teilband: Apg 1–12, Zürich u. a. 1986, 108. Jürgen Roloff, Die Kirche im Neuen Testament, Göttingen 1993, 66, weist darauf hin, dass der Bedeutungswandel auch mit einer Veränderung der Vokalisation von *schawuot* (Wochenfest) zu *schewuot* (Schwurfest) zusammenhängen kann.

11 Detlev Dormeyer/Massimo Grilli, Gottes Wort in menschlicher Sprache. Die Lektüre von Mt 18 und Apg 1–3 als Kommunikationsprozess, Stuttgart 2004, 165.

12 Vgl. Pesch, Apostelgeschichte (Anm. 10) 102. Das Passafest fiel im Todesjahr Jesu auf einen Freitag.

nur den Fremden verständlich machen, sondern die hörbegabten ausländischen Jerusalemtouristen konnten die Fremden auch verstehen.[13]

Das Pfingstwunder beginnt im Kleinen, verweist aber auf das ganz Grosse. Am Morgen des Sabbats des jüdischen Wochenfests versammeln sich die Jünger in Jerusalem zu einem gottesdienstähnlichen Anlass. Der genaue Ort und die Anzahl der Jünger sind unklar.[14] Inmitten dieser Zusammenkunft kam der Geist «auf einmal vom Himmel her» (Apg 2,2) auf sie. Was sodann geschieht, ist das bekannte Hör- und Sprechwunder. Menschen, die sich eigentlich nicht verstehen können, weil sie aus den unterschiedlichsten Ecken der Erde stammen, verstehen sich – genauer: Sie hören in ihrer Muttersprache das Zeugnis von den grossen Taten Gottes. Dies ist ein erster Hinweis auf die grosse Tragweite des Geschehens: Das Zeugnis von Gottes Taten wird universal.[15] Nicht bloss die Juden, sondern alle Völker der Erde hören die Botschaft.

Gänzlich unerwartet kommt der Geist im lukanischen Bericht jedoch nicht. Vielmehr wird das pfingstliche Widerfahrnis als eine Erfüllungsgeschichte präsentiert und beginnt mit den Worten: «Als nun die Zeit erfüllt und der Tag des Pfingstfestes gekommen war» (Apg 2,1a).[16] Lukas bezieht sich einerseits auf die jesuanischen Verheissungen aus Lukas 24,49 und aus der Apostelgeschichte 1,4f.8, wo Jesus seinen Jüngern das Kommen des Heiligen Geistes als Kraft aus der Höhe verheisst, und andererseits auf Jesu Ankündigung aus Lukas 24,47 über Jerusalem als Ausgangspunkt der Völkermission.

Die lukanische Verbindung der Pfingstereignisse mit Joel 3,1–5 verstärkt die universale Dimension der Geistausgiessung und bettet die Geschichte in die jüdische Tradition ein.[17] Darauf bezieht sich Petrus in seiner Predigt, die unmittelbar an den Bericht des Pfingstwunders anschliesst. Im Text des alttestamentlichen Propheten wird die Sendung des Geistes von Gott her über alles Fleisch verheissen und mit dem Bild der Fülle ausgedeutet. Der Geist wird ausgegossen jenseits gesellschaftlich konstruierter Grenzen zwischen Männern und Frauen, Alten und Jungen, Herren und Dienern. Die Schranken zwischen den Generationen und den sozialen Schichtungen werden aufgehoben. Diese Konstellationen illustrieren die prophetische Vision von einer neuen

13 In diesem Sinne auch Klaus Berger, Art. Geist/Heiliger Geist/Geistesgaben III, TRE 12 (1984), 178–196 (184).

14 Vgl. Jürgen Roloff, Die Apostelgeschichte, Göttingen ^{17}1981, 40.

15 Vgl. Michael Welker, Gottes Geist. Theologie des Heiligen Geistes, Neukirchen-Vluyn 1992, 217f.

16 Vgl. Roloff, Apostelgeschichte (Anm. 14), 40, und Pesch, Apostelgeschichte (Anm. 10), 102f.108.

17 Vgl. Pesch, Apostelgeschichte (Anm. 10), 108.

Menschheit.[18] Im eigentlichen Pfingstereignis wird die Perspektive durch die Verwischung der Grenzen zwischen Völkern und Sprachen ergänzt.[19]

Die überlieferten Ereignisse am jüdischen Wochenfest in Jerusalem haben universale Bedeutung, die von dem daran erinnernden Kirchenfest adaptiert wird. Pfingsten erinnert nicht nur an ein exklusives Ereignis zu einer bestimmten Zeit, an einem bestimmten Ort im Blick auf eine bestimmte Personengruppe. Das Kommen und die Gegenwart des Heiligen Geistes werden als Realität im Leben einer jeden Christin und eines jeden Christen verstanden, nicht nur damals und auch nicht nur einmal im Jahr. Darauf verweist Jesus in den Abschiedsreden des Johannesevangeliums, in denen er den Heiligen Geist als den Parakleten, den Tröster, Beistand, Helfer und seinen Stellvertreter auf Erden ankündigt.[20]

Denn Menschen können nicht aus sich selbst heraus den Geist der Wahrheit empfangen (Joh 14,17). Ihre Augen können ihn nicht sehen. Die Blindheit beschreibt den Zustand der Gottesvergessenheit und -verschlossenheit der Welt. Das Kommen des Parakleten wird somit zum Gericht über die Welt: «Und wenn er kommt, wird er die Welt überführen und aufdecken, was Sünde, Gerechtigkeit und Gericht ist.» (Joh 16,8) Das Wirken des Geistes schafft eine neue Existenz, die im Sonderstatus der christlichen Gemeinschaft zur sozialen Wirklichkeit in der Welt wird. Den so vom Geist Begabten wird die Sündhaftigkeit ihrer bisherigen Existenz bewusst. Dieser Bussvorgang geht einher mit der Gewissheit von der eigenen Wiedergeburt in der Versöhnung der Welt mit Gott durch Jesus Christus.

Als Geist der Wahrheit in der Person Christi ist sein Kommen keine neue Offenbarung: «[E]r wird nicht aus sich selbst reden, sondern was er hören wird, wird er reden, und was kommen wird, wird er euch kundtun.» (Joh 16,13b) Der Geist lehrt und hält wach, was Jesus den Jüngern gesagt hat (Joh 14,26b). Er bleibt an seinen Ursprung bei Vater und Sohn und an dessen Verkündigung gebunden; durch ihn wirken Vater und Sohn in der Gemeinde. Er tritt an die Stelle des Sohnes, weist auf ihn hin und vertritt ihn in «vollkommener Selbstlosigkeit».[21]

Als Lehrer und Exponent der Botschaft Jesu führt der Geist in seine Gemeinschaft und vergegenwärtigt seine Botschaft als sein Stellvertreter auf Erden. Ostern ist also nicht Pfingsten und Pfingsten setzt die Auffahrt voraus.

---

18 Vgl. Sauter, Theologie (Anm. 9), 108.

19 Vgl. Welker, Geist (Anm. 15), 219.

20 Vgl. zu den Parakletensprüchen Udo Schnelle, Johannes als Geisttheologe: Novum Testamentum 40/1998, 17–31 (18–22).

21 Welker, Geist (Anm. 15), 208.

Die Himmelfahrt Christi ist die Bedingung dafür, dass der Geist kommen und in der Gemeinde wirken kann. Er wird «für immer bei euch bleiben» (Joh 14,16). Als Geist der Wahrheit legt er Zeugnis ab von Jesus Christus (Joh 15,26). Weil er selbst ausschliesslich Zeuge und nicht Offenbarung ist, besteht seine Aufgabe darin, Menschen in die Wahrheit zu führen, sie in ihrem Zeugnis von Christus zu bekräftigen und zu stärken.[22] Denn die Zeugenschaft des Geistes geht in die Zeugenschaft der Jünger gegenüber der Welt über und bleibt durch die Zeit bestehen. Das für das Johannesevangelium zentrale Zeugnismotiv meint keinen bloss «intellektuelle[n] Akt, sondern betrifft die ganze Existenz».[23] Der Geist befähigt zum Zeugnis, nimmt die Menschen für seinen Dienst in Anspruch und gibt selbst durch sie Zeugnis von Christus.[24]

Der Geist führt immer weiter in die Wahrheit des Christusgeschehens ein. Erst durch sein Wirken werden Gottes Taten und damit das Christusereignis für uns zur Wahrheit. Die objektiv – universal und für alle – geschehene Heilstatsache von Kreuz und Auferweckung Christi wird durch das Kommen des Geistes zur Wirklichkeit der Menschen. Die Rede von der Neuschöpfung betrifft eine Welt, die von sich aus blind ist für den Geist Gottes, so dass der Empfang des Geistes eine neue Wirklichkeit schafft.[25] In ihr zu sein, bedeutet, die grossen Taten Gottes zu erkennen.[26] Durch das Wirken des Geistes wird den Menschen die Sprache von der Versöhnung und Gnade Gottes zur neuen Muttersprache. Der in sich verkrümmte Mensch wird aufgerichtet und auf Gott hin ausgerichtet. Der Geist ist nicht bloss Zugabe, sondern eine schöpferisch wirksame Kraft, die den Sinn der Christusoffenbarung immer neu erschliesst und den Menschen in seinen Dienst nimmt und zum Zeugnis befähigt.

Das Absterben des alten Menschen und das Wiedergeborenwerden als neuer Mensch, der Einlass in den Herrschaftsbereich Gottes und die Eingliederung in den Leib Christi sind bei Johannes wie bei Paulus an die Taufe gebunden. Sie führt in das neue, geistbestimmte Leben ein. Diese Wiedergeburt ist als Gottes Möglichkeit den Menschen unverfügbar, denn der Geist weht wie der Wind, wo er will (Joh 3,8). Als fundamentale Neuausrichtung ihrer Existenz führt sie die Menschen auf ihren Ursprung, in die ungebrochene Gemeinschaft mit Gott, und stellt ihre Füsse auf weiten Raum (Ps 31,9b). Das bedeutet keine

22 Vgl. Welker, Geist (Anm. 15), 211.

23 Schnelle, Johannes (Anm. 20), 21.

24 Vgl. Welker, Geist (Anm. 15), 210.

25 Vgl. Schnelle, Johannes (Anm. 20), 26f.

26 Vgl. Gerhard Sauter, Schrittfolgen der Hoffnung. Theologie des Kirchenjahres, Gütersloh 2015, 179–181.

Optimierung des Bisherigen, sondern eine neue Ausgangslage für das Leben mit anderer Richtung und neuem Ziel.[27] Nicht Neues oder Anderes wird gesehen, sondern alles anders und neu.[28]

IV. Form und Gestalt von Pfingsten

Pfingsten schnürt in der eben skizzierten Weise den Sack der Botschaft des Evangeliums zu. Damit steht das Ereignis wie auch seine Vergegenwärtigung in der permanenten Gefahr, im Formelhaften des allzu Bekannten zu erstarren. Und weil die Pfingstbotschaft sachlich in jedem Gottesdienst präsent ist, droht das Ausserordentliche von Pfingsten in der christlichen Gewohnheit zu versinken. Wie kann die Pfingstgeschichte eigentlich noch in den Pfingstgottesdienst kommen und die ritualisierten kirchlichen Gewohnheiten irritieren? Im Blick auf das Sprach*wunder* provoziert sie in jedem Fall ein Sprach*problem*, denn sie bürstet unsere vertrauten Sprachverständnisse gegen den Strich. Jeder Versuch, die damaligen Ereignisse verständlich zu machen, sieht sich mit der Herausforderung konfrontiert, dass das Pfingstwunder nicht von der üblichen Aneignung der Wirklichkeit durch die Sprache handelt, sondern umgekehrt von der Bemächtigung der Sprache durch eine irritierende Wirklichkeit. Insofern trifft zu, was Karl Barth über Pfingsten bemerkt hat: «Es soll sich aber nach der Darstellung von Lukas durchaus nicht von selbst verstehen, dass solche ‹Taten› möglich und wirklich werden.»[29] Pfingsten *soll* sich nicht von selbst verstehen! Das Pfingst*geheimnis* soll nicht durch eine vorschnelle Ermässigung zum Pfingst*wunder* theologisch verdaulicher gemacht werden. Das Wunder der Verständigung über alle Sprachgrenzen hinweg ist ebenso «unanschaulich» (Karl Barth), wie das umgekehrte «Wunder» beim Turmbau zu Babel (Gen 11), in dessen Folge sich *ein* Volk mit *einer* Sprache plötzlich nicht mehr verstand. Wenn wir aber bei der babylonischen Sprachverwirrung kaum an ein Wunder denken, sollten wir auch im Blick auf Pfingsten genau hin-

27 Vgl. dazu Karl Barth, Die Kirchliche Dogmatik, Bd. IV/2: Jesus Christus, der Knecht als Herr, Zollikon-Zürich 1955, 626–660.

28 Dies ist im Grunde der Kerngedanke der Glaubenskonzeption von Ingolf U. Dalferth. Der Übergang vom Modus des Unglaubens zu dem des Glaubens ist ein Orientierungswechsel. Der Mensch wird in diesem Sinne nicht neu, sondern sein Lebensvollzug und seine Perspektive auf das Leben verändern sich radikal, weil sein Ort wechselt und er sein Leben nunmehr vor Gott vollzieht. Vgl. Ingolf U. Dalferth, Radikale Theologie, Leipzig ^{3}2013, bes. 254–261.

29 Karl Barth, Die Kirchliche Dogmatik, Bd. III/4: Die Lehre von der Schöpfung, Zollikon-Zürich 1951, 362.

schauen, womit wir es dort eigentlich zu tun haben. Denn mit der Verbuchung unter die Kategorie «Wunder» würde so etwas wie eine urchristliche Normalität beansprucht, die am Kern der Sache vorbeigehen könnte. Noch einmal Barth: «Hier wie überall hat das Wunder die besondere und unentbehrliche Funktion, das Geheimnis anzuzeigen und zugleich zu charakterisieren. [... D]as *Wunder* ist [...] die *Form* des berichteten Geheimnisses, die *Gestalt* der bezeugten göttlichen Tat und Offenbarung.»[30]

Pfingsten lässt sich nicht auf die Fortsetzung der Wundertätigkeit Jesu mit anderen Mitteln reduzieren. Gegen eine solche Kontinuität richtet sich bereits die direkt anschliessende Pfingstrede des Petrus. Anstelle detaillierter Hinweise auf Jesu Handeln[31] lässt der Apostel auffällig ausführlich alttestamentliche Texte zu Wort kommen: Joel 3, Ps 16 und Ps 110. Die Bezüge zum ersten Testament sind zweifellos auf das Jerusalemer Publikum hin zugeschnitten. Aber die unübersehbar vielfältigen alttestamentlichen Verweise gelten nicht nur der Zuhörerschaft, sondern gehören zur Sache selbst.

Pfingsten ereignete sich in Jerusalem unter Mitgliedern jenes Volkes, das sich mit Wundern dieser Art am besten auskannte.[32] Deshalb mussten die Pfingstereignisse dem anwesenden Publikum wie ein *déjà vu* vorkommen, immerhin erinnerte es sich genau an dem Festtag an ein verblüffend ähnliches Ereignis: die von Naturgewalten und Feuer begleitete Theophanie am Sinai.[33] Donner und Feuer untermalten die Szene vor dem Empfang der Gesetzestafeln am Gottesberg (Ex 19,16–19; vgl. Dtn 4,11f.36). Ganz analog gingen auch Elijas Begegnung mit Gott am Horeb (= Sinai) Sturm, Erdbeben und Feuer voraus, bevor Gott im «Flüstern eines sanften Windhauchs» zu sprechen begann (1Kön 11,13).

Wie sich die Ereignisse doch gleichen! Die Frage nach dem Göttlichen in solchen enthüllenden und zugleich verhüllenden Ereignissen stellte sich am Sinai genauso wie in Jerusalem. Was hören die Menschen eigentlich, wenn Gott ihnen in dieser Weise erscheint? Beide biblischen Erzählungen antworten darauf äusserst zurückhaltend. Das Volk Israel bat Mose darum, Gott möge nicht

30 Barth, KD III/4 (Anm. 29), 363.

31 Von den 34 Versen (Apg 2,14–47) der Petrusrede ist nur in einem Vers (Apg 2,22) von den Zeichen und Taten Jesu die Rede.

32 Zur Situierung von Pfingsten in Israel vgl. die eindringlichen Bemerkungen von Barth, KD III/4 (Anm. 29), 365f. Vgl. auch Dietrich Ritschl, Art. Pneumatologie, 2. Systematisch-theologisch, EKL^3, Bd. 3 (1992), 1247–1252 (1249).

33 Vgl. zur kompositorischen Parallelität zwischen Pfingstgeschichte und jüdischer Sinai-Haggada Pesch, Apostelgeschichte (Anm. 10), 101f., und Roloff, Kirche (Anm. 10), 62–68.

zu ihnen sprechen, damit sie nicht sterben müssen (Ex 20,19). Und an Pfingsten hörte das Publikum lediglich die «grossen Taten Gottes» (Apg 2,11). Gottesoffenbarungen bieten offensichtlich keine befriedigenden Antworten darauf, was Menschen schon immer über Gott wissen wollten (ob sie es sich zu fragen wagten oder nicht). Sie werfen vielmehr jede Menge neuer Fragen auf.

Allerdings geht es überhaupt nicht um Frage-Antwort-Szenen, sondern schlicht um das Hören. Und am Hören scheiden sich die Geister. Jüdische Ohren hören anders als griechisch-römisch sozialisierte christliche Ohren. Die zutiefst im jüdischen Denken verhaftete Konzentration auf das Hören stand in einem griechisch und römisch geprägten Christentum von Anfang an in Konkurrenz zur aktiven Rede und ihrer Verschriftlichung. Die christliche Fokussierung auf die Rede zeigt sich bereits in der Rezeptionsgeschichte von Pfingsten, in der das Sprachwunder – bis heute – fast durchgängig als *Sprech-* und nicht als *Hör*wunder thematisiert wird. Diese Einseitigkeit erfolgt bezeichnenderweise gegen den biblischen Text selbst, in dem Lukas ausschliesslich über das *Gehörte* berichtet, aber kein einziges Wort über das *Gesprochene* verliert. Die Kirche hat sich im Laufe der Zeit ihre eigene Pfingstgeschichte gebastelt, indem sie die Bemerkung darüber, *wie* gesprochen wurde (in den Muttersprachen der Anwesenden), mit dem Hinweis darauf, *was* gehört wurde (die Taten Gottes), kurzgeschlossen hat. Entgegen einer solchen konventionellen Wunderökonomie im *Aktiv* lässt die biblische Geschichte völlig offen, ob die geistgestimmten Jünger tatsächlich gesagt haben, was das hörbegabte Publikum verstanden hat. Geistbestimmtes Sprechen und Hören lassen sich nicht einfach auf dialogische Kommunikation reduzieren. Denn in diesem Fall müsste unterstellt werden, dass die Sprechenden genau das *intendierten*, was das Publikum hörte. Das pfingstliche Stimmwunder wäre dann nichts anderes als eine Art «mystische Simultanübersetzungsanlage» gewesen, wie Umberto Eco einmal lakonisch bemerkt hat.[34] Aber haben die Jünger, als der Geist sie zu reden begabte, überhaupt etwas *intendiert*? Die Bibel sagt jedenfalls nichts dazu und schweigt sich beharrlich darüber aus, wie die Verbindung zwischen Sprechenden und Hörenden zustande kam. Festgehalten wird lediglich, dass sich beide Seiten verständigten – genauer: dass sich an Pfingsten in Jerusalem eine denkwürdige Verständigung ereignete.

In der Regel fällt der kommunikationstheoretische Kurzschluss zwischen dem pfingstlichen Sprechen und dem ebenfalls pfingstlichen Hören gar nicht auf. Diese Beobachtung liefert ein starkes Indiz für eine Desensibilisierung bzw. Deformation des christlichen Hörsinns, die – historisch betrachtet – mit

34 Umberto Eco, Die Suche nach der vollkommenen Sprache, München ^{3}1995, 355.

dem Vorrang des Redens vor dem Hören einsetzte und durch die Dominanz des Lesens über das Hören perfektioniert wurde.[35] Die Anfänge gehen bis an die kulturelle Wiege des Abendlandes zurück, wie die völlig chancenlose Kritik des Sokrates an der Schrift zeigt. Wir haben allerdings nur Kenntnis davon, weil Platon nichts Besseres einfiel, als das Streitgespräch zwischen Sokrates und Timaios sogleich zu protokollieren. Auch die Reformation hat mit dem durchaus missverständlichen Ausdruck *sola scriptura* ihren Teil zur notorischen christlich-abendländischen Schwerhörigkeit beigetragen. Denn die Betonung der «Schrift» hat immer wieder dazu geführt, das *solum verbum* – das «Wort» Gottes – als Grund, Ausgangspunkt und Zentrum des reformatorischen Schriftprinzips aus den Augen zu verlieren.[36]

Soll das pfingstliche Stimmwunder nicht auf die Symptome eines methodischen Hörverlusts zurechtgestutzt werden, ist es nötig, auch die theologische Hörkompetenz zu stärken. Als exemplarische Anregung kann eine jüdische Sinaiauslegung dienen, ausgehend von der radikalen und viel diskutierten These von Rabbi Mendel von Rymanow (1745–1815), der eine Offenbarung der Zehn Gebote an das ganze Volk Israel schlichtweg bestritt. Stattdessen behauptete er in der Tradition der jüdischen Mystik, Israel habe lediglich den ersten Buchstaben der Gesetzgebung gehört, das *aleph* in dem Wort *anochi*, «ich», mit dem das erste Gebot beginnt: «Ich bin der Herr, dein Gott» (Ex 20,2). Das klingt für sprachkundige Ohren zunächst wie ein schlechter Scherz. Denn der erste Buchstabe des hebräischen Alphabets hat phonetisch die Funktion eines Lautträgers für den nachfolgenden Vokal in einem Wort. Er ist nur Transporteur des ihm folgenden Selbstlautes und selbst unhörbar und deshalb bedeutungsleer. «Das *Aleph* zu hören ist» – wie Gershom Scholem bemerkt hat – «eigentlich so gut wie nichts, es stellt den Übergang zu aller vernehmbaren Sprache dar.»[37]

35 Zur philosophischen Diskussion zwischen *phoné* und *graphé* bzw. Oralität und Literalität vgl. einführend Doris Kolesch/Sybille Krämer (Hg.), Stimme. Annährung an ein Phänomen, Frankfurt a. M. 2006; Sabine Till, Die Stimme zwischen Immanenz und Transzendenz. Zu einer Denkfigur bei Emmanuel Lévinas, Jacques Lacan, Jacques Derrida und Gilles Deleuze, Bielefeld 2014.

36 Vgl. Ulrich H. J. Körtner, Theologie des Wortes Gottes. Positionen – Probleme – Perspektiven, Göttingen 2001, 13.46, mit Verweis auf Heinrich Bullingers bekannte Formulierung aus dem Zweiten Helvetischen Bekenntnis: «Praedicatio verbi Dei est verbum Dei.» In aller Klarheit findet sich dieser Zusammenhang im Heidelberger Katechismus. Vgl. Frank Mathwig, Wo sind wir, wenn wir fragen? Annäherungen an das Frage-Antwort-Ereignis im Heidelberger Katechismus: Martin Ernst Hirzel/ders./Matthias Zeindler (Hg.), Der Heidelberger Katechismus – ein reformierter Schlüsseltext, Zürich 2013, 245–283.

37 Gershom Scholem, Zur Kabbala und ihrer Symbolik, Zürich 1960, 47.

Das Paradox einer im wahrsten Sinne des Wortes nichtssagenden Stimme gehört zu den Eigenarten einer jüdischen Toraauslegung, an die der französische Philosoph Jean-François Lyotard angeschlossen hat: «Die *Stimme* [VOIX] lässt ihre selbstlautlosen Buchstaben stimmlos, auf dem Wüstenstein. Sie lässt sie einem Volke zur Aussprache, damit es sich erfreue, bemerkt worden zu sein, von ihr, die nichts Sichtbares ist.»[38] Und in einem anderen Zusammenhang fügt er präzisierend hinzu: «Etwas wurde nicht etwa gesagt, sondern angekündigt, und mir scheint, dass das *Aleph* ankündigend ist, nämlich Atem des Anfangs, den man nicht *hört.* In gewisser Weise hat das Volk nichts gehört, ausser dass etwas angekündigt worden ist. Vielleicht hat es also das *Aleph* als Ankündigung gehört, aber als Phänomen ist das *Aleph* nicht vernehmbar.»[39]

Das Unaussprechliche und deshalb Undarstellbare der wortlosen Stimme Gottes wirft die Hörenden ständig auf das nackte Ereignis – mit Lyotards Worten: auf das «Absolute» – zurück. Und was zunächst an eine Variante des frustriert Steine rollenden Sisyphos erinnert, entpuppt sich bei dem Philosophen als ein eminent emanzipatorischer Akt des Hörens selbst. Lyotard attestiert in diesem Punkt beiden Religionsgemeinschaften eine *Befreiung zum Hören* der lautlos vernommenen Stimme des Anderen. «Die gutartige Emanzipation lautet [...] für das Kind, sich nach dem Ruf des Vaters zu richten, imstande zu sein, ihn zu hören. Keineswegs geht es darum, sich von dieser Stimme zu befreien.»[40] Dieses befreiende Hören entledigt sich sogar der Freiheit selbst, nämlich jener abendländischen Vorstellung vom autonomen Subjekt, «das sich nur noch sich selbst verdankt» und sich «aller Schuld gegenüber anderem» entledigt hat.[41] In der Befreiung zum Hören werden die Hörbegabten – so paradox es klingt – «von einer Stimme als Geisel genommen, einer Stimme, die nicht eigentlich zu [ihnen] spricht, sondern nur sagt, dass sie ist»,

38 Jean-François Lyotard/Eberhard Gruber, Ein Bindestrich – zwischen «Jüdischem» und «Christlichem», Düsseldorf u. a. 1995, 27. Vgl. dazu Saskia Wendel, Zeugnis für das Undarstellbare. Die Rezeption jüdischer Traditionen in der postmodernen Philosophie Jean-François Lyotards: Joachim Valentin/dies. (Hg.), Jüdische Traditionen in der Philosophie des 20. Jahrhunderts, Darmstadt 2000, 264–278; dies., Absenz des Absoluten. Die Relevanz des Bilderverbots bei Jean-François Lyotard: Jahrbuch Politische Theologie 2/1997, 142–155; Josef Wohlmuth, Die Tora spricht die Sprache der Menschen. Theologische Aufsätze und Meditationen zur Beziehung von Judentum und Christentum, Paderborn u. a. 2002, bes. 47–64.

39 Vor dem Gesetz, nach dem Gesetz. Gespräch mit Jean-François Lyotard: Elisabeth Weber (Hg.), Jüdisches Denken in Frankreich, Frankfurt a. M. 1994, 157–179 (162).

40 Lyotard/Gruber, Bindestrich (Anm. 38), 19.

41 Lyotard/Gruber, Bindestrich (Anm. 38), 11.

und die fordert, «nur auf einen Ton zu achten, nur einem Timbre Gehorsam zu leisten.»[42] Diese Bindung bezeichnet Lyotard auch als «absolutes Gehör»[43] – nebenbei bemerkt auch eine bedenkenswerte hermeneutische Figur zum Verständnis der *libertas christiana* im Anschluss an 1Kor 9,19–23.[44] Die Bindung besteht in einem Hören als Totalität, das nicht nur hinhört, um anschliessend mit dem Reden einzusetzen oder fortzufahren, sondern das ausschliesslich hört, *um zu hören*.

Natürlich hat die jüdisch-christliche Hör-Harmonie einen Haken. Mit der neutestamentlichen Inkarnation des Wortes, mit der Opferung Jesu Christi durch seinen Vater am Kreuz setze sich – so Lyotard – das Christentum nicht nur über das Bilderverbot hinweg, sondern schliesse auch die wortlose Lücke der Stimme JHWHs, die immer wieder neu gehört und stets aufs Neue buchstabiert werden müsse. «Ohne Bild zu sein», heisst für Lyotard, «keine Übertragung auf das Imaginäre der Präsenz zuzulassen».[45] Und – so kann paraphrasiert werden – eine Stimme ohne inhaltliche Äusserung zu hören, bedeutet, jedem Versuch zu widerstehen, die Anrede des Anderen auf den Begriff zu bringen und damit den Anderen zu identifizieren und zu vereinnahmen.[46] Es bleibt alles beim «Höre, Israel» (*Sch'mah Jisrael*) (Dtn 6,4). Entsprechend lautet Lyotards Konsequenz: «Man muss davon ausgehen, dass die Stimme, die das Hören vorschreibt, nicht in den Zuständigkeitsbereich des Diskurses fällt, zumindest nicht im Sinne von Diskurs als *logos*.»[47] Die Aufforderung «Höre!» bezwecke zwar «ein Verhalten des Angesprochenen [...], doch keine Bedeutung».[48]

Ein jüdischer Blick auf das pfingstliche Sprachwunder wendet sich kritisch gegen seine Bemächtigung durch ein – griechisch-römisch geprägtes – christliches Sprachverständnis. Die Verständigung zwischen Sprechenden und Hörenden an Pfingsten ist allenfalls der Effekt. Das eigentliche Wunder besteht in dem Hören-Können des Publikums – vor jeder hermeneutischen Operation und Reflexion. Der Satz des Philosophen, die Stimme Gottes lasse die Buchstaben seinem Volk zur Aussprache, wäre auch auf seine christlich-ekklesiologi-

42 Jean-François Lyotard, Heidegger und die Juden, Wien 2005, 32.

43 Lyotard/Gruber, Bindestrich (Anm. 38), 20.

44 Vgl. die Spitzensätze von Martin Luther, Von der Freiheit eines Christenmenschen (1520): «Ein Christenmensch ist ein freier Herr über alle Dinge und niemandem untertan. Ein Christenmensch ist ein dienstbarer Knecht in allen Dingen und jedermann untertan.» WA 7, 49,22–25.

45 Lyotard/Gruber, Bindestrich (Anm. 38), 104.

46 Vgl. Wohlmuth, Tora (Anm. 38), 59.

47 Lyotard/Gruber, Bindestrich (Anm. 38), 134.

48 Lyotard/Gruber, Bindestrich (Anm. 38), 134.

schen Impulse hin zu bedenken. Das Pfingstwunder erklärt das Hören zu einer Geistesgabe, die in der Kirche nicht darum einen schlechten Stand hat, weil sich zu viele darin zum Reden berufen fühlen würden. Die Gründe liegen tiefer. Zugespitzt, aber bedenkenswert behauptet Lyotard: «Das Abendland will keine Gabe.»[49] Das gilt heute zweifellos weit mehr als früher. Heteronomien haben keine Konjunktur in der auf Individualität getrimmten Souveränitätsgesellschaft, der sich auch Kirchen nicht entziehen können oder wollen. Jedenfalls bedeutet die emanzipatorische Hörbegabung die wohl fundamentalste Heteronomie, weil sie die Bedingung dafür ist, sich fremd – richtiger: anders – bestimmen zu lassen.

Auch für die Stimmen in Jerusalem gilt, was Lyotard in geradezu eschatologischer Manier über die Stimme am Sinai behauptet: «Die *Stimme* ist nicht in der Zeit, sie mit dem, was kommt, zum Klingen zu bringen, entfaltet die Zeit eines Kommens.»[50] Damit ist bereits die ekklesiologische Dimension von Pfingsten angesprochen. Die christliche Kirche wäre aus dieser Sicht so etwas wie der geistgestimmte Klangkörper des in der Weltgeschichte anbrechenden Gottesreiches. Die daran anschliessende, durchaus provozierende These lautet: An Pfingsten konstituiert sich christliche Kirche nicht als Verkündigungsgemeinschaft mit universalem Auftrag, sondern als begeisterte Hörgemeinschaft mit Resonanzkörperbegabung von universaler Reichweite.

V. Der Geist und die Gemeinde

Pfingsten steht nicht nur für die Sendung des Geistes, sondern gilt auch als Geburtsstunde der Kirche. Beide Aspekte gehören theologisch aufs Engste zusammen. Die Geistbegabung des Einzelnen und die Sammlung der Gemeinde können sachlich nicht voneinander getrennt werden. Der Geist kommt während einer gottesdienstlichen Versammlung über die Jünger, nicht beim privaten Gebet. Der Gottesdienst ist die eigentliche Form des christlichen Glaubens. In der von Gott selbst konstituierten und geforderten Versammlung handelt dieser an den Menschen und sie hören zusammen auf sein Wort.[51]

49 Lyotard/Gruber, Bindestrich (Anm. 38), 11.

50 Lyotard/Gruber, Bindestrich (Anm. 38), 28.

51 So Karl Barth in seinen Ausführungen in den Gifford Lectures. Er beschreibt den Gottesdienst als primär göttliches und erst in zweiter Linie als ein menschliches Handeln. Vgl. Karl Barth, Gotteserkenntnis und Gottesdienst nach reformatorischer Lehre. 20 Vorlesungen (Gifford-Lectures) über das Schottische Bekenntnis von 1560, gehalten an der Universität Aberdeen im Frühjahr 1937 und 1938, Zollikon 1938, 183–216.

Friedrich Schleiermacher hat den Gottesdienst als Urform und Keimzelle der christlichen Gemeinde betont. Für den stark in den Unionsbemühungen von lutherischer und reformierter Kirche engagierten Theologen gehört der Gottesdienst in den Bereich des «darstellenden Handelns». Im Gegensatz zu anderen Formen menschlicher Aktivität gehen diesem Handeln jedes Herstellen und jede Zweckorientierung ab.[52] Für die konstitutive Aussenorientierung dieser Innerlichkeit sind die Bezogenheit und das Angewiesensein auf Gemeinschaft wesentlich.[53] Christliche Religiosität findet aber auch im nichtöffentlichen Bereich statt. Diese «stillen und einsamen Momente, wo der einzelne ursprünglich nur für sich selbst darstellt»,[54] sind für Schleiermacher ebenfalls eine Form von Gottesdienst. In der privaten Andacht kommt das religiöse Gefühl sogar unvermischter und unmittelbarer zur Geltung als im öffentlichen Gottesdienst mit seinem höheren «Professionalisierungsgrad»[55] und den entwickelten Kunstformen, um den Glauben auszudrücken. Dieser Glaube ist nicht unbestimmt, sondern spezifischer Ausdruck des christlichen Freiheitsbewusstseins. Der Geist Christi befreit den Menschen von der Sünde seiner Selbstbezüglichkeit und Gottesvergessenheit zur Gemeinschaft mit Gott. Diese Freiheit ist – entgegen dem heute verbreiteten Gebrauch des Wortes – eben keine beliebige, sondern hat diesen konkreten Inhalt.[56]

In der Welt ist die Befreiung von der Sünde aber nur von vorläufigem und fragmentarischem Charakter. Schleiermacher beschreibt das Leben des Menschen als von verschiedenen Gegensätzen geprägt:[57] Gottes- und Weltbewusstsein, Lust und Unlust, Hemmung und Förderung, Freiheit und Abhängigkeit. Den endgültigen Ausgleich dieser Gegensätze beschreibt Schleiermacher als eschatologischen Zustand der Seligkeit. Zugleich kennzeichnet dieser das

52 Vgl. Friedrich Schleiermacher, Die christliche Sitte, nach den Grundsätzen der evangelischen Kirche im Zusammenhang dargestellt. Neu herausgegeben und eingeleitet von Wolfgang Erich Müller, Teil 2, Waltrop 1999, 509.

53 Vgl. Dietrich Rössler, Unterbrechungen des Lebens. Zur Theorie des Festes bei Schleiermacher: Peter Cornehl/Martin Dutzmann/Andreas Strauch (Hg.), «... in der Schar derer, die da feiern». Feste als Gegenstand praktisch-theologischer Reflexion, Göttingen 1993, 35f., und Manfred Josuttis, Gottesdienst nach Schleiermacher: Verkündigung und Forschung 31/1986, 47–79 (48).

54 Schleiermacher, Sitte 2 (Anm. 52), 547.

55 Georg Pfleiderer, Der Gottesdienst als Feier kommunikativer Innerlichkeit: Ralph Kunz/Andreas Marti/David Plüss (Hg.), Reformierte Liturgik – kontrovers, Zürich 2011, 151–159 (156).

56 Vgl. Pfleiderer, Gottesdienst (Anm. 55), 157.

57 Vgl. Eberhard Jüngel, Der Gottesdienst als Fest der Freiheit. Der theologische Ort des Gottesdienstes nach Friedrich Schleiermacher: ders., Indikative der Gnade – Imperative der Freiheit. Theologische Erörterungen IV, Tübingen 2000, 330–350 (341).

«eigentliche Grundgefühl des Christen».[58] Es sind «Momente der Befriedigung»[59] zwischen Lust und Unlust, die diese Seligkeit in der Welt, wenn auch nur gebrochen, spürbar werden lassen und in denen die Gegensätze des Lebens für den Moment aufgehoben sind. Der Gottesdienst bildet für Schleiermacher den diese punktuelle Harmonie ermöglichenden Erlebnisraum: «[I]m Gottesdienste [ist] jener Zustand der Befriedigung gesetzt, jene Indifferenz von Lust und Unlust, die wir suchten, und die Aeusserung, die Darstellung derselben sein Wesen.»[60] Weil der Gottesdienst das Erleben von Momenten der Seligkeit in der Welt ermöglicht und hervorruft, beschreibt Schleiermacher Gottesdienste auch als «Unterbrechungen des übrigen Lebens».[61] Der Berufsalltag und das zivile Leben mit seinen Verpflichtungen machen während des Gottesdienstes «Pause»[62] und setzen für seine Dauer aus. In diesem Sinne ist der Gottesdienst eine Aus-Zeit vom Alltag, indem er den Menschen direkt vor Gott bringt und damit zu seiner eigentlichen Bestimmung.[63]

Auch Volksfeste können diese Form annehmen, sofern sie nicht von oben verordnet sind. «Wenn die Menschen sich indem sie die Arbeit und das Geschäft sistiren in grösseren Massen zu einer gemeinschaftlichen Thätigkeit vereinen, so ist das ein Fest.»[64] Festzeiten, Volksfeste und Gottesdienste sind Unterbrechungen des Alltags, die keinen Zweck verfolgen.[65] Sie sind freie Zusammenkünfte von Menschen, die ihr geschäftiges Tun unterbrechen. Wenn Schleiermacher den Gottesdienst in die Kategorie des Festes einordnet, ist es naheliegend, an die grossen Feste des Kirchenjahres – Weihnachten, Ostern oder auch Pfingsten – zu denken. Für ihn manifestiert sich tatsächlich in diesen Hochfesten die höchste Festlichkeit. Aber es handele sich dabei um «bedingte[]» Feiern, eben durch den äusseren Anlass des Kirchenjahres bedingte

58 Schleiermacher, Sitte 2 (Anm. 52), 516.

59 Friedrich Schleiermacher, Die christliche Sitte, nach den Grundsätzen der evangelischen Kirche im Zusammenhang dargestellt. Neu herausgegeben und eingeleitet von Wolfgang Erich Müller, Teil 1, Waltrop 1999, 48.

60 Schleiermacher, Sitte 1 (Anm. 59), 52.

61 Friedrich Schleiermacher, Die praktische Theologie, nach den Grundsätzen der evangelischen Kirche im Zusammenhange dargestellt. Aus Schleiermachers handschriftlichem Nachlasse und nachgeschriebenen Vorlesungen, hg. von Jacob Frerichs, Berlin 1850, 70.

62 Schleiermacher, Sitte 2 (Anm. 52), 536.549.

63 Vgl. Pfleiderer, Gottesdienst (Anm. 55), 157.

64 Schleiermacher, Theologie (Anm. 61), 70. Vgl. Pfleiderer, Gottesdienst (Anm. 55), 153.

65 Vgl. Pfleiderer, Gottesdienst (Anm. 55), 153.

Gottesdienste. Ihnen gegenüber stehen die «unbedingten»,[66] die gewöhnlichen (Sonntags-) Gottesdienste, in denen das christliche Leben zur Geltung kommt. Der Sonntag ist der «wiederkehrende[] Termin für die religiöse Darstellung überhaupt».[67] Wird der Glaube unter der Woche zurückgedrängt, dienen die Sonntage dazu, sich davon freizumachen. Der Sonntag steht als Ergänzung – nicht im Gegensatz – zum übrigen Leben. Im Alltag geht das religiöse Leben weiter, es hat bloss mehr Hindernisse und Hemmnisse.[68] Die Gemeinschaft mit Christus beschränkt sich ja nicht auf den Sonntag, sondern betrifft die gesamte Existenz des menschlichen Lebens.

Für den christlichen Glauben bedeutet der Gottesdienst in Anlehnung an eine Autowerbung «reduce to the max». Kirche ist dort auf ihr Wesentliches konzentriert, wo Gott durch seinen Geist die Gemeinde zu sich ruft und ausrüstet für den Dienst an ihm. Der Gottesdienst ist die Urform der christlichen Gemeinde, weil er keine eigenen Ziele verfolgt, nicht koordiniert, verwaltet oder optimiert, sondern nur auf Gottes Wort hört.[69]

Die Vollendung der Versöhnung Gottes mit der Welt und damit die Aufhebung der im menschlichen Leben empfundenen Widersprüche und Hindernisse stehen aus. Die Neuwerdung ist ein Sein im Werden. In seiner Predigt am Pfingstmontag 1832 zum Parakletenspruch in Joh 16,13–14[70] fragt Schleiermacher, ob der Heilige Geist mit seinem Werk der Verherrlichung Christi nicht schon viel weiter fortgeschritten sein müsste. «[W]ie müsste die hellste Einsicht in sein Wesen, in die Absicht Gottes mit ihm [dem Herrn, M. F.] und eben dadurch in den ganzen Zusammenhang der göttlichen Rathschlüsse so lange schon ein gemeinsames Gut Aller geworden, alle Zweifel verschwunden, alle Nebel zergangen sein, und Alle in dem vollen Glanze des himmlischen Lichtes wandeln!»[71]

66 Schleiermacher, Theologie (Anm. 61), 144.

67 Schleiermacher, Theologie (Anm. 61), 130.

68 Vgl. Christoph Albrecht, Schleiermachers Liturgik. Theorie und Praxis des Gottesdienstes bei Schleiermacher und ihre geistesgeschichtlichen Zusammenhänge, Göttingen 1963, 16f.64f.

69 Vgl. Wilhelm Gräb, Predigt als kommunikativer Akt. Einige Bemerkungen zu Schleiermachers Theorie religiöser Mitteilung: Kurt-Victor Selge (Hg.), Internationaler Schleiermacher-Kongress Berlin 1984, Teilband 2, Berlin 1985, 643–659 (656f.).

70 «Wenn er aber kommt, der Geist der Wahrheit, wird er euch in der ganzen Wahrheit leiten; denn er wird nicht aus sich selbst reden, sondern was er hören wird, wird er reden, und was kommen wird, wird er euch kundtun. Er wird mich verherrlichen, denn aus dem Meinen wird er empfangen und euch kundtun.» Vgl. Friedrich Daniel Ernst Schleiermacher, Predigten 1832, KGA III/13, hg. von Dirk Schmid, Berlin u. a. 2014, 291–302.

71 Schleiermacher, Predigten (Anm. 70), 292.

Schleiermacher attestiert den Werken des Geistes in drei Hinsichten durchaus eine Erfolgsgeschichte:

1. Im Blick auf die Erschliessung der göttlichen Würde Christi. Viele Kämpfe wurden wegen solcher Fragen – und dies nicht immer christlich – geführt. Das will Schleiermacher jedoch als Zeichen werten, dass die Suche nach der Wahrheit nicht *ad acta* gelegt wurde, sondern dass immer noch «tief in unsern Herzen die Sehnsucht nach Gemeinschaft mit dem Ewigen wohnt».[72] Auseinandersetzungen unter den Christen im ökumenischen Dialog sind also, unter der Voraussetzung, dass sie aufrichtig geführt werden, Ausdruck des gemeinsamen Willens, nach der Wahrheit zu streben. 2. Das Vertrautwerden mit dem Leben Christi in der Auseinandersetzung mit der Heiligen Schrift. Dem stellen sich eine schwere Verständlichkeit, die unsichere und unvollständige Quellenlage heute noch mehr als damals in den Weg. Dagegen verweist Schleiermacher auf die gesteigerte Verfügbarkeit der Bibel. Jede und jeder kann sich ein eigenes Urteil über die strittigen Fragen bilden. Eine lückenlose Überlieferung sei zudem gar nicht notwendig, um den Kern des christlichen Glaubens zu verstehen. Der Geist wirkt, auch wenn, 3., der verheissene Friede noch nicht vollständig zum Durchbruch gekommen ist. Christus, unser Erlöser, hat seinen Frieden allen Menschen gegeben. Dieser Friede ist nicht immer sichtbar, umso mehr hat ihn die christliche Gemeinde vorauszusetzen und damit das Wirken des Geistes zu bezeugen. Nicht nur an Pfingsten, aber hier hat die Vergegenwärtigung des Wirkens des Geistes ihren besonderen Ort.

VI. Das Geheimnis von Pfingsten

Pfingsten bleibt eine schwer erträgliche Zumutung für unser Denken. Dietrich Ritschl hat daher die grundsätzliche Frage aufgeworfen, ob «der Geist Gottes (des Vaters und des Sohnes) wie etwas Eigenständiges *thematisiert*, wie etwas Greifbares *definiert* und wie etwas Verständliches *expliziert* werden kann. Er steht ja – so könnte eingewendet werden – Gott (dem Vater, dem Schöpfer) und Jesus (in dem Gott gegenwärtig war) nicht wie etwas *Separates* gegenüber, auch nicht den Gläubigen, denn deren Glaube wird ja gerade ein *Werk* des h[eiligen] Geistes genannt. Und *greifbar* könne er kaum sein, wenn er Geist ist und weht, wo er will (Joh 3,8); auch *verständlich* expliziert könne er kaum

72 Schleiermacher, Predigten (Anm. 70), 294.

werden, ist er doch selbst das Verstehen dessen, was es im Glauben zu verstehen gilt.»[73]

Ritschls Skepsis gegenüber einer freischwebenden Pneumatologie stösst auf weite Zustimmung in der protestantischen Theologie. Tatsächlich sind die Schwierigkeiten mit dem Geist nicht von der Hand zu weisen. Es geht ja nicht – wie häufig antithetisch verkürzend behauptet wird – um Pfingsten *contra* Babylon, sozusagen als Wahl zwischen einer Verständnis- und einer Unverständnis-Welt, sondern um Pfingsten *in* Babylon, also ein Verstehen *in* einer durch und durch missverständlichen Welt.[74] Deshalb spürt jede pneumatologische Theorie über den heiligen Geist und seine Wirkungen sofort den Atem der paulinischen Nötigung im Nacken, zwischen den Geistern zu unterscheiden (1Kor 12,10). Und als sei das nicht schon anspruchsvoll genug, wird der Komplikationsgrad weiter erhöht, wenn das Vermögen zur Unterscheidung der Geister selbst als Geistesgabe (*charisma*) auftritt – also weder als eine wissenschaftlich-theologische Kompetenz oder kirchlich-institutionelle Autorität noch als logische Argumentations- und Schlussregel.

Wie also *über* den heiligen Geist reden, angesichts all der theologischen Fallstricke und im Bewusstsein, dass es um ein Geheimnis geht, nicht irgendeines, sondern – mit Karl Barth – um das «schlechterdings nicht menschliche, sondern *göttliche* Geheimnis der Freiheit»?[75] Der Bochumer Systematiker Günter Thomas hat dazu einen interessanten Vorschlag gemacht. Seine These lautet: «Der Geist Gottes ist eine Macht der individuellen, der sozialen und der gemeinschaftlichen Aufmerksamkeit.»[76] Die Pointe des Geistes Gottes als Aufmerksamkeitsmacht besteht in einem Überblendungseffekt, den sich Thomas analog zu der aus Filmen bekannten Technik des kontinuierlichen Übergangs von einer Einstellung zur nächsten denkt. «Die in Jesus Christus Ereignis gewordene göttliche Aufmerksamkeit, d. h. die aktive Aufmerksamkeit Jesu Christi, prägt, formt und strukturiert die Aufmerksamkeit und Wahrnehmung

73 Ritschl, Pneumatologie (Anm. 32), 1247.

74 Vgl. Eco, Suche (Anm. 34), 355, der zwischen der Gabe der Glossolalie in 1Kor 14 und der Gabe einer mystischen «Simultanübersetzungsanlage» in Apg 2 unterscheidet. Erläuternd fügt er hinzu: «Im ersten Fall wäre den Aposteln die Fähigkeit wiedergegeben worden, die heilige Sprache der Zeit vor Babel zu sprechen. Im zweiten Fall wäre ihnen die Gnade zuteil geworden, in Babel nicht das Zeichen einer Niederlage und einer Verletzung zu sehen, die um jeden Preis geheilt werden muss, sondern den Schlüssel zu einem neuen Bund und einer neuen Eintracht.»

75 Barth, KD III/4 (Anm. 29), 364.

76 Günter Thomas, Der Geist als Macht der Aufmerksamkeit: Gregor Etzelmüller/Heike Springhart (Hg.), Gottes Geist und menschlicher Geist, Leipzig 2013, 117–130 (123).

der Christen. Die göttliche, die jesuanische Aufmerksamkeit steuert und lenkt, überblendet und irritiert die Aufmerksamkeit im Handeln des Menschen – wenn der Geist Jesu Christi in der Aufmerksamkeit machtvoll präsent ist. Diese Überblendung unserer Aufmerksamkeit mit der Aufmerksamkeit Jesu Christi [... eröffnet] ein[en] Korridor der Freiheit [...], der durch Glaube, Liebe und Hoffnung, Gerechtigkeit und Erbarmen, geprägt ist. [...] Der Geist Jesu Christi formt, prägt und baut [...] Möglichkeitsräume, in denen wir uns bewegen und in die wir Aufmerksamkeit investieren.»[77]

Der Vorschlag von Thomas klingt bestechend kohärent, weil er alle Aspekte einer trinitarisch verankerten Pneumatologie über die Begriffe «Aufmerksamkeit» und «Wahrnehmung» abhandelt. Die Tücken stecken aber auch hier im Detail. Dass geistbegabte Menschen die Welt mit anderen Augen sehen, wäre noch die am leichtesten zu plausibilisierende These.[78] Schwerer wiegt, dass eine systemtheoretisch geschulte medien- und kommunikationstheoretische Architektur theorietechnisch nicht ohne weiteres mit der Kategorie der Gabe vermittelt werden kann.[79] Eigentlich ist für sie in dem Theorieformat kein Platz vorgesehen. Der griechisch-hellenistische Stachel – «Das Abendland will keine Gabe»[80] – steckt grundsätzlich auch im Fleisch der in dieser Welt ausgebildeten Theologien. Die entscheidende Frage lautet, wie sich die Aufmerksamkeit Gottes der Menschen bemächtigt, wie also – mit den Worten von Thomas – eine durch die Christusperson geprägte Aufmerksamkeit in den Menschen aktiviert wird.[81]

Dass ein vertiefter Blick in die Bibel unsere Wahrnehmungen von uns und der Welt prägt und vorherige Sichtweisen verändert, gilt ebenso unbestritten wie die Tatsache, dass inflationäre alarmistische Medienberichte über terroristische Massaker unsere Einstellungen zu anderen Völkern oder Religionsge-

77 Thomas, Macht (Anm. 76), 126f. Diese Konzeption konkretisiert Thomas anschliessend an den beiden Ämtern Jesu Christi als Priester und Prophet.

78 Vgl. etwa Ingolf U. Dalferth, «Was Gott ist, bestimme ich!». Theologie im Zeitalter der «Cafeteria-Religion»: ders., Gedeutete Gegenwart. Zur Wahrnehmung Gottes in den Erfahrungen der Zeit, Tübingen 1997, 10–35, bes. 24–29.

79 Vgl. dazu Günter Thomas, Die Multimedialität religiöser Kommunikation. Theoretische Unterscheidungen, historische Präferenzen und theologische Fragen: Ingolf U. Dalferth/Philipp Stoellger (Hg.), Hermeneutik der Religion, Tübingen 2007, 189–213.

80 Lyotard/Gruber, Bindestrich (Anm. 38), 11.

81 Zum Begriff der Aufmerksamkeit vgl. Günter Thomas, Umkämpfte Aufmerksamkeit. Medienethische Erwägungen zu einer knappen kulturellen Ressource: ZEE 47/2003, 89–104, und Matthias Zeindler, Auf Erzählungen hören. Zur Ethik der Aufmerksamkeit: Marco Hofheinz/Frank Mathwig/ders. (Hg.), Ethik und Erzählung. Theologische und philosophische Beiträge zur narrativen Ethik, Zürich 2009, 275–301.

meinschaften nachdrücklich beeinflussen. Aber worin besteht die Differenz zwischen der einen und der anderen Überblendung? Worin unterscheidet sich die von Gottes Geist gewirkte «Reform» menschlicher Wahrnehmung etwa von den Anliegen Paul Cézannes oder Rainer Maria Rilkes, die sich beide als Farb- bzw. Wahrnehmungsreformer verstanden?[82] Oder methodologisch gefragt, lassen sich die mit dem Begriff «Überblendung» bezeichneten Phänomene überhaupt im weitesten Sinne hermeneutisch aufklären?

Aufmerksamkeit ereignet sich für Thomas nicht in der Art und Weise, wie sie oben für die Pfingstereignisse behauptet wurde.[83] Klar: «Nur wer aufmerksam und d. h. zugleich wahrnehmungsfähig ist, ist affizierbar, bewegbar und empfindsam, in einem prägnanten Sinne erlebnisfähig.»[84] Aber gilt das auch für göttliche Geistesgegenwart? Pfingsten steht für einen radikalen «Bruch mit der Logik der Aufmerksamkeit»,[85] den auch Thomas und in anderer, an Waldenfels orientierter Weise Zeindler einem theologischen Aufmerksamkeitsbegriff attestieren: die durch den Geist *passiv* empfangene Wahrnehmungsgabe und im Geist Gottes als *cooperatio* wirksame Aufmerksamkeit im Sinne einer *aktiv(ierend)en* Wahrnehmungsbefähigung. Aber enthalten solche anspruchsvollen Vermittlungsüberlegungen im Blick auf die Pfingstereignisse nicht schon einen Gedanken zu viel?[86] Jedenfalls war das Jerusalemer Publikum nicht nur unaufmerksam, sondern ausdrücklich wahrnehmungsunwillig (ihre Wahrnehmung war ganz auf die Erklärung «Alkoholexzess» geeicht). Trotzdem wurden die Touristen vom Wirken des heiligen Geistes schlicht überrumpelt – nicht gegen ihren Willen oder entgegen ihrer Aufmerksamkeit, sondern vollständig unabhängig davon. Das Gleiche gilt für Paulus, dessen Damaskus-Erlebnis seine damalige Aufmerksamkeit und Wahrnehmungsfo-

82 Vgl. Jean-Claude Wolf, Hare über Ontologie und Ethik: Christoph Fehige/Georg Meggle (Hg.), Zum moralischen Denken, Bd. 1, Frankfurt a. M. 1995, 335–353 (349).

83 Thomas weist ein Verständnis der Geistesgaben nach Joel 3, also dem Text, den Petrus ausführlich in seiner Rede zitiert, explizit zurück: «Der Geist Gottes ist ausgegossen, aber nicht einfach wie bei Joel (Joel 3,1–2) wie ein Gewitter in der Wüste, sondern wie, Paulus betont, in unsere Herzen.» Thomas, Macht (Anm. 76), 119.

84 Thomas, Macht (Anm. 76), 125.

85 Thomas, Aufmerksamkeit (Anm. 81), 97.

86 Die Figur des «Gedankens zu viel» stammt von Bernard Williams, Personen, Charakter, Moralität: ders., Moralischer Zufall. Philosophische Aufsätze 1973–1980, Königstein im Taunus 1984, 11–27 (27); vgl. Frank Mathwig, Riskante Freundschaft. Zur Rolle der Freundschaft in der Ethik: Marco Hofheinz/ders./Matthias Zeindler (Hg.), Freundschaft. Zur Aktualität eines traditionsreichen Begriffs, Zürich 2014, 263–277 (268–272).

kussierung komplett auf den Kopf stellte.[87] Dass der Geist – gleich dem Wind – weht, wo er will (Joh 3,8), behauptet nichts anderes als dessen notorisches Desinteresse an menschlichen Aufmerksamkeits- und Wahrnehmungspräferenzen. Heiliger Geist weht eben nicht dort, wo menschliche Aufmerksamkeit ihn gerne wehend spüren würde, sondern ausschliesslich dort, wo er wehen will. Im Zweifelsfall bläst er unbequem ins Gesicht und zuweilen wie jener Sturm «vom Paradiese her».[88]

Die Bestimmung des Handlungssubjekts «Geist» als Funktion einer sozialen Aufmerksamkeitsökonomie geht nicht auf. Sie geht bereits vor der oben kritisch diskutierten Frage nach der kommunikativen Struktur der Geistbegabung in die Knie. Für den Protestantismus – so Thomas – geschehe Wahrnehmung von Gott notwendig indirekt als «Kommunikation (Predigt und Sakrament, Lied etc.) über Kommunikation (Schrift)» über leibhafte Kommunikation (Christus).[89] Diese kommunikationstheoretische Optik trifft so nicht auf das Jerusalemer Publikum zu und muss auch im Blick auf die in der Bibel berichteten Gotteserfahrungen hinterfragt werden. Die pneumatologische Gretchenfrage nach dem Verhältnis von Selbst- und Fremdreferenz spitzt sich im Blick auf Pfingsten noch einmal zu und muss deshalb von ihrer folgerichtigen, aber eben erst folgenden ekklesiologischen Kontextualisierung abgesetzt werden.

Gemäss dem kommunikationstheoretischen Grundschema ist zwischen Senderinnen und Empfängern eine dritte Instanz eingeschaltet, jene unbekannte, die *via* Überschneidungstechnik Impulse und Informationen selektiv auswählt, durchlässt oder zurückhält. Der französische Mathematiker und Philosoph Michel Serres vergleicht die Konstruktion mit einer Sanduhr. Die grösste Machtposition – Sprach-, Deutungs- oder Entscheidungsmacht – befindet sich an der schmalsten Stelle, dort, wo gerade ein einziges Sandkorn

87 Im Berufungserlebnis des Paulus spiegelt sich auch die von Zeindler im Anschluss an Bernhard Waldenfels betonte Inkommensurabilität der Aufmerksamkeit wider. Aber es geht in der Feststellung des Phänomenologen – «Was auf uns zukommt, kommt unseren Erwartungen zuvor» (Bernhard Waldenfels, Phänomenologie der Aufmerksamkeit, Frankfurt a. M. 2004, 90; vgl. Zeindler, Erzählungen [Anm. 81], 290) – nicht auf. Die Bemächtigung durch den Geist sprengt nicht nur jede Machtverteilung menschlicher Aufmerksamkeitsökonomien, sondern die Kategorie der Aufmerksamkeit selbst – sie lenkt nicht, sondern konstituiert überhaupt erst Aufmerksamkeit. Vgl. Thomas, Aufmerksamkeit (Anm. 81), 98: «In Christus wendet Gott dem menschlichen Leben positive Aufmerksamkeit zu, ganz unabhängig von menschlicher Aufmerksamkeit nimmt er sich dem menschlichen Bedürfnis nach Aufmerksamkeit und dem steten Tauschgeschäft der sozialen Ökonomie und Aufmerksamkeit an.»

88 Walter Benjamin, Über den Begriff der Geschichte: ders., Gesammelte Schriften, Bd. I/2, Frankfurt a. M. 1974, 692.

89 Vgl. Thomas, Macht (Anm. 76), 129.

Platz hat. Wir kennen alle das Phänomen aus unserem Alltag: lähmende bürokratische Strukturen, in denen irgendwo eine hierarchisch hochstehende Figur einen Flaschenhals inszeniert, der meistens kontraproduktiv, aber stets erfolgreich den Verkehr aufhält. Auch das ist Kommunikation nach dem Sanduhrprinzip. «Die Sanduhr [...] bildet Beziehungen von der Art *viele – einer – viele* ab.»[90] Viele Sender, eine Übersetzerin, eine Menge Zuhörende. Die Übersetzerin hält sich im Zentrum oder im Brennpunkt der Sanduhr auf. Der Prototyp dieser Zentralfigur ist der Götterbote Hermes, der Schutzgott des Verkehrs, der Reisenden, Händler und Diebe. «Alles geht durch Hermes' Hände [...], weil alles sich zwischen seinen Händen mehr oder weniger verwandelt. Der Verteiler ist auch ein Transformator [...]. Die Nachricht [...] verändert sich beim Durchgang durch seine Hände [...]. Sie gelangt nicht rein, unverändert und stabil zum Empfänger.»[91]

Die Sanduhr ist ein Bild für ein dreistelliges – Serres würde sagen: parasitäres – Kommunikationssystem, das auch dem pneumatologischen Aufmerksamkeitskonzept von Thomas zugrunde liegt. Damit wäre immerhin die Frage nach der Unbekannten geklärt: Hermes ist der Cutter am Schneidetisch, er wählt die Einstellungen aus und montiert sie mithilfe der Überblendungstechnik zusammen. Er besetzt die Knotenpunkte der Kommunikation und steuert, worauf Aufmerksamkeit gerichtet ist und was in welcher Weise wahrgenommen wird. In dem Modell des Theologen heisst Hermes natürlich Jesus Christus. Im Blick auf ihre Funktion unterscheiden sich die beiden nicht. Passt diese Rollenzuschreibung?

Interessanterweise bringt Serres ein alternatives Kommunikationsmodell ins Spiel: «Nehmen wir einmal an, irgendein Sender spreche in seiner Sprache und jeder Empfänger verstünde ihn in seiner Sprache, ganz gleich, welches diese Sprache sei, und gleich auch, an welchem Ort sich der Empfänger befinde. Die Beziehungen lassen sich dann als von der Art *viele – viele* kennzeichnen, und das Netz, das sie bilden, ist ohne Zentrum, ohne Verteiler und ohne Kreuzung.»[92] Es ist unmittelbar klar, welche Szene der Mathematiker und Philosoph hier vor Augen hat. «Wenn der Redner so, als solcher, verstanden wird, verliert das Netz sein Zentrum, auch lokal: Es gibt keinen Störer mehr, keine Kreuzung, es gibt keinen Vermittler mehr [...]; Hermes, der Vater Pans, stirbt am Pfingsttage.»[93] Das System kollabiert, es findet keine Überblen-

90 Michel Serres, Der Parasit, Frankfurt a. M. 1987, 70.
91 Serres, Parasit (Anm. 90), 70.
92 Serres, Parasit (Anm. 90), 70.
93 Serres, Parasit (Anm. 90), 71.

dung von einer zu einer anderen Einstellung statt und es entsteht auch kein neues System. Pfingstliche Geistesgegenwart lässt sich nicht auf ein moralisches Reform- oder kulturwissenschaftliches Kontingenzbewältigungsprogramm reduzieren. Um all das geht es an Pfingsten nicht.

Serres macht auf eine überraschende Beobachtung aufmerksam: Die vom Brausen angelockten Jerusalemtouristen bilden ebenso wenig eine Einheit wie die Trauben von Schaulustigen bei einem Verkehrsunfall. Trotzdem geschieht an Pfingsten genau das: Eine zufällige Ansammlung von Menschen wird plötzlich und ungeachtet aller ethnischen und sprachlichen Barrieren zu einer einzigen Hörgemeinschaft. Das leistet weder eine Simultanübersetzung noch eine Theorie, die elegant über irgendwelche Banden gespielt wird. Genau das, was Thomas für protestantische Augen und Ohren als unannehmbar erklärt, passiert an Pfingsten: Verständigung ohne Kommunikation, oder anders herum formuliert: Kommunikation als reine Hörbegabung. Das ist – mit den Worten von Michel Serres – «das Pfingstschema»[94] oder – theologisch gewendet – das Pfingstgeheimnis: sich unmittelbar ereignende, direkte und nicht intendierte, begeisterte Beziehung. Michel Serres resümiert: «Der Dritte erscheint, der Dritte ist eingeschlossen. Vielleicht ist er jeder von uns.»[95] In jedem Fall ist der Dritte das Subjekt von Pfingsten.

VII. Pfingsten ist Gottesdienst

An Pfingsten beginnt das Werk des Heiligen Geistes als Fürsprecher, Beistand, Lehrer, Richter der Welt, Stellvertreter Christi und dessen Zeuge. Der Geist vergegenwärtigt Christus der Gemeinde und führt sie in seine Wahrheit. Der Gottesdienst als Urzelle der Gemeinde ist das Ereignis, an dem die künftige Vollendung des Geistwerkes – die Seligkeit und damit die Aufhebung aller menschlichen und weltlichen Gegensätze – antizipiert und gefeiert wird. Damit steht der Pfingstgottesdienst als Erinnerungsdatum für die schöpferische und neuschaffende Kraft des Geistes.[96] In ihm wird bekräftigt, dass der Geist wirkt und sein Werk in der Welt weiterführt – damals in Jerusalem genauso wie heute in den christlichen Kirchen. Das hat Konsequenzen für die Predigt im Pfingstgottesdienst. Das Bekennen der Pfingstbotschaft lässt sich nicht in Form von Konjunktiven oder Wünschen darüber, wie es sein sollte, formulie-

94 Serres, Parasit (Anm. 90), 73.
95 Serres, Parasit (Anm. 90), 78.
96 Vgl. Sauter, Theologie (Anm. 9), 97f.

ren. Pfingstpredigen ist «affirmatives, einstimmendes Reden».[97] Sein Thema ist das, was *ist*: Gott wohnt unter uns. Wir leben im Geist. Wir sind neu geworden. Wir gehören Christus.[98] Wir sind Glieder seines Leibes. An Christi statt ist es Sache des Geistes, in der Gemeinde ihren Herrn zu vergegenwärtigen, in seine Wahrheit einzuführen und Gottes grosse Taten zu erinnern. Der Geist geht damit seiner Thematisierung in der Predigt voraus. Gottes Geist lässt sich weder homiletisch entdecken noch rhetorisch herbeireden. Indem die grossen Taten Gottes verkündet – nicht diskutiert, abgewogen oder gewünscht – werden, ist die Predigt eine Einladung an alle, sich auf die Wirkungen des Geistes einzulassen. Die Predigt hat prophetischen Charakter, insofern sie den Hörenden mitteilt, wer sie sind und wo sie hingehören. In der Predigt wird die von Gott mit sich und der Welt versöhnte Wirklichkeit der christlichen Gemeinde verkündigt. Ob die Pfingstpredigt Versöhnung erlebbar macht und bewirkt, ist Sache des Geistes selbst. Ob die Verkündigung der grossen Taten Gottes für die Hörenden zu ihrer Muttersprache wird, hängt davon ab, ob sich das Hör- und Sprechwunder des Pfingstgeschehens hier und heute wiederholt.

Das Wunder liegt nicht in den Möglichkeiten der Kirche. Trotz Geistausgiessung *hat* sie den Geist nicht. Sie kann nicht über ihn verfügen, ihn nicht als Werkzeug in die Hand nehmen und beliebig einsetzen. Der Geist weht auch in der Kirche, wo er will. Alles, was die Kirche Jesu Christi tun kann, ist, um das Kommen des Heiligen Geistes zu bitten. Das Gebet «Veni creator spiritus!» steht am Anfang und im Mittelpunkt der christlichen Gemeinde.[99] Sie weiss, dass sie nicht für sich selbst und aus sich selbst lebt, sondern auf den schöpferischen und vergebenden Geist Gottes angewiesen ist und nur aus ihm heraus lebt. Die Kirche erinnert sich an Pfingsten daran, was sie zur Kirche werden lässt: Die Neuschöpfung durch den Geist konstituiert die christliche Gemeinde. Die Kirche versammelt sich an Pfingsten als Gemeinschaft derer, die ihr Leben aus dem Geist führen. Der Geist Gottes ist der Fährmann des Schiffes Kirche, der Bergführer des wandernden Gottesvolkes, der sie sozusagen zum Gipfel der Wahrheit Christi führt. Er macht das Wort Gottes lebendig

97 Sauter, Schrittfolgen (Anm. 26), 199. Vgl. zur Charakteristik der Pfingstpredigt und damit zu diesem Abschnitt: a. a. O., 199–203.

98 Vgl. Frageantwort 1 des Heidelberger Katechismus: «Was ist dein einziger Trost im Leben und im Sterben? Dass ich mit Leib und Seele im Leben und im Sterben nicht mir, sondern meinem getreuen Heiland Jesus Christus gehöre.» Revidierte Fassung 1997, hg. von der Evangelisch-reformierten Kirche, von der Lippischen Landeskirche und vom Reformierten Bund, Neukirchen-Vluyn ^{5}2012.

99 Vgl. Michael Weinrich, Kirche glauben. Evangelische Annäherungen an eine ökumenische Ekklesiologie, Wuppertal 1998, 169–171.

und wirklich im Leben der christlichen Gemeinde. Ihren Geburtstag wird die Kirche deshalb nur in dem Bekenntnis feiern können, dass sie immer wieder neu geboren wird und werden muss. Sie ist bleibend *creatura verbi.*[100]

Auch als universale Kirche lebt sie nicht für sich selbst, als selbstgenügsames «Häuflein, das sich für sich freut, dass es erwählt ist und nun deshalb Lieder singt».[101] Pfingsten ist nicht bloss die Konstituierung der einen Kirche, sondern ebenso Sendung dieser Kirche in die Welt. Die Pfingstgemeinde ist missionarische Kirche. Sie hat den Auftrag der Zeugenschaft für die Wahrheit Christi in der Welt. Im Eintreten für Recht und Gerechtigkeit ist kirchliche Verkündigung praktisch und selbstverständlich politisch. Kirche handelt jedoch nicht aus sich selbst heraus, sondern weil Christus kraft seines Geistes in ihr wirkt.[102] Die guten Werke sind Wirkungen der Eingliederung in die Gemeinschaft Christi und der Teilnahme am guten Werk Gottes.[103]

Pfingsten erinnert die Kirche immer wieder daran, dass sie sich nicht selbst gehört, sich nicht eigene Ziele setzt und keinen selbst gesetzten Regeln folgt. Pfingsten handelt von dem Geist, der nicht nur die Jerusalemer Touristen bewegte, sondern Kirche heute Kirche sein lässt. Geistbegabte Kirche zeigt sich in ihrem beharrlichen gemeinschaftlichen Bitten darum, dass der Geist komme und sie belebe, sie ausrüste und befähige zu grossen Taten in der Welt. In diesem Sinne kann Pfingsten als das Urdatum des christlichen Gottesdiensts und der Kirche gelten. Dies darf und soll gefeiert werden im Bewusstsein, dass sich der «Geburtstag» der Kirche immer wieder neu ereignen muss.

Damit wird Pfingsten zum Prototyp für den Gottesdienst der unter seinem Wort versammelten Gemeinde. Allerdings hat die Pfingstgeschichte mehr zu bieten als die heute übliche funktionale Deutung der damaligen Jerusalemer Ereignisse als ekklesiologischer Nukleus. Was die Anwesenden am Natur-, Feuer- und Hörwunder um den Verstand brachte, war die Begeisterung vor und unabhängig von jeder kommunikativen Mitteilung und Struktur. Der Geist Gottes und der Kirche lässt sich nicht kommunikationstheoretisch zähmen und homiletisch-hermeneutisch bändigen. Mit ihm ist immer zu rechnen, und mit ihm zu rechnen, ist Kennzeichen lebendiger, geistbegabter und pfingstbewegter Kirche.

100 Vgl. Sauter, Schrittfolgen (Anm. 26), 182.

101 So zitiert Eberhard Busch Karl Barth in seinem Tagebuch. Vgl. ders., Meine Zeit mit Karl Barth. Tagebuch 1965–1968, Göttingen 2011, 312.

102 Vgl. Barth, KD III/4 (Anm. 29), 362.

103 Vgl. dazu Barth, KD IV/2 (Anm. 27), 673–676.

Otto Schäfer

Die Schöpfungszeit

I. Einführung: Schöpfungszeit und Kirchenjahr

Die *Schöpfungszeit* erstreckt sich über mehrere Wochen vom 1. September bis 4. Oktober. Es handelt sich um eine ökumenisch gewachsene und abgestimmte Zeit des Kirchenjahres.[1] Sie ist, genauer gesagt, ein Ergebnis des konziliaren Prozesses für Gerechtigkeit, Frieden und die Bewahrung der Schöpfung, der angestossen wurde von der 6. Vollversammlung des Ökumenischen Rates der Kirchen in Vancouver 1983 («Jesus Christus, das Leben der Welt»). Im europäischen Kontext haben vor allem die drei Europäischen Ökumenischen Versammlungen in Basel (1989), Graz (1997) und Sibiu/Hermannstadt (2007) sowie die als eigenständige Zwischenetappe sehr bedeutsame, 2001 in Strassburg verabschiedete «Charta Oecumenica» die ökumenische Schöpfungszeit auf den Weg gebracht. Im Rahmen der Schöpfungszeit können die Kirchen einen Schöpfungstag bestimmen[2] oder auch frei innerhalb des ganzen Zeitraums Akzente setzen. Dabei spielen unterschiedliche konfessionelle Traditionen eine Rolle, die in der Schöpfungszeit zusammengebunden sind: der 1. September als Schöpfungstag in der Orthodoxie,[3] der Franziskustag am 4. Oktober in der katholischen Frömmigkeit, Erntedankfeste in verschiedenen protestantischen Kirchen. Wir haben hier also den besonderen Fall einer noch jungen und festigungsbedürftigen, aber in vielen Kirchen auch schon gut verankerten Neuprofilierung einer bestimmten Zeit des Kirchenjahres. Diese Neuprofilierung baut allerdings auf älteren Traditionen auf und führt sie in einer Weise zusammen, die konfessionelle Besonderheiten nicht gegeneinander ausspielt, sondern im

1 Vgl. zum Folgenden Isolde Schönstein/Lukas Vischer (Hg.), Eine Zeit für Gottes Schöpfung, Genf 2006.

2 Die deutsche Arbeitsgemeinschaft Christlicher Kirchen (ACK) hat 2010 beschlossen, ihre Mitgliedkirchen jeweils zum ersten Freitag im September zur Feier des Schöpfungstages einzuladen; sie veranstaltet eine zentrale Feier des Schöpfungstages an jährlich wechselnden Orten.

3 Papst Franziskus hat im August 2015 (nach der im Juni 2015 veröffentlichten Umweltenzyklika «Laudato si'») den 1. September auch für die römisch-katholische Kirche als Schöpfungstag eingeführt. Evangelischerseits gibt es gleichfalls eine Tendenz, sich dem orthodoxen Schöpfungstag anzuschliessen, zumindest im Sinne von Eröffnungsfeiern der ökumenischen Schöpfungszeit (so an mehreren Orten der Schweiz, z. B. St. Gallen, Lausanne, Genf).

Gegenteil zu einem geteilten Reichtum macht. Das oft zitierte protestantische Ökumenemodell der «Einheit in versöhnter Verschiedenheit» wird damit liturgische Realität weit über die protestantischen Kirchen hinaus.

Wenn hier mit einer Kurzbeschreibung und sozusagen einer Zollerklärung begonnen wird, dann deshalb, weil für die Schöpfungszeit natürlich ein zumindest implizites Legitimationsproblem besteht. Sie mag daherkommen wie ein junger Parvenu von zweifelhaftem Adelspatent, der sich in einen Kreis ehrwürdiger Feste wie Weihnachten, Ostern und Pfingsten und mancher anderen Feiertage von unangefochtener Nobilität mischt. Eine kritische Betrachtung mag versucht sein, die Schöpfungszeit zu vergleichen mit der inflationären Entwicklung von allerlei Zwecksonntagen, mit denen dem Markt der Möglichkeiten kirchlichen Engagements in hochdifferenzierten Gesellschaften Rechnung getragen werden soll. Bei genauer Betrachtung trifft dieser Vorwurf, sofern er so pauschal überhaupt gerecht ist, die Schöpfungszeit nicht. Im Folgenden soll gezeigt werden, in welch hohem Mass *die Schöpfungszeit eine integrierende Festzeit des Kirchenjahres* ist. Sie profiliert alte liturgische Traditionen neu. Sie verkörpert eine Ökumene achtsamen Umgangs mit dem Reichtum konfessioneller Prägungen. Sie gibt dem durch die Krise der Lebensgrundlagen irreversibel veränderten geschöpflichen Selbstverständnis einen Ort im Kirchenjahr. Und sie fügt Jahreskreise unterschiedlichen Charakters zusammen.

In seinem einführenden Überblick über ein reformiertes Verständnis des Kirchenjahres hat David Plüss von einem *Menschenhaus* gesprochen. Mit diesem Begriff verbinden sich vor allem zwei Dinge: Freiheit und Menschenfreundlichkeit. Die Kirchen haben demnach die *Freiheit*, neue Elemente einzuführen, denn das Kirchenjahr ist eine menschliche Baustelle und keine göttliche Verfügung. Dass in diesem Fall Freiheit und ökumenische Rücksicht so vorbildlich miteinander gekoppelt sind, darf hervorgehoben werden. Die *Menschenfreundlichkeit* wiederum erweist sich in der Zuwendung zu allem, was Menschen bewegt, berührt und bestimmt, insbesondere in der Offenheit, mit der neben dem heilsgeschichtlichen Jahreskreis auch dem natürlichen Jahreskreis und dem gesellschaftlichen Jahreskreis Rechnung getragen wird. Alle drei Jahreskreise bestimmen das Kirchenjahr aus reformierter Perspektive. Das ist menschenfreundlich. Und damit gut theologisch, denn vergessen wir nicht: die *phil-anthropia* zählt zu den neutestamentlichen Gottesattributen (Tit 3,4).

Aus dieser Perspektive ist es freilich kein grundsätzliches Manko, dass die Schöpfungszeit als bestimmendes Moment des Kirchenjahres eine noch frische und in Ausbreitung befindliche Neuprofilierung ist. Es ist auch nicht prinzipiell verdächtig, dass sie – wie schon der viel ältere Erntedank – in besonderer Weise dem natürlichen Jahreskreis Ausdruck verleiht, nämlich dem Reifen und

Fruchten der Vegetation und einem gewissen Abschluss des jährlichen Lebenszyklus in der Natur (zumindest in den gemässigten Breiten der Nordhalbkugel). Und es mag sogar die Legitimität der Schöpfungszeit verstärken, dass sie zugleich mit einem wichtigen Moment des gesellschaftlichen Lebenskreises zusammenfällt, nämlich dem Arbeitsbeginn nach dem Sommerurlaub, dem Schulbeginn nach den Sommerferien: Geschöpfe sind ja auch wir Menschen selbst in unserer leiblichen und seelisch-geistigen Konstitution, und für das Geschenk der Erholung zu danken und für den Neubeginn des Lernens und Arbeitens um Segen zu bitten, ist ein gemeinschaftlicher Ausdruck menschlicher Geschöpflichkeit, der in diese Jahreszeit gehört.

Was aber ist mit der *Heilsgeschichte*? Die Schöpfungszeit nicht auch und ganz besonders aus dieser Sicht zu begründen, erschiene nun wiederum zu leicht, viel zu leicht. Dass die Schöpfungszeit gerade in der Dynamik eines heilsgeschichtlichen Jahreskreises ihre Berechtigung, ja sogar ihre Notwendigkeit hat, dieser Anspruch soll hier nicht von vornherein aufgegeben, sondern im Gegenteil dezidiert vertreten werden.

Dieses kleine Programm wird in den folgenden Abschnitten ausgeführt. Am Anfang steht eine genauere Betrachtung, wie es zur Schöpfungszeit kam und welche älteren Wurzeln diese Festzeit des Kirchenjahres hat. Das ist das «plat de résistance», die Hauptspeise, dieses Kapitels. Dann wird der Aspekt des natürlichen Jahreskreises aufgegriffen, um zu zeigen, dass es ohne ihn ein Kirchenjahr als Ganzes gar nicht geben kann und dass es ein Zeichen von Blindheit und geistig-geistlicher Armut ist, wenn Kirche und Theologie die damit implizierte, auf die Natur gerichtete Sensibilität, Bildung und Verantwortung nicht angemessen einbeziehen. Ein Eingehen auf den gesellschaftlichen Jahreskreis soll aus Raumgründen unterbleiben, so reizvoll es sein mag, theologisch über das Verhältnis Ferienzeit - Schöpfungszeit nachzudenken. An zweitletzter Stelle steht ein Plädoyer für die Situierung der Schöpfungszeit im heilsgeschichtlichen Jahreskreis. Und abschliessend folgt eine kurze Einladung zur Feier der Schöpfungszeit in den Schweizer Kirchen – mit dem ökumenischen Verein «oeku Kirche und Umwelt».

II. Eine noch junge Festzeit des Kirchenjahres mit alten Wurzeln

Erst 2007 bekam die Schöpfungszeit zumindest im europäischen Kontext einen *offiziösen Status in der Schlussbotschaft der Dritten Europäischen Ökumenischen Versammlung in Sibiu/Hermannstadt* in Rumänien. Dort heisst es in der Empfehlung 10: «Wir empfehlen, dass der Zeitraum zwischen dem 1. September und 4. Oktober dem Gebet für den Schutz der Schöpfung und der Förderung eines nachhaltigen Lebensstils gewidmet wird, um den Klimawandel aufzuhalten.»[4] Dass der letzte Satzteil unglücklich formuliert ist, war schon damals den meisten Delegierten klar – der Klimawandel lässt sich nicht mehr aufhalten, er lässt sich nur in seinem Ausmass und seinen Auswirkungen begrenzen. Dieser Missgriff in der Wahl des Verbs ist aber wenig erheblich – er ist das eher beruhigende Indiz dafür, dass konziliar gerungen wurde: Die Delegierten hatten einen ersten, sehr unkonkreten Entwurf zurückgewiesen und nicht ohne Improvisation ein Minimum an Partizipationskultur durchgesetzt.

1. Die drei Elemente der Empfehlung von Sibiu 2007

Die Empfehlung enthält drei wesentliche Elemente. Erstens legt sie für die Schöpfungszeit *präzise Termine* fest. Noch sechs Jahre zuvor hatte die Charta Oecumenica lediglich den Grundsatz festgehalten: «Wir empfehlen, einen ökumenischen Tag des Gebetes für die Bewahrung der Schöpfung in den europäischen Kirchen einzuführen.» (Punkt 9, Abs. 3)[5] Das war schon der Stand von Graz 1997. Nun, seit Sibiu, sind die Eckpunkte der orthodoxe Tag der Schöpfung am 1. September und der Franziskustag am 4. Oktober. Einzelne europäische Kirchen haben seither ihre Praxis, entweder den Earth Day vom 22. April oder den Umwelttag der UNO vom 5. Juni liturgisch umzusetzen, aufgegeben und sich auf die Schöpfungszeit im Spätsommer und Frühherbst eingelassen.

Zweitens ist die *diakonische Dimension* – hier ausgedrückt als «Förderung eines nachhaltigen Lebensstils» mit dem «Gebet für die Bewahrung der Schöpfung» – in die Zweckbestimmung der Schöpfungszeit integriert. Selbstverständlich haben auch andere Festzeiten des Kirchenjahres eine diakonische Seite – und seien es nur das Fürbittengebet und die Kollekte in jedem Sonntagsgottesdienst oder die ökumenische Kampagne in der Zeit vor Ostern oder die Friedensmärsche an Pfingsten. Aber die sozusagen organische Verknüpfung des Liturgischen mit dem Diakonischen bei der Schöpfungszeit ist besonders bemerkenswert.

Das dritte Element ist der Hinweis auf den *Klimawandel.* Der Klimawandel ist ja das Paradigma einer Zeitenwende. In klassischer Liedfrömmigkeit ausge-

4 Eike Bohlken, Kirche – Kernenergie – Klimawandel. Eine Stellungnahme mit Dokumenten, Münster 2010, 82, Fn. 11.

5 Konferenz Europäischer Kirchen/Rat der Europäischen Bischofskonferenzen, Charta Oecumenica. Leitlinien für die wachsende Zusammenarbeit unter den Kirchen in Europa, St. Gallen/Genf 2001, 11.

drückt sagte die alte Vorsehungslehre: «Der Wolken, Luft und Winden gibt Wege, Lauf und Bahn, der wird auch Wege finden, da dein Fuss gehen kann.»[6] Das ist zwar als Ausdruck des Gottvertrauens – eine naturkundliche Aussage war es ohnehin nie – auch heute noch singbar. Und doch: Der menschengemachte Klimawandel bezeugt ein Ausmass anthropogener Veränderungen der biosphärischen Lebensbedingungen, das so für frühere Generationen nicht vorstellbar war. Manche Geologen sprechen deshalb schon vom «Anthropozän» als einem neuen Erdzeitalter, das gekennzeichnet ist vom menschengemachten «global change» nicht nur in klimatischer Hinsicht, sondern etwa auch durch Biodiversitätsverluste, die nur mit den fünf bisher erdgeschichtlich nachgewiesenen Phasen des Massenaussterbens vergleichbar sind. Es wäre sehr eigenartig, wenn diese radikalen Veränderungen der Lebensbedingungen und Lebensgrundlagen in der irdischen Schöpfung zwar *unumkehrbare Folgen* hätten, auch für unser Lebensgefühl und unser Selbstverständnis, sich das Kirchenjahr dagegen weiterdrehen würde wie eh und je: Neu erfunden zu werden braucht zwar nichts, aber eine *Neuprofilierung* ist notwendig, um der Glaubwürdigkeit und Lebensnähe der Liturgie willen.

2. Eine Vorgeschichte mit einer konstantinopolitanischen und einer schweizerischen Etappe

Wie war es nun zur Empfehlung eines Schöpfungs*tags* in Graz 1997 und der Charta Oecumenica von 2001 sowie einer Schöpfungs*zeit* in der Schlussbotschaft von Sibiu 2007 gekommen? Die Vorgeschichte hat im Wesentlichen zwei Etappen, eine *konstantinopolitanische* in den 1980er und eine *schweizerische* in den 1990er Jahren.

Istanbul, das antike Konstantinopel, ist der Sitz eines griechisch-orthodoxen Patriarchen, der als Ehrenprimas eine gewisse geistliche Autorität über die gesamte orthodoxe Welt ausübt und deshalb auch als «ökumenischer Patriarch» bezeichnet wird – «ökumenisch» nicht im Sinne von konfessionsübergreifend, sondern von international orthodox. Die Affinität der östlichen, orthodoxen Theologie zu ökotheologischen Fragen ist bekannt, ihr Potenzial besteht vor allem darin, dass sie dualistische Engführungen der westlichen Tradition vermeidet wie etwa die schroffen Gegenüberstellungen von Schöpfer und Geschöpf, von Mensch und übriger Schöpfung. Ihr Gottesbild ist von Be-

6 Lied «Befiehl du deine Wege», 1. Strophe: Gesangbuch der Evangelisch-reformierten Kirchen der deutschsprachigen Schweiz, Nr. 680.

ziehungsreichtum gekennzeichnet, schon innerhalb der Trinität und dann durch die Einwohnung Gottes in der Schöpfung. Viele dieser Motive sind in den 1980er Jahren in die reformierte Theologie eingeflossen, sehr deutlich etwa in Jürgen Moltmanns Buch «Gott in der Schöpfung. Ökologische Schöpfungslehre» von 1985.[7] Die Rezeption östlichen theologischen Gedankenguts verband sich dabei mit der Wiederentdeckung analoger Ansätze schon bei Calvin. Ein markantes Beispiel dafür ist die stark pneumatologische Dimension der Schöpfung in der Theologie des Genfer Reformators. Eigentlich wusste man das schon lange, spätestens seit der schönen Arbeit des ostdeutschen Lutheraners Werner Krusche «Das Wirken des Heiligen Geistes nach Calvin» von 1957.[8]

Das schöpfungstheologische Interesse des Westens an der östlichen Theologie war in den 1980er Jahren gross, und es ergab sich daraus ein erhöhtes Selbstbewusstsein, ja geradezu so etwas wie ein Sendungsbewusstsein der byzantinisch geprägten Theologie und Kirche gegenüber dem Westen. Eine schöne Illustration dafür ist die Wandmalerei in der Kapelle des Centre orthodoxe de Chambésy in Genf, wo die im Traum geschehende Berufung des Paulus zur Westorientierung seiner Mission dargestellt ist: «Komm herüber nach Makedonien und hilf uns!» (Apg 16,9) Die Betrachterinnen des Bildes sehen dieses Mazedonien, dieses Europa, zu dem der Apostel von Kleinasien übersetzt, wie es qualmt von Industrieschloten und dahinsiecht in seiner Umweltkrise. Nur die östliche Theologie kann noch helfen. Man mag diese etwas karikierte Darstellung belächeln, man mag darin eine Selbstbestärkung der in der Türkei schwer bedrängten mikrominoritären Restorthodoxie sehen – bei all dem sollte man aber weder das relative Recht des dergestalt erhobenen Anspruchs übersehen noch die Tatsache, dass das westliche Christentum die Schwestern und Brüder in Konstantinopel jahrhundertelang immer wieder verraten hat.

In diesem Kontext hat Dimitrios I., der damalige Patriarch von Konstantinopel, im Jahre 1989 den 1. September als Tag der Schöpfung eingeführt. Er stützte sich dabei auf einen alten, kaum noch praktizierten Kalender der Orthodoxie, in dem der 1. September der Neujahrstag war. Das ist eine einleuchtende kirchenjährliche Platzierung eines Geschehens, das laut Genesis 1,1 «im Anfang» seinen Ort hat. Dimitrios traf diese Entscheidung nicht nur für sein eigenes Patriarchat, er handelte als Ehrenprimas im Namen der gesamten Or-

7 Jürgen Moltmann, Gott in der Schöpfung. Ökologische Schöpfungslehre, München ^{2}1987.

8 Werner Krusche, Das Wirken des Heiligen Geistes nach Calvin, Göttingen 1957.

thodoxie, als Nummer zwei, wenn man so will, in der Ehrenhierarchie der Weltkirche, gleich nach dem Papst in Rom – und Dimitrios forderte die «ganze Christenheit» auf, sich dieser Initiative anzuschliessen.[9]

Nun galt es, die *westliche Kirche einzubeziehen.* Das ist die schweizerische Etappe: der Weg vom Schöpfungstag zur Schöpfungszeit. Warum schweizerisch? An dieser Stelle muss der Name Lukas Vischer (1926–2008) fallen. Der grosse Ökumeniker, der an der Berner Theologischen Fakultät gelehrt hat und dessen Werk auf der Website der Fakultät erschlossen ist, hat durch sein simultanes Wirken in mehreren ökumenischen Organisationen immer wieder sichergestellt, dass die Querverbindungen zustande kamen und die Gefahr der Verzettelung reduziert wurde. Mit seiner bewundernswerten Synthese- und Koordinationsfähigkeit, mit seiner theologischen Klarheit und Formulierungskunst, seiner starken Autorität und seinem aktiven Networking hat Lukas Vischer die tragenden Ideen weitergetragen und durchgedrückt, wo immer es nötig war. Ob er dabei den Dienstweg einhielt oder sachdienliche Abkürzungen nahm, war situationsbedingt. Tatsache ist, dass Lukas Vischer Anfang der 1990er Jahre im Rahmen der von ihm mitgegründeten Ökumenischen Arbeitsgemeinschaft Kirche und Umwelt Schweiz (oeku) die Frage nach einem der Schöpfung gewidmeten liturgischen Moment des Kirchenjahres aufgeworfen und mit Energie weiterverfolgt hat. Als seinerzeitiger Arbeitsstellenleiter der oeku war ich an diesen Diskussionen persönlich beteiligt. Und Lukas Vischer sorgte dafür, dass die Vernetzung mit den grossen ökumenischen Organisationen und dem konziliaren Prozess als Ganzem immer gewährleistet blieb.

Im ökumenischen Verein oeku Kirche und Umwelt entstand die Idee, nicht einen bestimmten Schöpfungstag für die ganze Ökumene zu propagieren (zumal der 1. September in Deutschland lange Zeit durch die Überschneidung mit dem Überfall auf Polen und dem Kriegsbeginn 1939 recht schwierig erschien), sondern eine Schöpfungszeit, die die unterschiedlichen konfessionellen Traditionen der Schöpfungsbewahrung im Spätsommer und Frühherbst zusammenführt. Ein weiterer Schweizer, Jean-Pierre Ribaut, Zoologe und katholischer Diakon, jahrzehntelang zuständig für Natur- und Umweltschutz beim Europarat in Strassburg, erreichte, dass der Gedanke der Schöpfungszeit auch in der römisch-katholischen Kirche Fuss fasste. Wie Lukas Vischer agierte Ribaut als begnadeter Networker, der durch seine Funktion beim Europarat – aber vielleicht auch als Ornithologe, wer weiss – nationenübergreifende Koordination als Normalität empfand und praktizierte – Vögel kennen keine

9 Vgl. Schönstein/Vischer, Zeit (Anm. 1), 11 (Botschaft seiner Heiligkeit des ökumenischen Patriarchen Dimitrios I.).

Staatsgrenzen. Hinzu kam bald Isolde Schönstein, eine österreichische Katholikin, die ihre Bischöfe oft ärgerte und unter diesen Konflikten litt, aber Basischristentum und Basisökumene so überzeugt und überzeugend lebte und lebt, in hohem Masse vernetzt auch sie, dass man nur darüber staunen kann, wie eine der englischen Sprache nicht mächtige Christin eine so grosse Ausstrahlung zumindest in der europäischen Ökumene entfalten konnte.

Die schweizerische Etappe der europäischen ökumenischen Schöpfungszeit erklärt, warum sowohl die Schweizer Bischofskonferenz als auch der Schweizerische Evangelische Kirchenbund schon 2001, weit vor der Dritten Ökumenischen Versammlung in Sibiu/Hermannstadt 2007, die Feier der Schöpfungszeit ihren Pfarreien und Kirchgemeinden empfahlen und warum «oeku Kirche und Umwelt» sogar schon seit 1993 ökumenische Schöpfungszeit-Materialien mit wachsender Nachfrage zur Verfügung stellt. Dass Bischofskonferenz und Kirchenbund nicht ganz so automatisch mitzogen, wie es in dieser Darstellung klingt, sei der Ehrlichkeit halber hinzugefügt.

3. Ältere Traditionen aus katholischer Perspektive

In der Schöpfungszeit werden weit ältere Traditionen unterschiedlicher konfessioneller Herkunft gebündelt, unter dem Vorzeichen der planetaren ökologischen Krise und des globalen Wandels neu qualifiziert und durch ihre Zusammenführung zu einem starken Zeichen ökumenischer Geschwisterlichkeit gemacht. Nicht selten wird die Schöpfungszeit in den Gemeinden als ökumenischer Anlass gefeiert.

Was sind nun jene älteren Traditionen? Für die Orthodoxie wurde ein auf die Alte Kirche zurückgehender Jahresbeginn am 1. September schon genannt. In der katholischen Kirche kann sich die Schöpfungszeit auf zwei Heiligengedenktage stützen, nämlich Hildegard von Bingen am 17. September (was bisher aber wenig geschieht) und Franz von Assisi am 4. Oktober (das ist die übliche Referenz). Eine kaum noch überschaubare populärwissenschaftliche Literatur zeugt von dem stark gewachsenen Interesse, das seit einigen Jahrzehnten dem mystischen und naturkundlich-medizinischen geistlichen Erbe Hildegards entgegengebracht wird – mancherlei Firlefanz bleibt da nicht aus. Aber wer Hildegard liest, als Theologe, auch als reformierter Theologe, entdeckt hinter einer etwas eigentümlichen lateinischen Diktion eine ganzheitliche Anthropologie, die faszinierend modern erscheint im Verhältnis zu platonischen und später aristotelischen Schemata jener Zeit und weit darüber hinaus. 2012 hat Benedikt XVI. Hildegard von Bingen zur Kirchenlehrerin, zum *Doctor ecclesiae*, erhoben.

Viel bekannter ist nach wie vor der Franziskustag am 4. Oktober, der seit dem 13. Jahrhundert begangen wird. Franz von Assisi war schon immer ein volkstümlicher Heiliger; das Bild, das man sich von ihm machte, rückte jedoch oft die freiwillige Armut und die *imitatio Christi* in den Vordergrund. Franziskus wurde nicht selten zum Abziehbildchen eines den evangelischen Räten Armut, Keuschheit und Gehorsam geweihten Lebens. Gleichwohl kannte man die Geschichte vom Wolf von Gubbio, und katholische Tierschützerinnen und Tierschützer des 19. Jahrhunderts sahen in Franziskus ihren prädestinierten Schutzheiligen. 1979 machte Johannes Paul II. Franz von Assisi zum Schutzpatron der Umweltschützer; er nahm damit einen Vorschlag auf, den ein amerikanischer Presbyterianer gemacht hatte, nämlich Lynn White jr. (1907–1987) in seinem berühmten, die Anthropozentrismus-Debatte anstossenden Artikel von 1967 «The historical roots of our ecological crisis».[10] Bis hin zu ihrem dem Sonnengesang entnommenen Titel «Laudato si'» hat Papst Franziskus in seiner Umweltenzyklika vom Juni 2015 das Vorbild Franz von Assisi mit Nachdruck propagiert: «An ihm wird man gewahr, bis zu welchem Punkt die Sorge um die Natur, die Gerechtigkeit gegenüber den Armen, das Engagement für die Gesellschaft und der innere Friede untrennbar miteinander verbunden sind.» (Abs. 10)[11] Die Volkstümlichkeit des Franziskus ist freilich nicht nur ein Vorteil: Sie kann den Zugang zur radikalen Schöpfungsspiritualität des Heiligen behindern, wie sie im Sonnengesang als Versöhnung mit unserer Endlichkeit etwa darin zum Ausdruck kommt, dass Franziskus dankt für Schwester Tod. Franziskanische Theologie ist auch für Reformierte höchst spannend, und dass man sich seit etwas über hundert Jahren wieder intensiver damit auseinandersetzt, ist nicht zuletzt das Verdienst eines französischen Reformierten, Paul Sabatier (1858–1928), dessen «Vie de S. François d'Assise» von 1894[12] eine neue Epoche der Franziskus-Forschung einleitete.

10 Lynn White Jr., The historical roots of our ecological crisis: Science 155/1967, 1203–1207.

11 Papst Franziskus, Die Enzyklika «Laudato si'». Über die Sorge für das gemeinsame Haus, Freiburg i. Br. u. a. 2015, 24.

12 Paul Sabatier, Vie de S. François d'Assise, édition définitive, Paris 1931.

4. Ältere Traditionen aus reformierter Perspektive

Wie steht es nun mit älteren Traditionen im reformierten Bereich? Spontan assoziieren wir hier den Erntedank – noch vor dreissig Jahren wäre Erntedank das Stichwort an dieser Stelle der Ringvorlesung gewesen. Aber es gibt auch eine mit der Reform der Abendmahlspraxis untergegangene, jahrhundertelang sehr markante Periode des reformierten Kirchenjahres, an die hier zu erinnern ist: der September als vierte Zeit der Abendmahlsfeier. Diese beiden Stichwörter sollen nun ausgeführt werden.

Der *Erntedank*[13] ist eine typisch protestantische Form des herbstlichen Dankgottesdienstes. Er ist lutherischer Herkunft und schon in frühen liturgischen Ordnungen der Reformation vielfach nachweisbar, im 17. Jahrhundert auch in reformierten Territorien. Analog und von vornherein im reformierten Kontext angesiedelt ist der äusserst populäre *Thanksgiving Day* in Nordamerika, der in oft legendarisch ausgeschmückter Darstellung auf die Ankunft der presbyterianischen Pilgerväter mit der «Mayflower» im Jahre 1620 zurückgeht.[14] Dank der gastfreundlichen Haltung der Eingeborenen konnten die ausgehungerten und skorbutkranken englischen Einwanderer das erste Jahr überstehen und feierten gemeinsam mit der autochthonen Bevölkerung das erste Thanksgiving im Herbst 1621. Die Erzählung bezeugt das interreligiöse Potenzial des Erntedanks, das wohl auch bei der heutigen Schöpfungszeit neben der Ökumene nicht vergessen gehen sollte.

Das Thanksgiving der Pilgerväter gehört im Übrigen in eine ursprünglich typisch reformierte Tradition der Begegnung mit autochthonen Zivilisationen, aus der sich schon im 16. Jahrhundert präökologische Reflexionen über Nachhaltigkeit entwickelten sowie ein kulturkritisches Ideal des guten oder edlen Wilden. Dieses Motiv begegnet in Jean de Lérys Brasilienbericht von 1578, dann narrativ in der Figur des Freitag in Daniel Defoes «Robinson Crusoe» (1719) und schliesslich stärker theoretisch ausgedeutet in Rousseaus «Abhandlung über den Ursprung und die Grundlagen der Ungleichheit unter den Menschen» von 1755.[15] Die spätere genozidäre Entwicklung des Verhältnisses

---

13 Philipp Beyhl, Erntedank – ein mögliches Fest. Neue Aspekte zu einem beliebten und doch schwierigen Fest. Theologische Dissertation, Heidelberg 2007: http://archiv.ub.uni-heidelberg.de/volltextserver/7460/1/ArbeitNEU07.pdf (29.11.2017).

14 Beyhl, Erntedank (Anm. 13), 55–67.

15 Genauer entfaltet sind diese Bezüge in Otto Schäfer, Biodiversität und Religion: Die Rolle des Christentums: Hotspot. Forschung und Praxis im Dialog. Informationen des Forums Biodiversität Schweiz 34/2016, 16–17, und ders, «Der Heimatbach sei mein Nil ...». Französisch-reformierte Beiträge zu einer Ethik des Masses: Thomas Flügge

zu den Native People verleiht der Ursprungserzählung von Thanksgiving allerdings eine grosse Ambivalenz. Neben seiner theologischen Komplexität (Verhältnis von Schöpfung und Heil, von zivilreligiösen und genuin kirchlichen Elementen) ist Erntedank, gerade in Teilen des reformierten Bereichs, mit schwierigen Herausforderungen der Erinnerungskultur verbunden; ein folkloristisches Klischee wird dem Gehalt dieses Festes nicht gerecht.

Sowohl Erntedank als auch Thanksgiving sind anfänglich nur teilweise ritualisiert: Der Termin hängt von der tatsächlichen Ernte und damit von den jeweils vorherrschenden Nutzpflanzen und der jahreszeitlichen Wetterentwicklung ab. Die Festsetzung eines von Jahr zu Jahr konstanten Termins – spätestens im 19. Jahrhundert – löste den Erntedank ein Stück weit aus den Naturzyklen heraus. Das ist Ausdruck einer gewissen Verstädterung und Rationalisierung, aber diese Entwicklung war und ist auch notwendig, um *den Umgang mit den Lebensgrundlagen in einer technisch-industriellen Zivilisation thematisieren* zu können. Andernfalls wird der Erntedank zur Selbstdarstellung einer ländlich-agrarischen Nostalgie. Aus diesem Grund verlor die Erntedankfeier seit den 1960er Jahren zunehmend an Boden, wohl stärker noch im französischsprachigen als im deutschsprachigen Raum. Allerdings gab es damals schon Erntedankfeiern, die ohne falsche Scham technische Geräte und Produkte von hohem Verarbeitungsgrad unter die Kohlköpfe und rotbackigen Äpfel der Erntedankdekoration mischten. Gerade der etwas verstörende Effekt sicherte dem Erntedank die Wahrhaftigkeit, die eine christliche Feier nötig hat.

Ohnehin war der Erntedank nie *nur* Dank. Er hatte immer eine *nachdenkliche, bussbereite* und eine *diakonisch-solidarische* Seite. Die nicht selten zu hörende Behauptung, kritische Töne machten den Erntedank kaputt,[16] ist angesichts einer viel differenzierteren liturgiegeschichtlichen Realität völlig unhaltbar. Noch etwa die Aargauer reformierte Liturgie von 1950[17] – sie ist ein etwas zufälliges, aber repräsentatives Beispiel – schlägt alternativ liturgische Gebete für drei Situationen vor: bei guter Ernte, in Missjahren und bei geringer Ernte. Ganz entsprechend enthält die bernisch-jurassische französische Liturgie von

u. a. (Hg.), Grenzen respektieren – überschreiten – verschieben. Festgabe zum 60. Geburtstag von Christoph Stückelberger (Beihefte zur Ökumenischen Rundschau 93), Leipzig 2012, 75–82.

16 Abwägend behandelt wird die Problematik der «Ethisierung» von Erntedank bei Beyhl, Erntedank (Anm. 13), 26–35.276–278.

17 Liturgie für die Evangelisch-reformierte Landeskirche des Kantons Aargau, Bd. 1, Aarau 1950 (^{2}1959), 210–214.

1955[18] Klammersätze, die laut Anweisung nur bei mittelmässiger oder schlechter Ernte vorzutragen sind. Verlorene Mühe, enttäuschte Erwartung, Erfahrung von Mangel und Furcht vor Not waren immer Gründe, in sich zu gehen: Wohl wurde dann gedankt und das Vertrauen auf die Treue Gottes zum Ausdruck gebracht, aber es wurde auch darum gebetet, nicht zu murren (das Vokabular erinnert an die Exodus-Erzählung), nicht zu verzagen, Vergebung zu erlangen für Versagen und Schuld, vom Wort zu leben und nicht vom Brot allein, und nicht zuletzt, teilen zu können mit den Bedürftigen. Auch das ist Erntedank von jeher.

Selbstverständlich gehen wir heute nicht mehr davon aus, dass Gott schlechtes Wetter macht, um uns für unsere Sünden zu strafen und zur Busse zu rufen. So simpel sahen das ja weder die biblischen Schriften noch die früheren christlichen Generationen. Aber das Grundanliegen, etwa bei Calvin, dass nicht nur Zufall und Notwendigkeit, *fatum* und *fortuna*, die Schöpfung regieren,[19] können und sollten wir sehr wohl teilen. Mit einem globalen Phänomen wie dem Klimawandel sind wir sogar im Grunde wieder näher an dem Bewusstsein, dass unser Verhalten sich auswirkt auf die natürlichen Lebensgrundlagen, die uns tragen und die wir künftigen Generationen überlassen. Der Klimawandel ist eben kein Fatum, er ist auch kein Zufall, wenngleich mit vielen Unwägbarkeiten verbunden. Sinneswandel, Erneuerung des Verhaltens, *metanoia*, gehört zur Schöpfungszeit hinzu, so wie schon seit eh und je zum Erntedank.

Diese Überlegung ist im reformierten Kontext umso plausibler, als hier der Erntedank jahrhundertelang mehr oder weniger verquickt war mit einer sehr speziellen liturgischen Periode, nämlich der *vierten Zeit der Abendmahlsfeier*. Die Warnung des Apostels Paulus in 1Kor 11,27–29, nur ja nicht das Herrenmahl unwürdig zu nehmen und damit sich selbst zum Gericht zu empfangen, hat bekanntlich in der calvinischen und calvinistischen Tradition zu einem grossen Ernst der Vorbereitung auf einen dann wesentlich selteneren Abendmahlsempfang geführt: an Weihnachten, an Ostern, an Pfingsten und in der vierten, im September gelegenen Zeit der Abendmahlsfeier, von der gerade die Rede ist. Man ist sicher mit Recht von einer solchen Praxis abgekommen; das Herrenmahl als Freudenmahl war in dieser immerhin jahrhundertelang sehr wirkmächtigen Periodisierung zu sehr von einer skrupulösen Grundhaltung

18 Liturgie pour les paroisses de langue française, Église réformée du canton de Berne, Bd. 1, Moutier 1955, 337–343.

19 Calvin, Institutio (1559), I,16,2.8. Zum Kontext siehe Otto Schaefer, «Théâtre de la gloire de Dieu» et «droit usage des biens terrestres». Calvin, le calvinisme et la nature: Jacques Varet (Hg.), Calvin. Naissance d'une pensée, Tours/Rennes 2012, 213–226 (215).

bedroht. Sehr schön für unser Thema ist aber die Art, wie Erntedank und Vorbereitung zum Abendmahlsempfang miteinander verbunden werden konnten. Als Beispiel soll hier die «Liturgie en usage dans les Eglises réformées de France» von 1826 dienen:

> «Grosser Gott, gnädiger Vater! Demütig sind wir hier versammelt vor dir, um dir, so wie es billig ist, unser Lob und unseren Dank darzubieten. Und welches Herz spürte nicht zutiefst deine Wohltaten! Von allen Seiten umgeben und überwältigen sie uns. Die Zeit mit der Wiederkehr der Jahreszeiten bringt uns allerlei Güter, mit denen deine Hand die Erde bereichert hat. Der Sommer hat uns Getreideernten gebracht und der Herbst beschenkt uns schon mit wertvollen Früchten. Diesen zeitlichen Wohltaten fügst du in deiner unerschöpflichen Güte noch viel grössere hinzu, nämlich deine geistliche Gnade. Die heilige Tafel ist gedeckt für uns und zu Füssen dieses Gnadenthrons erwartest du uns, um uns zu segnen. […].»[20]

Abgesehen von einer zeitgebundenen Sprache sehen wir hier eine gelungene Verknüpfung von Erntedank und Vorbereitung zur Kommunion, wie sie liturgisch im Grunde seit der Didache etabliert ist, jener frühchristlichen Schrift des 1. oder zeitigen 2. Jahrhunderts, die zum ersten Mal den Fachbegriff «eucharistia», Danksagung, für die Abendmahlsfeier,[21] verwendet und den Empfang des Brotes vorbereitet mit einem Blick hinaus auf die Landschaft mit ihren Kornfeldern: «Wie der Brot-Brocken [*klásma*] verstreut war auf den Bergen und zusammengebracht eins wurde, so bringe deine Kirche zusammen von den Enden der Erde in dein Reich.» (Did 9,4)[22]

Die reformierte vierte Zeit der Abendmahlsfeier hat sich in dieser Form überholt, es gibt aber einen interessanten Rest davon, nämlich den aus der amerikanischen presbyterianischen Kirche in den 1930er Jahren hervorgegangenen *World Communion Day* am ersten Sonntag des Oktober. Erntedank und Welt-Abendmahls-Tag können zusammenfallen oder sind zeitlich eng aufeinander bezogen.

20 Jean Matthieu François Roux, Liturgie en usage dans les Eglises réformées de France, Uzès 1826, 9 (Übersetzung O. S.).

21 Es kann sich allerdings auch um eine Agapefeier handeln, die Einsetzungsworte des Abendmahls kommen nicht vor.

22 Deutsche Übersetzung modifiziert nach Bibliothek der Kirchenväter, 1. Reihe, Bd. 35: Die Apostolischen Väter. Übersetzt von Franz Zeller, München 1918, 11f.: https://www.unifr.ch/bkv/kapitel1-9.htm (29.11.2017).

5. Ein Anklang an das jüdische Laubhüttenfest

Obwohl schon recht breit entfaltet, wäre der Nachweis der älteren Wurzeln der Schöpfungszeit unvollständig ohne einen letzten Punkt. Das jüdische Laubhüttenfest (*Sukkot*) fällt in die gleiche Periode. So wie hinter Ostern mit *Mazzot* ein Fest der Gerstenernte steht und hinter Pfingsten, dem Wochenfest, ein Fest der Weizenernte, so hinter dem Laubhüttenfest ein Fest der Weinlese und Obsternte, das sekundär ausgelegt wurde als Erinnerung an den Exodus, dann aber auch wieder sehr stark mit Naturelementen garniert wurde (vier pflanzliche Fruchtbarkeitssymbole haben in heutigen Sukkot-Feiern ihren obligaten Platz). Es ist ein fröhliches Fest; wer zuhört, wie eine jüdische Gemeinde in einem schlicht gezimmerten Bretterverschlag während acht Tagen Sukkot feiert und singt, der freut sich mit. Nur sehr teilweise besteht eine Kontinuität zwischen dem Laubhüttenfest und den genannten reformierten Feiern, etwa bei einzelnen Lesungen wie Psalm 118, die im einen wie im anderen Fall verwendet werden. Aber als Hintergrund, auch als Hinweis darauf, dass in dieser Jahreszeit Schöpfungsbezug und Feier der Heilsgeschichte der Befreiung miteinander verbundenn sind, gehört Sukkot hierher.

Im Übrigen kennt auch der jüdische Festkalender die umweltbezogene Neuprofilierung eines Festes. Das heute sehr populäre Neujahr der Bäume, *Tu biSchewat,* Ende Januar oder Anfang Februar ist im bodenerosionsgeschädigten Israel zu einem Baumpflanzfest geworden. Besucherinnen und Besucher aus der Diaspora spenden Bäume dafür.

III. Für einen geistlichen und natürlichen Umgang mit dem natürlichen Jahreskreis

«Erntedank ist das einzige Fest im Jahreskreis, das sich auf die Natur bezieht: auf die eingebrachte Ernte.»[23] So oder ähnlich kann man es in vielen Texten zum Kirchenjahr lesen und wird sagen müssen: Ja, das stimmt – und doch ist es grundfalsch. Zu den schon bei Bullinger sogenannten «festa Christi»[24] gehört Erntedank und gehört die Schöpfungszeit freilich nicht: Die markanten Ereignisse des grossen «Christus für uns», seine Menschwerdung, sein Leben,

23 www.reformiert.de/erntedank.html. (29.11.2017).

24 Heinrich Bullinger, Dekaden, Dekade 2, Predigt 4: ders., Schriften, Bd. 3, Zürich 2006, 283 («die Feste unseres Herrn Christus»). Kontext ist die Erörterung des vierten Gebots (Heiligung des Sabbats).

Leiden, Sterben und Auferstehen, seine Auffahrt und die Gabe seines Geistes, wohl auch Trinitatis als rekapitulierendes Fest der gesamten Heilsgeschichte – in dieser Reihe hat die Schöpfungszeit zunächst nichts zu suchen. Das ist wahr.

1. Plädoyer für die Anerkennung und Erneuerung reformierter Naturfrömmigkeit

Dass die Natur überall herausgehalten würde bis auf Erntedank, das stimmt nun allerdings nicht – zum Glück nicht. Als Naturwissenschaftler, Naturkundler und leidenschaftlich auf die Natur als Lebenswelt Angewiesener finde ich es erschütternd, mit welcher systematischen Hermeneutik des Verdachts die Zuwendung zur Natur in theologischen Kreisen immer wieder desavouiert wird, und das im reformierten Milieu mit einer eigentümlichen Schizophrenie. In einer gfs-Umfrage von 2008[25] wurde die Frage gestellt: «Wo ist für Sie persönlich der Ort der Spiritualität?» 52 % der Reformierten antworteten «in der Natur», nur 14 % «in der Kirche» (bei den Katholiken sind die Zahlen 34 % und 20 %, die Unterschiede sind also hochsignifikant – trotz übereinstimmender Grundtendenz). Niemand ist so rousseauistisch wie die Reformierten – kein Wunder, der «Bürger von Genf» war ja einer von ihnen. Und zugleich ist niemand so naturkritisch wie die überwiegend sich offiziell als reformiert deklarierende Theologie. Wie oft musste ich mir anhören: «Vous faites de la théologie naturelle!» – von Leuten, die nicht begriffen zu haben schienen, dass die Grundlage natürlicher Theologie gar nicht die Natur ist, sondern der Mensch, der sich selbst genügende Vernunftmensch vor und ausserhalb der Offenbarung. (Mit Natur im landläufigen Sinn hat das nichts zu tun.) Oder bietet etwa der 104. Psalm mit seinen herrlichen Naturschilderungen natürliche Theologie? Selbstverständlich nicht. Aber er hat motivationsgeschichtlich eine enorme Rolle gespielt für die Entstehung und Ausformung neuzeitlicher Naturkunde. «Wie zahlreich sind deine Werke, Herr. Du hast sie alle in Weisheit gemacht» (V. 24) – unter diesem Vorzeichen haben viele genauer hingesehen, geduldig beobachtet, klug geschlossen und systematisch zusammengestellt, was die Natur dem Betrachter bot.

Und hier kommt dann mein zweiter «coup de colère»: über die Unkenntnis und die Verleugnung eines gewaltigen Stranges reformierter Naturfrömmigkeit, Naturmystik, Naturpoesie, Naturpädagogik, Kosmologie, Naturkunde, Gartentheorie, theologisch-biologischer Entwicklungslehre usw. Es ist nicht

25 Monika Dettwiler, Repräsentative Umfrage zur Spiritualität: Annex. Das Magazin der Reformierten Presse 27/2008, 10–12.

wahr, wie es eine plump vereinfachte Anthropozentrismusthese will, dass sich das westliche Christentum immer nur an der Natur gerieben hätte und die Natur immer nur am westlichen Christentum. «Nihil parvum, nihil contemnendum – nichts ist gering, nichts ist zu verachten», schreibt der lutherische Pfarrer und grosse Botaniker des 16. Jahrhunderts Hieronymus Bock (1498–1554) unter das Bild der Brennnessel, die den *ersten* Platz in der Reihe der in seinem Kräuterbuch behandelten Pflanzen einnimmt.[26] Und der reformierte Franzose Olivier de Serres (1539–1619), einer der Väter der Landwirtschaftskunde, tut es ihm gleich, er propagiert die Seidenraupenzucht und theologisiert darüber, dass Gott dieses so niedrige Tier («l'une des abjectes bestes du monde») für würdig befunden habe, Fürsten und Könige zu kleiden.[27] Man mag das treuherzig finden, aber ist es nicht bemerkenswert, wie hier eine kleine Erwählungstheologie über die Natur gespannt wird, gewissermassen ein Lobgesang der Hanna und ein Lobgesang der Maria, der den Blick nicht nur auf gesellschaftliches und geschichtliches Leben, sondern auch auf die Natur neu prägt? Wenn sich der Zürcher Johann Jakob Scheuchzer (1672–1733) in seiner Anfang des 18. Jahrhunderts erschienenen «Physica sacra» fragt, ob auch die Dornen und Disteln zur guten Schöpfung vor dem Fall gehörten, und mit Ja antwortet,[28] dann können wir das als überholtes biblizistisches Scheinproblem abtun, aber wir können auch vermerken, dass hier eben gerade nicht anthropozentrisch argumentiert wird, sondern die Schöpfung in ihrem Eigenwert und ihrer Widerborstigkeit angenommen und der Schöpfer geehrt wird. Die Beispiele wären unzählig. John Miltons grossartiges Schöpfungsepos «Paradise lost» gehört dazu, oder die Tatsache, dass der erste Schweizer Tierschutzverein von einem bernischen reformierten Pfarrer gegründet wurde, Adam Friedrich Molz (1790–1879).[29] Sämtliche Protagonisten der Naturschutzbewegung in der Schweiz des 19. Jahrhunderts waren gläubige Christen und meistens Reformierte, die explizit das Buch der Natur und das Buch der Schrift

26 Lebensbeschreibung von Hieronymus Bock aus «Adami vitae medicorum», p. 29–32: XXII–VVIV. Jahresbericht der Pollichia, 1866, 19–26 (26).

27 Olivier de Serres, Le Théâtre d'agriculture et mesnage des champs. Introduction de Pierre Lieutaghi, Arles 2001, 759; siehe auch Otto Schäfer, Der Maler Robert als Vorläufer heutiger Ökotheologie, Biel 2008, 12.

28 Johann Jakob Scheuchzer, Physica sacra, Augsburg/Ulm (Augustae Vindelicorum et Ulmae) 1731, I,32–33, 32: «Patet hinc non esse spinosas Plantas, [...], Excrementa Terrae inutilia, sed aeque nobiles, utiles atque sunt aliae.»

29 Stephan Häsler, Die Entwicklung des Tierschutzes in der Schweiz vom 19. Jahrhundert bis zum Erlass des Tierschutzgesetzes: www.svgvm.ch/startseite/geschichte/die-entwicklung-des-tierschutzes-in-der-schweiz-vom-19-jahrhundert-bis-zum-erlass-des-tierschutzgesetzes (29.11.2017).

aufeinander bezogen. Nicht wenige davon bewegten sich im Umkreis von Alexandre Vinet (1797–1847), der selbst eine intensive Natursensibilität hatte und ihr sprachlichen Ausdruck verlieh.[30]

Es soll damit gesagt werden, dass mehr Hermeneutik des Vertrauens angebracht wäre für das reformierte Verhältnis zur Natur, mehr Wertschätzung entsprechender Bildungsprofile, Frömmigkeitsstile und pädagogischer Aktivitäten. Dieses Element fehlt zum Beispiel sehr in der thematischen Akzentuierung des Reformationsjubiläums. Keineswegs soll hier behauptet werden, Naturvergötzung gebe es gar nicht. Aber die Gefahr der Naturvergötzung kann Naturvergessenheit nicht rechtfertigen. Und sie muss ins Verhältnis gesetzt werden zur impliziten Technikvergötzung in unserer Lebenswelt, die nur wenige Reformierte mit solcher Klarheit analysiert und nicht zuletzt theologisch reflektiert haben wie Jacques Ellul.[31] In reformierten theologischen Kreisen herrscht weitgehend eine Fixierung auf die Gefahren, statt den Reichtum, die Perspektiverweiterung und nicht zuletzt die Lebensnähe und Lebensfülle des theologischen Naturbezugs in den Blick zu nehmen.

2. Das Kirchenjahr setzt den natürlichen Jahreskreis voraus

Ohne ein geistlich gedeutetes Naturverhältnis ist so etwas wie ein Kirchenjahr nicht möglich. Es ist eine geistliche Grundentscheidung, wenn wir unser Kirchenjahr als Sonnenjahr feiern. Immerhin bestimmt der Mond den Osterfestzyklus mit (das Osterdatum fällt auf den ersten Sonntag nach dem ersten Frühlingsvollmond). Im Gegensatz zum Islam kennen wir kein eigenes religiöses Jahr mit 360 Tagen als Mondjahr von 12 Monaten zu 30 Tagen. Der Festzyklus des Islam hat keinerlei jahreszeitliche Bindung, das um fünf Tage kürzere Mondjahr eilt dem Sonnenjahr immer mehr voraus. Im Laufe eines Menschenlebens durchläuft der Fastenmonat Ramadan alle Jahreszeiten, der Hochsommer ist eine besondere Prüfung. Man kann füglich darüber spekulieren, ob sich dieser Unterschied in der Wertung von Naturzyklen nicht deckt mit der Differenz zwischen einer Religion, die Inkarnation feiert, und einer Religion, deren Gottesbild Inkarnation nicht zulässt. Mit diesen Betrachtungen soll nur

30 Otto Schäfer, «Non, Salomon dans toute sa gloire n'était pas vêtu comme l'un d'eux». Nature végétale, culte de Rousseau et piété protestante: Jesko Reiling/Daniel Tröhler (Hg.), Zwischen Vielfalt und Imagination. Praktiken der Jean-Jacques Rousseau-Rezeption, Genf 2013, 321–341.

31 Frédéric Rognon, Jacques Ellul. Une pensée en dialogue, Genève 2007.

gesagt werden: Wer meint, der heilsgeschichtliche Jahreskreis könne den natürlichen Jahreskreis einfach ignorieren, bewegt sich im Selbstwiderspruch.

Wir tun gut daran, einen geistlichen und natürlichen Umgang mit dem natürlichen Jahreskreis zu pflegen.

IV. Die Schöpfungszeit im heilsgeschichtlichen Jahreskreis

Die Schöpfungszeit im heilsgeschichtlichen Jahreskreis: Thema verfehlt, mag man hier einwerfen, die Festzeiten des heilsgeschichtlichen Jahreskreises sind mit Pfingsten und spätestens mit Trinitatis abgeschlossen. Sehr klar, Widerspruch nicht duldend, steht das etwa in der Liturgievorlesung von 1960/61 des früheren Neuenburger Praktologen Jean-Jacques von Allmen (1917–1994),[32] eines der grossen Rechtsbarthianer der Romandie. Von Allmen ist so ärgerlich wie faszinierend, man liest ihn immer mit Gewinn; und er soll hier auch zitiert werden mit dem Nebengedanken einer Hommage an die Neuenburger Theologische Fakultät, die am 31. Juli 2015 nach fast 175 Jahren geschlossen wurde.[33] Immerhin liefert Jean-Jaques von Allmen selbst das Argument, mit dem der Behauptung zu widersprechen ist, die Schöpfungszeit lasse sich im heilsgeschichtlichen Jahreskreis (ohnehin dem einzigen, den er zulässt) nicht unterbringen. Das Kirchenjahr müsse geschützt werden, schreibt er, vor einem «gewissen Doketismus», und er braucht diesen Hinweis zur Rechtfertigung des beweglichen Ostertermins, bei dem «Mond und Sonne ihr Wort zu sagen» hätten: das liturgische Jahr rufe nicht einen zeitlosen Gedanken in Erinnerung, sondern ein Ereignis, das in den Rhythmen der geschaffenen Welt stattgefunden habe.

1. Ein antidoketischer Nachhall der heilsgeschichtlichen Feste der ersten Hälfte des Kirchenjahres

Der Doketismus ist die altkirchliche Lehre – Irrlehre, wenn man gleich sortieren will –, Christus habe sich nur zum Schein eingelassen auf einen Menschenleib und auf die Bedingungen der organischen und stofflichen Welt. In Wirklichkeit sei er in der reinen göttlichen Sphäre verblieben. Nun zeigt sich

32 Jean-Jacques von Allmen, Cours de liturgie, Faculté de théologie de Neuchâtel, 1960/61 (unveröffentlichtes Vorlesungsmanuskript).

33 Der Autor dieses Beitrags war dort von 1987 bis 1991 Assistent in systematischer Theologie.

oft, dass wir zu allen Zeiten kleine Teildoketismen praktizieren. Wir denken unseren Glauben nicht bis in alle materiellen Konsequenzen durch und leben ihn nicht bis in alle Niederungen der Geschöpflichkeit hinein. Etwa dort, wo die Kirche ökologisch versagt, verfällt sie einem solchen Teildoketismus.

Wie lässt sich dem begegnen? Zunächst ganz banal mit der Feststellung, dass es für die Wiederaneignung der Heilsgeschichte, wie wir sie in jedem Kirchenjahr vollziehen, mit *einem* Durchlauf nicht getan ist. Aber jeder Sonntag ist doch ein kleines Ostern, wird man entgegnen, und das ist wahr. Es lässt sich aber auch dafür votieren, dass die zweite, «festlose» oder besser «festtagsarme» Zeit des Kirchenjahres als eine Zeit der Wiederaufnahme der «festa Christi», der Festtage der ersten Hälfte des Kirchenjahres, unter bestimmten thematischen und historischen Bezügen sein könnte. Sie wäre damit eine Art Repetitorium oder, schöner und passender gesagt, eine iterative Phase, in der das, was in der Erinnerung an die einmaligen heilsgeschichtlichen Ereignisse verkündigt ist, noch einmal neu aufgenommen und in einer je spezifischen Hinsicht neu meditiert und geistlich geformt wird.

Aus diesen Vorüberlegungen ergibt sich die Möglichkeit, die Schöpfungszeit als einen in besonderer Weise antidoketischen, auf die haushälterische Einbindung des Menschen in die irdische Schöpfung zugespitzten iterativen Nachhall der heilsgeschichtlichen Feste der ersten Hälfte des Kirchenjahres zu deuten und zu rechtfertigen. Schöpfung ist, recht verstanden, in jedem Fall eine Sache aller drei Artikel des Glaubens und nicht nur des ersten: Schöpfung geschieht vom Vater her durch den Sohn im Geist.

2. Wenn schon lukanisch, dann ganz lukanisch!

Mit einem letzten Gedankengang soll diese Anregung gestützt werden. Dieses Argument steht unter dem Motto: Wenn schon lukanisch, dann ganz lukanisch! Unser angestammtes Kirchenjahr baut in seinem zentralen Teil, dem Osterzyklus, auf der Darstellung des Lukasevangeliums und der Apostelgeschichte auf: daher die 40 Tage von Ostern bis zu Auffahrt und die 50 Tage von Ostern bis zu Pfingsten, daher auch Ostern als Fest der Auferstehung und Pfingsten als Fest der Ausgiessung des Heiligen Geistes. Die herausfordernde neutestamentliche Alternative zu dieser Auffächerung ist die johanneische Zentrierung all dieser Ereignisse in einem einzigen Ereignis. Darunter ist ein Karfreitag zu verstehen, der als Erhöhung schon österlich getönt ist und sogar pfingstlich durch die fälschlich mit «er verschied» (Joh 19,30b) übersetzte, durchaus ungewöhnliche Wendung «er entliess seinen Geist», und ein Ostern, das dann ausdrücklich die Gabe des Geistes umfasst. Dieses johanneische Modell wird von unserem klassischen, lukanischen Kirchenjahr wegzensiert.

Daraus folgt dann allerdings: Wenn schon lukanisch, dann ganz lukanisch. Das ist schlicht so zu verstehen, dass die Apostelgeschichte nicht mit Pfingsten und auch nicht mit den unmittelbar daran anschliessenden Reden, Wundern und Lebensverhältnissen der Urgemeinde aufhört. Weder in Apg 2 noch in Apg 5 ist Schluss. Vielmehr geht es weiter. Und es geht weiter nicht zuletzt mit der Herausstellung Gottes als Schöpfer und mit den Auswirkungen der Heilsgeschichte auf die Geschöpflichkeit des Menschen und auf die Schöpfung als solche. Ab Kapitel 6 sind die Diakone an der Reihe, ihr Tischdienst ist Dienst an der Leiblichkeit des Menschen, so wie die verschiedenen Heilungswunder Erlösung bringen auch der Leiblichkeit des Menschen. Aber dann predigen die Diakone eben auch. Und ihr Hauptvertreter, Stephanus, predigt den souveränen Gott, der einen Tempel, ein Haus aus Steinen nicht braucht, weil er der Schöpfer der ganzen Welt ist: «Der Himmel ist mein Thron, die Erde aber der Schemel meiner Füsse. Was für ein Haus wollt ihr mir bauen, spricht der Herr, was soll meine Ruhestätte sein? Hat nicht meine Hand dies alles gemacht?» (Apg 7,49f.) Später kommen die sogenannten Missionsreden der Apostelgeschichte, die alle die Evidenz von Schöpfung und Vorsehung als *praeparatio evangelica* entfalten und den gekreuzigten und auferstandenen Christus verkündigen. Am bekanntesten ist die Areopagrede in Apg 17 mit ihrem berühmten «In ihm leben, weben und sind wir» (V. 28). Es gibt auch die prächtige Ansprache von Paulus und Barnabas in Lystra (Apg 14,8ff.), aus der die schon genannte Aargauer reformierte Erntedankliturgie von 1950 reichlich schöpft. «Du hast [...] uns vom Himmel Regen und fruchtbare Zeiten gegeben», heisst es da, «du hast unsere Herzen erquickt mit Speise und Freude.» All das stammt aus Apg 14, und die Kopplung «Speise und Freude» mag man genial komponiert finden, hildegardisch sozusagen.

Die Apostelgeschichte schliesst mit der Überführung des Paulus nach Rom – als gefangener römischer Bürger hatte er ja an den Kaiser appelliert – und der Erzählung von einem dramatischen Sturm und Schiffbruch und von der Rettung auf die Insel Malta (Kapitel 27 und 28). Es ist bemerkenswert, wie hier Paulus als Gefangener das ganze Geschehen voraussehend beherrscht und solidarisch steuert: Die Elemente sind in der Hand seines Gottes und damit schon fast in des Paulus Hand. Keiner wird umkommen, versichert er seinen Mitreisenden, nur das Schiff wird stranden und auseinanderbrechen. Die wohl teils betend, teils verzweifelnd Fastenden ruft Paulus auf, wieder Nahrung zu sich zu nehmen, denn dies diene ihrem Heil, ihrer Rettung – *sotería* meint beides, und das sollten wir nicht vergessen. Und dann kommt eine Szene, wie wir sie von der Speisung der Fünftausend und von den Emmausjüngern im Lukasevangelium kennen,[34] das Danken, das Brechen des Brots, die eucharistische Qualifizierung der geschöpflichen Elementarfunktion der Nahrungsaufnahme. Schliesslich landen alle wohlbehalten auf der Insel Malta. Sie frieren und wärmen sich mit einem Feuer. Eine Giftschlange, eine Viper, kommt aus dem brennenden Gezweig und Paulus wird gebissen. Das Schicksal schlägt zu, meinen die Malteser, die Götter verfolgen diesen Mann, der sicherlich ein Mörder ist, dem Meer konnte er entfliehen, aber die Schlange führt ihn seiner gerechten Strafe zu. Doch Paulus geschieht nichts.

Es soll hier nicht versucht werden, die magischen Züge dieser Erzählung auszubeuten, sehr wohl aber kommt es darauf an, dass das Evangelium vom Heil in Jesus Christus an dieser Stelle schöpfungsrelevant wird. Paulus schüttelt die Schlange ab und sie verbrennt im Feuer. Ihr Gift erreicht ihn nicht. Keinen Schaden gibt es mehr im geschöpflichen Miteinander – so wie es etwa in Jesaja 11,9 verheissen ist. «Zum Reiche Gottes gehört die Erlösung der Kreatur», formulierte Leonhard Ragaz sehr treffend.[35]

Also bitte: Wenn schon lukanisch, dann ganz lukanisch. Eine Schöpfungszeit nach Pfingsten und aus Pfingsten heraus ist ein notwendiges Komplement der heilsgeschichtlichen ersten Hälfte des Kirchenjahres in seiner zweiten Hälfte. Eine zu vier Fünfteln herausgerissene Apostelgeschichte möchte wohl niemand in seiner Bibel haben.

V. Einladung zur Schöpfungszeit

Der schweizerische ökumenische Verein «oeku Kirche und Umwelt» bietet jedes Jahr Materialien für die Gestaltung der Schöpfungszeit an: eine Arbeitsdokumentation und ein Magazin mit Grundsatzüberlegungen aus der Sicht verschiedener Disziplinen. Zurzeit werden die wechselnden Themen bestimmt von einem Fünfjahreszyklus über die Sinne: Anregungen zum Hören (2016), Riechen (2017) und Tasten (2018). Die Sinne sind eine Brücke zwischen der körperlichen Existenz von uns Menschen und unserer erweiterten Leiblichkeit in der fälschlich so genannten Umwelt: Mit jedem Atemzug, mit jedem Schluck

34 Lk 9,10–17; 24,13–35.

35 Leonhard Ragaz, Die Botschaft vom Reiche Gottes. Ein Katechismus für Erwachsene, Bern 1942, 39. Der Gedanke wird breiter entfaltet im «Elften Gespräch», 96–115.

geht die «*Um*welt» durch uns durch. Es ist gut, sich als Kirche feiernd daran zu erinnern.[36]

36 Präzise Informationen zu den schweizerischen Schöpfungszeit-Materialien finden sich auf www.oeku.ch.

Gottfried Wilhelm Locher

Sonntag Trinitatis

Trinität als Provokation[1]

I. Einleitung

1. Der dreieine Gott als Thema im Kirchenjahr

Die Ringvorlesung zum Kirchenjahr ist mittlerweile weit fortgeschritten, Himmelfahrt und Pfingsten haben in diesem Hörsaal ja schon stattgefunden. Aber auch realiter geht das aktuelle Kirchenjahr, soweit es sich als Vergegenwärtigung der Heilsgeschichte im Allgemeinen und der Jesusgeschichte im Speziellen erleben lässt, seinem Ende entgegen. Wir stehen in der Osterzeit. Danach kommt noch das Pfingstfest, diese «schwer erträgliche Zumutung für unser Denken»,[2] und schon steht die liturgische Zeit still: Der heilsgeschichtliche Duktus des Kirchenjahrs, von der Menschwerdung Gottes herkommend, hat sein Ziel in der Ausgiessung des Geistes erreicht. Und schon werden die Sonntage nicht mehr benannt, sondern retrospektiv nummeriert, ein halbes Jahr lang, bis dann wieder ein neuer Advent beginnt.

Was also läge näher, als die Sonntage entsprechend zu benennen, den ersten, zweiten, den zehnten, zwanzigsten Sonntag *nach Pfingsten*? Oder besser noch, den soundsovielten Sonntag *vor Weihnachten*?

Unsere getauften Vorfahren haben sich anders entschieden und nach Pfingsten ein weiteres Kirchenfest installiert, den Sonntag Trinitatis (von lat. *festum trinitatis*) bzw. den Dreifaltigkeitssonntag. Er erinnert, anders als die ihm vorangehenden kirchlichen Festtage, nicht an ein konkretes heilsgeschichtliches Ereignis. Vielmehr feiert er ein Glaubensgeheimnis, das *im Ganzen* der Heilsgeschichte, im Ganzen auch der Heiligen Schrift erkennbar wird: dass der eine Gott mit sich selbst und mit seiner Schöpfung dreifach in Beziehung steht, Vater, Sohn und Heiliger Geist. Das ist das Thema des Sonntags Trinitatis, gleichsam Summe der ersten und Orientierungspunkt für die zweite Hälfte des Kirchenjahrs.

---

1 Ich danke meinem Assistenten Daniel Infanger für Recherchen, Korrekturen und Textvorschläge.

2 Vgl. den Beitrag von Matthias Felder/Frank Mathwig in diesem Band.

Man kann Trinitatis mit Karl-Heinrich Bieritz als «Ideenfest»[3] bezeichnen, wenngleich «Idee» die Realität und Gegenwart des dreieinigen Gottes nicht ganz zu erfassen vermag. Offensichtlich ist aber die Bedeutung, die dem Dreifaltigkeitssonntag in der evangelischen Tradition gegeben wird: Gegen zwei Dutzend Sonntage bis drei Sonntage vor dem ersten Advent werden sich in ihrer Benennung explizit auf diesen Festtag rückbeziehen: die Sonntage *nach Trinitatis*. Der Dreifaltigkeitssonntag ist auch der einzige[4] Festtag, der im Kirchenjahr nach Pfingsten zu stehen kommt und von allen Konfessionen der Westkirche gemeinsam gefeiert wird, anders als etwa Fronleichnam oder das Reformationsfest. Offenbar geht es am Sonntag Trinitatis um etwas Wichtiges.

2. Trinitätsvergessenheit und «ordinierter» A(nti)trinitarismus

Freilich, dieses angeblich Wichtige kontrastiert auffällig mit einer Trinitätsvergessenheit, wie sie uns hie und da von Kanzeln entgegenkommt oder uns gelegentlich auch selber packt. Explizit a(nti)trinitarische Gottesbilder üben eine eigenartige Anziehung aus. Dabei sind es weniger die monotheistischen Bedenken gegenüber spekulativer Theologie, wie sie etwa die Antitrinitarier in Calvins Genf hegten,[5] die heute eine Rolle spielen. Der Widerspruch ist grundsätzlicher geworden; er richtet sich nicht bloss gegen die Vorstellung einer göttlichen Dreiheit, sondern vielmehr überhaupt gegen alles Personale im Gottesdenken. Der Gott, der ein Du war, wird zum Gott, das ein Es ist. Gott ist das Leben, das Gute, Gott ist Kraft und positive Energie: Das ist die alte Sprache der Gnosis, der Esoterik, eine Sprache, die Theologen schon immer provoziert hat, vielleicht, weil diese Sprache ihrerseits vor Kraft strotzt. Die dynamisierte, belebende, bewegende Gottheit fasziniert Kirchenferne und Kirchennahe, viele Getaufte und nicht wenige Ordinierte. Wer sie predigt, predigt selten einsam. Dass Gott *auch* Kraft, *auch* positive Energie ist, wer wollte das bestreiten, erst

3 Karl-Heinrich Bieritz, Das Kirchenjahr. Feste, Gedenk- und Feiertage in Geschichte und Gegenwart, München [8]2013, 161.

4 Eine gewisse inhaltliche Übereinstimmung verbindet Ewigkeitssonntag und Allerseelen. Dem gemeinsamen Totengedenken steht freilich eine unterschiedliche eschatologische Perspektive gegenüber: An Allerseelen wird in der katholischen Tradition der lebenden Seelen im Purgatorium gedacht, am Ewigkeitssonntag der protestantischen Kirchen hingegen der Toten. Die dogmatische Differenz spiegelt sich in unterschiedlichen Terminen im Kirchenjahr wider (2. November/letzter Sonntag im Kirchenjahr).

5 Vgl. Johannes Calvin, Calumniarum refutatio/Widerlegung der trügerischen Verdrehungen: Eberhard Busch (Hg.), Calvin-Studienausgabe, Bd. 4: Reformatorische Klärungen, Neukirchen-Vluyn 2002, 166–233.

recht nach Pfingsten? Im Spiegel unserer Zeit erblickt der dreieinige Gott die radikal dynamisierte Gottheit.

Sollen, müssen wir also annehmen, dass die Zeit *nach Trinitatis* auf bestem Wege dazu ist, vom retrospektiven kirchenkalendarischen Bezugspunkt zur prospektiven theologischen Maxime zu werden, zu einer posttrinitarischen Gottheitslehre? Oder komprimierter gefragt: Was folgt auf den kirchlichen Sonntag *nach Trinitatis* – der theologische Alltag *ohne* Trinität?

3. Trinitätslehre als «Rahmentheorie»

Widerspruch gegen die Trinitätsvergessenheit wird, in Weiterführung der trinitätstheologischen Positionen von Karl Barth[6] und Karl Rahner[7], schon seit dem letzten Viertel des 20. Jahrhunderts laut.[8] Die Trinitätstheologie erlebt seither eine Renaissance, für deren Protagonisten[9] stellvertretend Jürgen Moltmann[10], John Zizioulas,[11] Colin Gunton,[12] Alan Torrance[13] und Miroslav Volf[14] zu nennen sind. Trinitätslehre wird nun zur theologischen Methode, zur «Rahmentheorie»[15] des christlichen Glaubens. Damit ist mehr gesagt als das Selbstverständliche, dass christliche Theologie von Gott nicht anders als trinitarisch sprechen kann. Nicht allein auf dem Gebiet der Gotteslehre, sondern auch für anthropologische, kosmologische und ontologische Erkenntnisse werden der

6 Karl Barth, Die Lehre vom Wort Gottes. Prolegomena zur Kirchlichen Dogmatik, KD I/1, Zollikon-Zürich 1947, 311–514.

7 Karl Rahner, Der dreifaltige Gott als transzendenter Urgrund der Heilsgeschichte: Mysterium Salutis II, 1967, 317–397.

8 Christoph Schwöbel, Gott in Beziehung. Studien zur Dogmatik, Tübingen 2002, 30: «Eine trinitätsvergessene Theologie ist von Barths und Rahners Voraussetzungen her immer eine systematisch unvollständige Theologie.»

9 Eine ausführliche Liste englischsprachiger Beiträge findet sich in Richard M. Fermer, The Limits of Trinitarian Theology as a Methodological Paradigm: Neue Zeitschrift für Systematische Theologie und Religionsphilosophie 41/1999, 158–186 (158, Fn. 3).

10 Jürgen Moltmann, Trinität und Reich Gottes. Zur Gotteslehre, München 1980.

11 John Zizioulas, Being as Communion. Studies in Personhood and the Church, Crestwood NY 1985.

12 Colin E. Gunton, The Promise of Trinitarian Theology, Edinburgh 1991; ders., The One, The Three and The Many. God, Creation and the Culture of Modernity, Cambridge 1995.

13 Alan J. Torrance, Persons in Communion. An Essay on Trinitarian Description and Human Participation, Edinburgh 1996.

14 Miroslav Volf, Trinität und Gemeinschaft. Eine Ökumenische Ekklesiologie, Neukirchen-Vluyn 1996.

15 Schwöbel, Gott (Anm. 8), 25.

Trinitätslehre grundlegende methodologische Qualitäten zugesprochen: «Die Trinitätslehre fungiert als Rahmentheorie für die Entfaltung des Wirklichkeitsverständnisses des christlichen Glaubens, indem sie dazu einlädt, alle Aussagen über Mensch und Welt zur trinitarischen Identität und zum trinitarischen Handeln und Wesen Gottes in Beziehung zu setzen.»[16]

Christliche Trinitätslehre hat sich in der Auseinandersetzung mit vielerlei Widerständen herausgebildet. Der Blick auf Entwicklungen früherer Jahrhunderte bestätigt, dass die Trinitätslehre nicht erst neulich zur Provokation geworden ist, sondern schon immer eine war. Inwiefern einige der alten Provokationen heute noch wirksam sind, wird im Folgenden vorgestellt.

II. Trinität als Provokation: Stationen des Dogmas

1. Eins und doch drei: wider die Monarchianer

Trinitätstheologie hat offenbar immer schon herausgefordert. Widerstand provozierte nicht erst die Vorstellung einer göttlichen Natur des Sohnes, sondern bereits die ihr zugrunde liegende Behauptung, von Gott lasse sich nur trinitarisch angemessen sprechen. Gegner der Trinitätslehre sahen den Monotheismus insofern gefährdet, als Gott Vater und Gott Sohn dadurch zu zwei voneinander zu unterscheidenden Göttern gemacht würden. Unter dem Sammelbegriff «Monarchianismus» (μόνος/einzig, ἄρχειν/herrschen) lassen sich verschiedene Strömungen des 2. und 3. Jahrhunderts zusammenfassen, denen die Skepsis dem trinitarischen Gottesverständnis gegenüber gemeinsam war und die mit Nachdruck die Beachtung des Monotheismus einforderten. Die Monarchianer schlugen zwei Lösungen zur Stärkung und Verteidigung der Einheit und Alleinherrschaft Gottes vor. Die eine lautete: Christus sei als Mensch geboren worden und aufgewachsen wie alle andern Menschen auch; Gott habe ihn später dann als seinen Sohn angenommen, quasi adoptiert (so die Lösung der «Adoptianer»). Die andere Variante vertrat gewissermassen das Gegenteil: Gott der Vater sei selber Sohn geworden und als Jesus von der Jungfrau Maria geboren worden. «Patripassianer» (von lat. *pater*/Vater und *passio*/Leiden) nennt man, wer die Ansicht vertrat, der Vater leide selber am Kreuz; später wurden sie auch «Modalisten» genannt, weil gemäss ihrer Lehre Gott Vater und Gott Sohn nur verschiedene Erscheinungsformen (*modi*) der ansonsten immer gleichen einen Identität Gottes seien.

16 Schwöbel, Gott (Anm. 8), 48.

Die Varianten gleichen sich im Ergebnis: Gott wird nicht als Wesenseinheit personaler Hypostasen verstanden. Der Monotheismus der Monarchianer kann nicht als trinitarisch qualifiziert werden, wohingegen der seither kirchlich tradierte Monotheismus nicht *nicht* trinitarisch erfasst werden kann. Die Dreigestalt Gottes wird zum Merkmal christlicher Gottesrede. Der provokative Charakter der Trinitätslehre besteht also darin, dass sich der eine Gott nicht anders als in drei Personen zu erkennen gibt.

2. Ein Mensch, der auch Gott ist: wider die Arianer

Auch die zweite Provokation war christologischer Art. Manifest wurde sie im sogenannten arianischen Streit, der epochalen Herausforderung für die kirchliche Verständigung über die Gotteslehre und damit für die Einheit der Kirche. Arius (ca. 280–336 n. Chr.), Namensgeber jener Auseinandersetzung (wenn auch seine Theologie nicht ohne weiteres mit dem ihm zugeordneten Arianismus gleichgesetzt werden kann), war ein Vertreter streng monotheistischer Theologie. Arius lehrte, dass Gott selbst nicht gezeugt und also ohne Ursprung sei. Der Sohn Gottes, die zweite Gestalt der Dreieinigkeit, könne, weil er gezeugt worden sei, nicht Gott im selben Sinn wie der Vater sein. Christus als das Mensch gewordene Wort Gottes sei von Gott zu unterscheiden. Er sei Gottes Geschöpf, also Gott untergeordnet. Dieser Sicht widersprachen jene, die an der göttlichen Natur Christi, am Hervorgehen des Heiligen Geistes aus dem Vater und, je nach Tradition, auch aus dem Sohn (*filioque*)[17] festhielten.

Der Streit war lang und heftig, er hatte Nachwehen bis ins 6. Jahrhundert; formal endete er mit dem Ersten ökumenischen Konzil von Nizäa, das 325 n. Chr. die Lehre des Arius verurteilte. Das Konzil rang um eine Formulierung, welche die Einheit und Verschiedenheit der drei Personen in Gott, besonders auch der drei *Beziehungen* dieser Personen untereinander, angemessen in Sprache fasste. Es einigte sich darauf, dass der Sohn Gottes vom Vater empfangen, aber nicht geschaffen worden sei; dass er von gleicher Substanz oder von gleichem Wesen (ὁμοούσιος) wie der Vater ist. Der Sohn sei also eine Seinswirklichkeit (Hypostase) des dreieinigen Gottes, nicht Teil der von Gott erschaffenen Schöpfung. Das zweite ökumenische Konzil hat 381 n. Chr. dann die Differenz zwischen dem einen Wesen, der οὐσία Gottes, und seinen drei personalen Seinswirklichkeiten dogmatisiert. Und es prägte in Ergänzung zum

17 Das «filioque» wurde erst durch das dritte Konzil von Toledo 589 n. Chr. dem Nizänum hinzugefügt.

Nizänum die Formel «*genitum, non factum*» (gezeugt, nicht geschaffen). Hier liegt der Schlüssel zum Verständnis der trinitätstheologischen Grundstruktur: Der Sohn ist nicht Geschöpf, sondern wesenseins mit dem Schöpfer. Analog wurde für den Heiligen Geist festgehalten: Auch er sei nicht geschaffen, sondern aus dem Vater «hervorgegangen» (*procedit*).[18]

Der Streit war freilich mit dem Konzilsentscheid von 381 nicht beigelegt. Einige damit verbundene Fragen, allen voran jene nach dem rechten Verständnis der göttlichen Natur Christi, schwelten weiter. Befürchtet wurde insbesondere eine unzulässige Teilung und Aufspaltung des Vaters und des Sohnes in zwei voneinander gänzlich getrennte Gottheiten. Erst 451 n. Chr. entschied dann das Konzil von Chalcedon, Christus sei als Gottes Sohn ganz Gott und ganz Mensch, *unvermischt, unverändert, ungeteilt und ungetrennt*[19] (und wie wir als Studenten in diesen heiligen Hallen damals trocken beifügten: «und unverständlich ...»).

Die diesbezügliche Formulierung des Chalcedonense ist beeindruckend präzise und umfassend, weshalb sie vollumfänglich zur Kenntnis genommen werden sollte:

> «In der Nachfolge der heiligen Väter also lehren wir alle übereinstimmend, unseren Herrn Jesus Christus als ein und denselben Sohn zu bekennen: derselbe ist vollkommen in der Gottheit und derselbe ist vollkommen in der Menschheit; derselbe ist wahrhaft Gott und wahrhaft Mensch aus vernunftbegabter Seele und Leib; derselbe ist der Gottheit nach dem Vater wesensgleich und der Menschheit nach uns wesensgleich, in allem uns gleich ausser der Sünde [...]; derselbe wurde einerseits der Gottheit nach vor den Zeiten aus dem Vater gezeugt, andererseits der Menschheit nach in den letzten Tagen unsertwegen und um unseres Heiles willen aus Maria, der Jungfrau [und] Gottesgebärerin, geboren; ein und derselbe ist Christus, der einziggeborene Sohn und Herr, der in zwei Naturen unvermischt, unveränderlich, ungetrennt und unteilbar erkannt wird, wobei nirgends wegen der Einung der Unterschied der Naturen aufgehoben ist, vielmehr die Eigentümlichkeit jeder der beiden Naturen gewahrt bleibt und sich in *einer* Person und *einer* Hypostase vereinigt; der einziggeborene Sohn, Gott, das Wort, der Herr Jesus Christus, ist nicht in zwei Personen geteilt oder getrennt, sondern ist ein und derselbe, wie es früher die Pro-

18 Vgl. Heinrich Denzinger, Kompendium der Glaubensbekenntnisse und kirchlichen Lehrentscheidungen. Verbessert, erweitert, ins Deutsche übertragen und unter Mitarbeit von Helmut Hoping hg. von Peter Hünermann, Freiburg u. a. ^{40}2005, 83f.

19 «ἐν δύο φύσεσιν ἀσυγχύτως, ἀτρέπτως, ἀδιαιρέτως, ἀχωρίστως», zit. nach Denzinger, Kompendium (Anm. 18), 142f.

pheten über ihn und Jesus Christus selbst es uns gelehrt und das Bekenntnis der Väter es uns überliefert hat.»[20]

So vielschichtig der arianische Streit im Verlauf der Auseinandersetzung auch verlaufen war, so gut verständlich bleibt doch die Grunddifferenz: Für die Arianer ist Gottes Sohn Geschöpf, also Mensch und nur Mensch. Nicht so für ihre Gegner: Gottes Sohn ist als Mensch selber Gott, zugleich wahrer Mensch und wahrer Gott. Dass ein Mensch demnach ganz Mensch und ganz Gott ist, das ist Teil des unverzichtbaren kirchlichen Zeugnisses geworden. So unverzichtbar dieses Zeugnis, so unvermeidbar provokativ für Vernunft und Erfahrung ist sein Charakter.

3. Lex orandi, lex credendi: wider die intellektualisierte Trinitätslehre

Ob die Kirche eine verständliche Trinitätstheologie kommunizieren kann, ist nicht primär die Sache akademischer Hörsäle, sondern der Gottesdienstgemeinde. Lex orandi, lex credendi: Im Gottesdienst – im liturgischen Sprechen und Feiern – wird Trinität erleb- und sichtbar, und umgekehrt prägt die Trinitätsfrömmigkeit der Gottesdienstgemeinde auch das liturgische Feiern der Kirche. Diese Wechselwirkung hat unter anderem zur Entstehung des Trinitatisfests geführt, wie sie im Folgenden skizziert wird.

Ab dem 9. Jahrhundert erlebte im Westen die gallische Kirche eine Hochblüte der Trinitätsfrömmigkeit. In diesem Umfeld weiteten sich die trinitätstheologischen liturgischen Formulierungen allmählich zu ganzen Trinitätsmessen aus. Alkuin (735–804 n. Chr.), der gelehrte und einflussreiche Ratgeber Karls des Grossen, erkannte die Dreifaltigkeitsfrömmigkeit seiner Zeitgenossen und verhalf der Dreifaltigkeitsmesse zu ihrer Popularität, indem er sie als sonntägliche Votivmesse festlegte.[21] Die benediktinische Klosterregel des Ethelwold († 984), die «Regularis Concordia», und die 1202 verfasste Zisterzien-

---

20 Denzinger, Kompendium (Anm. 18), 142f.

21 Votivmessen waren bei Volk und Klerus beliebt, denn im Unterschied zu den Festtagsmessen liessen sie sich an beliebigen Sonntagen einsetzen. Inwieweit Alkuin den Messetext selbstständig verfasste oder auf ihm vorliegende Messformulare zurückgreifen konnte, ist nicht mehr eindeutig auszumachen. Vgl. Adalbert Klaus, Ursprung und Verbreitung der Dreifaltigkeitsmesse, Werl 1938, 105.107.

serregel schrieben diese Votivmesse schliesslich für alle Sonntage zwischen Pfingsten und Advent (mit Ausnahme der Herrenfeste) vor.[22]

Ebenfalls im monastischen Umfeld ist die Einführung eines eigenen Festtages zu Ehren der Heiligen Dreifaltigkeit zu verorten. Den frühesten sicheren Beleg finden wir um 996/1030 in Cluny.[23] In der Mitte des 13. Jahrhunderts kommt es dann zur raschen Verbreitung des Trinitätsfesttages. Die Dominikaner und Franziskaner führten Trinitatis ein; ebenso auch eine wachsende Zahl von Diözesen, zunächst in Frankreich, später auch im deutschen Sprachraum. In Basel und Bern wird das Trinitatisfest 1284 erstmals bezeugt; im Bistum Sitten wurde es bereits 1219 gefeiert.[24]

Rom wehrte sich jedoch lange gegen die Dreifaltigkeits-Votivmesse mit trinitätsspezifischem Hochgebet und gegen die Einführung eines eigenen Festtages der Trinität. Das Trinitatisfest sei «der alten Zeit unbekannt gewesen» und auch deswegen «unnötig [...], da dieses Geheimnis ja in jeder Messe durch das Gloria Patri [...] und andere Gebete verehrt und gefeiert werde».[25] Erst Johannes XXII. schrieb 1334 das Trinitatisfest allgemein vor, und zwar für den Sonntag nach Pfingsten. Obwohl das Fest damit in den allgemeinen Kalender aufgenommen wurde, feierte man es noch lange nicht überall. Wohl erst mit dem Missale Romanum 1570 ist das Dreifaltigkeitsfest allgemein und definitiv rezipiert worden.[26]

Weshalb wurde das Trinitatisfest auf den Sonntag nach Pfingsten gelegt? Entscheidend war wohl, dass an Pfingsten mit dem Erscheinen des Heiligen Geistes die Dreieinigkeit sozusagen vollständig offenbar wird. Da aber die Messe des Pfingstfestes immer schon ganz dem Heiligen Geist gewidmet war, «konnte man die Dreifaltigkeitspräfation oder die ganze Votivmesse erst am folgenden Sonntag nehmen und ihn so zu einem Dreifaltigkeitssonntag machen».[27]

Dass Christus wahrer Mensch und wahrer Gott ist, prägt auch die *liturgische Sprache*. In den ersten Jahrhunderten einigte sich die Alte Kirche auf die betende Hinwendung zu «Gott, dem Vater, durch unseren Herrn Jesus Chris-

22 Vgl. Hansjörg Auf der Maur, Feiern im Rhythmus der Zeit. Herrenfeste in Woche und Jahr, Gottesdienst der Kirche. Handbuch der Liturgiewissenschaft, Teil 5, Regensburg 1983, 196.

23 Vgl. Auf der Maur, Feiern (Anm. 22), 197.

24 Vgl. Peter Browe, Zur Geschichte des Dreifaltigkeitsfestes: Hilarius Emonds (Hg.), Archiv für Liturgiewissenschaft, Bd. 1, Regensburg 1950, 65–81 (77).

25 Browe, Geschichte (Anm. 24), 72f.

26 Vgl. Auf der Maur, Feiern (Anm. 22), 197.

27 Browe, Geschichte (Anm. 24), 80.

tus», wobei der Heilige Geist als die dritte göttliche Person entweder koordiniert (*per Christum* et *Spiritum Sanctum*) oder, das war das Vorherrschende, subordiniert (*per Christum* in *Spiritu Sancto*) dazukam.[28] Da dieser Nachsatz freilich auch subordinatorisch missverstanden werden konnte, reagierten die Ostkirchen, indem sie jene liturgischen Formeln, welche einer häretischen Subordinationschristologie Vorschub leisten konnten, ersetzten. Rom, d. h. die «rein römischen Liturgiedenkmäler, das Leonianum und Gregorianum», hingegen mieden «fast auffällig jede Anrede oder inhaltliche Berührung der Trinität. Sie zeigen ganz unverfälscht den altchristlichen Gebetstypus der Hinwendung zu Gott Vater durch Christus im Hl. Geiste.» [29]

4. Das Dogma ist biblisch: wider die Konzilsvergessenheit

An der zentralen Bedeutung des Trinitätsdogmas hat auch die Reformation nichts geändert. Den Reformatoren ist eigen, dass sie die Trinitätslehre für schriftgemäss halten. Die Trinitätslehre ist zwar nicht im biblisch verortbaren Einzelereignis zu fassen, aber sie ergibt sich aus den vielen Erzählungen über Gottes Wirken, wie es sich in der Heilsgeschichte offenbart. Der dreieine Gott ist der Gott der Bibel.

Damit bestätigt die Reformation ausdrücklich Konzilsentscheidungen. Die alte Lehre von der Trinität Gottes ist ebenso Grundbestand der protestantischen Kirche.

4.1 Martin Luther und Philipp Melanchthon

Für Luther steht fest, dass die altkirchlichen Bekenntnistexte richtig erfassen, was die Heilige Schrift über den dreieinigen Gott sagt. Sie sind für ihn kollektive, autoritative Schriftauslegung, «wie das alles bis her beyde yn der Roemischen kirchen und ynn aller Welt bei den Christlichen kirchen gehalten ist».[30] Trinitätslehre ist «der höchst artikell ym glauben / darynnen die andern alle

28 Vgl. Klaus, Ursprung (Anm. 21), 69.

29 Klaus, Ursprung (Anm. 21), 73; a. a. O., 71f.: «Ja, mit dem endgültigen Wechsel von der griechischen Kultsprache zur lateinischen ging man eher noch einen Schritt zurück, indem man auch eine trinitarische Erweiterung der Schlussformeln, wie wir sie unter Hippolyt für Rom bereits kennen lernten, wieder fallen liess.»

30 Martin Luther, Vom Abendmahl Christi. Bekenntnis (1528): WA 26, 241–509 (500,27–32).

hangen».[31] Luther betont, dass die *res*, die wesentliche Sache der Trinitätslehre, in der Schrift klar enthalten sei. «Ist aber die Sache an der Schrift erfasst, können auch die Begriffe anders und neu gefasst werden.»[32] In Luthers eigenen Worten: «[...] wiltu ein ander vocabulum gebrauchen, so thue es, modo ut rei proprietatem serves et exprimas.»[33]

Klärend ist zudem Luthers Darstellung der Trinität als Beziehungsidentität. «Während philosophisch gesehen Relationen als externe Relationen zwischen Substanzen begriffen werden und insofern keine eigene Substanz haben,[34] so gilt in Bezug auf die Trinität, dass Relationen als interne Relationen begriffen werden müssen.»[35] In der Trinität sind Relationen nicht extern zwischen Substanzen, sondern intern und für das Person-Sein von Vater, Sohn und Heiligem Geist konstitutiv. Die Heilsgeschichte des Vaters in Jesus Christus durch den Heiligen Geist korrespondiert mit der Beziehungsstruktur in Gott selbst, wie es Luther formuliert: «Gleich wie der Vater ein ewiger Sprecher ist, der Sohn in Ewigkeit gesprochen wird, ist also der Heilige Geist in Ewigkeit der Zuhörer.»[36]

Philipp Melanchthon erwähnt die Trinitätslehre in den «Loci communes» (1521) unter den «Loci primi». Wie Luther verwahrt sich zwar auch Melanchthon gegen jede nicht konsequent schriftbasierte Dogmenformulierung.[37] In der Sache der Trinitätstheologie gibt Melanchthon aber den altkirchlichen Bekenntnissen recht: Der Artikel des Augsburger Bekenntnisses, in welchem die altkirchliche Trinitätstheologie zusammengefasst wird, habe «starcken, guten, gewissen grund inn der heiligen schrifft».[38]

31 Martin Luther, Eine kurze Form der zehn Gebote, eine kurze Form des Glaubens, eine kurze Form des Vaterunsers (1520): WA 9, 194–229 (214,27f.).

32 Christoph Schwöbel, Art. Trinität, III. Reformationszeit, TRE 34 (2002), 105–110 (106).

33 Martin Luther, Die Promotionsdisputation von Georg Major und Johannes Faber (1544): WA 39/2, 284–336 (305,16–19).

34 Vgl. Martin Luther, Die Promotionsdisputation von Petrus Hegemon (1545): WA 39/2, 337–401 (340,1f.).

35 Schwöbel, Trinität (Anm. 32), 106.

36 Martin Luther, Das XVI. Kapitel. S. Johannis gepredigt und ausgelegt: WA 46, 1–111 (60,4–6).

37 Vgl. Philipp Melanchthon, Loci communes. 1521. Lateinisch-Deutsch. Übersetzt und mit kommentierenden Anmerkungen versehen von Horst Georg Pöhlmann, Gütersloh [2]1997, 0.17, 24/25.

38 Apologia Confessionis Augustanae, verdeudschet aus dem Latin durch Justum Jonam: Irene Dingel (Hg.), Die Bekenntnisschriften der Evangelisch-Lutherischen Kirche, Göttingen 2014, 244 (BSLK 145,10f.).

4.2 Huldrych Zwingli und Heinrich Busllinger

Auch Zwingli und Bullinger halten an der altkirchlichen Trinitätslehre fest, unter ausdrücklicher Betonung der Kontinuität zu den Konzilsentscheiden: «Erstens also», schreibt Zwingli 1531 in *Fidei ratio*, «glaube und weiss ich, dass es nur einen einzigen Gott gibt, und dass er von Natur aus gut, wahr, mächtig, gerecht, weise, der Schöpfer und Erhalter aller sichtbaren und unsichtbaren Dinge ist; dass er der Vater, der Sohn und der Heilige Geist ist; zwar drei Personen, deren Wesen aber eines und ungeteilt ist. Und überhaupt denke ich im Einzelnen über Gott und seine Namen oder Personen so, wie es das Nicaenische und Athanasianische Glaubensbekenntnis darlegen.»[39] Und weiter: «Darum sind – obwohl wir sehen, dass alle, der Vater, der Sohn und der Heilige Geist in der Schrift Gott genannt werden –, sie nicht etwa Geschöpfe oder verschiedene Götter, sondern diese drei sind eins: eine einzige Wesenheit, eine ‹Usia›, das heisst – Existenz, eine Kraft und Macht, ein Wissen und eine Vorsehung, eine Güte und Vorsorglichkeit; drei Namen oder Personen, aber alle und jeder einzelne sind der gleiche und einzige Gott.»[40]

Bullinger betont die Einheit von Schrift und Bekenntnis: «Für die Gläubigen ist es genug, wenn sie ganz einfach und der Schrift und dem Apostolischen Glaubensbekenntnis gemäss glauben und bekennen, dass es eine einzige göttliche Natur oder ein einziges göttliches Wesen gibt, worin Vater, Sohn und Heiliger Geist enthalten sind.»[41] Ähnlich wie Luther unterscheidet er zwischen der Sache und den Formulierungen in der Trinitätslehre: «Ob man diese nun Substanzen, Hypostasen oder Personen nennt, kümmert uns nicht, wenn man nur den Unterschied und die Eigenschaften eines jeden deutlich ausdrückt und ihre Einheit in der Weise bekennt, dass man ihre Dreieinigkeit nicht vermischt und die Personen nicht ihrer Eigenschaften beraubt.»[42]

4.3 Johannes Calvin

Auch Johannes Calvin verwahrt sich gegen spekulative Gotteserkenntnis. Seine Institutio von 1559 widmet sich im ersten Buch der Trinitätslehre. Es sei «ein unnützes Gedankenspiel, wenn einige sich eifrig um die Frage nach Got-

39 Huldrych Zwingli, Erklärung des christlichen Glaubens: Thomas Brunnschweiler/Samuel Lutz (Hg.), Huldrych Zwingli, Schriften, Bd. IV, Zürich 1995, 93–131 (100).

40 Zwingli, Erklärung (Anm. 39), 281–361 (293f.).

41 Heinrich Bullinger, Predigt 3. Gott, die wahre Erkenntnis Gottes und die verschiedenen Weisen, wie er erkannt werden kann; dass nur ein einziger Gott dem Wesen nach, ein dreifältiger jedoch den Personen nach ist: Emidio Campi/Detlef Roth/Peter Stotz (Hg.), Heinrich Bullinger, Schriften, Bd. IV, Zürich 2006, 389–440 (426).

42 Bullinger, Predigt (Anm. 41), 426.

tes ‹Sein› und ‹Wesen› mühen. Uns liegt mehr daran zu wissen, was für ein Gott er ist und was seiner Art gemäss ist.»[43] Und diese Frage nach dem *qualis sit Deus* lässt sich einzig durch die Beschäftigung mit Gottes Selbstoffenbarung, mit der Schrift, beantworten. «Es gehört auch viel Vorsicht dazu, dass nicht der Gedanke oder die Sprache weiter geht, als Gottes Wort es uns verstattet [...]. Wir verfahren aber dann nach dieser Einsicht, wenn wir ihn so betrachten, wie er sich uns geoffenbart hat, und über ihn an keiner anderen Stelle eine Kunde suchen als in seinem Wort.»[44] Auch Calvin hält daran fest, dass die altkirchlichen Formulierungen schriftgemäss von Gott reden. Insbesondere die Rede von den drei miteinander in Beziehung stehenden Personen in Gott sei unverzichtbar. «Wie sehr nun auch die Häretiker gegen das Wort ‹Person› kläffen, und wenn auch andere in ihrer grossen Torheit sich weigern, diesen Ausdruck, da er ein Menschensündlein sei, anzunehmen – sie können uns doch nicht widerlegen, dass da drei genannt werden, von denen jeder ganz und gar Gott ist, und die doch nicht mehrere Götter sind; deshalb ist es eine üble Bosheit, Worte abzulehnen, die doch bloss auslegen, was in der Schrift bezeugt und versiegelt ist!»[45] Calvin betont, dass der Gottesname immer trinitarisch zu denken ist: «Wird Gottes Name ohne weitere Bestimmung gebraucht, so ist nicht weniger der Sohn und der Geist als der Vater gemeint.»[46]

4.4 Confessio Helvetica posterior

Und schliesslich hält auch die reformierte Bekenntnistradition an der altkirchlichen Einsicht fest. Die *Confessio Helvetica posterior* (deren 450. Entstehungsjahres wir 2016 gedacht haben) übernimmt weitgehend die Terminologie des Nizänums und des Chalcedonense, nicht ohne, gut reformiert, dem Prinzip *sola scriptura* durch Aufführung vieler biblischer Belege Genüge zu tun. Es ist bemerkenswert, wie klar die Confessio Helvetica posterior die Rückbindung an die altkirchliche Tradition einfordert: «Kurz, wir nehmen das Bekenntnis der Apostel an, das uns den wahren Glauben überliefert. Wir verwerfen deshalb die Ansichten der Juden und Mohammedaner und aller, die diese hochheilige und anbetungswürdige Dreieinigkeit lästern. Wir verwerfen ebenso alle Irrlehren und Irrlehrer, die lehren, der Sohn und der Heilige Geist seien nur dem Namen nach Gott, oder in der Dreieinigkeit sei ein erschaffenes und Dienendes, oder eines dem andern untertan, oder es sei darin Ungleiches, Grösseres

43 Johannes Calvin, Institutio Christianae Religionis. Nach der letzten Ausgabe von 1559 übersetzt und bearbeitet von Otto Weber, Neukirchen-Vluyn 2008, I,2,2, 25.

44 Calvin, Institutio (Anm. 43), I,13,21, 77.

45 Calvin, Instititujo (Anm. 43), I,13,3, 65.

46 Calvin, Institutio (Anm. 43), I,13,20, 76.

und Kleineres, Leibliches oder leiblich Nachgebildetes, nach Sitten und Willen Verschiedenes, oder dann Vermischtes oder Einzelstehendes, oder dass der Sohn und der Heilige Geist nur andere Zustände oder besondere Erscheinungsformen des einen Gottvaters seien, wie die Monarchianer geglaubt haben, oder die Noetianer, wie Praxeas, die Patripassianer, wie Sabellius, Samosatenus, Aetius und Macedonius, die Anthropomorphiten und schliesslich wie Arius und andere dergleichen.»[47]

(Dass sich ein Bekenntnis also nicht nur zur Heiligen Schrift, sondern auch zu ihm geschichtlich vorangehenden anderen Bekenntnistexten verhalten kann, oder vermutlich auch verhalten soll, wäre in den aktuellen Auseinandersetzungen um die Bekenntnisfrage in der Schweiz mit Gewinn stärker zur Kenntnis zu nehmen.)

5. Relevanzverlust der Trinitätslehre

Bis in die Reformationszeit hinein war die Trinitätslehre zwar vielfach bestritten, wurde aber ununterbrochen kirchlich tradiert. Das Gottesverständnis, jedenfalls das kirchlich ausformulierte, war trinitarisch. Mit dem aufkommenden Pietismus und erst recht mit der Aufklärung begann sich das zu ändern. Der Pietismus erklärt die persönliche Erfahrung zum Massstab religiöser Wirklichkeit und damit zur Richtschnur einer existenziell verantwortbaren Gottesrede. Im Mittelpunkt steht nun die unmittelbare, persönliche Christusbeziehung. Zwar verweigert sich der Pietismus nicht der Trinitäts*lehre* im Sinne einer theoretischen Richtigkeit, aber die Trinitäts*praxis* in Gebet und Gottesdienst tritt in den Hintergrund. Die Beziehung zum dreieinen Gott wird zur Bezogenheit auf lediglich eine Person in Gott.

Anschaulich wird diese pietistische, auf Christus fokussierte Trinitätsfrömmigkeit bei Niklaus Ludwig Graf von Zinzendorf: Er warnte vor dem Sprechen über die Geheimnisse der Trinität und noch viel mehr über das Geheimnis des Heiligen Geistes, denn: Wo über den Geist verhandelt werde, da werde gestritten und da würden Kirchen getrennt.[48] Dennoch «kommts darauf an, dass wir wissen, wie es mit der heilige Dreyeinigkeit bewandt ist: denn *wir hätten sonst*

47 Confessio Helvetica posterior, III. Kapitel: Gott in seiner Einheit und Dreieinigkeit.

48 Vgl. Niklaus Ludwig von Zinzendorf, Gemeindereden: ders., Hauptschriften in sechs Bänden, hg. von Erich Beyreuther und Gerard Meyer, Bd. IV, Hildesheim 1963, 52.

keine Mutter, keinen Vater. Wir hätten einen Mann; aber wer machte uns Hochzeit?»[49]

Die beigezogenen Schriftbelege veranlassten Zinzendorf allerdings, die traditionelle Trinitätslehre umzugestalten: Nicht Gott-Vater, sondern *Jesus* sei «Schöpfer aller Creaturen»[50] und schon der Gott Israels heisse Christus, der Herr Zebaoth, wie Zinzendorf unter Berufung auf neutestamentliche Bibelstellen und Kirchenlieder darlegt. Gott-Vater kann allenfalls Grossvater (der Kinder Jesu) oder Schwiegervater (der Gemeinde als Braut Christi) sein. Analog zur irdischen Familie spricht Zinzendorf vom Heiligen Geist als ‹Mutter›:[51] «Wie die Mutter das Haus hütet; so hütet der heilige Geist des Heilandes sein Haus hier unten auf Erden: er bleibet daheim, und hat sich in sein Haus-Geschäfte concentrirt.»[52]

Auch bei Zinzendorf ist die Trinität also nicht anders als durch den Sohn erfahrbar: «*Woher erfahren wir*, dass ein Sohn ist, dass ein heiliger Geist ist? Bloss daher, weil der Heiland, der alleine im Stande ist, von der Gottheit zu sprechen, einen Vater nennt, der Apostel bestimmt; einen Sohn nennt, der die Apostel erwehlet; einen heiligen Geist nennt, der die Apostel sendet.»[53]

Während der Pietismus aber nur eine bestimmte Art von Frömmigkeit erfassen konnte und nicht die ganze Kirche ergriff, erwuchs der Trinitätslehre in der Aufklärung ein umfassenderer Widerspruch. «Die Disjunktion von Glaubenserfahrung, Schriftzeugnis und Lehrformulierung wird in scharfer Form von der Religionskritik der deutschen Aufklärung geltend gemacht.»[54] Namen wie Reimarus und Semler stehen für die nun in der Theologie Einzug haltende historisch-kritische Methode und die daraus entstehende Kritik an der metaphysischen Begrifflichkeit der altkirchlichen Konzile. Semler schreibt: «Vom 4ten Jahrhundert fängt man an, metaphysische Ungewissheiten in Glaubensformeln zu bestimmen.»[55] Geschichte, Erfahrung und Begrifflichkeit fallen

49 Zinzendorf, Gemeindereden (Anm. 48), 53.

50 Zinzendorf, Gemeindereden (Anm. 48), 59. Und weiter lässt Zinzendorf den «Heiland» sagen: «[...] das ganze alte Testament handelt von mir, ich muss es geschehen lassen, so demüthig als ich bin» (ebd.).

51 Vgl. Hans Schneider, Zinzendorf, TRE 36 (2004), 691–697 (694); Christoph Schwöbel, Art. Trinität, IV. Systematisch-theologisch (mit Berücksichtigung der Kirchengeschichte seit 1577), TRE 34 (2002), 110–121 (112).

52 Zinzendorf, Gemeindereden (Anm. 48), 64ff.

53 Zinzendorf, Gemeindereden (Anm. 48), 54.

54 Schwöbel, Trinität (Anm. 51), 112.

55 Johann Salomo Semler, Vorrede zu: Samuel Clarke, Die Schrift-Lehre von der Dreyeinigkeit, zitiert nach Gottfried Hornig, Johann Salomo Semler. Studien zu Leben und Werk des Hallenser Aufklärungstheologen, Tübingen 1996.

auseinander und verringern die Plausibilität der trinitätstheologischen Dogmensprache.

Daran ändert auch nichts, dass Hegel die Trinitätslehre als Modell benutzt, um die dialektische Einheit von Geschichte und Erfahrung im Medium des metaphysischen Begriffs darzustellen. Gott ist bei Hegel als das Allgemeine von Ewigkeit her «dreieinig», er ist «der Gott, der sich unterscheidet, aber darin identisch mit sich selbst bleibt», und diese Struktur in Gott ist «das, was in der christlichen Religion Dreieinigkeit heisst».[56] Hegel hat mit dieser «geschichtsmetaphysischen Rekonstruktion der Trinitätslehre Anstoss für spekulative Neufassungen der Trinitätslehre»[57] gegeben. Er hat «der Theologie, zumindest der protestantischen, die Trinitätslehre als Problem zurückgegeben».[58]

III. Trinitarische Verkündigung heute – fünf Thesen

Die Auseinandersetzungen um den Monarchianismus und der arianische Streit haben die beiden provokativen Grundaussagen der Trinitätslehre deutlich werden lassen. Dass Gott Mensch geworden ist und dass dieser eine Gott als Einheit seiner drei göttlichen Personen erkennbar wird, gehörte seitdem zum Unverzichtbaren christlicher Gottesrede.

Zwei normative Kräfte, die biblische Schrift und deren kirchliche Auslegung, stehen einander in der Lehrbildung gegenüber und treten nicht selten auch in Spannung zueinander. Diese Situation ist gewollt, denn sie garantiert theologische *checks and balances*, welche für eine grundsätzlich kritische Haltung gegenüber kirchlicher Dogmenbildung sorgen, diese aber nicht verunmöglichen.

Dass unter reformationstheologischer Voraussetzung kirchliche Lehre mit biblischem Befund nicht nur übereinstimmen soll, sondern auch kann, wird in der Trinitätslehre erkennbar: Die Reformation hat die trinitarischen Grundaussagen bestätigt; das reformatorische Schriftprinzip erkennt in der konziliar entstandenen Trinitätslehre den Gott der Bibel. Die Kirchen der Reformation sind in ihrer Verkündigung des dreieinen Gottes entsprechend doppelt verwurzelt, sowohl in den Konzilsentscheiden der Alten Kirche als auch im her-

56 Georg Wilhelm Friedrich Hegel, Vorlesung über die Philosophie der Religion, hg. von Walter Jaeschke, Bd. III, Hamburg 1995, 125.

57 Schwöbel, Trinität (Anm. 51), 113.

58 Walter Jaeschke, Die Religionsphilosophie Hegels, Darmstadt 1983, 83.

meneutischen Prinzip *sola scriptura.* Reformationstheologie begreift damit die diesbezüglichen Konzilsentscheide der Alten Kirche über ihre unmittelbare zeitliche Verortung hinaus als Ausdruck zeitloser Glaubenswahrheit.

Das hat Auswirkungen auf die heutige Rede von Gott. Die von der Reformation bestätigte Trinitätslehre beansprucht, weder konfessionell noch historisch begrenzt zu sein. Entsprechend sind die ihr eigenen Provokationen weiterhin zu beachtende und ökumenisch zu beobachtende Merkmale der Verkündigung. Mit anderen Worten: Was damals provozierte, wird immer provozieren, es provoziert folglich auch heute. Der dreieine Gott fordert Denkende, Glaubende, und Gottesdienst Feiernde heraus. Diese Herausforderung gilt es wachzuhalten, damit die evangelische Theologie möglichst präzise vom Gott der Bibel spricht und das Feld nicht zeitgeistigen Alternativen von angeblich adäquateren Gottesvorstellungen überlässt. Eine solche Rede von Gott beinhaltet mindestens folgende Provokationen.

1. Trinitarische Verkündigung widerspricht jedem monopersonalen Monotheismus

Dass es einen einzigen Gott gibt, kann in christlicher Theologie nur unter gleichzeitiger Anerkennung seiner drei Hypostasen gesagt werden. Trinitarische Verkündigung ist damit nicht *eine* mögliche, sondern die *einzig* mögliche Art christlicher Gottesrede. Sie ist es, die sie gegenüber anderen monotheistischen Überzeugungen – sowohl anderen Religionen wie auch anderen sich im Christentum entwickelnden Gottesbildern – unterscheidet. Das gilt auch für dynamisierende und entpersonalisierende Vorstellungen von Gott, in denen der personale Dreieine durch die vollumfänglich Kraft gewordene Gottheit ersetzt wird. Trinitarische Verkündigung bedeutet also, am Proprium des christlichen Monotheismus festzuhalten. Das gibt dem Christentum im Gespräch mit dem Judentum, heute auch mit dem Islam, seine unverwechselbare Kontur. Die drei abrahamitischen Religionen verbindet zwar das monotheistische Gottesverständnis, es trennt sie aber die Dreipersonalität des christlichen Gottes. Der allen drei Religionen gemeinsame Monotheismus ist ebenso eine Tatsache wie die im Wesentlichen andere Art des Christentums, von diesem einen Gott zu sprechen – die *Provokation der hypostatischen Differenz.*

2. Trinitarische Verkündigung widerspricht einer ausschliesslichen Ethisierung der Botschaft Jesu

Gezeugt, nicht geschaffen: So eindeutig die diesbezügliche kirchliche (auch reformatorische) Lehre ist, so schwer fällt es doch, die Vorstellung einer göttlichen Natur Jesu in der Verkündigung zu vermitteln. Als Vorbild, Lehrer und ethische Autorität bleibt Jesus weitherum anerkannt, auch unter Kirchenfernen und Andersgläubigen. Ihn hingegen als zweite Person einer göttlichen Trinität zu verstehen und als Gott-Sohn anzubeten, das fällt sogar vielen Gemeindegliedern schwer. Trinitarischer Glaube beinhaltet jedoch genau dies, nämlich die provokative Vorstellung eines Gottes, der sich selbst entäussert hat und Mensch geworden ist. Daran festzuhalten bedeutet insbesondere, nicht nur die ethische, sondern ebenso die eschatologische Botschaft Jesu angemessen wahrzunehmen. Jesus spricht nicht nur vom menschlich Guten in dieser Welt, sondern auch von einer kommenden Welt, dem Reich Gottes. Die ihm dazu verliehene Autorität gründet in der Gottessohnschaft. Trinitarische Verkündigung hält an der *Provokation der eschatologischen Botschaft* fest.

3. Trinitarische Verkündigung widerspricht nichtbiblischer Gottesrede

Wer das biblische Zeugnis als Grundlage seiner Rede von Gott anerkennt, spricht trinitarisch. Mit Eberhard Jüngel: «Die Rede vom dreieinigen Gott ist die Summe des Evangeliums.»[59] Trinitarische Verkündigung ist demnach die der Bibel treuste Art, von Gott zu reden. *Sola scriptura* ist, so verstanden, kein Argument gegen konziliare Theologie, sondern vielmehr das Prinzip, dem sich Konzile in ihren Lehrentscheiden unterwerfen sollen. Was immer die Kirche neu zu formulieren versucht, muss sich an der alten – oder besser: zeitlosen – Wahrheit des Evangeliums messen. Erst im Rückbezug auf konkretes biblisches Geschehen wird die Trinitätslehre verständlich.[60] Das Evangelium selbst

59 Eberhard Jüngel, Gott selbst im Ereignis seiner Offenbarung. Thesen zur trinitarischen Fassung der christlichen Rede von Gott: Michael Welker/Miroslav Volf (Hg.), Der lebendige Gott als Trinität. Jürgen Moltmann zum 80. Geburtstag, Gütersloh 2006, 23–33 (23).

60 Vgl. Ulrike Link-Wieczorek, Warum trinitarisch von Gott reden? Zur Neuentdeckung der Trinitätslehre in der heutigen Theologie: Rudolf Weth (Hg.), Der lebendige Gott. Auf den Spuren neueren trinitarischen Denkens, Neukirchen-Vluyn 2005, 16: Nur in der Verbindung «mit dem biblisch-bezeugten Reden in der Heilsgeschichte [...] wird der Sprachgewinn der Trinitätslehre deutlich».

setzt der Lehrbildung jene Grenzen, welche die Kirche zu ihrem eigenen Schutz vermutlich beachten sollte.

Die Abstraktion, die aus den biblischen Erzählungen eine Lehre macht, hat ihren eigenen Wert: Als Gottes*lehre* kann die Beziehung der drei Personen in Gott in Worte gefasst und kommuniziert werden. Durch Aufnahme in kirchliche Bekenntnistexte wird diese als gemeinschaftsstiftender Glaubensinhalt autorisiert.

Im Umkehrschluss ist festzuhalten: Wo die Kirche ihren Gott nicht oder nicht erkennbar als dreieinen Gott bezeugt, wird sie dem biblischen Zeugnis und damit auch dem reformatorischen Schriftprinzip nicht genügend gerecht. Wer Gott nicht als Einheit dreier Personen verkündigt, verkündigt nicht den Gott, wie er uns in der Bibel begegnet.

Karl Barth stellt sein Trinitätskapitel an den Beginn seiner Kirchlichen Dogmatik: «Es lässt sich schwer absehen, wie denn über die Heilige Schrift das für die Heiligkeit nun gerade dieser Schrift Bezeichnende gesagt werden kann, wenn nicht zuvor (natürlich aus der Heiligen Schrift selbst) klar gemacht ist, wer denn derjenige Gott ist, dessen Offenbarung die Schrift zur heiligen macht.»[61] Theologie kann über Gott nur so sprechen, wie sich Gott selbst offenbart hat. Gottes Selbstoffenbarung geschieht trinitarisch und sie wird als solche in der Heiligen Schrift erkennbar. Trinitarische Verkündigung hält demnach an der *Provokation der Offenbarung* fest.

4. Trinitarische Verkündigung stärkt die Ökumene

Im Gottesverständnis herrscht weitgehende Übereinstimmung zwischen den Konfessionen, unabhängig davon, nach welchem Prinzip die Lehrbildung vorgenommen wurde. Das gilt es für ökumenisch verantwortliche Gottesrede ernst zu nehmen. Bekenntnistexte, die diesen Konsens zur Sprache bringen, können deshalb als Dokumente gelebter Kirchengemeinschaft gelesen werden.

Trinitarischer Gottesrede kommt in diesem Sinne eine zweidimensionale theologische Verbindlichkeit zu: Als ökumenisch anerkannte Glaubenswahrheit schafft sie Einheit zwischen den kirchlichen Traditionen heute; als historisch tradierte Glaubenswahrheit schafft sie Konsistenz in der sie weitergebenden kirchlichen Tradition durch die Zeiten hindurch. Trinitarische Verkündigung hält, auch gegen alle Zersplitterungstendenzen historisch unterschiedlich gewachsener lokaler Kirchentümer, an der *Provokation der Einheit* der Kirche

61 Barth, KD I/1 (Anm. 6), 317.

fest: Trinitarische Aussagen können zwar die Wirklichkeit Gottes niemals erfassen, aber sie bilden einen Sprachraum, in dem sich alle, die auf den Namen des Vaters, des Sohnes und des Heiligen Geistes getauft sind, verständigen können.

5. Trinitarische Verkündigung schützt das Geheimnis Gottes

Die Trinität gehört zu den Geheimnissen Gottes – oder mit Melanchthon gesagt: zu den *Mysteria divinitatis*, den «Geheimnissen der Gottheit, die wir besser anbeten als erforschen sollten».[62] Als Teil des Geheimnisses Gottes macht insbesondere die trinitarische Kommunikation dieses Geheimnis im Gottesdienst hör- und insofern erfahrbar. Die trinitarische Anrede Gottes ermöglicht eine mehrgestaltige Gottesbeziehung, weil sie ein mehrgestaltiges Gegenüber als Möglichkeit der Anrede in sich trägt. Als Vater, Sohn und Geist(kraft) erfahren Menschen den dreieinen Gott auf unterschiedliche Weise in unterschiedlichen Zusammenhängen. Erst in dieser Gesamtheit können sie ansatzweise erkennen, wer Gott ist. Jede Reduktion auf bloss eine der göttlichen Beziehungsdimensionen missachtet das Geheimnis Gottes. Je mehr Eindeutigkeit eine Beschreibung Gottes reklamiert, desto wahrscheinlicher verpasst sie Gottes Wirklichkeit. Dietrich Bonhoeffer Formuliert in seiner Predigt zu Trinitatis am 27. Mai 1934: «Jedes Dogma der Kirche ist nur Hinweis auf das Geheimnis Gottes. Aber die Welt ist gegen dieses Geheimnis blind. Sie will einen Gott, den sie verrechnen und ausnutzen kann, oder sie will gar keinen Gott.»[63] Dagegen lädt Gottes Drei-Personalität dazu ein, auf eigene Definitionsmacht zu verzichten und stattdessen Gott selbst so kennen zu lernen, wie er sich zu erkennen geben will – trinitarisch. Die Mehrzahl seiner Rufnamen ist Bedingung des Geheimnisses, mit dem der Schöpfer seiner Schöpfung jederzeit gegenübersteht – nicht als distanzierter Fremder, sondern mit Namen, «die zum anregenden Nennen Gottes in Lob und Dank, Klage und Bitte einladen»[64]. Trinitarische Verkündigung hält an der *Provokation des göttlichen Ge-*

---

62 «*Mysteria divinitatis rectius adoraverimus quam investigaverimus* / Die Geheimnisse der Gottheit [aber] sollten wir lieber anbeten, als sie zu erforschen.» Melanchthon, Loci (Anm. 37), 0.6, 18/19.

63 Dietrich Bonhoeffer, Predigt zu 1. Korinther 2,7–10. London, Sonntag Trinitatis, 27.5.1934: ders., London 1933–1935 (DBW 13), Gütersloh 1994, 359–365 (361f.).

64 Magdalene Frettlöh, Gott nicht einfältig predigen. Das Bekenntnis zum dreieinigen Gott als Schärfung der Israelverbindlichkeit christlicher Verkündigung: Göttinger Predigtmeditationen 104/2015, 299–309 (304).

heimnisses fest. Trinitarische Verkündigung fasst in Worte, was über Gott gesagt – und auch, was über Gott nicht gesagt werden kann. Trinitätslehre ist so sehr die Lehre vom rechten Reden als auch vom rechten Schweigen über Gott. Daran erinnert, einmal im Jahr, der Sonntag Trinitatis.

Eva-Maria Faber

Ein verbindender Feiertag. Der Eidgenössische Dank-, Buss- und Bettag

> Getreuen Burgeren und Angehörigen zu Stadt und Land, Unseren gnädigen und geneigten Willen ... Die erforchtsvolle Überzeugung, in welcher Wir stehen, dass Religion und Gottesforcht immerhin die vornehmste Stütze eines Staats, und das einzige unbetriegliche Mittel ist, ein Volk wahrhaft glückselig zu machen, erwecket bey Uns billich das gerechte Zutrauen, zu unsren Lieben und Getreuen Angehörigen, dass sie sich mit uns, zu einem so heiligen und für Uns alle so wichtigen Tag auf das feyerlichste vorbereiten werden.
> Die Glückseligkeit Unsres werthesten Vaterlandes, das Unser gütige Vater im Himmel ... mit den gesegnetsten äusserlichen Glück-Umständen der Freyheit, der Ruhe und des Friedens bekrönt hat, ist eine so nachdrückliche Aufforderung Gottes zur Busse, dass Wir ... derselben unmöglich widerstehen können. ... Wir sitzen so zu sagen dem Glück und dem Segen des Allerhöchsten im Schoos, zu einer Zeit, da so viele andere Völker, unter der druckenden Last der furchtbaren Gerichten des HErrn, seufzend einhergehen müssen». Derart begünstigt, sollten die Bürger umso mehr bereit sein, sich angesichts des traurigen Anblicks verdorbener Sitten um Busse und Besserung des Lebens zu bemühen.[1]

Mit diesem anfänglichen Zitat aus dem Bettagsmandat der Berner Obrigkeit von 1771 wenden die hier vorgelegten Ausführungen zum Dank-, Buss- und Bettag, den es in verschiedenen Ländern mit unterschiedlichen Ausprägungen gibt, die Aufmerksamkeit auf den «Eidgenössischen Dank-, Buss- und Bettag». Nach einer Vergewisserung über die Kategorie «Dank-, Buss- und Bettag» soll die Konkretisierung an der spezifisch eidgenössischen Variante gerade deswegen erfolgen, weil hieran innerhalb der verschiedenen Festzeiten des Kirchenjahres eine Besonderheit zutage tritt: Es handelt sich um einen Feiertag, der bis heute Staat und Kirche aneinanderbindet.

Somit steht (I.) eine Vergewisserung über das Genre «Dank-, Buss- und Bettag» an, bevor (II.) die Entstehungsgeschichte des Eidgenössischen Bettags

1 Zit. nach Wilhelm Hadorn, Der eidgenössische Dank-, Buss- und Bettag. Mit besonderer Berücksichtigung der bernischen Geschichte (Fortsetzung): Blätter für bernische Geschichte, Kunst und Altertumskunde 3/1907, 168–193 (189f.).

nachgezeichnet werden soll. Der Blick auf einige seiner Charakteristika (III.) schärft den Blick für heutige Herausforderungen (IV.).[2]

I. Dank-, Buss- und Bettag – ein erster Blick auf Eigenart und Sinn

In der Zeit der Entstehung von Dank-, Buss- und Bettagen galten andere religiöse Selbstverständlichkeiten als heute. Diese Differenz ist zu thematisieren, um die *Geschichte* dieser Institution zu verstehen und für die *Gegenwart* einen adäquaten Zugang dazu gewinnen zu können.

Voraussetzung für Dank-, Buss- und Bettage, also für institutionalisierte Formen von Dank, Busse und Gebet/Bitte, ist der (früher selbstverständliche) soziale Charakter religiöser Praxis, deren gemeinsamer Vollzug als wichtig für das Wohlergehen der Gemeinschaft erachtet wird. Heute ist es in einer Zeit individualisierter Religionspraxis schon für die Kirchen nicht einfach, die ekklesiale Zusammengehörigkeit der Glaubenden wachzuhalten und so die gemeinsame Bettagspraxis aufrechtzuerhalten. Erst recht wird zu fragen sein, ob es über die Kirchen hinaus möglich ist, eine gesellschaftliche Verankerung des Bettags zu gewährleisten. Andererseits wird auch heute erfahrbar, wie solidaritätsstiftend Situationen sind, welche gemeinsame Betroffenheit und gemeinsame Verantwortung hervorrufen.

Dabei wird allerdings der Grund für eine gemeinsame Reaktion auf notvolle Situationen heute anders formuliert als in früheren Zeiten. Denn ein zweites Charakteristikum der Bettagstradition ist die unmittelbar religiöse Deutung von natürlichen Abläufen und geschichtlichen Begebenheiten. So beziehen sich Bettage früherer Epochen nicht selten auf damals naturwissenschaftlich nicht durchschaute Phänomene wie Erdbeben oder Kometen sowie auf Krankheiten und Kriegsgefahren, die als Ausdruck des Zorns oder des Gerichts Gottes gedeutet wurden. Demgegenüber gab der Bettag der Umkehrbereitschaft einer Gemeinschaft Ausdruck, um so – wie die Bewohner Ninives angesichts der Predigt des Jona (Jon 3) – den Zorn Gottes abzuwenden.

2 Der hier vorgelegte (2015 abgeschlossene) Artikel ist in den ersten beiden Abschnitten eine kürzere Fassung meines Beitrags: Solidarisch beten. Zur Entstehung und Eigenart des Eidgenössischen Dank-, Buss- und Bettags: Eva-Maria Faber/Daniel Kosch (Hg.), Dem Eidgenössischen Bettag eine Zukunft bereiten. Geschichte, Aktualität und Potenzial eines Feiertags, Zürich 2017, 37–80. Dieser Band bietet zur Geschichte und zu neueren Entwicklungen weiterführende Artikel, auf die hier nicht im Einzelnen verwiesen wird.

Heute verbieten es naturwissenschaftliche Erkenntnisse ebenso wie ein Wandel des Gottesbildes, bedrohliche Ereignisse unmittelbar als Ausdruck des Zorns Gottes zu deuten. Auch im Positiven ist es – angesichts der Ambivalenz der damit verbundenen Geschichtsdeutungen – fragwürdig geworden, Geschichtsereignisse (wie etwa Siege in Kriegssituationen) unmittelbar auf göttliches Wirken zurückzuführen.

Mehr Kontinuität ist im Blick auf Bittgebete möglich, welche für die Zukunft Gottes Beistand in der eigenen Sorge für das Lebensnotwendige erflehen, z. B. im Blick auf das Gedeihen der Ernte. Auch ist es bis heute üblich, den Dank für die gute Ernte vor Gott zu tragen. Nicht eine religiöse Haltung als solche ist angesichts der Umstände des eigenen Lebens unmöglich geworden, wohl aber allzu direkte Weisen, Gott als Akteur des weltlichen Geschehens zu identifizieren.

Eine dritte Differenzierung betrifft die Deutung des eigenen Tuns. Nicht selten hat es den Anschein, als seien Dank-, Buss- und Bettage menschliche Versuche, sich mit Gott zu versöhnen, ihn umzustimmen oder gegenüber den menschlichen Bedürfnissen geneigt zu machen. Demgegenüber ist zu beachten, dass Busse nicht ein Weg ist, einen abgewandten oder erzürnten Gott umzustimmen, sondern eine Form des Eintretens in die von ihm gestiftete Versöhnungsmöglichkeit. In den christlichen Kirchen kommt dies nicht zuletzt dort zum Tragen, wo Busszeiten der Vorbereitung auf die christlichen Hauptfeste dienen und – wie die Feste selbst – ihrerseits bereits Zeiten der Gnade sind.

Nach diesem ersten Blick auf Konturen von Dank-, Buss- und Bettagen gilt es im zweiten Abschnitt, in gebotener Kürze die Entstehung des Eidgenössischen Dank-, Buss- und Bettages nachzuvollziehen.

II. Zur Entstehungsgeschichte des Eidgenössischen Dank-, Buss- und Bettags

1. Dank-, Buss- und Bettage in der vorreformatorischen Eidgenossenschaft und in den nachreformatorischen katholischen Orten

Der Eidgenössische Dank-, Buss- und Bettag basiert auf gemeinchristlichen Formen der Busse und des Dankens, wie sie bereits in der Alten Kirche entstanden: regelmässige Busstage (Mittwoch und Freitag), Busszeiten vor dem Osterfest sowie die Quatembertage, die im Umfeld des Beginns der Jahreszeiten Bussmotive mit der Bitte um gute Ernte verbinden.[3] Ebenfalls auf das Gedeihen der Ernte bezogen sind Bittprozessionen (z. B. am 25. April oder an den Tagen vor Auffahrt).[4]

Auch für die Eidgenossenschaft kann vorausgesetzt werden, dass in Krisen – z. B. Kriegs- und Pestzeiten – Gebetsriten üblich waren. Solche Anlässe vereinten die Menschen in einer betend für das Wohl des eigenen Landes eintretenden Gemeinschaft, was einem gesellschaftlichen Interesse entsprach und darum von der politischen Obrigkeit angeordnet wurde. So wurden Wallfahrtsorte nicht nur in persönlichen Anliegen aufgesucht, sondern auch gemeinschaftlich in den Anliegen des gemeinsamen Wohls. Beispielsweise veranlasste die Pest in Bern, dass Obrigkeit und Volk 1439 nach der St.-Beatus-Höhle pilgerten.[5]

Mit solchen Gebetsanlässen befassten sich auch die eidgenössischen Tagsatzungen. Ohne Anordnung bestimmter Daten oder Formen wurden z. B. 1480 die teilnehmenden Orte aufgefordert, dass sie «etwas Gutes oder Gottesdienst nachthun» sollten. Dies solle «den Unsrigen, die jetzt in Frankreich sind», zugutekommen, «damit es ihnen im Felde und uns zu Hause desto besser ergehe, auch damit der Krieg zwischen dem König und dem Herzog Maximilian durch Gottes Fürsorge desto eher verrichtet werde».[6]

In der Eidgenossenschaft scheint bei solchen Anlässen das Gebet von fünf Paternoster und Ave Maria mit ausgebreiteten Armen als Laiendevotion grosse Verbreitung gehabt zu haben und als spezifisch eidgenössisch aufgefasst wor-

3 Vgl. Manfred Probst, Art. Busstage und Busszeiten, LThK³, Bd. 2 (1994), 857f; vgl. Andreas Heinz, Art. Quatember, Quatembertage, I. Liturgiegeschichtlich, LThK³, Bd. 8 (1999), 764f.

4 Vgl. Andreas Heinz, Art. Bittprozession, LThK³, Bd. 2 (1994), 512–514.

5 Vgl. Rosa Schaufelberger, Die Geschichte des Eidgenössischen Bettags mit besonderer Berücksichtigung der reformierten Kirche Zürich, Zürich 1920, 14f. Zu Bittgängen und Wallfahrten im vorreformatorischen Bern vgl. des Weiteren Emil Blösch, Die Vorreformation in Bern: Jahrbuch für schweizerische Geschichte 9/1884, 1–107 (9.36.50f.); Alfred Ehrensperger, Der Gottesdienst in Stadt und Landschaft Bern im 16. und 17. Jahrhundert (Geschichte des Gottesdienstes in den evangelisch-reformierten Kirchen der Deutschschweiz, Bd. 2), Zürich 2011, 106f. Für andere Gebiete vgl. ders., Der Gottesdienst in Stadt und Landschaft Basel im 16. und 17. Jahrhundert (Geschichte des Gottesdienstes in den evangelisch-reformierten Kirchen der Deutschschweiz, Bd. 1), Zürich 2010, 21; ders., Der Gottesdienst in der Stadt St. Gallen, im Kloster und in den fürstäbtischen Gebieten vor, während und nach der Reformation (Geschichte des Gottesdienstes in den evangelisch-reformierten Kirchen der Deutschschweiz, Bd. 2), Zürich 2012, 42–46.

6 Tagsatzung, Luzern, 31. August 1480: Die eidgenössischen Abschiede aus dem Zeitraume von 1478 bis 1499 (EA 3,1), 81: http://digital.ub.uni-duesseldorf.de/ihd/periodical/titleinfo/348731 (25.11.2017).

den zu sein.[7] Zudem spielten zwei Gebetsformen eine Rolle, die beide als «Grosses Gebet» bezeichnet werden.[8]

Der Name «Grosses Gebet der Eidgenossen» bezeichnet eine vermutlich vor 1487 entstandene Meditationsandacht mit Bitten und Fürbitten. Es wurde nach der Reformation als katholische Gebetsform im Gegenüber zu anderskonfessionellen Gebieten gepflegt, verband sich zumindest in Schwyz mit der Bettagspraxis und ist dort bis 1968 als Bettagsandacht belegt.[9]

Der Name «Grosses Gebet» oder «Grosses allgemeines Gebet» steht andererseits für ein seit 1529 nachweisbares Kettengebet. Es knüpfte an die vorhin erwähnte Gebetsform des Betens von Paternoster und Ave Maria mit ausgebreiteten Armen an.[10] Eine besondere Eigenart dieses Kettengebetes war seine Erstreckung über einen längeren Zeitraum hinweg, indem verschiedene Quartiere, Pfarreien und Kantone einander bei der Durchführung ablösten. Dies erforderte das Zusammenwirken verschiedener Orte: Während die Tagsatzungen der katholischen Orte ansonsten eher zu Kreuzgängen und Wallfahrten je nach Gepflogenheiten der verschiedenen Orte aufgerufen hatten,[11] verständigte man sich hinsichtlich des Grossen allgemeinen Gebetes auf ein gemeinsames Vorgehen mit hohem organisatorischen Aufwand, für den kirchliche und staatliche Instanzen gemeinsam einstanden.[12] Damit ist eine Struktur

7 Vgl. Peter Ochsenbein, Beten «mit zertanen armen» – ein alteidgenössischer Brauch: SAVK 75/1979, 129–172; Blösch, Vorreformation (Anm. 5), 9.

8 Um diese Gebetsformen hat sich insbesondere Peter Ochsenbein verdient gemacht: ders., «Grosses Gebet der Eidgenossen» und «Grosses allgemeines Gebet». Zwei Volksandachten im 16. Jahrhundert: ZSKG 73/1979, 243–255; ders., Das Luzerner «Grosse Gebet» im 15. Jahrhundert: ZSKG 76/1982, 40–62; ders., Das grosse Gebet der Eidgenossen. Überlieferung – Text – Form und Gehalt (Bibliotheca Germanica, Bd. 29), Bern 1989.

9 Vgl. Ochsenbein, Gebet (Anm. 8), 7 sowie 347–349 zur Anordnung des Grossen Gebetes in der Schwyzer Landsgemeinde am 10. April 1531.

10 Vgl. Ochsenbein, Beten (Anm. 7), 150.157.169f.

11 Vgl. Ochsenbein, Beten (Anm. 7), 160; Tag der VII Orte, Luzern, 28. April 1534: Die eidgenössischen Abschiede aus dem Zeitraume von 1533 bis 1540 (EA 4,1,c), 315: http://digital.ub.uni-duesseldorf.de/ihd/periodical/titleinfo/348740 (25.11.2017).

12 Vgl. die Planung an der Conferenz der V Orte, Luzern, 22. März 1576: Die eidgenössischen Abschiede aus dem Zeitraume von 1556 bis 1586 (EA 4,2,a), 593f.: http://digital.ub.uni-duesseldorf.de/ihd/periodical/titleinfo/351659 (25.11.2017) sowie die Angaben bei der Conferenz der V katholischen Orte samt Glarus, Gersau, 14. Dezember 1587; Conferenz der V katholischen Orte, Luzern, 8. Januar 1588: Die eidgenössischen Abschiede aus dem Zeitraume von 1587 bis 1617 (EA 5,1,a), 73.79: http://digital.ub.uni-duesseldorf.de/ihd/periodical/titleinfo/1278109 (25.11.2017); Ochsenbein, Beten (Anm. 7), 155f.

gegeben, die den späteren überörtlichen, staatlich-kirchlich getragenen Bettag vorzeichnet.

2. Bettage in den reformierten Gebieten im 16. Jahrhundert

Die Reformation begegnete den in der römischen Kirche gesetzlich angeordneten Formen der Busse und des Fastens kritisch, ohne solche Vollzüge gänzlich abzulehnen.

Die frühesten Formen von Busstagen im Bereich der Reformation sind in Strassburg zu lokalisieren, wo 1532 unter dem Eindruck der Türkengefahr ein Bettag durchgeführt wurde.[13] Diese Praxis nahm nachweisbar Einfluss auf andere deutsche Kirchenordnungen. Angesichts der geografischen Nähe sowie der vielfältigen Beziehungen Martin Bucers in die Schweiz liegt es nahe, auch im Gebiet der Eidgenossenschaft einen entsprechenden Einfluss zu vermuten. In Notzeiten kann die Praxis von Bussvollzügen aber auch ganz einfach in der Luft gelegen haben.

Jedenfalls wurden 1541 in Basel, 1546 in Zürich und 1564 in Bern besondere Bussgottesdienste und Bettage durchgeführt. Anlässe waren der Einfall der Türken in Ungarn, die Pest sowie Missernten. Parallel dazu kam es an allen drei erwähnten Orten zur Einführung eines wöchentlichen Busstags.[14]

Die von Johannes Calvin verfasste Genfer Gottesdienstordnung von 1542 sieht nicht nur in Notzeiten, sondern regelmässig Bussgebete und Bettage vor: Um Gottes Gericht zuvorzukommen, «ist es gut, einen Tag der Woche zu be-

13 Vgl. Ludwig Schmidt, Art. Busse, VIII. Kirchliche Buss- und Bettage, TRE 7 (1981), 492–496 (493).

14 Vgl. für Basel: Martin Sallmann, «Innerlichkeit» und «Öffentlichkeit» von Religion. Der Fast- und Bettag von 1620 in Basel als offizielle religiöse Krisenbewältigung der Kriegsbedrohung: Manfred Jakubowski-Tiessen/Hartmut Lehmann (Hg.), Um Himmels Willen. Religion in Katastrophenzeiten, Göttingen 2003, 157–178, 172f.; für Bern: Ehrensperger, Gottesdienst (Anm. 5), 241.323f.; Wilhelm Hadorn, Der eidgenössische Dank-, Buss- und Bettag. Mit besonderer Berücksichtigung der bernischen Geschichte: Blätter für bernische Geschichte, Kunst und Altertumskunde 4/1906, 271–278 (277); für Zürich: Einführung wöchentlicher Fürbitten am Dienstag (19.9.1571): Emidio Campi/Philipp Wälchli (Hg.), Zürcher Kirchenordnungen 1520–1675. Erster Teil, Zürich 2011, 391–394. Siehe auch Hans Ulrich Bächtold, Gegen den Hunger beten. Heinrich Bullinger, Zürich und die Einführung des Gemeinen Gebetes im Jahres 1571: ders./Rainer Henrich/Kurt Jakob Rüetschi, Vom Beten, vom Verketzern, vom Predigen. Beiträge zum Zeitalter Heinrich Bullingers und Rudolf Gwalthers. FS Alfred Schindler (Studien und Texte zur Bullingerzeit 1), Zug o. J. [1999], 9–44.

stimmen, an welchem besonders diese Dinge aufgezeigt werden. Da soll man Gebet und Fürbitten halten, wie es die Zeit erfordert.»[15]

Unter dem Einfluss Zürichs erachtete es die gemeineidgenössische Tagsatzung am 30. September 1571 für «zweckmässig», «dass in den Orten und gemeinen Herrschaften öffentliche Gebete angestellt werden und dass die Pfarrer und Prediger von der Kanzel das Volk fleissig ermahnen, Gott dringend anzurufen, er möchte von seinem Zorn ablassen und seine göttliche Gnade wieder verleihen».[16] Damit kam es noch vor der Institutionalisierung eines gemeinsamen reformierten Bettags zu einer überkonfessionellen Vereinbarung von Bussgebeten, deren Ausführung aber nicht belegt ist.

3. Die Institutionalisierung eines gemeinsamen reformierten Bettags im 17. Jahrhundert

Im 16. Jahrhundert entstanden somit in den reformierten Gebieten variable Bussformen: von mit Bittgebet erweiterten Predigtgottesdiensten bis zu ganztägigen Bettagen (zu beachten ist, dass der Name «Bettag» nicht für die ganztägigen Formen reserviert ist), von je und je angeordneten bis zu regelmässigen und sogar wöchentlichen Bussvollzügen bzw. Bettagen. Diese verschiedenen Formen wurden im 17. Jahrhundert unter dem Eindruck des Dreissigjährigen Krieges weiter institutionalisiert. Bettage waren hier eine Antwort auf die stete Kriegsgefahr und gaben dem Dank für die einstweilige Bewahrung vor dem Übergreifen des Krieges auf die Eidgenossenschaft Ausdruck.[17] In Bern fand während des Dreissigjährigen Kriegs eine tägliche Bussfeier nachmittags um 15 Uhr im Berner Münster statt.[18] Ganztägige Busstage wurde je und je

---

15 La forme des chantz et prières ecclésiastiques: Ioannis Calvini Opera Selecta. Ediderunt Petrus Barth, Guilelmus Niesel, Dora Scheuner, Bd. 2, München 1952, 11–58 (26); Übersetzung nach Andreas Marti, Genfer Gottesdienstordnung (1542) mit Nachbartexten: Eberhard Busch u. a. (Hg.), Calvin-Studienausgabe, Bd. 2: Gestalt und Ordnung der Kirche, Neukirchen-Vluyn 1997, 137–225 (175).

16 Gemeineidgenössische Tagsatzung, Baden, 30. September 1571: Die eidgenössischen Abschiede aus dem Zeitraume von 1556 bis 1586 (EA 4,2,a), 482: http://digital.ub.uni-duesseldorf.de/ihd/periodical/titleinfo/351659 (25.11.2017).

17 Vgl. die Zürcher Bettagsmandate dieser Zeit: Emidio Campi/Philipp Wälchli (Hg.), Zürcher Kirchenordnungen 1520–1675. Zweiter Teil, Zürich 2011.

18 Vgl. Ehrensperger, Gottesdienst (Anm. 5), 242.323; Wilhelm Hadorn, Der eidgenössische Dank-, Buss- und Bettag. Mit besonderer Berücksichtigung der bernischen Geschichte (Fortsetzung): Blätter für bernische Geschichte, Kunst und Altertumskunde 2/1907, 135–149 (136).

angesetzt, so in Bern und Zürich 1619.[19] Ab 1620 sind für Zürich regelmässige Mandate und Begleitschreiben zu Bettagen erhalten.[20] Ideengeber in Zürich war Antistes Johann Jakob Breitinger, der anlässlich seiner Teilnahme an der Synode zu Dordrecht (1618–1619) Zeuge eines in den Niederlanden angeordneten Bettags am 7. April 1619 geworden war. Er sorgte auch dafür, dass das überkommene Kirchweihfest durch einen Fast- und Bettag am Fest Felix und Regula (11. September) ersetzt wurde.[21]

Die Idee eines gemeinsamen Busstags reformierter Orte wird in einer Korrespondenz zwischen dem Genfer Johann Deodati und dem Antistes Breitinger 1627 greifbar. Trotz der Schwierigkeiten, unterschiedliche Gepflogenheiten auf einen Nenner zu bringen, wurde am 15. März 1639 auf der Tagsatzung der evangelischen Orte in Aarau ein gemeinsamer reformierter Bettag beschlossen, der in Zürich, Basel, Schaffhausen und wahrscheinlich Bern am 4. April 1639 durchgeführt wurde.[22] Der Wunsch nach Wiederholung (wie sie bereits 1640 geschah) führte dazu, dass aus einem für ausserordentliche Notzeiten vorgesehenen Bettag eine regelmässig wiederkehrende Institution wurde.[23] Weiterhin wurden aktuelle Anlässe und Anliegen benannt: Kriegszeiten, Naturereignisse wie Kometen und Erdbeben, Witterungsverhältnisse und Seuchen,[24] vor allem aber die Solidarität mit Glaubensgenossen anderer Länder (z. B. Waldenser, Hugenotten), für die auch Liebesgaben gesammelt wurden.[25]

Der Bettag hatte zunächst kein festes Datum. Die Tagsatzung der reformierten Orte entschied jeweils über den Zeitansatz. Zwischen 1652 und 1794 war dies zumeist ein Donnerstag; seit 1713 wurde regelmässig ein Datum im September gesucht.[26]

19 Vgl. Schaufelberger, Geschichte (Anm. 5), 28–31.38f.

20 «Bettage stellten offenkundig einen wesentlichen Teil der Liturgie des 17. Jahrhunderts dar und dienten verschiedenen Zwecken.» Emidio Campi/Philipp Wälchli, Einleitung: dies., Zürcher (Anm. 14), XIX–XLVIII (XXXIII).

21 Vgl. Thomas Maissen, «Unser Herren Tag» zwischen Integrationsritual und Verbot: Die Zürcher Kirchweihe (Kilbi) im 16. Jahrhundert: Zürcher Taschenbuch 118/1998, 191–236.

22 Vgl. Schaufelberger, Geschichte (Anm. 5), 66f.

23 Vgl. Schaufelberger, Geschichte (Anm. 5), 67.

24 Vgl. Schaufelberger, Geschichte (Anm. 5), 68f.

25 Vgl. Schaufelberger, Geschichte (Anm. 5), 31.127. Ansonsten wurde eine Kollekte für die Armen eingezogen. Vgl. a. a. O., 126f.

26 Vgl. Schaufelberger, Geschichte (Anm. 5), 72f.74.

4. Der Eidgenössische Bettag von 1794 bis 1832

«Bern gebührt die Ehre, den Gedanken eines eidgenössischen Bettages in Umlauf gesetzt zu haben.»[27] Im Blick auf den Bettag 1794 unterbreitete man von Bern aus Zürich, dass es doch wünschenswert wäre, wenn «unsere katholischen Brüder, die sich mit uns in einer Lage befinden, gleiche Guttaten von dem Allerhöchsten genossen und gleichen Gefahren ausgestellt sind, sich auch hierin mit uns vereinigen und gemeinsam mit uns ein ausserordentliches Fest feiern».[28] Mit Zustimmung Zürichs wurden weitere Schritte unternommen, die am Sonntag, 16. März 1794, zum ersten überkonfessionellen eidgenössischen Bettag führten. Im Folgejahr wurde der gemeinsame Bettag auf Initiative Luzerns erneut begangen.[29] Die beginnende Gewohnheit wurde 1796 durch die eidgenössische Tagsatzung in eine dauernde Einrichtung überführt.[30] Hinderlich war vorerst noch eine Uneinigkeit über den Zeitansatz, da die Reformierten eher einen Wochentag, die Katholiken – wegen der ohnehin häufigen Feste an Wochentagen – eher einen Sonntag befürworteten.[31] Auf der Tagsatzung in Frauenfeld im Juli 1797 gelang eine (vorläufige) Einigung, bei der die Reformierten nachgaben, Zürich sich aber mit dem Wunsch durchsetzte, dass es ein Sonntag im September sein solle.[32]

Zur Zeit der Helvetik wurde die gerade begründete Tradition – unter Einfluss des Berner Theologen und Vorstehers des Ministeriums der Künste und Wissenschaften Philipp Albert Stapfer – fortgesetzt.[33] Nach der Annahme der Mediationsakte übernahm wiederum die Tagsatzung ihre alte Verantwortung für den Bettag.[34] Allerdings brachen die alten Zwistigkeiten wegen des Wochentags wieder auf. Der «gemeineidgenössische Dank-, Buss- und Bettag»

27 Schaufelberger, Geschichte (Anm. 5), 86.

28 Zit. nach Schaufelberger, Geschichte (Anm. 5), 86.

29 Vgl. Schaufelberger, Geschichte (Anm. 5), 88. Gemäss Gabriel Meier, Zur Geschichte des eidgenössischen Bettages, nach Tagebüchern des Klosters Rheinau: ZSKG 14/1920, 40–47 (43), wurde der Bettag in Luzern sogar drei Tage lang begangen.

30 Vgl. Gemeineidgenössische Tagsatzung, Frauenfeld, 4.–28. Juli 1796: Die eidgenössischen Abschiede aus dem Zeitraume von 1778 bis 1798 (EA 8), 226: http://digital.ub.uni-duesseldorf.de/ihd/periodical/titleinfo/1386401 (25.11.2017).

31 Vgl. Tagsatzung Frauenfeld (Anm. 30), 226. Siehe dazu Schaufelberger, Geschichte (Anm. 5), 89; Hadorn, Eidgenössische (Anm. 1), 193.

32 Vgl. Schaufelberger, Geschichte (Anm. 5), 89f.

33 Vgl. Eric Godel, Die Zentralschweiz in der Helvetik (1798–1803). Kriegserfahrungen und Religion im Spannungsfeld von Nation und Region, Münster 2009, 170–173.

34 Vgl. Schaufelberger, Geschichte (Anm. 5), 90–99.

wurde jedoch 1832 formell auf den dritten Sonntag des Septembers datiert vereinbart und besteht seitdem mit diesem Zeitansatz fort.[35]

Um die aktuellen Herausforderungen an die Tradition des Eidgenössischen Bettags beleuchten zu können, ist es sinnvoll, seine Eigenart näher zu beleuchten.

III. Traditionelle Charakteristika des Eidgenössischen Bettags

1. Trägerschaft

Die Entstehungsgeschichte weist auf zwei besondere Merkmale des Eidgenössischen Bettags und seiner Vorformen hinsichtlich seiner Trägerschaft.

Als Erstes ist das Zusammenwirken von staatlicher und kirchlicher Obrigkeit zu nennen. Dabei oblag der staatlichen Obrigkeit die Entscheidung über die Durchführung der Bettage, die in Bettagsmandaten bekannt gegeben und mit Intentionen und Ermahnungen ebenso wie mit organisatorischen Anweisungen (Datum, ggf. Arbeitsverbot,[36] Schliessung von Wirtshäusern,[37] Tanzverbot[38] usw.) verbunden wurden. Die kirchliche Obrigkeit hingegen war für die liturgische Ausgestaltung verantwortlich. Aufseiten der staatlichen Obrigkeit kam es zu einem bemerkenswerten überörtlichen Zusammenwirken auf der Ebene der Tagsatzung. Dieses fand allerdings nach 1832 ein Ende, insofern fortan eine regelmässige Durchführung des Bettags an einem bestimmten Termin ohne separate Tagsatzungsbeschlüsse auskam.

Ein zweites Merkmal des Bettags ist nach 1794 seine überkonfessionelle Durchführung. Der Bettag ging aus der Tradition des gemeinsamen Bettags der reformierten Stände hervor und wurde auf Initiative reformierter Stände zu einem überkonfessionellen eidgenössischen Anlass. Die katholischen Orte waren bereit, die ihnen eigenen Busstraditionen in den Rahmen einer gemein-

35 Vgl. https://gesetzessammlungen.ag.ch/frontend/versions/803 (25.11.2017).

36 Ein Arbeitsverbot trat teils während der Predigten, teils für die ganztägigen Bettage in Kraft. Vgl. exemplarisch für Zürich: Grosses Mandat (1609 [1616]): Campi/Wälchli, Zürcher (Anm. 14), 482–498 (484f.); Bettagsmandat 30.4.1655: Campi/Wälchli, Züricher (Anm. 17), 1056f.; Bächtold, Hunger (Anm. 14), 20–22, zeigt den Widerstand der Bevölkerung gegen die verordnete Arbeitsruhe auf.

37 Vgl. für Bern: Wilhelm Hadorn, Der eidgenössische Dank-, Buss- und Bettag. Mit besonderer Berücksichtigung der bernischen Geschichte (Schluss): Blätter für bernische Geschichte, Kunst und Altertumskunde 3/1908, 177–194 (181); für Zürich: Bettagsmandate (1628): Campi/Wälchli, Zürcher (Anm. 14), 669–671.693–695 (669.693).

38 Vgl. Conferenz Luzern (Anm. 12), 594.

samen Institution einzufügen. So wurden die konfessionellen Differenzen für den gemeinsamen Bettag hintangestellt.[39]

2. Durchführung

Der Entscheid der eidgenössischen Stände zu einem gemeinsamen Bettag führte nicht dazu, die konfessionellen Bettagstraditionen zu harmonisieren. Beide Seiten führten die Traditionen weiter, die bereits vor der Einführung des gemeinsamen Bettags praktiziert wurden.

Auf reformierter Seite knüpften schon die ersten Bussformen an die mit der Reformation neu eingeführten Predigten an Wochentagen an. Im Blick auf Notsituationen wurde eine dieser Predigten mit Fürbitte und Busselementen erweitert. Der formelle Bettag im ausgeprägten Sinn war durch mehrere Predigten ausgezeichnet. Die Zeit der Helvetik wurde demgegenüber auch zur Kritik genutzt. So ist von Statthalter Schmid von Basel eine Eingabe vom 5. August 1798 erhalten, in der er den Sinn von drei Predigten infrage stellt: «Nun glaube ich wahrhaftig nicht zu weit zu gehen, wenn ich behaupte, dass diese drei Predigten an einem Tag sowohl den Geistlichen als auch einem grossen Teil der Laien lästig waren, und dass mancher, der einem oder vielleicht auch zwei Canzelvorträge andächtig zuhörte, beim dritten aber nur um als ein guter Christ zu paradieren sich einfand, sich stark nach dem letzten Wort des Pfarrers sehnte und sich am Ende des Tages im stillen bekannte, dass er sich heute weidlich gekreuzigt habe.»[40]

An den meisten reformierten Orten war bereits vor Einführung des Bettags ein vierter Abendmahlssonntag als «Herbstkommunion» eingeführt worden. Als sich der Bettag an einem Sonntag im September etablierte, stellte sich die Frage, ob der Bettagssonntag gleichzeitig der Sonntag der Herbstkommunion sein solle. Zürich führte bereits 1768 den Bettag mit dem Abendmahlssonntag zusammen.[41] An anderen Orten wurde diese Verbindung zunächst abgelehnt. Die unterschiedliche Wurzel der beiden Anlässe sprach ebenso dagegen wie

39 Es wäre zu vertiefen, wie andere Konfessionen (z. B. christkatholische und orthodoxe Kirche) und Religionen in die Bettagstradition integriert sind, was hier nicht geleistet werden kann.

40 Wilhelm Hadorn, Der eidgenössische Dank-, Buss- und Bettag. Mit besonderer Berücksichtigung der bernischen Geschichte (Fortsetzung): Blätter für bernische Geschichte, Kunst und Altertumskunde 4/1907, 301–316 (306).

41 Vgl. Maissen, Herren (Anm. 22) 233f.; Ed. Bähler, Art. Abendmahl, Historisch-biographisches Lexikon der Schweiz, Bd. 1, 1921, 53–54 (53).

die Befürchtung, dass der Bettag durch die Herbstkommunion einen anderen Charakter erhalten würde. In Bern erklärte eine zur Durchführung des Tagsatzungsbeschlusses von 1832 eingerichtete Kommission, der Bettag sei ein «vaterländisches Fest», das durch die Verbindung mit der Herbstkommunion «wesentlich modifiziert» würde.[42] So wurde in Bern die Herbstkommunion am letzten August- und am ersten September-Sonntag angesetzt. Bereits 1838 erfolgte jedoch auch hier die Zusammenlegung von Herbstkommunion und Bettag.

Für die reformierten Orte war eine der besonders brisanten Fragen, wie an den Bettagen mit dem Fasten umgegangen werden solle. Insbesondere das symbolische Ursprungsereignis der Reformation – das Zürcher Wurstessen – legte eine erneute Aufnahme des Fastens nicht gerade nahe. Trotzdem wurde auch auf reformierter Seite das Fasten zu einem charakteristischen Bestandteil des Bettags, wenngleich oftmals zugleich die Freiheit des Fastens betont wurde.[43]

Auf katholischer Seite wurden die oben beschriebenen traditionellen Bussformen weitergeführt. 1886 verständigten sich die Schweizer Bischöfe auf gemeinsame Bestimmungen, die ein 10-stündiges Gebet vor dem Allerheiligsten vorsahen, das in eine öffentliche Feier mit Erneuerung der Taufgelübde, gemeinsamer Buss- und Bittandacht sowie Te-Deum und Segen mündete.[44] Zunächst diözesane bischöfliche Hirtenworte wurden von 1889 bis 2011 durch einen Hirtenbrief auf gesamtschweizerischer Ebene abgelöst.

IV. Der Eidgenössische Dank-, Buss- und Bettag heute

In der heutigen Konstellation stösst der Bettag auf neue Herausforderungen, die im Folgenden umrissen werden sollen. Die erwähnten aktuellen Beispiele für Bettagsfeiern verstehen sich nicht als vollständige Dokumentation neuer Entwicklungen, sondern nehmen exemplarisch einige Aspekte auf.

42 Hadorn, Dank (Anm. 37), 180; vgl. Schaufelberger, Geschichte (Anm. 5), 124–126.

43 Vgl. Schaufelberger, Geschichte (Anm. 5), 29f.76. Grössere Bedeutung hatte das Fasten in Genf. Vgl. a. a. O., 47.

44 Vgl. den Eintrag in der Kirchenchronik der SKZ 54/1886, 304.

1. Herausforderung zur interreligiösen Öffnung

1991 wurde zur 700-Jahr-Feier der Eidgenossenschaft eine interreligiöse Bettagsfeier auf dem Landenberg in Sarnen durchgeführt. Nicht nur Vertreter der christlichen Kirchen, sondern auch Juden und Muslime nahmen daran teil.[45] Damit wurde ein deutliches Zeichen gesetzt, dass die ehemals christliche Bettagstradition sich heute auf andere Religionen hin öffnen muss.

Schon beim ersten Eidgenössischen Bettag 1794 beteiligten sich Schweizer Juden am Eidgenössischen Bettag.[46] 1924 entschied die Israelitische Kultusgemeinde Bern, den Bettag zu begehen. In einer Zeit wachsender Bedrohung der Juden formulierte das Central-Comité des Schweizerischen Israelitischen Gemeindebundes 1932 und 1933 Bettagsaufrufe. Das Streben der Schweizer Juden, sich zur Zeit der Judenverfolgungen im Dritten Reich als integrierte Bevölkerungsgruppe zu zeigen und sich so der Unterstützung der Schweiz für die Anliegen der Juden zu vergewissern, blieb jedoch erfolglos: «Der Eidgenössische Dank-, Buss- und Bettag bot in der Zeit der Krise der Jahre 1933 bis 1945 eine willkommene Gelegenheit, die patriotische Gesinnung der Schweizer Juden zum Ausdruck zu bringen. Doch weder das christliche noch das patriotische Selbstverständnis der Schweiz vermochte die Schweizer Juden zu integrieren. Sie wurden weitgehend als fremd wahrgenommen.»[47] So blieben auch die Bemühungen der Schweizer Juden, in einer Zeit der Judenverfolgungen am Bettag an die humanitäre Tradition der Schweiz zu erinnern, ohne die gewünschte Wirkung.

Erst am 1. Mai 1945 änderte sich die Situation. Bundespräsident Eduard von Steiger bat darum, zum Abbruch der Kriegshandlungen einen Dankgottesdienst in allen Kirchen und Synagogen des Landes abzuhalten. Der damalige Präsident des Central-Comités des Schweizerischen Israelitischen Gemeindebundes Saly Braunschweig konstatierte, dass hier zum ersten Mal die oberste

45 Vgl. Karl Imfeld, Formen der Volksfrömmigkeit im Jahreslauf: Ernst Halter/Dominik Wunderlin (Hg.), Volksfrömmigkeit in der Schweiz, Zürich 1999, 314–371 (362).

46 Vgl. zum Folgenden Michel Bollag, Ein jüdischer Blick auf den Eidgenössischen Dank-, Buss- und Bettag vom 19. Jahrhundert bis heute. Globale Entwicklungen – lokale Auswirkungen: Faber/Kosch, Bettag (Anm. 2), 279–288; Zsolt Keller, Der Eidgenössische Bettag als Plattform nationaler Identität der jüdischen und katholischen Schweizer: Urs Altermatt (Hg.), Katholische Denk- und Lebenswelten. Beiträge zur Kultur- und Sozialgeschichte des Schweizer Katholizismus im 20. Jahrhundert, Freiburg i. Ü. 2003, 135–150.

47 Keller, Bettag (Anm. 46), 146.

Bundesbehörde neben den staatlich anerkannten Religionsgemeinschaften die jüdische Gemeinschaft in offizieller Weise begrüsst habe.[48]

Inzwischen machen Angehörige nichtchristlicher Religion einen wachsenden Anteil der Schweizer Wohnbevölkerung aus. Insbesondere vor dem Hintergrund von Migrationsbewegungen und der Gefahr interreligiöser Konflikte mehren sich seit einigen Jahren die Bestrebungen, den Bettag interreligiös zu öffnen. Seit 2005 wird in St. Gallen jeweils vor dem Bettag eine vom Kanton St. Gallen koordinierte interreligiöse Dialog- und Aktionswoche durchgeführt. Die erste dieser Wochen verband sich mit einer Erklärung für das Zusammenleben der Religionen und den interreligiösen Dialog.[49] Die Luzerner Regierung kooperiert für ihren Bettagsaufruf seit 2009 nicht nur mit den christlichen Landeskirchen, sondern auch mit der Islamischen Gemeinde Luzern. 2012 fand im Rahmen der Bettagsaktion «Musik und Glauben» eine interreligiöse Feier im KKL statt.

Die begrüssenswerte interreligiöse Öffnung der ursprünglich christlichen Tradition des Bettags sollte eng mit dem zweiten Charakteristikum des Bettags, der staatlich-kirchlichen Kooperation, verbunden bleiben.[50] Denn die zweite grosse Herausforderung für den Bettag heute ist seine Fortentwicklung im Rahmen des säkularen Staates.

2. Herausforderung zur Kooperation zwischen Staat und Religionsgemeinschaften

Der Eidgenössische Dank-, Buss- und Bettag bedeutet im Rahmen der säkularen Gesellschaft eine konstruktive Herausforderung. Die kantonalen Regierungen sind genötigt, sich zu einem religiös geprägten Feiertag zu verhalten, der ihnen aus der eigenen Geschichte überkommen ist: Sie stehen in dessen Trägerschaft, in einigen Kantonen zeichnen sie für Bettagsaufrufe bzw. -mandate verantwortlich. Dieses staatlich-kirchliche Zusammenwirken provoziert Anfragen, die vor allem das Verhältnis von Staat und Kirchen bzw. Staat und Religionsgemeinschaften betreffen. Entspricht es einem säkularen Staat, sich als Mitträger des religiösen und traditionell christlich geprägten Bettags zu verstehen?

48 Vgl. Keller, Bettag (Anm. 46), 141.

49 Siehe http://ida-sg.ch/stgaller-erklaerung/st-galler-erklaerung (25.11.2017).

50 Dies dürfte umso leichter möglich sein, als gerade in den religiösen Traditionen des Judentums und des Islam die Verbindung von Religion und Politik grosses Gewicht hat. Die Frage, wie Juden und Muslime in der Schweiz ihre Tradition mit der spezifischen Konstellation des Bettags im Kontext eines säkularen Staates vermitteln, wäre ein eigenes Thema.

Die mühevolle Ausdifferenzierung von Staat und Kirche seit der Neuzeit wird inzwischen von vermutlich allen Akteuren positiv bewertet und ist entsprechend akzeptiert. Der Staat ist sich bewusst, dass er nur dann allen Bürgern und Bürgerinnen gleiche Würde und Rechte zuerkennt, wenn er sich gegenüber ihren verschiedenen Wertesystemen, Glaubensüberzeugungen und Weltanschauungen neutral verhält.[51] Kirchlicherseits wird heute rückblickend die Verschränkung kirchlicher und staatlicher Autorität, obschon sie sowohl katholischerseits wie auch reformierterseits gepflegt wurde, in ihren Schattenseiten erkannt. Vor diesem Hintergrund haben integralistische Modelle des Verhältnisses von Staat und Kirche ausgedient. Wie die Unterscheidung von Staat und Religion jedoch ausgestaltet wird, ist von beiden Seiten je neu zu überdenken. Denn sie muss, wie in zahlreichen Diskussionen der zurückliegenden Jahrzehnte deutlich wurde, nicht als rigorose Trennung entfaltet werden, sondern kann mit Kooperation einhergehen.

Um der Prinzipien der gleichen Achtung und Gewissensfreiheit willen muss sich der säkulare Staat institutionell grundsätzlich von jeder Religionsgemeinschaft unterscheiden. Abgesehen von Grundwerten kann er seine Bürger und Bürgerinnen nicht auf bestimmte Wertvorstellungen verpflichten. Sehr wohl muss er jedoch darauf setzen, dass die Bürger und Bürgerinnen Verantwortung übernehmen und sich dabei von Werten leiten lassen. In diesem Sinne gilt das viel zitierte Wort von Ernst-Wolfgang Böckenförde: «*Der freiheitliche säkulare Staat lebt von Voraussetzungen, die er selbst nicht garantieren kann.* Das ist das grosse Wagnis, das er, um der Freiheit willen, eingegangen ist.»[52] So können die Religionen als «moralische Quellen» anerkannt werden, «die auf bedeutsame Weise zur Vertiefung der demokratischen Kultur beitragen können».[53]

Vor diesem Hintergrund muss der liberale und weltanschaulich neutrale Staat den religiösen Bereich nicht aus seiner Perspektive ausschliessen. Er kann vielmehr die Leistung diverser Weltanschauungen, darunter der Religionen, ihren Angehörigen Orientierung zu bieten und sie zu Engagement im humanitären und religiösen Bereich zu motivieren, würdigen und fördern,

---

51 Vgl. z. B. Jocelyn Maclure/Charles Taylor, Laizität und Gewissensfreiheit, Frankfurt a. M. 2011, 17–28.

52 Ernst-Wolfgang Böckenförde, Die Entstehung des Staates als Vorgang der Säkularisation (1967): ders., Kirche und christlicher Glaube in den Herausforderungen der Zeit. Beiträge zur politisch-theologischen Verfassungsgeschichte 1957–2002, Münster u. a. ²2007, 213–230 (229).

53 Maclure/Taylor, Laizität (Anm. 51), 145, im Anschluss an John Rawls und Jürgen Habermas.

sofern damit nicht die Rechtsgleichheit der Bürger und Bürgerinnen sowie der unterschiedlichen Religionen und Weltanschauungen verletzt wird.

Inwiefern kann aber der säkulare Staat dem Bettag nicht nur Raum geben, sondern sich selbst als Träger dieser Tradition verstehen? Es ist evident, dass dies nicht im selben Stil wie in früheren Zeiten geschehen kann und nicht mehr geschieht. Der Staat wird und kann heute seinen Bürgern und Bürgerinnen keine gottesdienstliche Feier des Bettags vorschreiben. Darüber hinaus ist offenkundig, dass die staatliche Auslegung des Bettags sich heute sowohl von der staatlich-obrigkeitlichen Perspektive früherer Zeiten als auch von der heutigen kirchlichen bzw. religiösen Perspektive des Bettags unterscheidet. Denn politische Instanzen werden bei aller Würdigung der unleugbar christlichen Tradition ihren Bürgern und Bürgerinnen den Bettag so nahelegen, dass sich auch Nichtchristen davon angesprochen fühlen können, und somit bekenntnisbezogene Aussagen zum Bettag vermeiden.

Dies vorausgesetzt können sich die politischen Instanzen in der Kooperation von Staat und Religionsgemeinschaften jedoch weiterhin für die Durchführung des Bettags engagieren und dazu Voten verfassen, die nicht zuletzt in den gottesdienstlichen Feiern der Religionen geltend gemacht werden können. Die Anordnung des Bettags durch die kantonalen Regierungen ist ein Engagement in der Trägerschaft eines Tages, an dem Bürger und Bürgerinnen sich der sie bestimmenden Werte vergewissern, sich auf ihre Verantwortung besinnen und dafür die ihnen persönlich richtig scheinenden Formen wählen. Innerhalb einer sich als pluralistisch-liberal verstehenden Staatsordnung bleibt es darüber hinaus Politikern und Politikerinnen in individuellen Voten zum Bettag unbenommen, in der nötigen Differenziertheit ihren persönlichen religiösen Standpunkt einzubringen.

Die hier nur angedeutete Gratwanderung des Staates zwischen seiner Neutralität einerseits und seiner traditionellen Verantwortung für den Bettag wie auch seinem Interesse an wertstiftenden Institutionen andererseits zeigt sich in divergierenden Entwicklungen hinsichtlich der Rolle des Staates bzw. der Kantone in der Durchführung des Bettags.

Die Umbrüche vom religiös gebundenen zum säkularen Staat führen dazu, dass mancherorts die Beteiligung der Regierungen am Bettag stark zurückgegangen ist. Verschiedene Kantonsregierungen zogen sich schon sehr früh von der Aufgabe, Mandate zu verfassen, zurück, so Bern bereits 1874.[54] Zuletzt wurde 2014 im Kanton Solothurn die Einstufung des Bettags als «hoher Feier-

54 Vgl. Hadorn, Eidgenössische (Anm. 1), 192.

tag» im Gesetz über die öffentlichen Ruhetage revidiert, so dass öffentliche Veranstaltungen an diesem Tag nicht mehr verboten sind.[55]

Andererseits ist der Bettag auch weiterhin ein staatlich angeordneter Feiertag. Bis heute bringen sich zahlreiche kantonale Regierungen (z. T. jährlich, z. T. im Wechsel mit anderen Instanzen) durch ein Mandat aktiv in den Eidgenössischen Bettag ein.

Darüber hinaus erging 2011 erstmals in der jüngeren Geschichte ein überkonfessioneller und überparteilicher Aufruf von Schweizer Parlamentariern zur Unterstützung der Bettagsfeier. 2013 formulierten sogar 136 Parlamentarier einen «Aufruf an die Schweizer Bevölkerung zum Eidgenössischen Dank-, Buss- und Bettag 2013».[56]

Dringlich für die Akzeptanz des Bettags ist die Frage, welche Bedeutung er im Kontext von nichtinstitutioneller Religiosität und im Kontext von nichtreligiösem Selbstverständnis vieler Menschen haben kann. Sosehr die Angehörigen der Religionen die Dimension ihrer Verantwortung vor Gott und die Praxis des Betens pflegen, so sollten sie doch den Eidgenössischen Dank-, Buss- und Bettag für Menschen offen halten, die sich selbst keiner religiösen Tradition zurechnen und sich selbst vielleicht sogar als areligiös bezeichnen. Es ist eine Tatsache, dass in unserer Gesellschaft Menschen verschiedener weltanschaulicher Gesinnung gemeinsam *Verantwortung* übernehmen. Der Bettag könnte darüber hinaus eine gemeinsame *Nachdenklichkeit* stiften, die vor blossem Aktionismus bewahrt.

Tatsächlich wird der Bettag bis heute immer wieder von Intellektuellen – seien sie Angehörige von Religionen oder nicht – zu z. T. provokanten Wortmeldungen in der Gesellschaft genutzt. Die Palette reicht von den berühmten offiziell verfassten, aber nicht genehmigten Bettagsmandaten Gottfried Kellers[57] über die von Sorge erfüllten Artikel aus der Feder von Leonhard Ragaz aus den Jahren vor und während des Zweiten Weltkrieges[58] bis zur Wortmel-

55 Kanton Solothurn: Bettag wird normaler Feiertag: https://www.kath.ch/newsd/der-bettag-ist-im-kanton-solothurn-kein-hoher-feiertag-mehr (25.11.2017).

56 Aufruf 2013: www.agck.ch/de/aktuell/archiv/250–136-national-und-staenderaete-lancieren-bettagsaufruf-und-kollektenaufruf-fuer-christen-in-aegypten (25.11.2017). Das dezidierte Anknüpfen an die christliche Tradition bei den Aufrufen der Parlamentarier 2011 und 2013 sollte jedoch verbunden werden mit einer Einladung, sich auch von anderen religiösen oder nichtreligiösen Traditionen aus Anliegen der Bettagstradition zu eigen zu machen.

57 Vgl. Gottfried Keller, Bettagsmandate, Zollikon 2004.

58 Leonhard Ragaz, Dürfen wir noch an die Schweiz glauben? Zum Bettag: Neue Wege 17/1923, 393–400; ders., Vom erstem August zum Bettag: Neue Wege 35/1941, 21–28.

dung von Adolf Muschg von 2009.[59] Zu nennen ist hier auch der (erfolglose) Versuch in den 70er Jahren des 20. Jahrhunderts, einen autofreien Bettag einzuführen und so über Weltanschauungen und Religionen hinweg ein konkretes gemeinsames Zeichen für die ökologische Verantwortung und einen alternativen Lebensstil zu setzen.

3. Herausforderung an die Kirchen

Kirchlicherseits kann die Differenzierung von Staat und Kirche mitnichten bedeuten, dass ihnen gesellschaftliche Belange gleichgültig würden. Christen und Christinnen tragen als Einzelne und in ihren Gemeinschaften Verantwortung für die Gesellschaften, in denen sie leben, und darüber hinaus für die Vernetzung dieser Gesellschaft im Gesamt der Menschheitsgemeinschaft. In diesem Sinne bezeichnet Matthias Freudenberg die Fürbitte «als Grundakt christlicher Existenz und als priesterliche[n] Dienst gegenüber dem Staat. In der Fürbitte werden die Welt und die in ihr Handelnden vor Gott gebracht – als geistlicher Akt zugleich ein Akt politischer Verantwortung.»[60] Für die römisch-katholische Kirche liefert das Zweite Vatikanische Konzil in seiner Pastoralkonstitution über die Kirche in der Welt von heute, «Gaudium et spes», gewissermassen die Programmschrift für die Solidarität und Verantwortung der Christen und Christinnen für die brennenden Fragen der Menschheit.

Obwohl zur Wahrnehmung dieser Verantwortung natürlich nicht notwendig, ist die staatlich-kirchliche Verfasstheit des Bettags aus kirchlicher Sicht begrüssenswert. Um sie zu erhalten, tun die Kirchen gut daran, einerseits die kirchlichen Bettagstraditionen intern in zeitgenössischen Formen zu pflegen und andererseits offen für die genannten religionsübergreifenden und in säkulare Konstellationen hineinrückenden Bettagsinitiativen zu sein.

Eine detaillierte Auflistung verschiedener kirchlicher Bettagstraditionen in den einzelnen Kantonen der Schweiz würde vermutlich auf sehr unterschiedliche Usanzen stossen. In traditionell katholischen oder reformierten Gegenden wird der Bettag möglicherweise oftmals nicht viel anders als in früheren Jahrhunderten begangen. An vielen Orten hingegen hat sich eine Perspektive aufgetan, die in der Konsequenz der Entstehungsgeschichte des Bettags liegt: Die Entwicklung zu einem von Reformierten und Katholiken gemeinsam getrage-

59 Adolf Muschg, Selbstachtung 2009: www.zeit.de/2009/39/CH-Bettag (25.11.2017).

60 Matthias Freudenberg, Reformierte Theologie. Eine Einführung, Neukirchen-Vluyn 2011, 326.

nen, aber getrennt begangenen Bettag verlängert sich hin zu ökumenischen Gottesdiensten.

Anderswo unterscheidet sich der Bettagssonntag nur unerheblich von anderen Sonntagen. Zu den Abbrüchen von Bettagstraditionen gehört, dass die Schweizerische Bischofskonferenz sich entschlossen hat, ab 2011 kein Hirtenwort der Bischöfe mehr zu veröffentlichen. Wegen der zurückgehenden Resonanz des Bettagshirtenbriefes wurde dieser durch eine kürzere und medial aufbereitete bischöfliche Botschaft auf den 1. August abgelöst. Zwar ist es unumgänglich, gewohnte Bahnen regelmässig zu überprüfen, doch ist bedauerlich, dass die Bischofskonferenz nicht nur das Konzept ihrer Hirtenworte zum Bettag überdachte, sondern von einem Votum zum Bettag nun gänzlich absieht.

Vor diesem Hintergrund ist es erfreulich, dass sich innerkirchlich seit einigen Jahren Initiativen um eine neue Belebung der Bettagstraditionen bemühen. Unter dem Titel «Ein Gebet voraus» engagiert sich seit 2013 die Arbeitsgemeinschaft christlicher Kirchen in der Schweiz zusammen mit den meisten der in der Schweiz vertretenen christlichen Kirchen für ein gemeinsames Gebetstreffen zur Vorbereitung des Bettages.[61] Das Projekt steht im Zusammenhang mit dem erwähnten Aufruf von Parlamentarierinnen und Parlamentariern.

Andere christliche Engagements für den Bettag beteiligen sich an den erwähnten interreligiösen Feiern oder bei politischen Initiativen. Sosehr Christen und Christinnen am Bettag ihre eigenen gottesdienstlichen Traditionen weiterführen (und erneuern) sollen, so ist es doch zu begrüssen, wenn die damit gezogenen Grenzen am Bettag auch überschritten werden. Es tut der christlichen Praxis keinen Abbruch, wenn am Bettag auch (!) eine gemeinsame Ebene mit Andersgläubigen und Nichtglaubenden gesucht wird. Wenn die Sinngebung des Bettags schon in der Geschichte Veränderung erfahren hat und weiterhin erfährt (siehe Abschnitt I.), sollte es den Kirchen möglich sein, den eigenen Glauben an die Verbundenheit aller Menschen im Angesicht Gottes und das Bewusstsein der eigenen Verantwortung heute so zu formulieren, dass der darin implizierte Solidaritätsgedanke auch über Glaubensgrenzen hinaus expliziert werden kann.

61 www.bettag-jeunefederal.com (25.11.2017). Träger der Initiative ist (2015) die AGCK in Zusammenarbeit mit dem Schweizerischen Evangelischen Kirchenbund (SEK), der Schweizerischen Bischofskonferenz (SBK), der Evangelischen Allianz (SEA-RES), den Freikirchen Schweiz (VFG) und der Organisation «Gebet für die Schweiz».

Christiane Tietz

Feiern – Gedenken – Erinnern: Der Reformationssonntag

Der Reformationssonntag ist sozusagen das «Einzelkind» unter den kirchlichen Feiertagen. Denn anders als bei den anderen Feiertagen geht es an diesem Tag nicht um eine Erinnerung an *Gottes* Handeln zum *Wohle* der Menschen, sondern um die Erinnerung an ein Handeln von *Menschen*, das durchaus *ambivalente* Folgen, wie konfessionelle Kriege und die Trennung der Konfessionen, gezeitigt hat. Und so ist wohl auch kein Festtag so umstritten wie der Reformationssonntag. Manche sagen sogar, er sei kein Feier-, sondern ein «Gedenktag».[1] Hier sei nichts zu feiern, sondern man müsse an diesem Tag der Spaltung der Kirche durch die Reformatoren und dem Ende der kirchlichen Einheit gedenken.[2]

Das Einzelkind unter den Feiertagen ist gleichzeitig auch das «Nesthäkchen». Denn es ist unter den reformierten Feiertagen der jüngste. Erst 1819, anlässlich der grossen Reformationsfeier in Zürich, kam die Idee eines *Schweizer* Reformationsfeiertags auf. Dabei «ist zu vermuten, dass das in Deutschland mit Begeisterung begangene Reformationsfest 1817 und die daraufhin durch den preussischen König Friedrich Wilhelm III. ausgerufene Union von Lutheranern und Reformierten auch in der Schweiz die Reformationserinnerung als Element einer gemeinsamen protestantischen Identität zu etablieren verhalfen».[3]

Schon vor Einführung eines schweizweiten Reformationstages allerdings hatte man in der Schweiz an diversen Daten in verschiedenen Kantonen und Städten an die Einführung der Reformation erinnert.[4] Seit 1619 besann man sich in Zürich alle hundert Jahre am 1. Januar auf den Beginn von Ulrich Zwinglis Tätigkeit als Leutpriester am Grossmünster. Auch in anderen Städten und Kantonen gab es ähnliche Erinnerungsfeiern. Diese dezentralisierte Feier-

1 www.ref.ch/kirchenjahr (12.10.2017).

2 Vgl. «In erster Linie die Spaltung der abendländischen Kirche». Für die Katholiken ist der Reformationstag kein Feiertag: www.domradio.de/themen/oekumene/2014-10-31/fuer-die-katholiken-ist-der-reformationstag-kein-feiertag (13.10.2017).

3 Martin Hirzel, Wie feiern die Nachfahren Zwinglis und Calvins?: www.kirchenbund.ch/sites/default/files/media/pdf/themen/reformationssonntag/100126_Beitrag_MH_Geschichte.pdf (13.10.2017).

4 Vgl. Hirzel, Nachfahren (Anm. 3).

kultur zeigt die besondere kirchliche Struktur der Schweiz. Natürlich wurde in der Schweiz nie der 31. Oktober gefeiert, der Tag, der an Luthers Anschlag von 95 Thesen an der Schlosskirche zu Wittenberg 1517 erinnern soll.

Den schweizweiten Reformationssonntag feierte man anfangs am ersten Sonntag nach Pfingsten, am Trinitatisfest.[5] Die Feierlichkeiten galten dabei von Anfang an nicht nur dem Erinnern der Reformation als eines identitätsstiftenden Ereignisses, sondern auch der «Frage [...], ob die Gestalt der Kirche dem befreienden Evangelium noch entsprach und was es ‹hier und jetzt› hiess, Kirche Jesu Christi zu sein»,[6] also der Frage nach der *gegenwärtigen* Identität der Kirche.

Ende des 19. Jahrhunderts legte man den schweizweiten Reformationssonntag dann, um noch stärker die «gemeinsame evangelische Identität zu pflegen»,[7] in die Nähe zum 31. Oktober: Der Reformationssonntag ist seitdem der erste Sonntag im November, liegt also jeweils kurz nach dem 31. *Oktober*. Als *November*sonntag ist er aber *nie* – so kann man mit einem selbstbewussten Augenzwinkern bemerken – mit dem deutschen, im Oktober liegenden Reformationstag identisch.

I. Der garstige Graben der Geschichte – kann man heute eigentlich die Reformation feiern?

In neuerer Zeit mehrt sich, vor allem aufgrund veränderter geschichtshermeneutischer Konzepte, Kritik an der Feier eines Reformationstages. Sie hat sich angesichts der Vorbereitungen des 500-jährigen Reformationsjubiläums noch verdichtet und an Schärfe zugenommen. Es ist ein Streit zwischen Kirchengeschichtlern und Dogmatikern entbrannt, wie man sich überhaupt auf ein *vergangenes* Datum mit dem Anspruch auf dessen *Relevanz für heute* beziehen kann. Ist nicht ein jedes Anliegen, aus den damaligen Einsichten und Überzeugungen etwas *für heute* abzuleiten, z. B. für aktuelle Reformaufgaben innerhalb der Kirche, der unmögliche Versuch, den garstigen Graben der Geschichte zu überspringen? Verrät er nicht einen völlig unhistorischen Umgang mit Ver-

5 Vgl. Hirzel, Nachfahren (Anm. 3).

6 Hirzel, Nachfahren (Anm. 3).

7 www.kirchenbund.ch/de/themen/reformationssonntag/jeweils-am-1-sonntag-im-november (13.10.2017). «Insgesamt zeigt die Entwicklung der Reformationserinnerung und des Reformationssonntags in der Schweiz, dass das Bewusstsein für die Vielfalt und Eigenständigkeit der Schweizer Reformation und der dankbare Bezug auf die Reformation Luthers zusammengehören.» Hirzel, Nachfahren (Anm. 3).

gangenem, eine dogmatistische Ableitung von Normen für die Gegenwart aus der Vergangenheit, gegen die sich historische Vernunft mit aller Entschiedenheit wehren muss?

So lautete die Kritik des Göttinger Kirchengeschichtlers Thomas Kaufmann. Auslöser war ein Text der Evangelischen Kirche in Deutschland (EKD) mit dem Titel «Rechtfertigung und Freiheit. 500 Jahre Reformation 2017», in dem der Versuch unternommen wurde, die Bedeutung reformatorischer Theologie, mit ihrem Interesse an dem Verhältnis zwischen Gott und Mensch, das sie durch die Rechtfertigungslehre beschreibt, «in einer Zeit verstärkter gesellschaftlicher Umbrüche»[8] herauszuarbeiten. Der Text beabsichtigt, deutlich zu machen, «inwiefern die religiösen Einsichten der Reformation auch eine Antwort auf Fragen heutiger Menschen darstellen», wenn sich doch den meisten Menschen heute «überhaupt nicht die Frage nach der individuellen Beziehung zu Gott»[9] stellt.

Thomas Kaufmann hat schon die Rede von «reformatorischer Theologie» als antihistorisch kritisiert und beurteilt es als eine unangemessen die «Abständigkeit des Gegenstandes» überspielende Vorstellung, «‹Reformation› sowohl als vergangenes wie als aktuelles und zukünftiges Phänomen in Anspruch» zu nehmen. Es sei falsch, zu behaupten: «Im Zentrum der Reformation stand die Frage nach dem Verhältnis des Menschen zu Gott. Die Reformation war wesentlich ein *religiöses* Ereignis, weil die Männer und Frauen, die die Reformation trugen, erwarteten, dass Gott *selbst* den rechten Glauben wecken und so das Verhältnis des Menschen zu Gott erneuern werde.»[10] Schon in derartigen Formulierungen wittert Kaufmann eine «heilsgeschichtliche Deutungsperspektive»,[11] wie sie vielleicht von den Menschen des 16. Jahrhunderts, aber nicht mehr heute vertreten werden könne. Die Autoren des Textes entziehen sich, so Kaufmann, «der bitteren Pflicht der Historisierung und ihrer Folgen auf so seicht-frömmelnde Weise».[12] Das im Text der EKD geforderte Sich-Offenhalten der Kirche «für die göttliche Reformation» im Sinne des «ecclesia semper reformanda» könne nicht die Ereignisse des 16. Jahrhunderts

8 EKD, Rechtfertigung und Freiheit. 500 Jahre Reformation 2017. Ein Grundlagentext des Rates der Evangelischen Kirche in Deutschland (EKD), Gütersloh 2014, 8–10 (9) (Geleitwort von Nikolaus Schneider).

9 EKD, Rechtfertigung (Anm. 8), 12f.

10 EKD, Rechtfertigung (Anm. 8), 11.

11 Thomas Kaufmann, Geschichtslose Reformation? Die EKD droht sich 2017 ins Abseits zu feiern: Zeitzeichen 15/2014, H. 8, 12–15 (14).

12 Thomas Kaufmann, Lerngeschichte. Befremdlich: ein Grundlagentext der Evangelischen Kirche: Süddeutsche Zeitung, 1. Juli 2014, 14.

und die Gegenwart und Zukunft unserer Kirche verbinden.[13] Stattdessen gehe es darum, das 16. Jahrhundert ins Zentrum zu stellen, «eine fremde, ferne Welt», an die zu erinnern «uns [...] in Distanz zu uns selbst [rückt] und [...] frische Blicke auf die gewaltigen Veränderungen [eröffnet], die seither eingetreten sind».[14] Um die historischen Einsichten und um nichts anderes könne es bei der Erinnerung an die Reformation gehen.

Zweifellos ist richtig, dass eine Erinnerung an die Reformation nicht übergehen darf: Es liegen 500 Jahre zwischen uns heute und den Menschen und Ereignissen damals. Und dennoch ist, so meine ich, so etwas wie eine «rein historische» Perspektive auf damals weder möglich noch erstrebenswert.

Eine «rein historische» Perspektive ist nicht möglich, insofern die moderne Geschichtswissenschaft davon überzeugt ist, dass derjenige, der die Geschichte betrachtet und untersucht, immer auch seine eigene Perspektive mit einbringt. Es gibt keine neutrale Erforschung der Geschichte, die herausfindet, «wie es eigentlich gewesen»[15] ist. Immer wird der Historiker die Gegenwart, aus der er stammt und in der er denkt, in seine Betrachtung der Geschichte mit einbringen. Seine Fragehinsichten sind durch die eigenen Interessen bestimmt, und auch in die gefundenen Antworten gehen die eigenen Anliegen und Absichten ein.

Eine «rein historische» Perspektive ist aber auch nicht erstrebenswert, zumindest für den Kirchengeschichtler nicht. Denn wenn ein Kirchengeschichtler sich als «Theologe» versteht, kann er nicht distanziert nach der Vergangenheit fragen. Als Theologe ist seine Aufgabe vielmehr immer auch, zu klären, wie sich die gegenwärtige Kirche und der gegenwärtige Christ vor dem Hintergrund der damaligen Ereignisse verstehen können. Konkreter und in Bezug auf die kirchengeschichtliche Analyse der *Reformations*zeit: Auch der Kirchengeschichtler muss fragen, was seine historischen Einsichten über das Damals für eine Kirche, die sich heute immer noch als protestantische, als evangelische, als reformierte Kirche versteht, bedeuten. Er muss fragen: Inwieweit kann die gegenwärtige Kirche einen Teil ihrer *Identität* daraus ziehen, auf diese Ereignisse zurückzugehen? – wenn denn diese Identität nicht als rein kontingentes Geschehen verstanden werden soll. Wenn ich recht sehe, weicht Kaufmann selbst einer solchen Frage aus. Nachdem er die historische Abständigkeit der Reformation herausgestrichen hat, ergänzt er unvermittelt: «Und

13 Kaufmann, Reformation (Anm. 11), 14.

14 Kaufmann, Reformation (Anm. 11), 15.

15 Leopold von Ranke, Geschichten der romanischen und germanischen Völker von 1494 bis 1514, Leipzig ³1885, VII (Vorrede zur ersten Ausgabe, October 1824).

doch singen wir noch die Lieder der Reformatoren, bedienen uns ihrer Liturgien, lesen Luthers [und in der Schweiz muss man ergänzen: die Zürcher] Bibel.»[16] Aber warum dies *legitimerweise* der Fall ist, diese Begründung bleibt Kaufmann schuldig. Vielleicht kann man sich ein solches Ausbleiben nur leisten in einer Kultur, die immer noch – immer noch, aber wie lange? – vom Christentum geprägt ist. Angesichts des massiven Traditionsabbruchs reicht eine solche, das Faktische beschreibende Umgangsweise meines Erachtens nicht mehr aus. Eine *theologische* Kirchengeschichte, die sich in einer Verbindung zur Kirche sieht, wird erläutern müssen, warum ein solcher Bezug angemessen, heute noch sinnvoll und für die gegenwärtige Christenheit und Kirche förderlich ist. Sie wird solche Fragen nicht an die Dogmatik delegieren dürfen, um dann, wie Kaufmann, einen «Sieg der dogmatischen über die historische Methode in der Interpretation der Reformation»[17] zu beklagen.[18]

II. Ökumenische Klarstellungen

Anfragen an die Feier eines Reformationssonntages kommen von manchen auch deshalb, weil dieser zu konfessioneller Selbstbespiegelung und einer übertriebenen Abgrenzung von anderen, insbesondere vom Katholizismus, neige. Andere urteilen – positiv oder negativ –, am Reformationssonntag werde die Gründung einer neuen Kirche gefeiert. Auch hier sind einige Klarstellungen vonnöten.

Am Reformationssonntag wird nicht die Gründung einer neuen Kirche gefeiert. Das Ursprungsereignis auch der evangelischen Kirchen ist Pfingsten, nicht ein Datum zu Beginn des 16. Jahrhunderts. Es wäre ein Missverständnis evangelischen Christseins, zu denken, das, was es ausmache, beginne erst im 16. Jahrhundert und die Reformatoren hätten sich von der 1500-jährigen Kirchengeschichte vor ihnen losgesagt. Die Kirche, zu der auch die evangelischen Christen gehören, ist 2000 Jahre alt. Dies gilt nicht nur, weil sich evangelisches Kirchesein auf die Ursprungsereignisse und -dokumente des Christentums bezieht. Es gilt auch, weil viele theologische Impulse der Alten Kirche und des Mittelalters in der reformatorischen Theologie aufgenommen und weiterver-

16 Kaufmann, Reformation (Anm. 11), 15.

17 Kaufmann, Reformation (Anm. 11), 13.

18 Vgl. zum Thema auch Christoph Strohm, Konkurrenz belebt das Geschäft. Über das Zusammenspiel von historischer Kompetenz und dem Mut zur Theologie: Zeitzeichen 15/2014, H. 9, 47–49, der betont, dass auch in der Predigt «solche dogmatische Setzung» vollzogen wird (48).

arbeitet wurden. Beispielsweise Martin Luthers Theologie wäre ohne die Einflüsse Augustins, Wilhelms Ockhams oder der spätmittelalterlichen Mystik nicht zu verstehen. Die Reformatoren stehen auf den Schultern der theologischen Denker vor ihnen – auch wenn sie sich von etlichen ihrer Thesen distanziert haben.

Am Reformationssonntag wird auch nicht die Trennung der Konfessionen gefeiert. Die Trennung der Konfessionen kann man nämlich nicht feiern. Es ist richtig, zu würdigen, dass die Kirchen in den letzten Jahrzehnten des 20. Jahrhunderts, durch die Bemühungen der ökumenischen Bewegung, gelernt haben, einen besseren Umgang mit der Trennung der Konfessionen einzuüben und die Verschiedenheit der Konfessionen als Reichtum zu verstehen. Und viele Konfessionen haben begriffen, dass die konfessionelle Prägung der Anderen eine produktive Infragestellung und Bereicherung des eigenen Profils bedeutet. *Aber* am Beginn konfessioneller Trennungen stehen immer theologische Kämpfe, Ketzerurteile, Absprechen des Christseins – und nicht selten Gewalt und Blut. Dies ist *nicht* zu feiern. Dass Christen um die Wahrheit streiten, ist gut und richtig. Aber dass Christen andere Christen verachten wegen ihres «falschen» Glaubens, dass sie sich gewaltsam bekämpfen um ihrer unterschiedlichen Überzeugung von der Wahrheit willen, das ist traurig und bedarf der Busse. Hinzu kommt: Die Reformatoren wollten keine neue Kirche gründen, sie wollten die alte Kirche reformieren. Erst die kirchliche und politische Entwicklung führte dazu, dass die Trennung unausweichlich war. In *diesem* Zusammenhang haben sich die Reformatoren scharf von den institutionellen Vertretern der Altgläubigen, allen voran dem Papst, abgegrenzt. Aber das ist nicht die primäre Pointe ihrer Reformen. Entsprechend lebt evangelisches Christsein von den durch die Reformatoren wiederentdeckten *positiven* Gehalten – und nicht davon, *nicht katholisch* zu sein.

Und schliesslich werden am Reformationssonntag auch nicht alle Auswüchse reformatorischer Theologie und der Reformation gefeiert. Die Reformatoren sind Kinder ihrer Zeit. Selbstverständlich haben sie auch Ansichten vertreten, die wir heute für falsch halten und mit Recht ablehnen. Dies gilt insbesondere für ihre Haltung gegenüber Andersglaubenden oder ihre Bereitschaft zum gewaltsamen Kampf für den Glauben. Solche Dinge können nicht gefeiert werden. Und für den Schaden, der damit durch die Reformatoren und ihre Anhänger angerichtet wurde, muss die Kirche um Verzeihung bitten. Bei der Erinnerung an die Reformation vor 500 Jahren ist dies von zentraler zeichenhafter Bedeutung.

Gegenwärtig setzt sich die Sprachregelung durch, von beidem gleichzeitig, von Reformationsfeier und Reformationsgedenken zu sprechen. Beide Formulierungen begegnen auch in einem Impulspapier des Schweizerischen Evangelischen Kirchenbundes (SEK) zum Thema.[19] Denn es ist eben auch vieles zu feiern, genauer formuliert: eigentlich *eines*: Die reformatorischen Kirchen feiern am Reformationssonntag nicht sich selbst, sondern, wie Gottfried Locher formuliert hat, «die Wiederentdeckung der Befreiungsbotschaft des Evangeliums».[20] Worum geht es?

III. Die Wiederentdeckung der Befreiungsbotschaft des Evangeliums – spezifisch schweizerische Momente

Ulrich Zwingli hat im zweiten Artikel der ersten Zürcher Disputation formuliert: «Die Hauptsache des Evangeliums ist kurz zusammengefasst die, dass unser Herr Christus Jesus, wahrer Gottessohn uns den Willen seines himmlischen Vaters mitgeteilt und uns durch seine Unschuld vom Tod erlöst und mit Gott versöhnt hat.»[21] Im Zentrum des Evangeliums steht für Zwingli also das *solus Christus* und das in ihm erwirkte Heil.[22] Diese Akzentsetzung verstand er als eine «Rückbesinnung» auf die ursprüngliche Botschaft, auf den «alten Glauben» und die ursprünglichen Quellen, und nicht als eine neue theologische Idee.[23] Ähnlich beschreibt Johannes Calvin das Evangelium in seiner

19 Vgl. SEK, «500 Jahre Reformation» und der Kirchenbund heute. Impulspapier, Bern 2012: www.kirchenbund.ch/sites/default/files/media/pdf/themen/reformationssonntag/Impulspapier_Reformation_de.pdf (13.10.2017).

20 Gottfried Wilhelm Locher, Eröffnungsrede: Petra Bosse-Huber u. a. (Hg.), 500 Jahre Reformation: Bedeutung und Herausforderungen. Internationaler Kongress der EKD und des SEK auf dem Weg zum Reformationsjubiläum 2017 vom 6. bis 10. Oktober 2013 in Zürich, Zürich/Leipzig 2014, 24–27 (24).

21 Huldrych Zwingli, Auslegung und Begründung der Thesen oder Artikel (1523), Schriften Bd. 2, hg. im Auftrag des Zwinglivereins von Thomas Brunnschweiler und Samuel Lutz, Zürich 1995, 13–499 (28) (Artikel 2). Vgl. dazu Peter Stephens, Zwingli. Einführung in sein Denken, Zürich 1997, 65ff., der auch die Differenz der Christusorientierung Zwinglis zu der Luthers beschreibt, die v. a. darin liege, dass ihn mehr der göttliche als, wie Luther, der menschliche Christus interessiert. Wichtig ist für Zwingli, «dass Christus der Sohn Gottes gewesen sowie dass er für uns gestorben sei und damit der Gerechtigkeit Gottes Genüge getan hätte. In seiner Deutung des Todes Christi folgte Zwingli vor allem Anselm von Canterbury.» (70)

22 Vgl. Peter Opitz, Der spezifische Beitrag der Schweizer Reformation zur reformatorischen Bewegung: Petra Bosse-Huber u. a. (Hg.), 500 Jahre Reformation: Bedeutung und Herausforderungen, Zürich/Leipzig 2014, 88–98 (91).

23 Vgl. Opitz, Beitrag (Anm. 22), 91f.

Institutio von 1559 als «die Offenbarung der in Christus uns dargebotenen Gnade».[24]

In der Schweizer Reformation steht stärker noch als der Begriff der Rechtfertigung der Begriff der Versöhnung und damit der «Wiederherstellung der Gemeinschaft»[25] im Zentrum. Zwinglis theologische Gedanken gehen ja nicht wie bei Luther aus von einer persönlichen religiösen Verzweiflung, sondern von seiner Verantwortung für die Gemeinde in Zürich.[26] «Eine wichtige theologische Folge ist, dass die leitenden Begriffe aus der Schweizer Reformation nicht Gesetz und Evangelium sind, sondern Erwählung und Bund.»[27] In den Worten von Peter Opitz: «Der Ort von Zwinglis Botschaft ist nicht der Beichtstuhl, sondern die öffentliche Volksversammlung. Das Evangelium zielt auf Gemeinschaft und wird vor allem in der Gemeinschaft erfahrbar.»[28]

Deshalb führte Zwingli ein, dass sich die Gemeindeglieder beim Abendmahl gegenseitig das Brot weiterreichen, – «angesichts der zeitgenössischen [...] Sakramentsfrömmigkeit eine Revolution».[29] Seine Hoffnung war, dass so zwischen zwei zerstrittenen Gemeindegliedern während des Mahles Versöh-

24 Johannes Calvin, Unterricht in der christlichen Religion/Institutio Christianae Religionis. Nach der letzten Ausgabe übersetzt und bearbeitet von Otto Weber, Neukirchen-Vluyn [5]1988, II,9,2, 257.

25 Opitz, Beitrag (Anm. 22), 92. Bei Calvin, Unterricht (Anm. 24), III,11,21, 489, heisst es, «die Gerechtigkeit aus dem Glauben sei die Versöhnung mit Gott». Sie sei die «Gemeinschaft mit Christus [...], die uns im Evangelium angeboten wird». A. a. O., III,1,1, 337.

26 Vgl. Opitz, Beitrag (Anm. 22), 92.

27 Opitz, Beitrag (Anm. 22), 92. Vgl. die schöne Beschreibung des Bundes bei Heinrich Bullinger: «Soviel ist gewiss, dass alle Bücher der Heiligen Schrift ein gemeinsames Ziel haben [...]. Der Gott des Himmels, jener allmächtige Gott, hat mit dem Menschengeschlecht auf ewig ein Testament, einen Vertrag oder ein Bündnis abgeschlossen. [...] Zwei Dinge aber sind es, die in diesem Bündnis enthalten sind. Zunächst bindet sich Gott selber uns gegenüber, verspricht und zeigt an, wer und welcherart er uns gegenüber sein wolle. Danach bestimmt er, was er von uns verlangt. An erster Stelle jedoch gibt er bekannt, wer er sei: jener allmächtige, wahre und ewige Gott, das Füllhorn, der eine, bei dem sich alles findet, was das menschliche Herz begehrt. [...] Er verspricht aber, unser Gott zu sein und der unserer Nachkommenschaft, das heisst: er verheisst, er werde den ganzen Schatz seiner Güte überreichlich über uns ausschütten, und das umsonst. [...] Was nun jedoch uns angeht, so sollen wir dieses Bündnis gänzlich einhalten, Gott uneingeschränkt die Treue halten, ihm allein anhangen, nach Rechtschaffenheit trachten, nach Gottes Wink und Willen leben.» Ders., Studiorum ratio – Studienanleitung (1528), hg., übers. u. kommentiert von Peter Stotz, Bd. 1, Zürich 1987, 75.77.

28 Opitz, Beitrag (Anm. 22), 93.

29 Opitz, Beitrag (Anm. 22), 94.

nung geschehen könnte, wenn sie sich das Brot persönlich geben.[30] Die Verantwortung der Obrigkeit für eine der Gerechtigkeit Gottes entsprechende Rechtsordnung und für den Einsatz gegen Unrecht ist ebenfalls von diesem Versöhnungsanliegen her zu verstehen.[31]

Die Schweizer Reformation ist eine Reformation durch Bürger und Zünfte,[32] nicht durch Landesfürsten. So lud im Januar 1523 der Zürcher Rat und der Bürgermeister zu einer «Disputation» über die Frage ein, ob es sich bei Ulrich Zwinglis und seiner Anhänger Predigten um Irrlehren handele.[33] Zwingli konnte überzeugen, dass seine Lehre schriftgemäss ist. Und so beschloss der Rat, «meister Ulrich Tzwinly soll fürfaren». «Es sollent ouch all andere ire lütpriester, seelsorge und predicanten [...] anders nüt fürnemmen noch predigen, dann was sy mit dem heiligen euangelion und sust rechter göttlicher geschrifft bewеren mögen.»[34] Mit dieser Forderung, die Predigten sollten sich an der Heiligen Schrift orientieren, zog der Rat die alten «bischöfliche[n] Kompetenzen» an sich und «[engagierte] sich als christliche Obrigkeit».[35]

Umgekehrt wurde seit Bullinger das Format des «Fürtrags» eingerichtet, bei dem den Pfarrern das Recht eingeräumt wurde, im Sinne des alten Prophetenamtes den politischen Rat auf Fehlverhalten hinzuweisen.[36] «Die Armenversorgung als Aufgabe des gesamten Gemeinwesens, die Verordnung über den Zins, die Einrichtung von Schulen, die Söldnerpolitik, aber auch die Flüchtlingspolitik und die Verwendung öffentlicher Gelder waren tagespolitische Fragen, zu denen Bullinger den Rat auf den göttlichen Rechtswillen hinwies.»[37]

Zugleich wurde eine neue kirchliche Leitungskultur in den reformierten Gegenden der Schweiz durch die Installation von kirchlichen «Synoden, Pfarrkonventen oder Konsistorien» eingerichtet.[38] Öffentliche Disputationen als neues Format der Wahrheitssuche und die Einrichtung theologischer «Hoher Schulen» zur Pfarrerausbildung sollten in der Schweiz für eine breite theologi-

30 Vgl. Opitz, Beitrag (Anm. 22), 95.

31 Vgl. Opitz, Beitrag (Anm. 22), 95.

32 Vgl. Lukas Kunderts Beitrag zum Reformationssonntag 2011 in der «Basler Zeitung»: www.erk-bs.ch/bericht/833 (12.10.2017).

33 Vgl. Gottfried W. Locher, Zwingli und die schweizerische Reformation (Die Kirche in ihrer Geschichte, Bd. 3, Lieferung J1), Göttingen 1982, 23.

34 Locher, Zwingli (Anm. 33), 24.

35 Locher, Zwingli (Anm. 33), 24.

36 Vgl. Opitz, Beitrag (Anm. 22), 95f.

37 Opitz, Beitrag (Anm. 22), 96.

38 Opitz, Beitrag (Anm. 22), 89.

sche Kompetenz nicht nur der Theologen sorgen.[39] «Alle sollten das göttliche Wort kennen und verstehen lernen.»[40] Deshalb übersetzt man gemeinsam auch die Bibel ins Deutsche; 1531 erschien die erste vollständige «Zürcher Bibel». Wesentlicher Bezugspunkt theologischen Denkens wurde die Schrift. Auch wenn die Reformatoren der damaligen Zeit gelegentlich etwas harsch ihre Positionen vertraten, so wussten sie sich doch stets gerichtet und normiert durch den biblischen Text und brachten die Offenheit zum Ausdruck, sich durch ihn eines Besseren belehren zu lassen. Als Beispiel für eine solche Haltung seien Sätze am Schluss von Zwinglis «Auslegung und Begründung der Thesen oder Artikel» von 1523 zitiert: «Aber was die Lehrmeinungen betrifft, die in diesem Buch enthalten sind, bezeuge ich vor Gott und unserem Herrn Jesus Christus, sie – wie jeder sieht – in einer Weise abgehandelt zu haben, dass sie mit der Ansicht der Schrift übereinstimmen. Und ich liess mich durch keines Menschen Geschwätz oder Meinung beirren, sobald ich nur einmal sah, dass Gott etwas anderes [als diese] gesagt hat. Wenn ich mich aber im Verständnis der göttlichen Schrift irgendwo geirrt habe, und sich dies mit Hilfe der Schrift an dieser oder jener Stelle beweisen liesse, lasse ich mich gerne eines Besseren belehren. [...] Die Schrift nämlich muss mein und aller Menschen Richter sein und nicht der Mensch Richter über das Wort Gottes.»[41]

Aus heutiger Sicht kritische Elemente der Schweizer Reformation gab es freilich genauso. Man denke beispielsweise «an das brutale und christlich nicht zu rechtfertigende Strafsystem [...], an die nur sehr ansatzweise kritisierte Ständegesellschaft» oder an die Betonung einer «öffentlichen Einheitsreligion» und die Verschärfung religiöser Intoleranz, die sich insbesondere gegen die Täufer richtete.[42]

IV. Der Reformationssonntag in der Schweiz

Wenn heute am Reformationssonntag an die Reformation erinnert wird, so verbietet es sich aufgrund veränderter historischer Einsichten, das Reforma-

39 Vgl. Opitz, Beitrag (Anm. 22), 93. Ein berühmter Ort des gemeinsamen Schriftstudiums wurde die Zürcher «Prophezey». Hier wurden Texte aus dem Alten Testament, auf Basis des hebräischen Textes, durch Exegeten ausgelegt und dann die Ergebnisse der Gemeinde in deutscher Sprache kommuniziert und auf die Gegenwart bezogen (vgl. ebd.).

40 Opitz, Beitrag (Anm. 22), 93.

41 Zwingli, Auslegung (Anm. 21), 498.

42 Opitz, Beitrag (Anm. 22), 98.

tionserinnern beispielsweise als ein Zwingli-Fest zu feiern. Die historische Forschung hat weg von den monolithischen grossen Reformatoren hin zu sozialgeschichtlichen Analysen und zur Einbettung der Einzelpersönlichkeiten in historische Vorentwicklungen und politische Konstellationen geführt.[43] Auch ist ein Bewusstsein für die wichtigen Vorläufer der Reformation des 16. Jahrhunderts – John Wyclif und Jan Hus oder die Reformkonzilien – entstanden. Die Reformatoren waren nicht einsame Helden in einer dunklen Zeit, sondern eingebettet in ein förderliches gesellschaftliches, religiöses und politisches Netz.

Es ist nur zu begrüssen, dass der Schweizerische Evangelische Kirchenbund (SEK) als Logo für die Feierlichkeiten zur 500. Wiederkehr des Beginns der Reformation nicht den Kopf eines Reformators gewählt hat, sondern ein schlichtes «R», das für «Reformation» steht. Jede Kantonalkirche konnte das «R» unterschiedlich füllen und dadurch auch an ihre jeweiligen Reformatoren erinnern. Aber eine Verengung auf eine einzige Person wurde so vermieden.

Der SEK beteiligte sich an etlichen Elementen des grossen Jubiläums 2017, z. B. durch Schweizer «europäische Reformationsstädte» beim «Europäischen Stationenweg» oder durch die Präsenz auf der Wittenberger Weltausstellung der Reformation, betont aber zugleich: «Ab 2019 wird sich in den verschiedenen [Schweizer] Kirchen über eine Dauer von ca. 20 Jahren hinweg zahlreiche Male Gelegenheit bieten, den Beginn oder ein anderes wichtiges Datum der Reformation in den jeweiligen Kirchen zu feiern.»[44] Hier sei an Comander, Farel, Haller, Oekolampad und andere Reformatoren und nicht nur an die beiden «Grossen» Zwingli und Calvin zu erinnern. So sei es möglich, «regional wichtige Figuren der Reformation in der Geschichte der Kantone verstärkt ins öffentliche Bewusstsein zu rücken».[45] Gleichzeitig wird vom SEK anerkannt, dass die «Initialzündung» der reformatorischen Bewegung durch die 95 Thesen Martin Luthers «ausgelöst wurde»,[46] ganz im Sinne der Würdigung

43 Vgl. Einleitung: Petra Bosse-Huber u. a. (Hg.), 500 Jahre Reformation: Bedeutung und Herausforderungen, Zürich/Leipzig 2014, 9–11, 10: «Heute wird die Reformation nicht mehr nur über die Wirksamkeit von Luther in Deutschland oder von Zwingli und Calvin in der Schweiz definiert, so bedeutend und entscheidend das Wirken dieser Persönlichkeiten auch sein mag. Die Reformation muss heute vielmehr als vielfältige und europäische Bewegung verstanden werden, deren Ursprünge in die früheren Jahrhunderte zurückreichen.»

44 SEK, Reformation (Anm. 19), 4.

45 SEK, Reformation (Anm. 19), 4.

46 Serge Fornerod, «Luther 2017» aus einer schweizerischen und reformierten Perspektive: KZG 26/2013, H. 2, 455–467 (459).

durch Johannes Calvin, der formulierte: «[V]on der Kirche zu Wittenberg [ist] das Evangelium ausgegangen.»[47]

Der Kirchenbund forderte für die Feierlichkeiten innerhalb der Schweiz: «Die Kerninhalte der reformatorischen Glaubensbotschaft und deren Sinn für die Kirche von heute sollen ins Zentrum rücken, auch in selbstkritischer Art und Weise.»[48] Dies solle verbunden werden «mit den Erneuerungsbestrebungen unserer Kirchen und den Bemühungen [...], ihr Zeugnis und ihren Dienst in der Gesellschaft zu stärken».[49] Denn es gebe auch heute eine «Reformbedürftigkeit unserer Kirchen» angesichts von «leere[n] Kirchen, Austrittszahlen, schwankende[n] Ressourcen, Visionsmüdigkeit, ermüdete[r] Wachsamkeit, usw.»[50] Auch hier wird also nach einer Gegenwartsbedeutung der Reformation gesucht.

V. Der Reformationstag in Deutschland

Erlaubt sei noch ein kurzer Blick auf das Nachbarland Deutschland. Hier sind bei den Feiern des Reformationstages und des Reformationsjubiläums noch ganz andere Probleme zu bewältigen, die sich beide noch einmal an *historischen Fragen* entzünden.

Die erste historische Problemanzeige richtet sich auf den Termin: Hat Luther oder hat er nicht? Hat er am 31. Oktober 1517 seine 95 Thesen zum Ablass an die Schlosskirche zu Wittenberg angeschlagen? Ja – war lange Zeit die Meinung. Seit Beginn des 17. Jahrhunderts[51] wurde Luther ikonografisch gerne in entsprechender Pose dargestellt; und noch der Luther-Film von Eric Till aus dem Jahr 2003 arbeitete damit. «Hier sieht man einen Luther als jungen Mönch, der wild entschlossen und zielstrebigen Schrittes auf die Wittenberger Schlosskirchentür zugeht, um ein riesiges Thesenplakat anzunageln.»[52] Ein

47 Brief an die Pfarrer von Montbéliard, 8. Mai 1544, zitiert nach Fornerod, Luther (Anm. 46), 459.

48 SEK, Reformation (Anm. 19), 3.

49 SEK, Reformation (Anm. 19), 3 f.

50 SEK, Reformation (Anm. 19), 4.

51 Vgl. Henrike Holsing, Luthers Thesenanschlag im Bild: Joachim Ott/Martin Treu (Hg.), Luthers Thesenanschlag – Faktum oder Fiktion, Leipzig 2008, 141–172 (141ff.).

52 Holsing, Thesenanschlag (Anm. 51), 141.

«dramatischer Akt von grosser Symbolkraft, [...] Luthers Hammerschlag [...] als ein Ereignis von weltgeschichtlicher Bedeutung»![53]

Oder hat der katholische Kirchengeschichtler Erwin Iserloh recht mit seiner Behauptung von 1962, Luther habe die Thesen nie in dieser Form angeheftet? Zwar sei es üblich gewesen, universitäre Disputationsthesen öffentlich anzuschlagen. Aber nicht Luther selbst, sondern ein Universitätspedell müsse dies getan haben. Erst Philipp Melanchthon – seinerseits, weil damals noch nicht in Wittenberg, *kein* Augenzeuge des Ereignisses – habe *nach* Luthers Tod das Bild vom eigenhändigen Thesenanschlag Luthers in die Welt gesetzt.[54] Von Luther hingegen gibt es keine Äusserung dazu, dass er die Thesen persönlich angeschlagen hat.

Jüngst haben einige Historiker Iserlohs Behauptung energisch infrage gestellt. Denn man hat 2006 eine Notiz von Luthers engem Mitarbeiter Georg Rörer[55] wiederentdeckt, die den Anschlag behauptet. Auch Rörer war 1517 noch nicht in Wittenberg, seine Notiz datiert aber immerhin vermutlich auf 1541–1544, d. h. auf einen Zeitpunkt *vor* Luthers Tod.[56] Ist das ein verlässlicheres Zeugnis als die Aussage Melanchthons nach Luthers Tod oder nicht? Die Gelehrten streiten noch. Die Debatte, ob Luther die Thesen selbst angeschlagen hat oder nicht, ist noch nicht entschieden. Unstrittig freilich ist: Luther hat 95 Thesen gegen den Ablass geschrieben und sie am 31. Oktober 1517 an Bischof Hieronymus von Brandenburg und Erzbischof Albrecht von Mainz mit einem Brief geschickt. Es ist der erste Brief, in dem Luther nicht mehr mit «Luder», sondern mit «Luther» unterschreibt, um seinem Selbstverständnis als Eleutherius, der Freie, Ausdruck zu verleihen.[57] Unstrittig ist auch: Luther hat die

53 So die Umschreibung der landläufig akzeptierten Szene bei Konrad Repgen, Ein profangeschichtlicher Rückblick auf die Iserloh-Debatte: Ott/Treu, Thesenanschlag (Anm. 51), 99–110 (101).

54 Vgl. Repgen, Rückblick (Anm. 53), 101f., mit Bezug auf Philipp Melanchthon, Opera quae supersunt omnia, hg. von Carolus Gottlieb Bretschneider, Bd. 6, Halle 1839, No. 3478, Sp. 156–170 (162).

55 «Anno do[m]ini 1517 in profesto o[mn]i[u]m Sanctoru[m] pr<...> Wite[m]berge in valvis temploru[m] propositae sunt pro<opositiones> de Indulgentiis a D[octore] Mart[ino] Luth[ero]. Auf Deutsch: ‹Am Vorabend des Allerheiligenfestes im Jahre des Herren 1517 sind von Doktor Martin Luther Thesen über den Ablass an die Türen der Wittenberger Kirchen angeschlagen worden›.» Zitiert nach Martin Treu, Urkunde und Reflexion. Wiederentdeckung eines Belegs von Luthers Thesenanschlag: Ott/ders., Thesenanschlag (Anm. 51), 59–67 (59).

56 Vgl. Treu, Urkunde (Anm. 55), 61.

57 Vgl. Bernd Moeller, Thesenanschläge: Ott/Treu, Thesenanschlag (Anm. 51), 9–31 (11).

Thesen – wie üblich – zur Disputation veröffentlicht.[58] Strittig ist nur, ob die Thesen an der Wittenberger Schlosskirche angeschlagen wurden und wann und von wem. Hält man dieses Strittige angesichts des Unstrittigen für nicht entscheidend, dann kann man nach wie vor zu Recht den 31. Oktober 1517 als zentrales Datum der lutherischen Reformation ansehen, zumal Luther selber später den «31. Oktober als Beginn der Reformation gefeiert hat».[59]

Die zweite historische Problemanzeige betrifft die Weise, wie in den vergangenen Jahrhunderten die Reformations*jubiläen* gefeiert wurden. Die Geschichte der Reformationsjubiläen wirkt nämlich durchaus ambivalent. Sie begann in Deutschland 1617. Das erste, das Hundert-Jahr-Jubiläum, wurde von der Wittenberger Universität ausgerufen.[60] Angesichts des Auftriebs, den die katholische Kirche durch das Trienter Konzil und die Gegenreformation erfahren hatte, und angesichts der geschwächten Stellung des Luthertums in den politischen Konstellationen der damaligen Zeit wollte man sich 1617 neu der eigenen lutherischen Identität versichern.[61] Der sächsische Kurfürst Johann Georg I. ordnete als Inhaber des landesherrlichen Kirchenregiments höchstselbst das Jubiläum an.[62] Auf kirchlicher Seite sah man die Krise des Luthertums als Strafe Gottes und hoffte, ein angemessen gefeiertes Jubiläum könnte jenes wiedererwecken und Gottes Strafe ein Ende bereiten.[63] Diese Feierlichkeiten hatten eine zweifache Gestalt: Zum einen wollte man durch Busse weiterer Strafe entgehen. Zum anderen wollte man «jubilieren» und Gott für die Reformation durch Luther und für die Bewahrung des Luthertums trotz feindlicher Angriffe loben.[64]

58 Allerdings ist der Zeitpunkt dieser Veröffentlichung zur Disputation strittig. Luther behauptet, er habe erst nach dem Brief die Thesen der Öffentlichkeit übergeben.

59 Volker Leppin, Die Monumentalisierung Luthers. Warum vom Thesenanschlag erzählt wurde – und was davon zu erzählen ist: Ott/Treu, Thesenanschlag (Anm. 51), 69–92 (79).

60 Vgl. zum Folgenden Wolfgang Flügel, «Und der legendäre Thesenanschlag hatte seine ganz eigene Wirkungsgeschichte». Eine Geschichte des Reformationsjubiläums: BThZ 28/2011, H. 1, 28–43 (30).

61 Vgl. Flügel, Thesenanschlag (Anm. 60), 30f.

62 Vgl. Flügel, Thesenanschlag (Anm. 60), 31.

63 Vgl. Flügel, Thesenanschlag (Anm. 60), 31.

64 Vgl. Flügel, Thesenanschlag (Anm. 60), 31f. Die theologische Arbeit im Zusammenhang mit dem Reformationsjubiläum zielte darauf, «den eigenen Gläubigen die Notwendigkeit des Bruches mit der mittelalterlichen Kirche aufzuzeigen und damit die Existenzberechtigung lutherischer Kirchlichkeit zu begründen, gerade angesichts kontroverstheologischer Vorwürfe vonseiten der römisch-katholischen Kirche, von der wahren Kirche durch sektierische Neuerungen abgefallen zu sein». Peter Lüning, Unge-

Das deutsche Reformationsjubiläum 1717 ist dann in seiner Kritik an der katholischen Kirche zurückhaltender als das von 1617, denn *inner*evangelische konfessionelle Spannungen machten anderes unmöglich.[65] 1817 spiegelt sich der «bürgerliche[] Fortschrittsoptimismus» in der Anlage der Feierlichkeiten: Luther wird «als [deutscher] Nationalheld gepriesen und die Reformation als Beginn bürgerlichen Lebens interpretiert».[66] Die Erinnerung an die Reformation auf der Wartburg wird mit Feiern der Leipziger Völkerschlacht verbunden; die «Befreiung des Vaterlandes von äusserer politischer Herrschaft» und die «Befreiung des Geistes von äusserlicher, römisch-päpstlicher Kirchlichkeit»[67] werden in eins gesetzt.[68]

1917 stehen die Reformationsfeierlichkeiten (getrübt, aber auch angespornt durch den Weltkrieg) unter dem Signum einer «breit angelegten Popularisierung der Person Luthers und der Reformation».[69] Es kommt – so formulierte dies der Historiker Thomas Nipperdey – zu einem «emotionale[n] Akklamationsnationalismus».[70]

Beim 450-Jahr-Jubiläum schliesslich in der DDR betonte der Stellvertreter des Vorsitzenden des Staatsrates Gerald Götting auf der zentralen Gedenkveranstaltung in Wittenberg: «So wie damals grundlegende soziale Umwälzungen innerhalb der Klassengesellschaft herangereift waren und im Kampf durchgesetzt werden mussten, so steht heute mit der gleichen historischen Gesetzmässigkeit und Folgerichtigkeit die Überwindung des Kapitalismus und damit die Beseitigung der Klassenherrschaft überhaupt [...] auf der Tagesordnung unserer Zeit. [...] Die von der Reformation so gewaltig angestossene geschichtliche Bewegung des 16. und 17. Jahrhunderts hat in Deutschland [...] ihr letztes Ziel nicht erreicht. Mit der Grossen Sozialistischen Oktoberrevolution hob eine neue Ära der Menschheitsentwicklung an, in der all das aufge-

---

sicherte Identität des Luthertums. Ein kritischer Überblick über die geschichtlichen Reformationsjubiläen: Catholica 66/2012, H. 2, 143–150 (145).

65 Vgl. Lüning, Identität (Anm. 64), 146.

66 Lüning, Identität (Anm. 64), 147.

67 Christian Albrecht, Zwischen Kriegstheologie und Krisentheologie. Zur Lutherrezeption im Reformationsjubiläum 1917: Hans Medick/Peer Schmidt (Hg.), Luther zwischen den Kulturen. Zeitgenossenschaft – Weltwirkung, Göttingen 2004, 482–499 (485).

68 Vgl. Lüning, Identität (Anm. 64), 147f. Freilich darf man in der Bewertung nicht ungerecht sein: In vielen Predigten und theologischen Arbeiten der Zeit wird die Reform «der eigenen lutherischen Kirchlichkeit» – vor allem aus der Perspektive der rationalen Aufklärungstheologie – ins Zentrum gestellt. Vgl. Lüning, Identität (Anm. 64), 148.

69 Lüning, Identität (Anm. 64), 149.

70 Thomas Nipperdey, Religion im Umbruch. Deutschland 1870–1918, München 1988, 98.

hoben und vollendet wird, was an den Hoffnungen und Träumen der grossen humanistischen Geister [...] unerfüllt blieb.»[71]

Ähnliche Verzerrungen beim Erinnern der Reformation gibt es übrigens auch bei den runden Reformationsjubiläen in der Schweiz zu beobachten. Helen Wild hat 1918 in «Zwingliana» das Zürcher Reformationsjubiläum von 1819 analysiert und kommt zu dem Urteil, es wurde «zu einem Panegyrikus auf die Errungenschaften der Gegenwart [... und] zu einem Ausblick auf eine Entwicklung der Zukunft, die ihr Fundament einzig in den subjektiven Wünschen der Festfeiernden hatte».[72] Insbesondere der ökumenische Geist der Feiern sei durchaus ambivalent gewesen. Die Feiernden gedenken zwar ihrer «katholischen Mitbrüder [...], doch ist der Ton, in dem es geschieht, oft nicht frei von Selbstgefälligkeit, die statt versöhnlich, aufreizend wirken musste»,[73] z. B. dadurch, dass man «die bürgerliche und geistige Freiheit [in der Schweiz] auf die Reformation zurück[führte]».[74]

Der knappe Überblick dürfte deutlich gemacht haben, wie sehr die Reformationsjubiläen jeweils Spiegel ihrer Zeit waren. Sie dienten immer auch der symbolträchtigen Vergewisserung der eigenen zeitgebundenen Identität. Wir heute werden uns fragen müssen, welches die Identität ist, der wir uns bei der 500-Jahr-Feier vergewissern wollen. Deshalb noch ein paar knappe Schlussbemerkungen.

VI. «Erinnern für die Zukunft»[75]

An die Reformation kann man sich nicht angemessen erinnern, ohne zugleich nach der Reformnotwendigkeit der Kirche heute zu fragen. Denn die Reformatoren bezogen sich auf das Evangelium, von dem allein die Kirche lebt, und fragten danach, *wie* dieses Evangelium in der gegenwärtigen Kirche Gehör findet und neu Gehör finden kann. Aus diesem Bezug auf das Evangelium ergibt sich die beständige Reformorientierung der Kirche. Sind die Kirchen

71 Aus der Ansprache des Stellvertreters des Vorsitzenden des Staatsrates der DDR, Gerald Götting, auf der Festveranstaltung zum 450. Jahrestag der Reformation in Wittenberg: Auf dem Wege der sozialistischen Menschengemeinschaft. Eine Sammlung von Dokumenten zur Bündnispolitik und Kirchenpolitik 1967–1970, Berlin 1971, 134–138 (135–137).

72 Helen Wild, Das Zürcher Reformationsjubiläum von 1819: Zwingliana 1918/1919, Bd. 3, Nr. 11 und 12, 441–460 (442).

73 Wild, Reformationsjubiläum (Anm. 72), 443.

74 Wild, Reformationsjubiläum (Anm. 72), 454.

75 Locher, Eröffnungsrede (Anm. 20), 26.

noch selbst vom Evangelium getragen und geprägt? Verkündigen sie dieses Evangelium oder eine eigene Botschaft? Wird dieses Evangelium verständlich verkündigt? Und was hat es zu gegenwärtigen politischen und gesellschaftlichen Fragen zu sagen?[76]

Zunächst: Die primäre Herausforderung der gegenwärtigen Kirchen bei der Orientierung am Evangelium liegt in der gegenüber damals veränderten gesellschaftlichen Situation. «Die Reformation fand in einer christlichen ‹Monopolkultur› statt.»[77] In einer solchen leben wir nicht mehr. Viele Menschen in unserer Gesellschaft glauben nicht mehr an den christlichen Gott, sei es, dass sie überhaupt nicht mehr religiös sind, sei es, dass sie zu einer anderen Religion gehören. Musste früher das *solus Christus* gegenüber einer ganzen Bandbreite religiöser Überzeugungen in Anschlag gebracht werden, scheint es heute kaum förderlich zu sein. Ist nicht jede Form von Religion schon ein Gewinn, so dass ein Beharren auf dem *solus Christus* spiessig und kleingeistig wirkt? Ist es nicht insbesondere im interreligiösen Dialog ein «Konversationstopper»? Ich meine, «ein Glaube, der das Leben eines Menschen wirklich trägt, [hat] stets eine bestimmte Gestalt. Ein diffuser Glaube an ‹irgendeine höhere Macht› hilft auch nur diffus. Die Kirche braucht sich nicht zu scheuen, ihren spezifischen Glauben zum Ausdruck zu bringen. Gerade dadurch kann sie Menschen helfen, einen Glauben zu entwickeln, der so konkret ist, dass er auch in konkreten Situationen hält und trägt.»[78] Und für den interreligiösen Dialog gilt nach meiner Erfahrung, dass der Dialog nicht funktioniert, «wenn eine Seite ihre Eigentümlichkeiten verbirgt und sich gar nicht als das zu erkennen gibt, was sie ist. Nur wenn sich die Gesprächspartner echt und authentisch begegnen, findet ein interreligiöser Dialog statt: So wie ich meine Überzeugung für wahr halte, hat der andere das Recht, seine Überzeugung für wahr zu halten. [...] Die Herausforderung besteht darin, von Christus zu sprechen, aber so, dass dabei nicht der Glaube des anderen abgewertet oder für unwahr erklärt wird. So wie für den Christen das Gehören zu Christus der einzige Trost im Leben und im Sterben ist, so ja auch für den Anhänger der anderen Religion sein spezifischer Glaube. Dies darf auf beiden Seiten des Gespräches anerkannt werden.»[79]

Zweitens: Der Begriff der Versöhnung und der Gedanke der Wiederherstellung von Gemeinschaft durch Vergebung sind für heutige Ohren eher irritie-

76 Ähnliche Fragen bei Locher, Eröffnungsrede (Anm. 20), 26.

77 SEK, Reformation (Anm. 19), 8.

78 EKD, Rechtfertigung (Anm. 8), 57f. Die ausführliche Zitierung des Textes sei angesichts meiner Mitautorschaft freundlich nachgesehen.

79 EKD, Rechtfertigung (Anm. 8), 58.

rend. Der starke Individualismus unserer Tage, die Orientierung allein an dem, was *ich* für richtig und gut halte, die Vereinzelung im familiären Bereich wie in den privaten Interessen scheint zu einer Betonung der Wiederherstellung von Gemeinschaft quer zu stehen. Gleichzeitig aber gibt es diese grosse Sehnsucht nach Familie, nach einer Liebe, die ewig hält. Sie bringt zum Ausdruck, dass es nicht gut ist, wenn der Mensch allein ist.

Und auch nur auf den ersten Blick ist der Gedanke der Versöhnung gegenwärtig nicht interessant. Das Interesse ändert sich zumeist, wenn man den Einzelnen darauf anspricht, ob denn *er selbst* mit sich selbst, mit seiner Lebensgeschichte, versöhnt sei. Dann entstehen Fragen, dann bricht nicht selten ein Schmerz auf, der zeigt, wie sehr Menschen sich danach sehnen, sich versöhnen zu können. Dabei kann das Evangelium eine Hilfe sein. Wenn es so ist, dass Gott mit dem Menschen in Jesus Christus Gemeinschaft eingeht und kein Versäumnis, kein Makel, keine dunkle Seite in dessen Biografie Gott von dieser Gemeinschaft mit dem Menschen abhalten kann, wenn Gott es mit dem Menschen aushält, dann kann auch der Mensch lernen, es mit sich selbst auszuhalten.[80] Und auch die Frage, wie es zwischen Menschen, Menschengruppen und Völkern gelingen kann, in einer versöhnten Beziehung zu leben, hat grosse Bedeutung angesichts gegenwärtiger Scheidungsraten, regionaler Konflikte und kriegerischer Auseinandersetzungen. Die Botschaft, dass Versöhnung nur gelingt durch Vergebung, hat hier ungebrochene Relevanz.

Drittens: Das *sola scriptura*, das für die Reformatoren angesichts ihrer Überzeugung, die Bibel sei «Wort Gottes», ist in den letzten Jahrhunderten aufgrund historisch-kritischer Einsichten in die Entstehung, Tradierung und Gestalt der Texte des Alten und Neuen Testamentes fundamental kritisiert worden. Damit ergibt sich die Frage: «Wie aber ist dann die Schrift auch heute noch als Wort Gottes zu denken? Warum spielt die Bibel auch im gegenwärtigen kirchlichen Leben eine zentrale Rolle? Zunächst deshalb, weil wir aus diesen Texten über den Gott Israels und den Vater Jesu Christi wissen. Darum werden im christlichen Gottesdienst biblische Texte gelesen und sie werden in Predigten ausgelegt. Für viele evangelische Christen ist die regelmässige Bibellektüre, sei es für sich allein zu Hause, sei es mit anderen, ein wichtiges Element ihres Glaubens. Offenbar ist dies deshalb der Fall, weil Menschen immer wieder bemerken, dass sie durch diese Texte in besonderer Weise angesprochen werden. In ihnen haben sich menschliche Erfahrungen mit Gott so verdichtet, dass andere Menschen sich und ihre Erfahrungen mit Gott darin

80 Vgl. Christiane Tietz, Freiheit zu sich selbst. Entfaltung eines christlichen Begriffs von Selbstannahme, Göttingen 2005, 175.

wiederentdecken können. [Menschen hören] ‹[...] in ihren Worten die immer neu wirksame und bleibend lebendige Stimme Gottes [...].›»[81] «In diesem Sinne können diese Texte daher auch heute noch als ‹Wort Gottes› angesehen werden. Das ist kein abstraktes Urteil, sondern eine Beschreibung von Erfahrungen mit diesen Texten: Auch heute spüren Menschen beim Lesen oder Hören dieser Texte – nicht jedes Mal automatisch, aber immer wieder –, dass sie Wahrheit enthalten, Wahrheit über sie selbst, die Welt und Gott, eine Wahrheit, die ihnen zum Leben hilft.»[82]

Viertens und letztens: Das prophetische Amt der reformierten Kirche ist in der Gegenwart nahezu in Vergessenheit geraten, und zwar nicht nur auf der gesellschaftlichen Seite, sondern doch auch im Selbstverständnis der Kirche. Mit dem Schweizer Evangelischen Kirchenbund ist zu fragen: Wie kann eine Kirche, die sich vor allem durch ihre Pluralität und Bekenntnisfreiheit auszeichnen will, zumindest von Zeit zu Zeit ein klares Wort zu gesellschaftlichen Missständen sagen?[83] Gerade im reformierten Denken, für das die Königsherrschaft Christi nicht nur über die Kirche, sondern eben auch über die Welt zentral ist, ist diese Herausforderung ernst zu nehmen und als Aufgabe der Gegenwart und Zukunft zu entfalten.

81 EKD, Rechtfertigung (Anm. 8), 84f., Zitat aus: Schrift – Bekenntnis – Kirche. Ergebnis eines Lehrgesprächs der Gemeinschaft Evangelischer Kirchen in Europa, hg. von Michael Bünker (Leuenberger Texte, Nr. 14), Leipzig 2013, 21.

82 EKD, Rechtfertigung (Anm. 8), 85f.

83 Vgl. SEK, Reformation (Anm. 19), 9.

Magdalene L. Frettlöh

Ewigkeits- *und* Totensonntag

Fest der Hoffnungsgemeinschaft von Verschiedenen und Lebenden[1]

Im Gedenken an Michael Theunissen,
den Philosophen einer (nicht nur)
«negative[n] Theologie der Zeit»
(11.10.1932–18.4.2015)

«Die letzten Dinge
vertragen keine letzten Worte.»

Elazar Benyoëtz[2]

I. Wem gehört die Zeit? – oder: *«In DEINE(R) Hand meine Zeiten»*

«In DEINER Hand meine Zeiten» – mit diesem Zitat aus Ps 31,16a haben wir unsere Ringvorlesung zum Kirchenjahr überschrieben. Am letzten Sonntag des Kirchenjahres wird die Zeit selbst, werden unsere Lebenszeiten und Gottes Eigenzeit, die Ewigkeit, zum Thema. Darum beginne ich die heutige Vorlesung mit einem Blick auf dieses biblische Wort, das den meisten von uns im Wortlaut der Lutherbibel vertrauter sein mag: *«Meine Zeit steht in deinen Händen.»* Im hebräischen Text sind es nur zwei Wörter «בְּיָדְךָ עִתֹּתָי», ein Nominalsatz aus zwei Substantiven, die mit einem enklitischen Possessivpronomen verbunden sind und von denen das erste zusätzlich mit der Präposition בְּ versehen ist: *«In DEINER Hand meine Zeiten».*

1 Der Vorlesungsstil wurde beibehalten. Gegenüber der am 18. Mai 2015 gehaltenen Vorlesung ist der III. Abschnitt ergänzt, während unter IV mehrere Unterabschnitte der ursprünglichen Vorlesung zusammengefasst sind. Für anregend-kritische Gespräche zu Motiven des Textes danke ich Alfred Bodenheimer, Jürgen Ebach und den Mitgliedern des Ökumenischen Forschungskolloquiums für Dogmatik und Fundamentaltheologie.

2 Elazar Benyoëtz, Der Mensch besteht von Fall zu Fall. Aphorismen. Mit einem Nachwort von Friedemann Spicker, Leipzig 2002, 180.

Die Unterschiede des hebräischen Textes zum Wortlaut der Lutherübersetzung sind erheblich: Luther vertauscht Singular und Plural der beiden Nomina und dreht die Reihenfolge um, so dass die Beterin erst von sich, dann von Gott redet, und Luther füllt die Prädikatslücke des Nominalsatzes mit einem statischen Verb: *«Meine Zeit steht in deinen Händen.»*

Meist wird dieser Halbvers für sich zitiert, und nur wenigen mag seine Fortsetzung ebenso bekannt sein. V. 16b lautet: «הַצִּילֵנִי מִיַּד־אוֹיְבַי וּמֵרֹדְפָי» – *«Errette mich aus der Hand meiner Feinde und vor meinen Verfolgern!»* Von diesem zweiten Versteil her wird deutlich, dass es sich beim ersten nicht um eine weisheitliche Sentenz handelt, die gelassen und in aller Seelenruhe, unbeeindruckt von den Zeitläuften und der bedrohlichen Lebenssituation der Beterin, ausgesprochen werden kann. Der Hilfeschrei der zweiten Vershälfte färbt in seiner Dramatik auf die erste ab. Wer in grösster Lebensgefahr nach Rettung schreit, für den wird auch die Aussage *«In DEINER Hand meine Zeiten!»* zu einem an Gott gerichteten Appell, den wir etwa so paraphrasieren könnten: «Weil mit meinen Lebenszeiten mein ganzes Leben in DEINER Hand, Gott, ist, kannst DU mich nicht der Hand derer überlassen, die mir nach dem Leben trachten. Entweder ist mein Leben in DEINER Hand oder in deren Hand. *Tertium non datur.* Also mache es wahr, dass meine Zeiten in DEINER Hand sind, indem DU mich aus der Hand derer herausreisst, die mir feindlich gesinnt sind und mir nachstellen!»

Wir können den Nominalsatz darum auch um einen Buchstaben verkürzt über-setzen: *«In DEINE Hand meine Zeiten!»* Dann würde der Beter mit diesem Wort, einem Ausruf der Übereignung und eben nicht einer blossen Feststellung, seine Lebenszeiten in Gottes Hände legen und so Gott für sein Leben verantwortlich machen.[3] Für diese Deutung, die grammatisch möglich ist, weil die hebräische Präposition בְּ nicht nur den Ort, in/an/auf dem etwas ist, sondern auch die Richtung und Bewegung zu etwas hin benennen kann, spricht nicht zuletzt ein anderer Vers dieses dramatischen Gebets eines verfolgten, tödlich bedrohten Menschen. In Ps 31,6a heisst es: «בְּיָדְךָ אַפְקִיד רוּחִי» – *«In DEINE Hand befehle ich meinen Geist.»* Dieser Satz wird in Lk 23,46 dem lukanischen

3 Entsprechend interpretiert Jürgen Ebach: «Da macht sich keiner Gedanken über den Lauf der Welt und stellt fest, dass Gott der Herr der Zeit ist. Da wirft vielmehr einer, der sich in höchster Not befindet, der von Feinden umringt ist, dem es an den Kragen geht, sein Leben, seine Zeiten in die Hand Gottes, den er mit diesem Satz anfleht und geradezu behaftet.» Ders., Meine Zeit – unsere Zeit – Gottes Zeit: Junge Kirche 50/1989, 274–277 (275). Vgl. ders., «In Deiner Hand meine Zeiten» (Psalm 31,16). Biblische Erinnerungen zur Zeit, ders., Biblische Erinnerungen. Theologische Reden zur Zeit, Bochum 1993, 185–202.

Christus am Kreuz als Sterbewort in den Mund gelegt. Während Jesus bei Markus (15,34) und Matthäus (27,46) mit Ps 22 auf den Lippen stirbt, so bei Lukas mit Ps 31, wenn wir davon ausgehen, dass mit dem einen Vers(teil) der ganze Psalm herbeizitiert sein kann.

Wie nun in V. 6a die Beterin ihren Lebensatem und mit ihm ihr Leben der Hand Gottes anvertraut, so in V. 16a ihre Lebenszeiten. Aufschlussreich ist dabei auch für V. 6 ein Blick auf die zweite Vershälfte: «פָּדִיתָה אוֹתִי יְהוָה אֵל אֱמֶת» – *«freigekauft hast du mich,* JHWH*, Gott der Treue»*. Weil die Beterin selbst die Erfahrung gemacht hat und/oder sich der Erfahrungen anderer, dass Gott aus Lebensgefahr errettet, erinnert, kann sie ihre רוּחַ, ihren Lebensatem, diesem Gott, der sich als treu erwiesen hat, anbefehlen. Ebendiese Treue Gottes hat sich nun zu bewähren: Der Beter legt seine Lebenszeiten in Gottes Hand, auf dass Gott sich ihm erneut als treu erweise, indem Gott ihn, den lebensbedrohlich Bedrängten, aus Feindeshand befreit. Was schon einmal wirklich und wahr geworden ist, muss sich in wiederholter Lebensgefahr aufs Neue bewähren. Auch Gott kann sich nicht auf früheren Taten ausruhen, will ER sich (an) Menschen als Gott der Treue erweisen.

Wiederholt schreitet Ps 31 den Weg von der Bedrängnis zur Rettung, von der Klage und Bitte zum Lob und Vertrauensbekenntnis ab, bis er in die Aufforderung an die *chassidim* einmündet, diesen Gott, dessen Hilfe die Beterin erfahren hat, zu lieben und darum unerschrocken zu sein (V. 24f.).

Meine Vorlesung zum letzten Sonntag im Kirchenjahr, dem Ewigkeits- *und* Totensonntag, versteht sich als eine Auslegung dieser beiden Worte aus Ps 31 – auch und gerade in der Hinsicht, dass zu den schlimmsten Feinden und Verfolgern des Menschen der *Chronos* gehört, denn – wie es in einem der späten Gedichte von Nelly Sachs heisst – «Immer ist die leere Zeit / hungrig / auf die Inschrift der Vergänglichkeit [...]».[4] Die «homogene und leere Zeit» –

4 Nelly Sachs, Späte Gedichte, Frankfurt a. M. 1965, 180. Die Fortsetzung dieses Gedichts, das Nelly Sachs als Glückwunsch anlässlich von Alfred Anderschs 50. Geburtstag am 4. Februar 1964 geschrieben hat, lautet: «[...] – / In der Fahne der Nacht / mit allen Wundern eingerollt / wissen wir nichts / als dass deine Einsamkeit / nicht die meine ist – / Vielleicht dass ein Traum-verwirklichtes Grün / oder / ein Sang / aus der Vorgeburt schimmern kann / und von den Seufzerbrücken unserer Sprache / hören wir das heimliche Rauschen der Tiefe –». Jürgen Ebach hat mich darauf aufmerksam gemacht, dass in der Wendung «Fahne der Nacht» womöglich eine Anspielung auf Alfred Anderschs Fahnenflucht aus der Wehrmacht am 6. Juni 1944 liegen könne; siehe dazu das autobiografische Buch: Alfred Andersch, Die Kirschen der Freiheit. Ein Bericht, Frankfurt a. M. 1952/Zürich 1968. Seit langem schon ist Anderschs Desertion zu den Amerikanern bezweifelt worden; siehe dazu jüngst Jörg Döring/Felix Römer/Rolf Seubert, Alfred Andersch desertiert. Fahnenflucht und Literatur, Berlin 2015.

so hat Walter Benjamin den *Chronos* genannt.[5] Nach biblischem Verständnis ist Zeit immer Zeit *für etwas*, was sich besonders aus Koh 3: «Alles hat seine Zeit», lernen lässt.[6] Eine Zeit *an sich* gibt es in der Bibel nicht.

Genau dies hat Karl Barth wahrgenommen, wenn er in der christologischen Grundlegung seiner schöpfungstheologischen Zeitlehre formuliert: «Es gibt keine mit Gott rivalisierende, Gott gewissermassen Bedingungen stellende Zeit an sich. Es gibt keinen Gott Chronos. [...] Die Zeit [...] hat ihren Sinn schon jetzt nicht in sich selber. Sondern wie die ganze Schöpfung ihr Ziel in dem hat, was Gott in ihrem Raume mit dem Menschen, mit uns vor hat, tun will und tut, so hat die Zeit als deren geschichtliche Form ihren Sinn in der besonderen Zeit, die Gott sich zu diesem seinem Tun, zum Werk seines Bundes mit dem Menschen einmal genommen hat. [...] Dass alle anderen Zeiten dieser Zeit benachbart sind, das bedeutet: dass die Spuren dieser ewigen Zeit auch in ihnen nicht zu verkennen sind.»[7]

Wenn unsere Zeiten Gott gehören, dann werden Menschen der Herrschaft über die Zeit enteignet. Diese Enteignung wehrt der ökonomischen Zurichtung der getakteten, linearen Zeit – «time is money» – ebenso, wie sie dem menschlichen Machtstreben als Streben nach Macht über die Zeit Einhalt gebietet. Wenn unsere Zeiten dem ewigen und ewig treuen Gott gehören,

5 Walter Benjamin, Über den Begriff der Geschichte (1940), GS I/2, Frankfurt a. M. 1980, 691–704, 701: «Die Vorstellung eines Fortschritts des Menschengeschlechts in der Geschichte ist von der Vorstellung ihres eine homogene und leere Zeit durchlaufenden Fortgangs nicht abzulösen. Die Kritik an der Vorstellung dieses Fortgangs muss die Grundlage der Kritik an der Vorstellung des Fortschritts überhaupt bilden. [...] Die Geschichte ist Gegenstand einer Konstruktion, deren Ort nicht die homogene und leere Zeit sondern die von Jetztzeit erfüllte bildet.» Zu Beziehungen im Werk von Nelly Sachs und Walter Benjamin siehe Timothy H. Bahti/Marilyn Sibley Fries (Hg.), Jewish Writers, German Literature: The Uneasy Example Nelly Sachs and Walter Benjamin, Ann Arbor 1995.

6 Dazu Jürgen Ebach, «Leben in der Zeit». Biblische Besinnung zu Prediger 3: ders., Vielfalt ohne Beliebigkeit. Theologische Reden 5, Bochum 2002, 192–210.

7 Karl Barth, Die Kirchliche Dogmatik, Bd. III/2, Zollikon-Zürich 1948, 547. Es wäre eine Monografie wert, die Zeitlehre der Barth'schen Schöpfungstheologie (und Versöhnungslehre) mit Michael Theunissens Arbeiten zur menschlichen Lebenszeit, vor allem den in «Negative Theologie der Zeit» (Frankfurt a. M. 1991) versammelten Texten, aber auch seinem Spätwerk über Pindar, den griechischen Lyriker des 5. Jahrhunderts vor Christus («Pindar. Menschenlos und Wende der Zeit», München ³2008), ins Gespräch zu bringen – eines von vielen Desideraten der Barth-Forschung, die dieses Thema allzu immanent, fokussiert allein auf die einschlägigen Passagen der Kirchlichen Dogmatik, behandelt. Zur theologischen Rezeption von Theunissens Denken der Zeit siehe Susanne Scharf, Zerbrochene Zeit – gelebte Gegenwart. Im Diskurs mit Michael Theunissen, Regensburg 2005.

dann hat das Folgen für das Verhältnis von Vergangenheit, Gegenwart und Zukunft unseres Lebens.

Ich möchte darum in einem *zweiten Abschnitt* jenem Motiv nachgehen, das die mit dem letzten Sonntag im Kirchenjahr verbundene Hoffnung grundlegt, nämlich dem Verständnis von Ostern als einem Ereignis nicht nur *in*, sondern auch *an* der Zeit, dem Ereignis der Entmachtung des *Chronos*, und schlage damit einen Bogen zurück zum Verständnis des Osterfestes und nehme auch den Karsamstag in den Blick, dem wir keine eigene Betrachtung in dieser Ringvorlesung gewidmet haben.

Ein *dritter Abschnitt* gilt der doppelten agendarischen Gestalt dieses letzten Sonntags vor Beginn des neuen Kirchenjahres als Ewigkeits- *und* Totensonntag. Letzterem widerfährt seit einiger Zeit eine auffällige theologische Neugewichtung.

Der *vierte Abschnitt* bedenkt zwei traditionelle liturgische Elemente des Toten- und Ewigkeitssonntags-Gottesdienstes, nämlich die Namenlitanei der Verstorbenen und das Abendmahl, auf die in ihnen enthaltenen Hoffnungsmomente für ein Leben mit den Verstorbenen hin und versucht dabei Antworten auf drängende Fragen Trauernder – wie etwa der Frage «Wo sind unsere Toten?» – zu geben.

Ein *fünfter Abschnitt* nimmt den Gottesdienst am Ewigkeits- und Totensonntag als Fest der Hoffnungsgemeinschaft von Verschiedenen und Lebenden segenstheologisch in den Blick und plädiert dabei für eine christliche Anknüpfung an das *Kaddisch* – das gottesdienstliche Heiligungs- und Totengebet im Judentum –, das als eine *B^e^racha*, ein Gottsegnen, formuliert ist.

Der *sechste Abschnitt* verbindet ganz und gar versuchsweise den Toten- und Ewigkeitssonntag mit einem der drei grossen Feste des jüdischen Festkalenders, das für gewöhnlich keine Entsprechung im christlichen Festzyklus findet, nämlich mit *Sukkot*, dem Laubhüttenfest, – und zwar in der Interpretation, die Franz Rosenzweig ihm im «Stern der Erlösung» gibt.

Ich widme diese Vorlesung dem Gedenken an Michael Theunissen, einen der prominentesten Philosophen[8] und eindrücklichsten akademischen Lehrer[9]

8 Einen Überblick bietet die Rede Axel Honneths anlässlich der postumen Verleihung des Hegel-Preises der Landeshauptstadt Stuttgart an Michael Theunissen am 20.7.2015: Unverfügbarkeit des Dialogs. Zum Lebenswerk von Michael Theunissen: www.stuttgart.de/img/mdb/item/570764/108723.pdf (13.10.2017).

9 Davon zeugt etwa die Rede Emil Angehrns beim selben Anlass: www.stuttgart.de/img/mdb/item/570764/108734.pdf (13.10.2017), die mit dem Satz beginnt: «Den Philosophen Michael Theunissen kennenlernen hiess über Jahrzehnte für viele, auch für mich, den Lehrer Michael Theunissen kennenlernen.»

der Gegenwart, der am 18. April 2015 82-jährig in Berlin gestorben ist und der von 1967 bis 1971 hier in Bern gelehrt hat, bevor er nach Heidelberg und 1980 an die Freie Universität Berlin berufen wurde. Seiner lebensbedeutsamen Philosophie, in der er sich nicht mit einer Alternativlosigkeit des Faktischen abfand und sich darum politisch einmischte, mit der er sich nicht selten – gerade in penibel genauer Lektüre der Klassiker – gegenüber der Schultradition auf neue Wege begab und sich dennoch nicht von der Metaphysik verabschiedete und für die er mit seiner ganzen Person einstand,[10] verdanke ich viel für ein theologisches Verstehen von Zeit und Ewigkeit, für das Wahrnehmen menschlicher Endlichkeit, für die Aufmerksamkeit für unsere Zeiterfahrungen und die Einsicht in den rechten Umgang mit Zeit als eine wichtige Voraussetzung gelingenden Lebens.

Theunissen scheute nicht die Grenzüberschreitung hin zur Theologie und warb für eine Neubegegnung zwischen Philosophie und Theologie, ja gar – unterschieden von einer Religionsphilosophie – für eine «religiöse Philosophie»[11]: «Ich suche das Gespräch mit der Theologie gerade deswegen, weil die Philosophie sich übernimmt, wenn sie sich als Religionsersatz anbietet.»[12] Jürgen Habermas fand nach Uwe Justus Wenzel «in Theunissens Denken einen ‹philosophischen Schattenriss› des Evangeliums».[13] Theunissens Philosophie ging – auch biografisch bedingt – von den Erfahrungen der Negativität aus: «Philosophie ist die Reflexion über Grunderfahrungen wie Krankheit, Scheitern, Verfall, Endlichkeit und Tod»,[14] die zugleich über diese hinaustreibt: «Im Leiden verbirgt sich das Bild des besseren Lebens, im Scheitern das Gelingen, im Nichtseinsollen das Richtige.»[15] Das vor allem aus seinen Kierkegaard-

10 «Michael Theunissen war [...] eine Ausnahmeerscheinung in der philosophischen Landschaft der alten Bundesrepublik: ein Philosoph, der mit existenziellem Ernst und beispielloser Redlichkeit für all das einzustehen schien, was er in seinem Denken zu entfalten suchte.» Honneth, Unverfügbarkeit (Anm. 8).

11 Michael Theunissen, Religiöse Philosophie: Klaus Dethloff u. a. (Hg.), Orte der Religion im philosophischen Diskurs der Gegenwart, Berlin 2004, 101–120. Vgl. auch Rudolf Langenthaler/Michael Hofer (Hg.), Michael Theunissen. Zu religionsphilosophischen und theologischen Themen in seinem Denken, Wien 2013.

12 Zitiert nach Dirk Pilz, Alles hat seine Zeit: www.berliner-zeitung.de/kultur/michael-theunissen-alles-hat-seine-zeit,10809150,20564864.html (13.10.2017).

13 Uwe Justus Wenzel, Ein anderes als das angebotene Leben. Zum Tod des Philosophen Michael Theunissen: www.nzz.ch/feuilleton/ein-anderes-als-das-angebotene-leben-1.18527761 (13.10.2017).

14 Dieses Zitat Theunissens stand mit Röm 14,8 der Todesanzeige der Familie voran.

15 Thomas Assheuer, Das Schicksal der Freiheit. Zeit, Bewusstsein, Endlichkeit: Zum Tod des Philosophen Michael Theunissen: www.zeit.de/2015/17/michael-theunissen-nachruf/komplettansicht (13.10.2017). Vielleicht lässt sich das vergleichen mit den

Lektüren erwachsende Programm eines «dialektische[n] Negativismus»[16] prägte auch sein Denken der Zeit. Es ist das menschliche Leiden an der Zeit, das – mit eindrücklichen phänomenologischen Betrachtungen – zu einem, wenn nicht gar *dem* Hauptthema der Philosophie Theunissens geworden ist.

II. Der letzte Sonntag des Kirchenjahres im Osterlicht – oder: Die Entmachtung des Chronos

> «[...] an der uns in Jesus gegebenen Verheissung, an seiner Auferstehung,
> an seiner Herrschaft über die Zeit [...] hängt es,
> dass wir des Menschen Zeit mit Gottes Ewigkeit in Beziehung setzen
> und Gottes Ewigkeit als seine Ewigkeit für uns,
> Gott als Schöpfer und Geber unserer Zeit und so unser Sein in der Zeit
> als wirkliches Sein sehen und verstehen können und müssen.»
>
> *Karl Barth*[17]

Mit der in Tod und Auferweckung begründeten Herrschaft Christi über Tote und Lebende, die sie der Verfügung aller anderen Herren und Herrinnen entzieht und damit aller Herrschaft von Menschen über Menschen die theologische Legitimation nimmt, korrespondiert die Herrschaft Christi über die Zeit. Als Herr der Zeit ist der auferweckte Gekreuzigte der Herr über Lebende *und* Tote. «Denn dazu ist Christus gestorben und wieder lebendig geworden: dass er Herr sei über Tote und Lebende», bekennt Paulus in Röm 14,9.

Karl Barth hat, nachdem er in der Gotteslehre der Kirchlichen Dogmatik (KD II/1, § 31.3) die Ewigkeit Gottes als eine der Vollkommenheiten der göttlichen Freiheiten deutete, im zweiten Band der Schöpfungslehre (KD III/2, § 47) unter der Überschrift «Der Mensch in seiner Zeit» eine christologisch begründete theologische Zeitlehre entfaltet und diese in der Versöhnungslehre soteri-

---

Worten, die eine andere grosse Intellektuelle, nämlich Susan Sontag, für das Sterben gefunden hat: «Im Tal des Jammers breite deine Flügel aus.» David Rieff, Tod einer Untröstlichen. Die letzten Tage von Susan Sontag. Aus dem Englischen von Reinhard Kaiser, Frankfurt a. M. 2011, 159f.

16 Vgl. Emil Angehrn (Hg.), Dialektischer Negativismus. Michael Theunissen zum 60. Geburtstag, Frankfurt a. M. 1992.

17 Barth, KD III/2 (Anm. 7), 670f.

ologisch und ekklesiologisch vertieft (bes. KD IV/1, § 62.3 «Die Zeit der Gemeinde»; KD IV/3,1, § 69.4 «Die Verheissung des Geistes»):[18]

«Auch der ewige *Gott* lebt nicht zeitlos, sondern höchst zeitlich, sofern eben seine Ewigkeit die eigentliche Zeitlichkeit und so der Ursprung aller Zeit ist. Aber in seiner Ewigkeit – in der *ungeschaffenen*, durch sich selbst seienden Zeit, die eine der Vollkommenheiten des göttlichen Wesens ist – sind das Damals, das Jetzt und das Dereinst, das Gestern, das Heute und das Morgen ineinander, nicht nacheinander. So, in dieser seiner Ewigkeit, lebt Gott, sofern er sein eigenes Leben lebt. So kann aber der Mensch, der nicht Gott, nicht der Schöpfer, sondern Geschöpf ist, nicht leben. Es bedarf der Mensch, um leben zu können, gerade der von der Ewigkeit verschiedenen uneigentlichen Zeitlichkeit: der von Gott *geschaffenen* Zeit, in der das Damals, das Jetzt und das Einst nacheinander sind [...].»[19].

Je auf ihre Weise haben Friedrich-Wilhelm Marquardt und Jürgen Moltmann in ihren Christologien dieses eschatologisch imprägnierte Zeitverständnis aufgenommen und fortgeschrieben.

1. Ostern – ein Ereignis auch an der Zeit

Während nach Barth Gottes eigene Zeit, die Ewigkeit, die durch das Ineinander, durch die Gleichzeitigkeit von Vergangenheit, Gegenwart und Zukunft gekennzeichnet ist und darum auch keine Unumkehrbarkeit der Zeitmodi kennt, ungeschaffene Zeit ist, ist die Zeit des Geschöpfes, die chronologisch strukturiert ist, geschaffene, genauer: *mit*geschaffene Zeit (auch hier zeigt die Präposition «mit» ihr fundamentaltheologisches Gewicht), «ist die Zeit doch kein Etwas, kein Geschöpf neben anderen Geschöpfen, sondern eine der ganzen von Gott verschiedenen Wirklichkeit mitgegebene und als solche reale Form ihres Daseins und Soseins».[20]

Die geschöpfliche Zeit ist gekennzeichnet durch das unumkehrbare Nacheinander von Vergangenheit, Gegenwart und Zukunft. Diese Zeitmodi sind voneinander abgeschottet, die Zeit verrinnt unaufhaltsam. Michael Theunissen spricht darum von der Lebensfeindlichkeit des Chronos, der über den Men-

18 Zu Barths Zeitlehre siehe Gotthard Oblau, Gotteszeit und Menschenzeit. Eschatologie in der Kirchlichen Dogmatik Karl Barths, Neukirchen-Vluyn 1988; zum Zeitverständnis der Anthropologie: Diederik Noordveld, Der Mensch in seiner Zeit. Karl Barth und die Menschlichkeit als Zeitlichkeit, Neukirchen-Vluyn 2014.

19 Barth, KD III/2 (Anm. 7), 525.

20 Barth, KD III/2 (Anm. 7), 525.

schen verfüge. Der Chronos übe eine Herrschaft aus, «die Leben tendenziell verstümmelt».[21] Den Chronos kennzeichnet eine Todesstruktur: Was vergangen ist, ist unwiederbringlich vorüber. Die Gegenwart kann nicht festgehalten werden. Die Zukunft wird in den Sog des Vergänglichen hineingezogen. Der Chronos kann keine Einheit von Vergangenheit, Gegenwart und Zukunft als menschlicher Lebenszeit stiften.

Wenn es nun aber mit der Auferweckung des Gekreuzigten zu einer Entmachtung des Todes gekommen ist, dann muss dies auch als Befreiung der Zeit von der Herrschaft des Todes gedacht werden können. Eben dies tut Friedrich-Wilhelm Marquardt, wenn er Ostern als «Herrschaftswechsel über die Zeit» versteht. Ostern hat, so kann Marquardt lapidar sagen, «*der Zeit etwas angetan* [...], indem es in ihr geschah». Wie muss man sich diese Todesfreiheit der Zeit nun vorstellen? Sie ereignet sich als eine «*Öffnung der Gezeiten füreinander*»: «*Ostern reisst das Tor zwischen den Gezeiten auf.* [...] Jesus ist der Mensch, dem Gott alle Zeiten sperrangelweit geöffnet hat.»[22]

Wenn aber das, was an dem einen Getöteten an Ostern geschehen ist, allen anderen Menschen zugutekommt, dann muss auch für sie gelten, dass der «Zwang des Asynchronen [...] gebrochen»[23] wurde, dass die Zeiten nicht länger gegeneinander abgeschottet sind, dass das, was geschehen ist, nicht länger endgültig ist. Damit ist aber auch ein unüberwindbares Getrenntsein zwischen Toten und Lebenden aufgehoben. Die Barriere des Todes ist durchbrochen. In der todbefreiten Zeit werden sie einander gleichzeitig. Von der Ewigkeit, der Lebenszeit Gottes, die den Ursprung menschlicher Lebenszeit bildet, her gedacht, sind sie Zeitgenossen, wenn auch gegenseitiger Verfügbarkeit und Bemächtigung entzogen.[24] Ihre aus der Perspektive der Weiterlebenden wahrgenommene Ungleichzeitigkeit ist von Ostern her gesehen ein Anachronismus.

21 Michael Theunissen, Zeit des Lebens: ders., Theologie (Anm. 7), 299–317 (301).

22 Friedrich-Wilhelm Marquardt, Das christliche Bekenntnis zu Jesus, dem Juden. Eine Christologie, Bd. 2, Gütersloh 1991, 285–287 (Hervorhebungen im Original).

23 Marquardt, Christologie 2 (Anm. 22), 287.

24 Mit solchen Überlegungen stösst theologisches Denken der Zeit, zumindest meines, an seine Grenzen: Ist von einer unterschiedlichen Teilhabe der Verschiedenen und der Zurückbleibenden an der Ewigkeit Gottes auszugehen – dergestalt, dass die Verschiedenen in ihrem Leben keiner Entfremdung durch den Chronos mehr ausgesetzt sind, während wir immer noch von dessen Herrschaft angefochten bleiben? Ist auch die Macht des Chronos im Christusereignis gebrochen, so scheint doch die menschliche Lebenszeit als die «modalisierte, in Vergangenheit, Gegenwart und Zukunft ausgefächerte Zeit» unter den Bedingungen einer unerlösten Welt je und je neu der entfremdenden Herrschaft des Chronos als der «nackten Sukzession» (Theunissen, Zeit [Anm. 21], 305.304) von Zeiteinheiten abgerungen werden zu müssen. Wie ist die

Was nun bei Marquardt als ein österliches Ereignis an der Zeit begegnet, findet sich bei Jürgen Moltmann als eine Auslegung des Motivs von der sogenannten Höllenfahrt Christi.

2. «Hinabgestiegen in das Reich des Todes» – Jesus, «Bruder der Toten»

Neben «empfangen durch den Heiligen Geist, geboren von der Jungfrau Maria» gehört der Satzteil «hinabgestiegen in das Reich des Todes» zu den heute vermutlich am wenigsten verstandenen Aussagen des apostolischen Glaubensbekenntnisses. Auch die Tradition kennt verschiedene Deutungen – mit auffälligen konfessionellen Unterschieden, die sich daraus ergeben, dass das Hinabsteigen ins Totenreich entweder als Tiefpunkt der Passion Christi, so mehrheitlich die reformierte Tradition, oder als Anfang seiner Erhöhung gedeutet wird, so in der dieses Credo-Satzes noch zum *status exinanitionis* (mit Barth: zum «Weg des Sohnes Gottes in die Fremde», KD IV/1, § 59.1) oder schon zum *status exaltationis* (mit Barth: zur «Heimkehr des Menschensohnes», KD IV/2, § 64.2) gezählt wird.

Je auf ihre Weise sind beide Positionen poimenisch orientiert: Die lutherische Deutung bekennt, dass Gottes Handeln nicht haltmacht an der Grenze des Todes, sondern als ein Handeln auch an den Toten zu verstehen ist. Die reformierte möchte angesichts des eigenen Sterbens und Todes entängstigen. So heisst es in Frageantwort 44 des Heidelberger Katechismus unter Verweis auf Jes 53,10 und Mt 27,47:

> «Warumb folget / Abgestiegen zu der hellen?
> Antwort. Dass ich in meinen höchsten anfechtungen versichert sey / mein HErr Christus habe mich durch seine vnaussprechliche angst / schmertzen und schrecken / die er auch an seiner seelen / am Creutz vnnd zuuor erlitten / von der hellischen angst vnnd pein erlöset.»[25]

«Hinabgestiegen in das Reich des Todes» meint hier – neben den leiblichen Qualen – auch das Erleiden des abgründigsten Seelenschmerzes, meint die äusserste Anfechtung des Gekreuzigten in seiner Gottverlassenheit, die in ihrer

Gegenwart Christi (und mit ihm Gottes) unter den Bedingungen des immer noch sein Unwesen treibenden Chronos zu denken?

25 Bekenntnisschriften und Kirchenordnungen der nach Gottes Wort reformierten Kirche, im Auftrag des Reformierten Bundes und Konventes der Bekenntnissynode der Deutschen Evangelischen Kirche, hg. von Wilhelm Niesel, Heft 3a, München o. J., 41.

stellvertretenden Wirkung als Befreiung des Menschen aus der höllischen Angst der Gottverlassenheit verstanden wird.

Demgegenüber finden wir auf lutherischer Seite – unter Berufung vor allem auf 1Petr 3,19f.:

> «So ist er auch zu den Geistern im Gefängnis hinabgefahren
> und hat ihnen die Botschaft verkündigt,
> ihnen die einst nicht hören wollten,
> als Gott in seiner Geduld zuwartete in den Tagen,
> da Noah die Arche baute, in ihr wurden ein paar wenige, nämlich acht Seelen,
> gerettet durch das Wasser hindurch» –

eine Vorstellung, die «die alle unsere religiösen Denkmöglichkeiten übersteigende Universalität des Heilsangebotes Gottes verkündigt, die es uns nicht gestattet, auch nur einen Winkel der göttlichen Welt [...] als den von Gott her und für Gott hoffnungslosen Fall anzusehen».[26] Selbst das Reich des Todes ist kein gottloser Ort, auch hier kommt das Evangelium zur Sprache. Es gibt keine Höllentiefe und keinen Todeswinkel, die der Herrschaft des lebendigen Gottes entzogen wären.

Gleichsam beide Traditionsstränge zusammenführend, deutet Jürgen Moltmann den Credo-Satz der sogenannten Höllenfahrt Christi dahin, dass «der gestorbene Christus [...] zum Bruder der Toten» wird und dass «der auferstandene Christus [...] die Lebendigen und die Toten in seine Gemeinschaft der Liebe [sammelt], weil sie die Gemeinschaft in gemeinsamer Hoffnung darstellt».[27]

Wie kommt Moltmann zu diesem Verständnis des Gekreuzigten als «Bruder der Toten»? Wenn Gott in Christus ist, wie Paulus in 2Kor 5,19 unter Rückgriff auf die jüdische *Schechina*-Vorstellung bekennt, dann ist er auch, so folgert Moltmann, im toten Christus bei den Toten gegenwärtig, so «dass Christus rettende Möglichkeiten an den Toten zugeschrieben werden, die Toten also nicht verloren sind, sondern wie die Lebenden Hoffnung aus dem Evangelium gewinnen können». «Durch seine Gemeinschaft mit den Toten bringt er Gott und die erlösende Kraft des Geistes zu den Toten und befreit sie aus der Gewalt des Todes.»[28] In christologischer Rezeption afrikanischer Ahnenkult-Vorstellungen und unter Rückgriff auf das anthropologische Motiv,

26 Heinrich Vogel, Gott in Christo. Ein Erkenntnisgang durch die Grundprobleme der Dogmatik, Berlin 1951, 741.

27 Jürgen Moltmann, Der Weg Jesu Christi. Christologie in messianischen Dimensionen, München 1989, 204.

28 Moltmann, Weg (Anm. 27), 212.

dass die Menschheit aus Generationenfolgen besteht, kann Moltmann auch davon sprechen, dass Christus zum «erlösenden Ahnen»[29] geworden ist.

Moltmanns Deutung steht in der Tradition der Oster-Ikone der orthodoxen Kirche, die «die Auferstehung im Abstieg Christi zu den Toten, im Zerbrechen ihrer Gefängnismauern und im Heraufführen der Gefangenen in die Freiheit des ewigen Lebens, allen voran Adam und Eva, darstellt».[30] Als ein Beispiel für diese ostkirchliche Bildtradition kann das Anastasis-Fresko aus der Chora-Kirche in Istanbul dienen:

Anastasis-Fresko in der Chora-Kirche in Istanbul. © Foto: Giovanni Dall'Orto, Wikimedia Commons.

Es zeigt Christus in einem strahlend weissen Gewand, umgeben von einer sternenbesetzten Mandorla, also einer mandelförmigen Aura; unter seinen Füssen die beiden Türflügel der Pforte des Totenreiches, die er gesprengt hat. Eine Vielzahl von Scharnieren, Schlössern und Schlüsseln liegt verstreut auf

29 Moltmann, Weg (Anm. 27), 212.
30 Moltmann, Weg (Anm. 27), 213.

dem Boden – ein Sinnbild dafür, wie verriegelt dieses Totenreich war. Der personifizierte Tod liegt entmachtet, gefangen genommen und gefesselt am Boden. Mit beiden Händen zieht Christus Adam und Eva – stellvertretend für die ganze Menschheit – an den Handgelenken aus ihren Gräbern. Er richtet sie auf, stellt sie auf die Beine – mit einer Geste, in der Aktivität und Passivität eindeutig verteilt sind und die, etwa auch bei der Taufe, wenn der Täufling so aus dem Wasser gezogen wird, den Übergang vom Tod ins Leben markiert.[31]

Für mich hat sich die befreiungstheologische Deutung des Hinabstiegs Christi zu den Toten kaum irgendwo so eindrücklich ins Bild gesetzt wie in einem Motiv des Bordesholmer Altars.[32]

Hans Brüggemann hat diesen Altar von 1514 bis 1521 nach Holzschnitten aus Albrecht Dürers «Kleiner Passion» aus Eichenholz geschnitzt. Der Altar, der zunächst für die Chorherrenkirche des Augustinerstifts in Bordesholm angefertigt wurde und seit der Auflösung dieses Stifts 1666 im Schleswiger Dom steht, erzählt in 24 Bildmotiven mit fast 400 Figuren die Christusgeschichte von der Gefangennahme bis zur Himmelfahrt. Im Zentrum des Mittelteils stehen Kreuztragung und Kreuzigung. Im unteren rechten Mittelteil ist die sogenannte Höllenfahrt Christi dargestellt, und zwar als ein Akt der Befreiung aus der Hölle bzw. Vorhölle, der den Gestalten von Adam und Eva über die Erzeltern und Mose bis hin zu Johannes dem Täufer widerfährt.

---

31 Siehe zu dieser für Descensus-Darstellungen typischen ikonografischen Geste: Walter Loeschke, Der Griff ans Handgelenk: Ursula Schlegel/Claus Zoege von Manteuffel (Hg.), Festschrift für Peter Metz, Berlin 1965, 46–73; Svetlana Iwanova, Typologie der Geste «Griff ans Handgelenk»: http://de.bogoslov.ru/text/656054.html (13.10.2017).

32 Einen informativen Einblick in die Bildwelt des Bordesholmer Altars gibt Horst Appuhn, Der Bordesholmer Altar und die anderen Werke von Hans Brüggemann, 2., verbesserte Aufl., Königstein im Taunus 1987.

Hans Brüggemann, Bordesholmer Altar (1514–1521, Ausschnitt), aus dem Mittelteil, Höllenfahrt Christi: Christus befreit Abraham aus der (Vor-)Hölle. © Foto: Jörgens.Mi/ Wikipedia, CC-BY-SA 3.0, Wikimedia Commons.

Brüggemann hat die Befreiung Abrahams aus dem Reich des Todes als eine innige Begegnung von Vater und Sohn auf Augenhöhe in Szene gesetzt. Der Abrahamsohn Jesus von Nazareth (Mt 1,1), dessen Leib unübersehbar von den Passionsmalen gezeichnet ist, beugt sich hinab zu seinem Vater, greift mit seiner Rechten Abrahams linkes Handgelenk und hilft ihm so beim Heraufsteigen aus dem Totenreich. Beider Knie sind gebeugt – das rechte Knie Jesu in einer Abwärts-, das linke Knie Abrahams in einer Aufwärtsbewegung. Es scheint so, als sei diese Doppelbewegung für einen Augenblick angehalten. Wir werden Augenzeuginnen und -zeugen eines Staunen machenden (Wieder-)Erkennens von Angesicht zu Angesicht zwischen Sohn und Vater. Womöglich hat Brüggemann hier die Erfüllung dessen ins Bild gesetzt, was der johanneische Christus im Gespräch über Abraham in Joh 8,56 sagt: «Abraham, euer Vater, frohlockte, dass er meinen Tag sehen sollte. Und er sah ihn und freute sich.» Nach jüdischen Traditionen hat Gott Abraham Zukünftiges schauen lassen.[33] Auf

33 Siehe dazu Klaus Wengst, Das Johannesevangelium, 1. Teilband: Kapitel 1–10, Stuttgart 2000, 346.

Gott bezogen wird hier Mt 22,31f. in Szene gesetzt: «Was aber die Auferstehung der Toten betrifft – habt ihr nicht gelesen, was euch von Gott gesagt ist: *Ich bin der Gott Abrahams und der Gott Isaaks und der Gott Jakobs* [Ex 3,6]? Er ist nicht ein Gott von Toten, sondern von Lebenden.» Können wir dann aber den letzten Sonntag des Kirchenjahres überhaupt noch als Totensonntag verstehen und begehen?

III. Wider die Alternative von Ewigkeits- und Totensonntag(sgottesdienst)

Als Totensonntag wird der letzte Sonntag im Kirchenjahr seit der ersten Hälfte des 19. Jahrhunderts begangen, veranlasst durch eine Kabinettsorder des preussischen Königs Friedrich Wilhelm III. vom 17.11.1816, der diesen Sonntag zum «allgemeinen Kirchenfest zur Erinnerung an die Verstorbenen»[34] erklärte. Anlass dafür waren zum einen die Getöteten in den Befreiungskriegen, zum anderen die grosse Trauer um die mit nur 34 Jahren verstorbene Königin Luise (1776–1810), die «Königin der Herzen», die rasch zur patriotischen Märtyrerin und zu einem Mythos vorbildlicher Weiblichkeit avancierte und um die sich ein regelrechter Luisenkult mit wachsender Legendenbildung rankte.[35] Von Preussen aus hielt der «Totensonntag» bald auch in die anderen Landeskirchen Einzug. In die reformierte Schweiz fand er allerdings erst in den 1950er Jahren Eingang. Hier mag das Wort des matthäischen Jesus: «Und lass die Toten ihre Toten begraben» (Mt 8,22), lange Zeit ein kirchenoffizielles Totengedenken verhindert haben.[36]

34 Zitiert nach Karl-Heinrich Bieritz, Das Kirchenjahr. Feste, Gedenk- und Feiertage in Geschichte und Gegenwart, München ^{7}2005, 182.

35 Auch die wissenschaftliche Luisen-Literatur, die den (Trauer-)Kult um ihren Tod als eine wesentliche Ursache für die Einführung des Totensonntags nahelegt, ist – neben den Porträts der «preussischen Madonna» (Patricia Drewes, Königin Luise von Preussen – Geschichte im Spiegel des Mythos: https://www.fes.de/fulltext/historiker/00671006.html [13.10.2017]) in der darstellenden Kunst, im Film und in der Belletristik – kaum noch zu überschauen. Hier nur eine kleine Auswahl: Daniel Schönpflug, Luise von Preussen. Königin der Herzen, München 2010; Günter de Bruyn, Preussens Luise. Vom Entstehen und Vergehen einer Legende, Berlin 2001; Philipp Demandt, Luisenkult. Die Unsterblichkeit der Königin von Preussen, Köln u. a. 2003; Birte Förster, Der Königin Luise-Mythos. Mediengeschichte des «Idealbilds deutscher Weiblichkeit», 1860–1960, Göttingen 2011.

36 Vgl. www.ref.ch/die-reformierten-kirchen/portraet/kirchenjahr (13.10.2017).

Umgangssprachlich und in der kirchlichen Praxis ist der letzte Sonntag des Kirchenjahres primär der Erinnerung an die Toten (und der ihnen geltenden Hoffnungen) gewidmet: Zu den Gottesdiensten werden die Familienangehörigen der im Laufe des Kirchenjahres verstorbenen Gemeindeglieder eingeladen; deren Namen werden verlesen und in den Fürbitten wird der Toten wie der Trauernden gedacht. Ein Gang zum Friedhof mit dem Schmücken der Gräber und Aufstellen von Lichtern rückt den evangelischen Brauch des Totensonntags zunehmend in die Nähe des römisch-katholischen Allerseelenfestes, das am 2. November begangen wird, während der letzte Sonntag des Kirchenjahres als Christkönigsfest gefeiert wird. Kristian Fechtner entspricht dieser Situation, wenn er den letzten Sonntag im Kirchenjahr unter der Überschrift «Totensonntag: Eingedenken am Ende des Kirchenjahres» als «ein *kirchliches Element zeitgenössischer Trauer- und Erinnerungskultur*» beschreibt.[37]

1. Die agendarische Marginalisierung des Totensonntags

Gegenüber dem faktischen Begehen des letzten Kirchenjahressonntags als Totensonntag unterscheidet das Evangelische Gottesdienstbuch zwischen dem morgendlichen Ewigkeitssonntags-Gottesdienst und einem Gottesdienst zum «Gedenktag der Entschlafenen»,[38] der «als zusätzlicher Früh-, Predigt- oder Vespergottesdienst (gegebenenfalls am Vortage) gehalten werden [soll]. Mit seinen Texten [...] soll er die Texte des Ewigkeitssonntags im Sonntagsgottesdienst nicht verdrängen.» (406):

Lesungen und Predigttexte für den Ewigkeitssonntags-Gottesdienst sind Mt 25,1–13 (Evangelium; Predigttext Reihe I), Offb 21,1–7 (Epistel; Predigttext Reihe II), Jes 65,17–19(20–22)23–25 (AT-Lesung und Predigttext Reihe IV), Lk 12,42–48 (Predigttext Reihe III), Mk 13,31–27 (Predigttext Reihe V), 2Petr 3,(3–7)8–13 (Predigttext Reihe VI); Wochenpsalm ist Ps 126, Wochenspruch Lk 12,35, Wochenlied «Wachet auf, ruft uns die Stimme» (EG 147/RG 850) und der Halleluja-Vers Ps 16,11 (406f.).

Auch die Texte für den «Gedenktag der Entschlafenen» sind hoffnungsgesättigt, zeugen aber gegenüber der Erwartung der Parusie Christi und einer

37 Kristian Fechtner, Im Rhythmus des Kirchenjahres. Vom Sinn der Feste und Zeiten, Gütersloh 2007, 140f. (Hervorhebung im Original).

38 Evangelisches Gottesdienstbuch. Agende für die EKU und für die VELKD, hg. von der Kirchenleitung der VELKD und im Auftrag des Rates von der Kirchenkanzlei der EKU, Berlin u. a. ^{3}2003, 406 (die Seitenzahlen im Haupttext beziehen sich auf diese Ausgabe).

neuen Schöpfung eher von einer Hoffnung auf *individuelle* Auferstehung: Joh 5,24–29 (Evangelium und Predigttext Reihe I), 1Kor 15,35–38.42–44a (Epistel und Predigttext Reihe II), Dan 12,1b–3 (AT-Lesung und Predigttext Reihe III), Phil 1,21–26 (Predigttext Reihe IV), Mt 22,23–33 (Predigttext Reihe V), Hebr 4,9–11 (Predigttext Reihe VI); Tagesspruch ist Ps 90,12; Halleluja-Vers Ps 17,15 und als Lied wird «Warum sollt ich mich denn grämen» (EG 370/RG 678) vorgeschlagen (484f.).

Zwar kennt die Reformierte Liturgie[39] in ihrem liturgischen Kalender (und auch sonst durchgängig) die Doppelbezeichnung «Ewigkeitssonntag/Totensonntag», weist aber neben den oben genannten Texten des Ewigkeitssonntags als «weitere Texte» nur Joh 5,24–29 und 1Kor 15,35–38.42–44a aus.

Das «Gottesdienstbuch in gerechter Sprache»[40] unterscheidet ebenfalls zwischen dem gottesdienstlichen Begehen des Ewigkeits- und des Totensonntags, bietet aber zwei zusätzliche Predigtreihen: Ez 47,1–12 und Jes 25,8–9a für den Ewigkeitssonntag, Gen 23,1–20 und Jes 12,1–3(4–6) für den Totensonntag, wobei die Erzählung von Saras Grab auffällig aus dem Rahmen der anderen Texte herausfällt. In «Die Feste im Kirchenjahr. Gottesdienste und Erläuterungen zum Feiern in gerechter Sprache»[41] wird dagegen nur der Gottesdienst zum Totensonntag entfaltet.

Im Evangelischen Gottesdienstbuch wird die Rede vom Tod und den Toten euphemistisch mit der Metapher des Schlafes[42] zur Sprache gebracht und es findet eine Trennung zwischen dem hoffnungsvollen Ausblick auf das Wiederkommen Christi, auf einen neuen Himmel und eine neue Erde, auf das himmlische Jerusalem und den (Gerichts-)Tag Gottes einerseits und dem Gedenken an die «Entschlafenen» andererseits statt, das seinen Ort nicht zur morgendlichen Gottesdienstzeit haben soll, obwohl Karl-Heinrich Bieritz bei der Einführung in die Propria zu bedenken gibt: «In ihm [sc. im Gedenken der

39 Gebete und Ordnungen für die unter dem Wort versammelte Gemeinde, im Auftrag des Moderamens des Reformierten Bundes erarbeitet und hg. von Peter Bukowski u. a., Neukirchen-Vluyn 1999, 604.

40 Gottesdienstbuch in gerechter Sprache. Gebete, Lesungen, Fürbitten und Segenssprüche für die Sonn- und Feiertage des Kirchenjahres, hg. von Erhard Domay und Hanne Köhler, Gütersloh 2003, 146f.162f.

41 Die Feste im Kirchenjahr. Gottesdienste und Erläuterungen zum Feiern in gerechter Sprache, hg. von Erhard Domay und Hanne Köhler, Gütersloh 2004, 160–173.

42 Siehe dazu Thomas Macho, Todesmetaphern. Zur Logik der Grenzerfahrung, Frankfurt a. M. 1987, 172ff.249ff.; Magdalene L. Frettlöh, Namhafte Auferweckung. Tastende Annäherung an die eschatologische Funktion des Eigennamens: dies./Andreas Krebs/Torsten Meireis, Tastend von Gott reden. Drei systematisch-theologische Antrittsvorlesungen aus Bern, Zürich 2013, 73–127 (96–99).

Toten, M. L. F.] kommt ein tiefes menschliches Bedürfnis zum Ausdruck, das bei der Begehung des ‹Ewigkeitssonntages› keineswegs vernachlässigt werden darf.» (720) Warum wurde dieses Bedürfnis bisher gleichwohl agendarisch marginalisiert?

In einer NDR-Radiosendung zum Totensonntag 1971 hat Ernst Lange auf die Vergeblichkeit und auf die fehlende theologische Notwendigkeit einer Umfunktionierung des Totensonntags zum Ewigkeitssonntag hingewiesen: «In den letzten Jahrzehnten hat man in der Evangelischen Kirche versucht, den ‹Totensonntag› gleichsam umzufunktionieren. Man nannte ihn den Ewigkeitssonntag und beging ihn als Ewigkeitssonntag: nicht der Tod sei zu bedenken, sondern die Ewigkeit, die uns in Jesus Christus gezeigt und verheissen ist, also Gottes Nein zum Tod, sein Protest gegen den Tod. Aber durch blosse Namensänderung werden unsere Bedürfnisse und Einstellungen nicht so rasch beeinflusst. Für die Evangelischen im Lande, ob sie nun zur Kirche gehen oder nicht, ist der Totensonntag nach wie vor der Totensonntag, ein Tag, an dem man seiner Toten gedenkt, die Gräber auf dem Friedhof besucht und es [...] mehr als sonst mit dem unbehaglichen Gedanken an das eigene Sterben zu tun bekommt. [...] Das Gedenken an die Toten und den eigenen Tod entfremdet uns dem Leben nicht. Im Gegenteil! [...] *Der Tod ist kein Argument gegen das Leben.* [...] Er kann – so seltsam das klingt – ein Diener des Lebens sein, Ansporn zum Leben, ein Anlass, mit grösserer Leidenschaft, Intensität, Liebe und Freude zu leben, *für* das Leben zu leben und *gegen* den Tod.»[43]

2. Die agendarische Neugewichtung des Totensonntags

Die gegenwärtig in Erprobung befindliche revidierte Perikopenordnung sieht ein gleichberechtigtes Nebeneinander von Ewigkeits- und Totensonntag vor: «Der Letzte Sonntag im Kirchenjahr hat zwei unterschiedliche Schwerpunkte. Der Revisionsentwurf enthält den je unterschiedlichen Charakter der beiden Proprien fest. Entsprechend ist das geeignete Proprium für den Gottesdienst zu wählen. Für beide Proprien gemeinsam werden weitere Predigttexte angeboten.»[44]

43 Ernst Lange, Nicht an den Tod glauben. Praktische Konsequenzen aus Ostern, hg. von Rüdiger Schloz, Bielefeld 1975, 102f.112.110 (Hervorhebung im Original).

44 Neuordnung der gottesdienstlichen Lesungen und Predigttexte. Entwurf zur Erprobung im Auftrag von EKD, UEK und VELKD, Hannover 2014, 459.

Gegenüber der Perikopenordnung von 1978/1999 ändert sich beim Proprium des *Ewigkeitssonntags* wenig: Neu sind Ps 126 als Predigttext der VI. Reihe und als zusätzliches Wochenlied «Der Himmel, der ist, ist nicht der Himmel, der kommt» (EG 147/RG 867). Stärker sind die Veränderungen beim Proprium des *Totensonntags*: AT-Lesung und zugleich Predigttext der Reihe VI ist nun Hos 6,1–3; Predigttext der Reihe I ist Joh 6,37–40; der Reihe II Ps 90,1–14(15–17). Das Evangelium Joh 5,24–29 rutscht als Predigttext in die IV. Reihe. Als Wochenpsalm ist Ps 90,1–7.10–14 zu lesen und gleich drei neue Wochenlieder werden erprobt: «Wir warten dein, o Gottes Sohn» (EG 152/RG 853), «Jesus, meine Zuversicht» (EG 526/RG 478) und «Wenn ich, mein Gott, einst sterben soll» (EG BEP 692). Gegenüber anderen Sonntagen auffällig ist die Vielzahl der zusätzlich vorgeschlagenen Predigttexte und auch weiterer Psalmen für den liturgischen Gebrauch, bei denen nicht mehr zwischen den beiden Proprien unterschieden wird.

Der Revisionsentwurf geht davon aus, dass nur mehr ein einziger Gottesdienst am letzten Sonntag des Kirchenjahres stattfindet – nach dem Proprium des Ewigkeits- *oder* des Totensonntags. Die damit einhergehende agendarische Aufwertung des Totensonntags mag mehrere Gründe haben: Sie nimmt das lebensgeschichtliche Gewicht dieses Sonntags und seine faktische Gestaltung auf und berücksichtigt wohl zudem die verstärkte Aufmerksamkeit auf Erinnerungs- und Trauerrituale, die sich auch in einer ausdifferenzierten und zunehmend individualisierten Bestattungskultur zeigt.[45]

Doch warum sollen Gemeinden zwischen beiden Propria wählen (müssen)? Wenn in der gottesdienstlichen Feier dieses Sonntags die Hoffnungsgemeinschaft von Verschiedenen und Lebenden Gestalt gewinnen soll, dann können die Proprien des Toten- und Ewigkeitssonntags keine Alternative darstellen, sondern sollten in *einem* Gottesdienst, in dem sich Erinnerung und Hoffnung verschränken, zusammenkommen: «Es geht um Tod und Verheissung, um

45 Ein- und Überblicke bieten etwa Carmen Berger-Zell, Abwesend und doch präsent. Wandlungen der Trauerkultur in Deutschland, Neukirchen-Vluyn 2013; Thomas Klie (Hg.), Performanzen des Todes. Neue Bestattungskultur und kirchliche Wahrnehmung, Stuttgart 2008; ders., Bestattungskultur: Umgangsformen angesichts des Todes: ders./Martina Kumlehn/Ralph Kunz (Hg.), Praktische Theologie des Alterns, Berlin/New York 2009, 413–422; Kristian Fechtner, Trauerkultur und kirchliche Bestattung: ders. (Hg.), Späte Zeit der Volkskirche. Praktisch-theologische Erkundungen, Stuttgart 2010, 130–133; Gerald Kretzschmar, Gegenwärtige Bestattungskultur und die Aufgabe einer evangelischen Profilierung: Pastoraltheologie 102/2013, 94–105.

Trauer und Hoffnung auf die Zusage einer neuen Welt.»[46] Den *Totensonntag als Ewigkeitssonntag* zu feiern, stiftet im gemeinsamen Trauern ein Gedächtnis der Verschiedenen, das ein getrostes Abschiednehmen und Loslassenkönnen ermöglicht, weil es ein Gedenken im Horizont der Hoffnung auf das Kommen des Gottesreiches, auf einen neuen Himmel und eine neue Erde und die Auferweckung aller von den Toten ist. Mit einem unevangelischen Totenkult hat solche hoffnungsgetränkte Erinnerung an die Toten nichts zu tun. Den *Ewigkeitssonntag als Totensonntag* zu feiern, überwindet die Tabuisierung des Todes und die Verdrängung der Toten[47] und durchkreuzt so Unsterblichkeitsträume und das Missverständnis eines ewigen Lebens als blosse Verunendlichung des Lebens im Hier und Jetzt. Dass im Zentrum christlichen Glaubens das Bekenntnis zur Auferweckung des Gekreuzigten steht, bringt beides zusammen: das Wissen um den Tod und den Protest gegen ihn. Darum gilt auch für den letzten Sonntag des Kirchenjahres: «Den Tod bedenken – nicht an den Tod glauben.»[48]

Der Ewigkeits- und Totensonntag markiert so kein Ende, sondern eine mehrstellige *Passage*, indem er nicht nur (chronologisch gedacht) übergeht in den Advent und zugleich (kairologisch gedacht) als eine Zeit, die keines Advents mehr bedarf, auf diesen zurückverweist, sondern auch zurückführt zu Ostern und Karfreitag und zugleich auf ein Ostern für alle Menschen, nicht nur für den Einen, vorausweist: «Im Ende – der Anfang»[49] gilt auch und gerade vom Kirchenjahr. Zugleich sorgt der letzte Sonntag für eine eschatologische Imprägnierung des gesamten Kirchenjahres. So ist es nur folgerichtig,

46 Petra Zimmermann, Den Totensonntag erleben. Zur liturgischen Gestaltung und seelsorgerlichen Bedeutung eines Gottesdienstes: Praktische Theologie 37/2002, 209–214 (210).

47 Vgl. dazu – im Anschluss an Jean Baudrillard – Hans-Martin Gutmann, Mit den Toten leben – eine evangelische Perspektive, Gütersloh 2002, 155–181.

48 Lange, Tod (Anm. 43), 102. Vgl. zu dieser doppelten Haltung gegenüber dem Tod auch Henning Luther, Tod und Praxis. Die Toten als Herausforderungen des kirchlichen Handelns: ZThK 88/1991, 407–426, 417: «Wer mit dem Tod nicht koalieren, ihm nicht willfährig werden will, muss beides miteinander verbinden: dass er den Tod weiss *und* dass er den Tod nicht will. Angesichts des Todes müssen also Wissen und Wollen getrennt werden. Das Wissen des Todes darf sich nicht mit dem Wollen verbinden, sondern muss sich mit dem Nicht-Wollen verbünden, mit dem andauernden Protest gegen den Tod.»

49 Siehe Jürgen Moltmann, Im Ende – der Anfang. Eine kleine Hoffnungslehre, Gütersloh 2003.

wenn Gerhard Sauter seine «Theologie des Kirchenjahres» «Schrittfolgen der Hoffnung»[50] genannt hat.

IV. Begründete Hoffnung – liturgisch gestaltet

«Die Befragung von Trauernden hat gezeigt, dass die sie häufig bedrängenden Fragen danach, wohin die Toten gegangen sind, ob es noch eine Verbindung zwischen ihnen und den Lebenden gibt und ob man auf ein Wiedersehen hoffen kann, in den Gottesdiensten zumeist nicht zur Sprache kommen. Protestantische Scheu und Pochen auf theologische Korrektheiten verhindern hier häufig, dass es zu einer wirklichen Vermittlung zwischen den Todes- und Trauererfahrungen auf der einen und der christlichen Verheissung auf der anderen Seite kommen kann», registriert Petra Zimmermann in ihrer empirisch-rezeptionsästhetischen Untersuchung von Totensonntags-Gottesdiensten aus der Perspektive von Trauernden und notiert zugleich: «Es bleibt die Aufgabe gerade eines Gottesdienstes am Totensonntag, der Trauer der Menschen, ihren Fragen und ihrem Schmerz öffentlich Sprache zu geben und sie so mit den Themen christlicher Verheissung zu ‹versprechen›, dass eine neue Perspektive eröffnet wird, Verwandlung geschehen kann, Transformation.»[51]

Aus der Vielzahl der liturgischen Elemente an diesem Sonntag greife ich hier zwei heraus, die sich mit konkreten Hoffnungsbildern verbinden: die Verlesung der Namen der im zu Ende gehenden Jahr verstorbenen Gemeindeglieder und das Abendmahl.[52]

Nach 1Petr 3,15b sind wir aufgefordert: «Seid stets bereit, Rechenschaft zu geben, wenn euch jemand nach dem Logos der Hoffnung fragt, die in euch ist.» Wann, wenn nicht am Toten- und Ewigkeitssonntag, sollten wir unserer Hoffnung auf den Grund gehen und uns ihre biblischen Bilder ausmalen?! Es sind zum einen die Verheissungen, mit denen Gott im Wort steht und die er, davon ist Paulus in 2Kor 1,20 überzeugt, in Christus bestätigt hat, der damit zum Bürgen ihrer weithin noch ausstehenden Verwirklichung wird: «Denn

50 Gerhard Sauter, Schrittfolgen der Hoffnung. Theologie des Kirchenjahres, Gütersloh 2015.

51 Zimmermann, Totensonntag (Anm. 46), 212f. Vgl. dies., Der Gottesdienst am Totensonntag. Wahrnehmung aus der Perspektive der Trauernden: Pastoraltheologie 88/1999, 452–467.

52 Unberücksichtigt bleibt damit vieles andere: der Segen am Ausgang als Band zwischen Gestorbenen und Lebenden, die Lieder, Lesungen und Gebete, die Predigt, das Glaubensbekenntnis, Musik und Stille, die Gestaltung des Kirchenraumes …

was immer Gott verheissen hat – in ihm ist das Ja und so auch durch ihn das Amen [...].» Ernst Lange folgert daraus: «Die Christenheit ist und bleibt die Hüterin der Verheissungen. Wenn sie das nicht mehr ist, wird sie nicht mehr gebraucht.»[53] Und es ist zum anderen der Anbruch dieser Verwirklichung in der Auferweckung des Gekreuzigten selbst, der unserer Hoffnung festen Grund gibt.[54]

1. Irdische Namenslitanei und himmlisches «Buch des Lebens»

Das Gedenken der Verstorbenen verdichtet sich in der lauten Verlesung ihrer Namen während des Gottesdienstes. Im Vernehmen(lassen) ihrer Namen sind sie selbst in der versammelten Gemeinde gegenwärtig, denn dem «Namen hängt an, woraus, wofür und woraufhin einer lebt, was sein Leben ausmacht und ausdrückt. So wird er zum Kennmal der Person, zur Abbreviatur der Wege und Umwege, der Aufbrüche, Entdeckungen und Konflikte, die sie [...] geprägt haben».[55] Treten die Verstorbenen in ihren Namen als Stellvertreter ihrer «Identität», ihrer «Persönlichkeit», ihrer Lebensgeschichten mitten ins gottesdienstliche Geschehen, so sind sie dabei *als Abwesende anwesend.* Ihre Gegenwart ist die Präsenz der Verschiedenen. Indem ihrer in dieser liturgischen Namenslitanei gedacht wird, wird auch ihr Gestorbensein manifest. Damit fungiert die Verlesung der Namen als Gedächtnis- und Abschieds- bzw. Trennungsritual zugleich. Aber sie geht in dieser zwischenmenschlichen Funktion nicht auf, sondern ihre namentliche Erinnerung kann auch als ein Appell an die Treue Gottes verstanden werden und korrespondiert als solche mit der Nennung der Namen bei der Taufe. Diese dient nicht nur der Vorstellung und Bekanntmachung des Täuflings gegenüber der Gemeinde, in die er aufgenommen wird, sondern ist auch an Gott adressiert, auf dass Gott Notiz nehme von diesem Menschen und sich buchstäblich dessen Name im Himmel notiere.

Es sind vor allem Tauflieder, in denen sich diese Hoffnung auf ein unerschütterliches göttliches Interesse und auf Gottes unverbrüchliche Treue aus-

53 Lange, Tod (Anm. 43), 102.

54 Für die Hoffnungsmotive, die im Hintergrund dieses Abschnitts stehen, siehe Magdalene L. Frettlöh, Tastende Schritte vor-läufiger Hoffnung: «Gott wird nicht zugrunde-, sondern aufrichten»: www.reformiert-info.de/13296-0-12-2.html (13.10.2017).

55 Christian Link, Die Spur des Namens. Zur Funktion und Bedeutung des biblischen Gottesnamens: ders., Die Spur des Namens. Wege zur Erkenntnis Gottes und zur Erfahrung der Schöpfung. Theologische Studien, Neukirchen-Vluyn 1997, 37–66 (44).

spricht, und zwar in der Metapher vom himmlischen Lebensbuch.[56] Das Tauflied «Liebster Jesu, wir sind hier» mündet ein in die Bitte: «Schreib den Namen, den wir geben, in dein Buch zum ewgen Leben.»[57] Und ein anderes beginnt mit dem Vers «Nun schreib ins Buch des Lebens, Herr, ihre Namen ein und lass sie nicht vergebens dir zugeführet sein.»[58] Das gefährdete irdische Leben des Täuflings wird mit der Eintragung seines Namens ins himmlische Buch des Lebens bei Gott aufbewahrt. Das Lebensbuch fungiert als *Arche*: Wer bei Gott eingeschrieben ist, dessen Leben bleibt erhalten. Wie die Eintragung der Täuflinge ins Kirchenbuch ihre rechtskräftige Aufnahme in die Gemeinde dokumentiert, so fungiert die himmlische Einschreibung ins Buch des Lebens als Adoptionsurkunde: Gott schreibt sich die Namen seiner Töchter und Söhne gleichsam ins Stammbuch.

Das biblische Hoffnungsbild vom Lebensbuch,[59] das irdische Gestalt auch in als Büchern gestalteten Grabsteinen gefunden hat, kann als Antwort auf eine der bangen Fragen angesichts des Todes gedeutet werden: Wenn nach biblischem Verständnis der ganze Mensch stirbt, wenn es keine unsterbliche Seele gibt, wo bleibt dann unser gelebtes Leben, unsere unverwechselbare Lebensgeschichte, unsere Identität? Wie wird sie gerettet – durch den Tod hindurch? Es gibt keine Kontinuität auf geschöpflicher Seite, sondern nur aufseiten Gottes, des Schöpfers, der nicht preisgibt das Werk seiner Hände, wie es im reformierten Adjutorium zu Beginn des Gottesdienstes heisst. Metaphorisch gesprochen: In den ins Lebensbuch eingeschriebenen Namen ist unser Leben bei Gott aufgehoben, und es wird uns wieder, so ein weiteres Hoffnungsbild, neuschöpferisch transformiert zugeeignet, indem uns Gott beim Namen aus dem Tod ins Leben ruft.[60]

56 Zur Metapher himmlischer Buchführung in biblischen Texten und Kirchenliedern: Magdalene L. Frettlöh, «Ja den Namen, den wir geben, schreib ins Lebensbuch zum Leben». Zur Bedeutung der biblischen Metapher vom «Buch des Lebens» für eine entdualisierte Eschatologie: Ruth Hess/Martin Leiner (Hg.), Alles in allem. Eschatologische Anstösse. J. Christine Janowski zum 60. Geburtstag, Neukirchen-Vluyn 2005, 133–166; zu irdischen Entsprechungen himmlischer Bücher: dies., *Buch* des Lebens. Zur Identifikation und vieldeutigen Aktualität einer biblischen Metapher: Fragmentarisches Wörterbuch zur biblischen Exegese und christlichen Theologie, hg. von Kerstin Schiffner, Klaus Wengst und Werner Zager, Stuttgart 2007, 58–71; wieder abgedruckt: dies., Worte sind Lebensmittel. Kirchlich-theologische Alltagskost, Knesebeck 2007, 147–160.

57 RG 174,4/EG 206,5 – mit etwas anderem Wortlaut: «Ja, den Namen, den wir geben, schreib ins Lebensbuch zum Leben.»

58 RG 178,1/EG 207,1.

59 Siehe namentlich Phil 4,3; Offb 3,5; 13,8; 17,8; 20,12.15; 21,27; der Sache nach auch Lk 10,20; Hebr 12,23; Ps 69,29; Ex 32,32f.; Dan 12,1.

60 Vgl. Frettlöh, Auferweckung (Anm. 42), bes. 99–125.

Die Namenslitanei in der Liturgie am Toten- und Ewigkeitssonntag – die in ökumenischer Weite auch Raum für die Namen anderer Verschiedener aus dem zu Ende gehenden Kirchenjahr haben sollte – liesse sich mit dem Singen eines dieser Tauflieder verbinden,[61] so dass dem Gottesdienst an diesem Tag auch die Funktion eines *Tauferinnerungsfestes* zukäme. Und der Kanon «Alles ist eitel, du aber bleibst und wen du ins Buch des Lebens schreibst»[62] könnte sich wie ein roter Faden durch diesen Gottesdienst ziehen. Auch andere Kirchenlieder besingen die himmlische Namensnotiz, nicht immer in der vollmundigen Gewissheit dieses Kanons, sondern auch als ein bisweilen sehr angefochtener Appell an die Treue Gottes, wenn im Lied «Ich steht vor dir mit leeren Händen» zweifelndes Fragen begegnet: «Von Zweifeln ist mein Leben übermannt, mein Unvermögen hält mich ganz gefangen. Hast du mit Namen mich in deine Hand, in dein Erbarmen fest mich eingeschrieben?»[63] Oder als Bitte, die vor das Forum des Jüngsten Gerichts führt: «[...] und lies mich aus dem Buche frei, darinnen stehn die Deinen.»[64] Hier drückt sich die Hoffnung auf einen Freispruch durch den, der kommen wird zu richten die Lebenden und die Toten, aus, und der mit dem geöffneten «Buch des Lebens des Lammes» (Offb 20,12) in der Hand seine Verheissung hoffentlich gegenüber allen ihm von Gott anvertrauten Menschen wahrmachen wird: «[...] nie werde ich seinen Namen tilgen aus dem Buch des Lebens; ich werde mich zu seinem Namen bekennen vor meinem Vater und vor seinen Engeln.» (Offb 3,5)

Die Metapher vom himmlischen Lebensbuch bietet als Zeugnis der Treue Gottes den Stoff, aus dem ein verheissungsvoller Gottesdienst am letzten Sonntag gewebt sein könnte – ein Gottesdienst, in dem die Toten nicht vergessen werden, aber dem Tod nicht das letzte Wort gelassen, sondern aus gutem Grund und mit einem starken Bild auf die Todesmächtigkeit Gottes und Gottes bleibendes Interesse an den Verschiedenen gehofft wird.

61 An anderer Stelle habe ich theologische Rechenschaft abgelegt über die Verknüpfung der Namenlitanei mit dem gottesdienstlichen Abschiedslied «Zieht in Frieden eure Pfade» (EG 258) als einem Zuruf an und nicht Nachruf auf die Verschiedenen: Magdalene L. Frettlöh, Ewigkeitssonntag. Fest der Gemeinschaft von Verstorbenen und Lebenden: dies., Worte (Anm. 56), 188–193. Der Gottesdienst, auf den sich diese Reflexion bezieht, ist dokumentiert: Magdalene L. Frettlöh, Engel sind Lebensbotinnen und Lebensboten. Gottesdienst zum Ewigkeitssonntag: Erhard Domay (Hg.), Gottesdienstpraxis, Serie B: Volkstrauertag, Buss- und Bettag, Ewigkeitssonntag, Gütersloh 2006, 102–119.

62 RG 859/EG 647.

63 RG 213,2/EG 382,2.

64 EG 149,6.

2. Hoffnungsgemeinschaft als Leib- und Mahlgemeinschaft

Im dritten Teil des Apostolikums bekennen wir uns zur «Gemeinschaft der Heiligen». Diese aber ist nicht synchron auf die gegenwärtige weltweite Gemeinde zu beschränken, sondern sie übergreift diachron die Generationen und schliesst so die Lebenden mit den Verschiedenen zusammen. Der Apostel Paulus hat von dieser Gemeinschaft im ekklesiologisch-christologischen Bild des einen Leibes Jesu Christi gesprochen: «Denn wie der Leib einer ist und doch viele Glieder hat, alle Glieder des Leibes aber, obwohl es viele sind, einen Leib bilden, so auch Christus. Denn durch einen Geist wurden wir ja alle in einen Leib hineingetauft [...]; und alle wurden wir getränkt mit einem Geist.» (1Kor 12,12f.) Da es sich um den Leib des auferweckten und erhöhten Gekreuzigten handelt, kann es keine toten Glieder an diesem Leib geben. Alle Glieder haben Anteil am göttlichen Leben des Auferweckten – die Verschiedenen in der von der Herrschaft des Chronos befreiten Lebenszeit Gottes, die Lebenden unter den Bedingungen ihrer geschöpflichen Lebenszeit, die die Signatur einer von der erwarteten Parusie Christi zusammengedrängten messianischen Zeit (1Kor 7,32) trägt.

Und wenn die vielen Glieder an diesem einen Leib mit ihren je eigenen Begabungen und Funktionen an je ihrem Ort aufeinander angewiesen sind und darum einander würdigen und umeinander Sorge tragen sollen (1Kor 7,14ff.), dann «bleiben auch die Verstorbenen am Aufbau des Leibes Christi beteiligt. [...] Uns zugute wirken sie am Aufbau des Leibes Christi mit. Wie das Auge nicht zu der Hand sagen kann: Ich brauche dich nicht (vgl. 1Kor 12,21), so die Lebenden nicht zu den Verstorbenen: Wir brauchen euch nicht. Der auferstandene Christus kommuniziert mit der Welt nicht nur mittels der Lebenden, sondern ebenso mittels der Verstorbenen.»[65]

Die ekklesiologische Leib-Christi-Metapher ist die biblisch verheissungsvolle Antwort auf die Frage «Wo sind unsere Toten?». Sinnlich erfahrbar wird diese leibhaftige Gemeinschaft der Heiligen in der Feier des Abendmahls, das konstitutiv zum Gottesdienst am letzten Sonntag des Kirchenjahres gehören sollte. Die Hoffnungsgemeinschaft von Verschiedenen und Lebenden realisiert sich als Mahlgemeinschaft, die *Leib*gemeinschaft – das Sprachspiel sei erlaubt – als *Laib*gemeinschaft.[66] Um sich dessen zu erinnern und sinnlich zu vergewis-

65 Gregor Etzelmüller, Wo sind die Toten? Eine Spurensuche beim jungen Dogmatiker Karl Barth: Hess/Leiner (Hg.), Alles in allem (Anm. 56), 55–68 (67f.).

66 Siehe Magdalene L. Frettlöh, Laibeigenschaft. Predigt zu 1. Kor 10,16–17 am Gründonnerstag (5.4.2012): ZGP 30/2012, 46–48.

sern, dass auch die Verschiedenen Glieder am Leib Christi sind, könnte die Verlesung ihrer Namen in die Abendmahlsfeier integriert werden. Im Abendmahl gehören Tod und neues Leben zusammen, sind wir hier doch Gäste des auferweckten Gekreuzigten, die seinen Tod erinnern, seine Auferstehung preisen und seine Wiederkunft und mit ihr die Zurechtbringung jedes Lebens herbeisehnen.

V. Hoffnungsgemeinschaft Gesegneter diesseits und jenseits des Todes – oder: Plädoyer für ein evangelisches Kaddisch

Mit der verborgenen Zeitgenossenschaft in den füreinander geöffneten Gezeiten und mit der Leib- und Mahlgemeinschaft haben wir verschiedene Gestalten der Zusammengehörigkeit von Lebenden und Verschiedenen kennengelernt. Als ein weiteres wichtiges Band, das Menschen diesseits und jenseits des Todes verbindet, kann der *Segen* gelten. Darum spielen Segenshandlungen auch eine so grosse Rolle bei der Sterbebegleitung und beim Abschiednehmen angesichts des Todes. In der alten, fast in Vergessenheit geratenen Wendung «das Zeitliche segnen» ist ein segnendes Los- und Seinlassenkönnen derer, die gehen, aufbewahrt.[67] Mit ihm korrespondiert der Abschiedssegen aufseiten der Zurückbleibenden.

Insbesondere reformierterseits ist es umstritten, ob dieser Abschiedssegen nur Sterbenden oder auch Gestorbenen gelten kann.[68] Darf ich bei einer Beerdigung über dem Sarg oder über dem offenen Grab die letzten Worte des 121. Psalms als Segensgruss an die Verschiedene sprechen: «Der HERR behüte dich vor allem Bösen, ER behüte dein Leben. Der HERR behüte deinen Ausgang und Eingang von nun an bis in Ewigkeit» (Ps 121,7f.)?

Nach dem bisher im Blick auf die im Leibraum des Christus lebenden Verschiedenen Gesagten bereitet mir diese Segnung keine theologischen Bauchschmerzen, und ich plädiere dafür, einen solchen Segen nicht nur als seelsorgerliche Handlung an den Trauernden, sondern auch als an die Verstorbenen adressiert zu verstehen. Gleichwohl möchte ich hier alternativ auf eine andere

67 Ausführlich dazu: Magdalene L. Frettlöh, «Das Zeitliche segnen». Die Bedeutung des Seg(n)ens als *rite de passage* angesichts des Todes: Andrea Braunberger-Myers/Kurt W. Schmidt (Hg.), Ars moriendi – die Kunst des (gesegneten) Sterbens, Frankfurt a. M. 2004, 41–65; wieder abgedruckt: dies., Worte (Anm. 56), 171–187.

68 Vgl. Ulrich H. J. Körtner, Die Totensegnung als Problem der Beerdigung. Ein Beitrag zum evangelischen Verständnis von Segen und Tod: Wort und Dienst (Neue Folge) 17/1983, 175–198.

Form des Segens für Verschiedene aufmerksam machen, nämlich auf die Grundgestalt des jüdischen Segnens, die *B^{e}racha*, das Gottsegnen,[69] das in diesem Fall bedeuten würde: Gott über den Verschiedenen zu segnen. Damit schlage ich für den Ewigkeitssonntag eine evangelische Anknüpfung an das Kaddisch, das jüdische Totengebet, vor. Vom jüdischen (Trauer-)Gebet *Kaddisch* lässt sich lernen, angesichts des Todes anderer untröstlich getröstet zu sein.

Zu den bekanntesten jüdischen Gebeten gehört das Kaddisch-Gebet, das sich – vermutlich aus einer kurzen Doxologie nach dem Studium – zu einem festen Bestandteil der täglichen Hauptgebete erweitert und insbesondere zu dem Gebet des Gedenkens an die Toten entwickelt hat.[70] Dieser Gebrauch muss angesichts des Wortlauts erstaunen, denn das Trauer- bzw. (genauer) das Waisen-Kaddisch (*kaddisch jatom*), das traditionell der Sohn elf Monate lang täglich drei Mal in der Gemeinde für seine verstorbene Mutter oder seinen verstorbenen Vater spricht,[71] ist zwar aufgrund seines Rezitationsanlasses, aber nicht vom Wortlaut her ein Klagegebet, es enthält vielmehr Lob und Bitte.[72] Und es ist kein im engeren Sinn individuelles oder familiäres Gebet, son-

69 Zur Bedeutung der *B^{e}rachot* für die Gott segnenden Menschen, die Personen und Dinge, über denen Gott gesegnet wird, und für den gesegneten Gott selbst siehe Magdalene L. Frettlöh, Theologie des Segens. Biblische und dogmatische Wahrnehmungen, Gütersloh ^{5}2005, 384–403.

70 Zur Entwicklung des Kaddisch siehe Andreas Lehnardt, Qaddish. Untersuchungen zur Entstehung und Rezeption eines rabbinischen Gebetes, Tübingen 2002; lexikalische Kurzfassung: www.bibelwissenschaft.de/stichwort/22980 (13.10.2017).

71 Einen der bekanntesten amerikanisch-jüdischen Intellektuellen, den Literaturkritiker Leon Wieseltier, hat nach dem Tod seines Vaters das alltägliche Ritual des Kaddisch in die Synagoge zurückgeführt. In seinem Buch «Kaddisch» (Aus dem Amerikanischen von Friedrich Griese, München/Wien 2000) legt er Rechenschaft ab von den Selbsterfahrungen mit dieser Praxis jüdischer Frömmigkeit in seinem Trauerjahr und bietet Einblicke in die vielfältige jüdische Kaddisch-Literatur, die er in dieser Zeit studiert hat: «Es war meine Pflicht, dieses Gebet zu sprechen [...]. Sogleich fiel mir auf, wie wenig ich über das Ritual wusste, das ich mit so unerwarteter Treue vollzog. Und bald begriff ich, dass es mir nicht gelingen würde, meine übrige Existenz gegen die Auswirkungen dieser so unverstandenen und mühsamen Übung abzuschotten. Die Symbole durchdrangen alles. Aus einer Zeit der Trauer wurde eine Zeit der seelischen Erneuerung, auf die ich überhaupt nicht vorbereitet war. [...] Ich beschloss die Geschichte des Kaddisch des Trauernden zu erforschen und ich führte ein Tagebuch, in dem ich die Quellen aus Altertum, Mittelalter und Neuzeit festhielt, auf die ich dabei stiess, sowie die Überlegungen, die sie bei mir auslösten.» (9)

72 «Das Kaddisch hat aus der Konnotation des Anlasses der Rezitation den Charakter der Klage um den Toten, es hat die Bedeutung einer Bitte, die als Fürsprache des Nachkommen für den Verstorbenen im himmlischen Gericht verstanden wird – und es hat ganz deutlich den Charakter des Lobs, denn es ist ein Text, der Gott als König und Weltenherrscher verherrlicht. [...] Das Kaddisch ist, vor allem im Zusammenhang mit

dern dient der Heiligung des Namens Gottes und bittet um das Kommen seines Reiches und seines Friedens. Sein Text lautet nach dem *Sidur Sefat Emet*:

> «Erhoben und geheiligt werde sein grosser Name in der Welt,
> die er nach seinem Willen erschaffen,
> und sein Reich erstehe in eurem Leben und in euren Tagen
> und dem Leben des ganzen Hauses Israel schnell und in naher Zeit,
> sprechet: Amen!
> Sein grosser Name sei gepriesen in Ewigkeit und Ewigkeit der Ewigkeiten!
> Gepriesen sei und gerühmt und verherrlicht und erhoben
> und erhöht und gefeiert und hocherhoben und gepriesen der Name des Heiligen,
> gelobt sei er, hoch über jedem Lob und Gesang, Verherrlichung und Trostverheissung,
> die je in der Welt gesprochen wurde,
> sprechet: Amen!
> Möge Erhörung finden das Gebet und die Bitte von ganz Israel vor seinem Vater im Himmel,
> sprechet: Amen!
> Fülle des Friedens und Leben möge vom Himmel herab uns und ganz Israel zuteil werden,
> sprechet: Amen!
> Der Frieden stiftet in seinen Himmelshöhen, stifte Frieden unter uns und ganz Israel,
> sprechet: Amen!»[73]

Am 25. April 1918 schreibt Franz Rosenzweig an Margrit Rosenstock-Huessy über das Kaddisch, und zwar genau mit Bezug auf jenen protestantischerseits so gefürchteten «Aberglauben», im Gebet bei Gott etwas für die Toten bewirken zu können. Wir lernen aus dieser Kaddisch-Reflexion, der Rosenzweig auch eine eigene Verdeutschung des aramäischen Gebetstextes anfügt, viel über dieses zentrale Gebet im Judentum:

> «Das Heidentum, der Aberglaube mischt sich immer wieder mit dem Glauben und von Zeit zu Zeit wenigstens muss man mal mit der Schere hineinfahren; ganz kriegt man ihn nie heraus, und es ist auch nicht nötig, solange er den Glauben nicht überwuchert.

---

dem Holocaust, zu einem öfters benützten Topos in der modernen jüdischen Literatur geworden, auch bei ganz säkularen Autoren und Autorinnen.» Alfred Bodenheimer, «A Study of the Nostalgias?». Leon Wieseltiers Selbsterfahrungsbuch *Kaddisch*: ders./Jan-Heiner Tück (Hg.), Klagen, Bitten, Loben. Formen religiöser Rede in der Gegenwartsliteratur, Ostfildern 2014, 53–65 (53).

73 Sidur Sefat Emet. Mit deutscher Übersetzung von Rabbiner Dr. S. Bamberger, Basel 1982, 64.

So ists auch mit dem Gebet für die Toten. Es kann sich eng mit Aberglauben verschwistern, wenn es anfängt, Gott seine Gnade nachzurechnen. Aber sonst ist der Protestant gegen den Katholiken und Juden sehr arm, dass er nichts dergleichen hat; das weiss ich nun. Das Kaddisch – so heisst das jüdische Totengebet, das etwa eine ähnliche Stelle einnimmt wie die Seelenmesse in der kath. Kirche – ist eigentlich vor allem Aberglauben, nämlich vor aller Sorge um das Heil dieser Seele geschützt: nicht der Einzelne ||alleine|| kann es sagen, sondern nur am Schluss des Gottesdienstes der Gemeinde und mit dem Amen der Gemeinde [...]; nicht das Heil der Seele wird ‹gerettet›, sondern der in die Zukunft führende Zusammenhang der Geschlechter wird bezeugt. Und soweit der Aberglaube sich hier doch mit der Vorstellung eines zu ‹rettenden› ‹unsterblichen Teils› hineingedrängt hat, wird er gleich wieder ausgestossen; die Purgatoriumsstrafen (eine wirkliche Hölle lehnen wir ab) dauern höchstens ‹ein Jahr› – deswegen darf das Kaddisch nur 11 Monate lang gesagt werden; es ist verboten zu denken der Verstorbene könne es die vollen 12 Monate ‹nötig haben›; später sagt man es an den Todestagen, also überhaupt nicht um der Seelenrettung willen, sondern um die himmlische Freude der Seele zu erhöhen. Endlich, und das ist das Entscheidende, der Wortlaut: es kommt überhaupt nichts vom Tod drin vor, sondern es ist ein Gebet um das Kommen des Reichs, das auch sonst vielfach im Gottesdienst verwendet wird; also so etwa [...] wie ihr das Vater unser [...]. Es ist kein Gebet für den Toten, sondern für die Welt. Es verneint den Trost, und grade deshalb ist es, ‹über alle Tröstung, die je gesprochen ward in der Welt› -------- ich sehe wieder, dass es nicht zu übersetzen ist, auch wenn man es wörtlich versucht; der Ton, die Absätze, das Verstummen lässt sich nicht so wiedergeben, dass man es beim Lesen richtig hört. Ich habe es, als ich jetzt wiederhierherkam, in der dumpfen Trauer des Wiederhierseins und Zuhausenichthelfenkönnens [am 19. März 1918 ist Franz Rosenzweigs Vater Georg (*1857) gestorben, womit seine Mutter offenbar nicht zurechtkommt; auch mag hier der Tod seines Lehrers Hermann Cohen am 4. April 1918 mit im Hintergrund stehen] und um daraus herauszukommen, übersetzt [...].

Hochheilig preisen wir den grossen Namen
Im Weltall, das du schufst nach deinem Sinn.
Führ bald herbei dein Reich und lass uns in
Ihm leben samt den Deinen. Drauf sprecht: Amen.

Gelobt, erhöht, verherrlicht möge werden
Dein Name, hoch ob allen Lobpreis fort
Und Spruch und Sang und jedes Trosteswort,
Das einer je ausfinden mag auf Erden.

Der grosse Friede, deiner, fliess uns zu
Vom Himmel her; dazu sei uns beschieden
Von dort her auch des äussern Lebens Ruh.

Du schaffest ihn in deinen Höhn, den Frieden;
Den selben hohen Frieden schaffe du
Bei uns und allen Deinen hier hienieden.
Amen.»[74]

Ich möchte im Blick auf diesen dichten Briefausschnitt hier nur der einen Frage nachgehen, nämlich: Was könn(t)en wir vom so gedeuteten Kaddisch für unsere Gottesdienste am Toten- und Ewigkeitssonntag lernen? Das Kaddisch ist das in der Gemeinde gesprochene Gebet. Am Ewigkeits- und Totensonntag verschränken sich die Zeit der Gemeinde und die Lebenszeit der einzelnen Menschen. Der Gottesdienst an diesem Sonntag nimmt die privat Trauernden in die *familia Dei* der Gemeinde auf und öffnet ihre persönliche Trauer für die Not der Welt.

Zentral scheint mir der Satz zu sein: «Es ist kein Gebet für den Toten, sondern für die Welt. Es verneint den Trost, und grade deshalb ist es, ‹über alle Tröstung, die je gesprochen ward in der Welt›.» Das Kaddisch, das den Gottesnamen segnet und heiligt, lädt also gerade deshalb zu einem untröstlichen Getröstetsein ein.[75]

Der Gottesname, so deutet Rosenzweig, ist dem Kaddisch wichtiger als jeder Trost oder – anders formuliert – der Gottesname ist selbst die grösste Tröstung: «Ich werde da sein, als der/die ich da sein werde» (Ex 3,14). Das Kaddisch verbindet die Verschiedenen und die Lebenden im gemeinsamen Warten auf das Kommen des Gottesreiches. Darin entspricht es der Unservater-Bitte:

74 Franz Rosenzweig, Die «Gritli»-Briefe. Briefe an Margrit Rosenstock-Huessy, hg. von Inken Rühle und Reinhold Mayer. Mit einem Vorwort von Rafael Rosenzweig, Tübingen 2002, 83–85 (Unterstreichungen im Original; «Sorge» ist dort doppelt unterstrichen). 1921, also drei Jahre später, hat Franz Rosenzweig das Kaddisch noch einmal, und zwar recht anders, verdeutscht. An dieser Übersetzung zeigt sich, dass er inzwischen seine ganz eigene Diktion gefunden hat. Siehe Rafael N. Rosenzweig, Einleitung: Franz Rosenzweig, Sprachdenken, Bd. 1: Jehuda Halevi. Fünfundneunzig Hymnen und Gedichte. Deutsch und Hebräisch, hg. von Rafael N. Rosenzweig (GS IV/1), The Hague 1983, xi–xxii (xiv).

75 Für ein solches wäre auch sehr viel von Derridas Trauer- und Abschiedsreden auf seine Freunde und Kollegen zu lernen: Jacques Derrida, Jedes Mal einzigartig, das Ende der Welt. Aus dem Französischen von Michael Sedlaczek u. a., hg. von Peter Engelmann, Wien 2007.

«Dein Reich komme!»[76] Es weiss um die Unerlöstheit der Welt, überspringt sie nicht und färbt sie nicht schön. Es ist ein Gebet um den Frieden, den Weltfrieden.

Der Tod eines Menschen lässt die Unerlöstheit der Welt und den in ihr herrschenden Unfrieden jedes Mal schmerzhaft erfahren. Darum kann man, darf man sich über keinem Tod und allemal über keinen Tod hinwegtrösten lassen. Vielmehr sollte jeder Tod die Sehnsucht nach dem Friedensreich Gottes wecken und im Beten des Kaddisch wie des Vaterunsers sein Kommen beschleunigen.[77]

Vom Kaddisch für den Ewigkeitssonntags-Gottesdienst lernen, bedeutet darum auch, uns fragen zu lassen, ob wir, allemal am Ende des Kirchenjahres, uns sehnsuchtsvoll nach dem Kommen des Reiches Gottes ausstrecken oder nicht vielleicht doch lieber wollen, dass alles so bleibt, wie es ist, weil wir uns in unserem Leben bestens eingerichtet haben und weil uns die Visionen einer anderen Welt abhandengekommen sind.

V. «Ohne festen Wohnsitz» – oder: Der Ewigkeits- und Totensonntag als Entsprechung zum jüdischen *Sukkot*-Fest?

In den Vorlesungen zu Ostern[78] und Pfingsten[79] gab es deutliche Hinweise auf die mit diesen Festen korrespondierenden grossen jüdischen Wallfahrtsfeste *Pessach* und *Schawuot*, das Passa- und das Wochenfest. Es fehlt im christlichen Festkalender eine Entsprechung zum dritten jüdischen Fest, zu *Sukkot*, dem Laubhüttenfest, das im Herbst nach *Rosch Haschana* und *Jom Kippur* als letztes hohes Fest vom 15. bis 21. Tag des Monats *Tischri* gefeiert wird. *Sukkot* hat seinen Namen von den provisorischen Hütten, in denen man während dieser Tage lebt. Nach biblischer Auskunft ist dieses Fest motiviert durch die Erinnerung an die Wüstenwanderung unter der Obhut Gottes, und es ist zugleich ein

76 Zur Auslegung dieser Bitte siehe bes. Karl Barth, Das christliche Leben. Die Kirchliche Dogmatik IV/4, Fragmente aus dem Nachlass, Vorlesungen 1959–1961 (GA 7), hg. von Hans-Anton Drewes und Eberhard Jüngel, Zürich ^{2}1979, 347–470, bes. 399–450.

77 Zur Beschleunigung des Kommens des Reiches Gottes im Gebet siehe Franz Rosenzweig, Der Stern der Erlösung. Mit einer Einführung von Reinhold Mayer und einer Gedenkrede von Gershom Scholem, Frankfurt a. M. ^{3}1990, 295–330 (Einleitung zum Dritten Teil: Über die Möglichkeit, das Reich zu erbeten).

78 Siehe den Beitrag von Matthias Zeindler in diesem Band.

79 Siehe den Beitrag von Matthias Felder und Frank Mathwig in diesem Band.

Fest ausgelassener Freude, nämlich der Freude über die eingebrachte Ernte, die auch zur Ruhe einlädt:

> «Am fünfzehnten Tag dieses siebten Monats ist das Laubhüttenfest für JHWH, sieben Tage lang. […] Am fünfzehnten Tag des siebten Monats aber, wenn ihr den Ertrag des Landes einsammelt, sollt ihr das Fest JHWHs feiern, sieben Tage lang. Am ersten Tag ist ein Feiertag, und am achten Tag ist ein Feiertag. Und am ersten Tag sollt ihr euch schöne Baumfrüchte nehmen, Palmwedel und Zweige von dichtbelaubten Bäumen und Bachweiden, und ihr sollt sieben Tage fröhlich sein vor JHWH, eurem Gott. […] Sieben Tage lang sollt ihr in Laubhütten wohnen. Alle Einheimischen in Israel sollen in Laubhütten wohnen, damit eure künftigen Generationen erfahren, dass ich die Israeliten in Hütten wohnen liess, als ich sie aus dem Land Ägypten herausführte. Ich bin JHWH, euer Gott.» (Lev 23,34.39f.42f.)

Zugleich – und darauf weisen in biblischer Zeit vor allem die Opfer in den Tagen des Laubhüttenfestes (Lev 23,36–38; Num 29,12–38) hin – steht *Sukkot* auch im Kontext der vorausgehenden Bussezeit von *Rosch Haschana* und *Jom Kippur*.

Dass es unter den Festen des Kirchenjahres keine Entsprechung zu *Sukkot* gibt, können wir zum einen als Hinweis darauf lesen, dass wir die bleibenden Differenzen zwischen jüdischem und christlichem Festkalender nicht einebnen sollen, dass die Lücke bewusst offen gehalten werden muss. Statt eine eigene *Sukkot*-Festlichkeit zu entwickeln, können wir – entsprechend dem «Uschpesín»[80]-Brauch – die Einladung als Gäste in die *Sukka* annehmen.

Zum anderen aber lässt sich nun doch nicht übersehen, dass das Pendant gerade zu jenem Fest fehlt, das an die provisorische Existenz in der Zeit der Wüstenwanderung mit dem offenkundigen Angewiesensein auf die Fürsorge Gottes vor jeder Selbstversorgung auf eigenem Grund und Boden erinnert.

In seiner Deutung des *Sukkot*-Festes, die *eine* jüdische unter anderen und allemal eine Interpretation vor der Shoah[81] und zugleich – im Kontext des drit-

80 Siehe Israel M. Lau, Wie Juden leben. Glaube – Alltag – Feste, 2., bearb. Aufl., Gütersloh 1990, 201.

81 Eine Nach-Shoah-Interpretation von Sukkot findet sich etwa bei Emil Fackenheim (siehe David Patterson, Emil Fackenheim: A Jewish Philosopher's Response to the Holocaust, Syracuse NY 2008, bes. 123–127), für den «Sukkot nach Auschwitz viel stärker die Erinnerung an einstige jüdische Heimatlosigkeit (im negativen Sinne) betont als das Streben nach Bewusstwerdung einer fortschreitenden Heimatlosigkeit. […] Ich halte Fackenheims Statement für sehr wichtig, weil er dort Differenz, Erinnerung und Solidarität aufbaut, wo Rosenzweig Identifikation sucht. Und es zeigt, dass Heimatlosigkeit für einen wichtigen Post-Holocaust-Philosophen eine für das Judentum weit eher problematische als phänomenologische Bedeutung erhalten hat.» Alfred Bodenheimer in einer E-Mail an mich am 23.8.2015.

ten Teils des «Sterns der Erlösung» – mit Blick auf das christlich-jüdische Gespräch formuliert ist (und sich eben darum als leicht anschlussfähig für eine Theologie des Kirchenjahres erweist), hat Franz Rosenzweig vor allem die starke Spannung dieses Festes hervorgehoben:

> «Das Hüttenfest ist das Fest der Wandrung zugleich und der Ruhe; zum Gedenken an die einstige lange Wanderung [...] vereinen sich da die Hausgenossen zum heiteren Mahl nicht in den gewohnten Räumen des Hauses, sondern unter leichtem, schnellgebautem Dache, das den Himmel durchscheinen lässt. Da mag sich das Volk erinnern, dass auch das Haus des jeweils heutigen Tags, mag es noch so sehr zur Ruhe und zum sichern Wohnen verlocken, doch nur ein Zelt ist, das vorübergehende Rast erlaubt auf der langen Wanderung durch die Wüste der Jahrhunderte; denn erst am Ende dieser Wanderung winkt die Ruhe [...].
> Dass solcher Doppelsinn der Sinn dieses Festes ist, dass es ein Fest der Erlösung nur innerhalb der drei Feste der Offenbarung ist und die Erlösung deshalb hier nur als Hoffnung und Gewissheit der zukünftigen Erlösung gefeiert wird, [...] das lehren wiederum [...] die Prophetenabschnitte, die an ihm verlesen werden. Am ersten Tag ist es das gewaltige Schlusskapitel Sacharia vom Tag des Herrn mit der Weissagung, die den täglichen Gottesdienst beschliesst: Und Gott wird König sein über die ganze Erde; an jenem Tag wird Gott Einer sein und sein Name: Einer. [Sach 14,9] Gleichwie dies höchste Wort der Hoffnung alle Tage das letzte Wort der versammelten Gemeinde ist, so steht es auch am Schluss des geistlichen Jahrs. Ihm gesellen sich an den andern Tagen des Fests die Worte Salomos bei der Tempelweihe, wo das wandernde Heiligtum der Bundeslade endlich zur Ruhe kommt [...] und wo das letzte Wort in wunderbarem Miteinander der Hoffnung auf die einstige Erkenntnis ‹aller Völker der Erde, dass der Ewige Gott ist und keiner sonst› zusammenbringt mit der Mahnung an das eine Volk: es sei euer Herz ‹ganz› mit dem Ewigen. [1Kön 8,60f.] [...]
>
> So wird das Hüttenfest als das Fest der Ruhe des Volks zugleich das Fest der höchsten Hoffnung. Aber eben doch schon der Ruhe selber nur als einer Hoffnung. Die Erlösung ist in diesem Fest der Erlösung nicht gegenwärtig; sie wird nur erhofft, sie wird im Wandern erwartet. So kann dies Fest, eben weil es die Erlösung noch nicht in ihrem eigenen Reich, sondern bloss vom Berge der Offenbarung aus sieht und sehen lässt, noch nicht das letzte Wort sein. Wie der Sabbat wieder in den Werktag mündete, so muss dieser Schluss des geistlichen Jahrs, ohne sich erst einmal als Schluss ausleben zu dürfen, unmittelbar wieder in den Anfang hineinlaufen. [...] Nicht umsonst doch ist grade dem Hüttenfest das Buch des zersetzenden Zweifels, der Prediger, zugeordnet. Die Ernüchterung, die dem Sabbat in dem Augenblick, wo sein Duft zum letzten Mal eingeatmet wurde, folgt, wenn der Wochentag sich wieder in alter ungebrochner Macht ankündigt, – hier ist sie durch die Verlesung des Predigerbuchs gewissermassen ins Fest selbst hineingenommen. Das Hüttenfest ist,

obwohl es die Erlösung zur Ruhe feiert, doch noch das Fest der Wüstenwanderung.»[82]

Diesseits einer genauen Interpretation des *Sukkot*-Textes aus dem «Stern der Erlösung» möchte ich hier nur einer Frage nachgehen: Was könnte es bedeuten, *etwas* vom Charakter und den Inhalten des *so gedeuteten Sukkot*-Festes in den Toten- und Ewigkeitssonntag zu übernehmen?[83] Ich nenne fünf Motive, die die Gottesdienstgestaltung dieses letzten Sonntags im Kirchenjahr von *Sukkot* inspirieren könnten:[84]

1. *Sukkot* ist ein Fest überschwänglicher und dankbarer Erntefreude. Was könnte es heissen, das namentliche Gedenken der Verschiedenen der Gemeinde im zu Ende gehenden Kirchenjahr als freudiges und dankbares Erntefest zu feiern, wobei auch die verregneten, verhagelten und verdorbenen Ernten nicht verschwiegen werden müssten? Den Toten- und Ewigkeitssonntags-Gottesdienst als Freudenfest eines «Gott sei Dank!» angesichts all dessen zu begehen, was die Verschiedenen mit ihren Gaben und Fähigkeiten eingebracht haben in das Leben ihrer Gemeinde wie ihrer Familien, ihrer Nachbarschaft und ihrer Freundschaften – das könnte den Charakter dieses eher in Ernst und Trauer begangenen Sonntags verändern.
2. *Sukkot* ist ein Fest begründeter Hoffnung auf die immer noch ausstehende Erlösung. Beides wäre eigens zu gewichten: die Hoffnung, die uns trägt,[85] und das Noch-nicht der Erlösung.

82 Rosenzweig, Stern (Anm. 77), 355f.

83 Klaus Müller, der auf eindrückliche Weise judaistische, praktisch-theologische und diakoniewissenschaftliche Studien miteinander verbindet, hat in einem unveröffentlichten Vortrag «Gott mit der Zeit feiern? Jüdisch-christliche Perspektiven auf das liturgische Jahr in seinem Grundgefüge» das Sukkot-Motiv in neutestamentlichen Texten aufgespürt und für dessen Wiedergewinnung «sieben Impulslinien» benannt, die aber nicht auf ein «‹christliches Herbstfest› im Gewande von Sukkot» hinauslaufen, sondern eine weiter reichende Vision im Blick haben: «Könnte sich hier nicht – anknüpfend bei der universalen Dimension von Sukkot – die Möglichkeit eines Hüttenfestes abzeichnen, das interreligiöse, messianische, eschatologische, existenzielle, ökologische und sozial-kritische Züge trägt?»

84 Im Anschluss an die Ringvorlesung wurde ich von einem Teilnehmer gefragt, ob es für diese fünf Motive, die ihm für die Gestaltung des Gottesdienstes am letzten Sonntag des Kirchenjahres einleuchteten, des Sukkot-Bezugs überhaupt bedürfe. Darauf kann ich nur antworten: Für mich ist die Rosenzweig'sche Deutung von Sukkot der Entdeckungszusammenhang dieser Überlegungen. Mehrere Motive könnten vermutlich auch mithilfe der Metapher des «wandernden Gottesvolkes» im Brief an die hebräischen Christinnen und Christen entfaltet werden.

85 Siehe dazu oben Abschnitt IV.

3. Als Fest der immer noch ausstehenden Erlösung markiert *Sukkot* – in Gestalt eines Provisoriums – das Unterwegssein des Gottesvolkes. Das Motiv des «wandernden Gottesvolkes» ist *das* ekklesiologische Modell des Briefes an die hebräischen Christinnen und Christen, «denn wir haben hier keine bleibende Stadt, sondern die zukünftige suchen wir» (Hebr 13,14). Den Ewigkeitssonntag von *Sukkot* her zu verstehen, könnte heissen, *Parochie* und *Parusie* zusammenzudenken. Dafür liesse sich von Giorgio Agamben lernen:

> «*Paroikia* und *parousia*, Aufenthalt als Fremdling und Gegenwart des Messias, haben dieselbe Struktur, die sich im Griechischen durch die Vorsilbe *para* ausdrückt: eine Gegenwart, die die Zeit ausdehnt, ein *schon*, das zugleich ein *noch nicht* ist, ein Aufschub, der nicht ein Verschieben auf später ist, sondern ein Abstand und eine innere Verbundenheit, die der Gegenwart innewohnt und uns erlaubt, die Zeit in die Hand zu nehmen.»[86]

1Petr 1,17 definiert die Zeit der Kirche als *ho chronos tês paroikias* – doch wer hört beim Wort «Parochie» noch das Verb «*paroikein*, in der Fremde leben wie ein Ausländer» mit, das «den Aufenthalt des Christen in der Welt und seine Erfahrung der messianischen Zeit»[87] bezeichnet? Was könnte es bedeuten, den Ewigkeitssonntag bewusst als messianische Zeit zu leben, als «eine Zeit, die innerhalb der chronologischen Zeit wächst und drängt und sie von innen heraus bearbeitet und verwandelt»?[88] Das Leben in der messianischen Zeit ist gekennzeichnet durch das *hos mê*, das «als ob nicht» (1Kor 7,29–31),[89] ein Leben in der zusammengedrängten Zeit als Leben in der Hochspannung, das sich nicht gleichschaltet mit der vergehenden Gestalt der Welt.

Die christliche Gemeinde soll buchstäblich nicht konform gehen mit der vergehenden Welt (vgl. Röm 12,1f.), soll sich dem von ihr ausgehenden Anpassungsdruck nicht beugen, sondern mitten in ihr eine Art Gegenwirklichkeit, einen Alternativentwurf darstellen, der aus der Kraft der Auferweckung des Gekreuzigten und in der Hoffnung auf sein Kommen gewagt wird – ein Lebensmodell, mit dem sie sich jedoch keineswegs abschottet gegenüber der Gestalt dieser Welt, das vielmehr über die Gemeindegrenzen hinaus attraktiv ist und kräftig verändernd in die alte Welt hin-

86 Giorgio Agamben, Kirche und Herrschaft, Basel 2011, 51–62 (58f.).
87 Agamben, Kirche (Anm. 86), 53.
88 Agamben, Kirche (Anm. 86), 56.
89 Siehe dazu Magdalene L. Frettlöh, «... als ob nicht» – Vorsicht Hochspannung! 1Kor 7,29–31. 20. Sonntag nach Trinitatis (21.10.2012): GPM 66/2012, 445–452.

einwirkt. Darum gehen Distanz gegenüber der Welt und Treue zu ihr hier Hand in Hand. Vielleicht lässt sich einer vergehenden Welt überhaupt nur mit der im *hōs mē* sich aussprechenden Freiheit die Treue halten.

4. *Sukkot* ist ein Fest der Ruhe, genauer: des Zur-Ruhe-Kommens. Den Ewigkeits- und Totensonntag als ein Fest der Ruhe zu feiern, könnte nicht nur ein atemschöpfendes Innehalten vor den unruhigen, geschäftigen Adventswochen bedeuten, sondern auch und vor allem ein Zur-Ruhe-Kommen im Loslassen der Sorge um die Verschiedenen, eine Einübung in die Gelassenheit, die das Leben derer, die unseren Blicken und unseren Zugriffen, aber damit auch unserer Fürsorge entzogen sind, getrost Gott überlassen kann – auch und gerade angesichts all des Fragmentarischen, Abgebrochenen, Unversöhnten: etwas *vorläufig* gut sein lassen, auch wenn es noch nicht gut ist – in der Hoffnung darauf, dass Gott es zum Guten wenden wird.
5. Berücksichtigung finden könnten auch die Lesungen, die das *Sukkot*-Fest begleiten, allen voran die diesem Fest zugeordnete *Megilla*, das Koheletbuch: Koh 3 könnte als Lesung oder auch als Predigttext im Ewigkeitssonntags-Gottesdienst erklingen,[90] nicht nur wegen der bekannten Aussagen «Für alles gibt es eine Stunde, und Zeit gibt es für jedes Vorhaben unter dem Himmel» und «Alles hat Gott so gemacht, dass es schön ist zu seiner Zeit», sondern auch wegen des letzten Satzes in dieser Passage: «Gott aber sucht, was verloren ging.» (Koh 3,1.11a.15b)

Unsere Kirchenlieder zum Ende des Kirchenjahres sind nahezu alle bewegt-bewegende Zeuginnen und Zeugen einer vergewisserten Sehnsucht nach dem Kommen des Reiches und des Wiederkommens Christi und einer gespannten und zugleich freudigen Neugier auf beides. Ich lasse darum meine Vorlesung einmünden in die vierte Strophe des Liedes «Wir warten dein, o Gottes Sohn, und lieben dein Erscheinen»:

«Wir warten dein', du kommst gewiss,
die Zeit ist bald vergangen;
wir freuen uns schon über dies
mit kindlichem Verlangen.

90 In der bisherigen Perikopenordnung der lutherischen und der unierten Kirchen ist Koh 3,1–14 die alttestamentliche Lesung und zudem Predigttext in der III. Reihe am 24. Sonntag nach Trinitatis, der aber nur ganz selten vorkommt (Gottesdienstbuch [Anm. 38], 398); der Revisionsvorschlag sieht Koh 3,1–15 als Lesung aus dem AT für den Altjahresabend und beim Themenfeld «Arbeit» vor (Neuordnung [Anm. 44]).

Was wird geschehn,
wenn wir dich sehn,
Wenn du uns heim wirst bringen,
wenn wir dir ewig singen!»[91]

91 RG 853,4/EG 152,4.

Bibelstellenregister

Altes Testament

Neues Testament

Autorinnen und Autoren

Eva-Maria Faber, * 1964; Prof. Dr. theol., Ordinaria für Dogmatik und Fundamentaltheologie an der Theologischen Hochschule Chur. Neuere Veröffentlichungen in Auswahl: Persönliches in Gemeinschaft. Liturgisches Beten in der Spannung von Intimität und öffentlich-sozialer Handlung: Ingolf U. Dalferth/Simon Peng-Keller (Hg.), Beten als verleiblichtes Verstehen. Neue Zugänge zu einer Hermeneutik des Gebets (QD 275), Freiburg i. Br. 2016, 197–229; Dem Eidgenössischen Bettag eine Zukunft bereiten. Geschichte, Aktualität und Potenzial eines Feiertags, hg. mit Daniel Kosch, Zürich 2017; «Sich ausstrecken auf das Kommende». Plädoyer für eine antizipatorische Struktur der Ökumene: André Birmelé/Wolfgang Thönissen (Hg.), Auf dem Weg zur Gemeinschaft. 50 Jahre internationaler evangelisch-lutherisch/römisch-katholischer Dialog, Leipzig/Paderborn 2018, 209–234.

Matthias Felder, * 1985; Wissenschaftlicher Assistent für Theologie und Ethik beim Schweizerischen Evangelischen Kirchenbund SEK und Doktorand am Institut für Systematische Theologie an der Theologischen Fakultät der Universität Bern; Studium der evangelischen Theologie in Basel, Bern und Zürich. Neuere Veröffentlichungen in Auswahl: mit Rita Famos, Felix Frey, Matthias Hügli und Thomas Wild, Dem Anvertrauten Sorge tragen. Das Berufsgeheimnis in der Seelsorge, Bern/Basel 2016; Mitglied im Herausgeberkreis der Reihe reformiert! im TVZ.

Magdalene L. Frettlöh, * 1959; Prof. Dr. theol., VDM, Ordinaria für Systematische Theologie/Dogmatik und Religionsphilosophie an der Theologischen Fakultät der Universität Bern. Neuere Veröffentlichungen in Auswahl: Zitat und Zeugenschaft. Eine Spurensuche im Werk von Elazar Benyoëtz (Israelitisch denken lernen 9), hg. mit Matthias KäserpBraun, Uelzen 2017; Hg.in, «Gottes kräftiger Anspruch». Die Barmer Theologische Erklärung als reformierter Schlüsseltext (reformiert!, Bd. 3), Zürich 2017; «Gott wählte unser Leiden [...] zu seinem eigenen Leiden». Was bedeutet die von *Ewigkeit* her geschehene Rechtfertigung Gottes angesichts geschöpflichen Leidens in der *Zeit*?: ZDTh 33/2017 (2), 7–55; Die Gnade im Recht – ein Weg zur Versöhnung? Beobachtungen und Reflexionen zu den *Confessiones* in Nina Grosses Film *Das Wochenende* im Anschluss an die Debatte um das Gnadengesuch Christian Klars 2007: Julia Enxing/Jutta Koslowski (Hg.), Confessio. Schuld bekennen in Kirche und Öffentlichkeit (Beiheft zur Ökumenischen Rundschau,

Bd. 118), Leipzig 2018, 169–189; Das Alte Testament als Evangelium predigen – prallgefüllt mit Leben. Beobachtungen und Reflexionen einer systematischen Theologin zu Markus Wittes Predigten «Vom Gott des Lebens»: GPM 71/2017, 290–302; Gott Gewicht geben. Bausteine einer geschlechtergerechten Gotteslehre, Göttingen ^{3}2018.

Martin Hailer, * 1965; Prof. Dr. theol., evang.-luth. Pfarrer, ordentlicher Professor für Evangelische Theologie und ihre Didaktik, Schwerpunkt Systematische Theologie an der Pädagogischen Hochschule Heidelberg. Neuere Veröffentlichungen in Auswahl: Was dürfen wir hoffen? Eschatologie in ökumenischer Verantwortung, Leipzig 2014 (Mit-Hg.); Religionsphilosophie, Göttingen 2014; Grundkurs Christliche Theologie. Diesseits und jenseits der Worte, mit Dietrich Ritschl, Neukirchen-Vluyn ^{4}2015; Beiträge «Barth und Miskotte», «Offenbarung», «Hoffnung für die Welt», «Christliches Leben»: Barth Handbuch, hg. von Michael Beintker, Tübingen 2016; Ein Ruf zur Sache. Konzeptionen von Gottes schwacher Macht und die Aufgaben der Gotteslehre: Gottes schwache Macht. Alternativen zur Rede von Gottes Allmacht und Ohnmacht, hg. von Rebekka A. Klein und Friederike Rass, Leipzig 2017, 109–131; Ökumenische Verständigung als Gabentausch: ThQ 197/2017, 320–336; Stellvertretung. Studien zur theologischen Anthropologie, Göttingen 2018.

Ilse Junkermann, * 1957; Studium der evangelischen Theologie und Germanistik in Tübingen und Göttingen, Gemeindepfarrerin in Bad Cannstatt, Studienleiterin für Pastoraltheologie und Homiletik am Predigerseminar Stuttgart-Birkach, als Oberkirchenrätin Personal-, später auch Ausbildungsdezernentin für Pfarrdienst und Diakonat in der Evangelischen Landeskirche in Württemberg, seit 2009 erste Landesbischöfin der durch Fusion neu gebildeten Evangelischen Kirche in Mitteldeutschland mit Bischofssitz in Magdeburg. Verschiedene kleine Veröffentlichungen, insbesondere Predigtmeditationen; Mitglied im Herausgeberkreis der Göttinger Predigtmeditationen.

Matthias Käser-Braun, * 1988; Wissenschaftlicher Assistent und Doktorand am Institut für Systematische Theologie, Abt. Dogmatik und Religionsphilosophie, an der Theologischen Fakultät der Universität Bern; Studium der evangelischen Theologie in Bern und Wien. Neuere Veröffentlichungen in Auswahl: Judas Ischarioth: «Überlieferer» des Evangeliums. Karl Barths erwählungstheologische Interpretation der biblischen Judasgestalt im Horizont fundamentaltheologischer Entscheidungen der Kirchlichen Dogmatik (reformiert!, Bd. 5), Zürich 2018; Zitat und Zeugenschaft. Eine Spurensuche im Werk von Elazar

Benyoëtz (Israelitisch denken lernen 9), hg. mit Magdalene L. Frettlöh, Uelzen 2017; Der entjudete Christus. Von der entjudaisierten Christologie der Barmer theologischen Erklärung und der unmöglichen Möglichkeit einer verborgenen Antwort auf die «Judenfrage» in Barmen I und II: Magdalene L. Frettlöh (Hg.), «Gottes kräftiger Anspruch». Die Barmer Theologische Erklärung als reformierter Schlüsseltext (reformiert!, Bd. 3), Zürich 2017, 218–241.

Gottfried Wilhelm Locher, * 1966; Ph.D., Dr. theol. h. c., Ratspräsident des Schweizerischen Evangelischen Kirchenbundes; Ratspräsident der Gemeinschaft Evangelischer Kirchen in Europa. Neuere Veröffentlichungen in Auswahl: «Werden Brod und Wein der wesentlich Leib und Blut Christi?». Zur Abendmahlstheologie des Heidelberger Katechismus: Martin Ernst Hirzel/Frank Mathwig/Matthias Zeindler (Hg.), Der Heidelberger Katechismus – ein reformierter Schlüsseltext (reformiert!, Bd. 3), Zürich 2013, 119–142; Zu «Kirche und Kirchengemeinschaft». Bemerkungen aus evangelisch-reformierter Sicht zum Bericht der Internationalen Römisch-Katholisch–Altkatholischen Dialogkommission: Wolfgang W. Müller (Hg.), Kirche und Kirchengemeinschaft. Die Katholizität der Altkatholiken, Zürich 2013, 105–128; Liturgie als Heimat. Zur Frage der Bedeutung von Liturgie für reformierte Identität, mit Frank Mathwig: Luca Baschera/Angela Berlis/Ralph Kunz (Hg.), Gemeinsames Gebet. Form und Wirkung des Gottesdienstes, Zürich 2014, 99–119.

Frank Mathwig, * 1960; Prof. Dr. theol., Beauftragter für Theologie und Ethik beim Schweizerischen Evangelischen Kirchenbund (SEK) und Titularprofessor für Ethik an der Theologischen Fakultät der Universität Bern. Neuere Veröffentlichungen in Auswahl: Freundschaft. Zur Aktualität eines traditionsreichen Begriffs, hg. mit Marco Hofheinz und Matthias Zeindler, Zürich 2014; Macht der Fürsorge? Moral und Macht im Kontext von Medizin und Pflege, hg. mit Torsten Meireis, Rouven Porz und Markus Zimmermann, Zürich 2015; Fehlbarkeit und Nichtschadensprinzip. Ein Dilemma im Gesundheitswesen, hg. mit Torsten Meireis und Rouven Porz, Zürich 2016; Demenz als Hölle im Kopf? Theologische, philosophische und ethische Perspektiven, hg. mit Torsten Meireis und Melanie Werren, Zürich 2017; Heimat(en)? Beiträge zu einer Theologie der Migration, mit Amélé Adamavi-Aho Ekué und Matthias Zeindler, Zürich 2017; Amy Nelson Burnett/Emidio Campi (Hg.), Die schweizerische Reformation. Ein Handbuch, deutschsprachige Ausgabe bearbeitet und hg. mit Martin Ernst Hirzel, Zürich 2017.

Regine Munz, * 1961; PD Dr. theol., Privatdozentin für Systematische Theologie an der Theologischen Fakultät der Universität Basel, arbeitet als Psychiatrieseelsorgerin in Liestal, Baselland. Veröffentlichungen in Auswahl: Religion als Beispiel. Sprache und Methode bei Ludwig Wittgenstein in theologischer Perspektive, Düsseldorf 1997; Hg., Philosophinnen des 20. Jahrhunderts, Darmstadt 2004; Zur Theologie der Scham. Grenzgänge zwischen Dogmatik, Ethik und Anthropologie: ThZ 95/2009, 129–147; Amazing Grace – Gnade bei Linn Ullmann: Alfred Bodenheimer/Georg Pfleiderer/Bettina von Jagow (Hg.), Literatur im Religionswandel der Moderne. Studien zur christlichen und jüdischen Literaturgeschichte, Zürich 2009, 309–334; «Dieses unglaubliche Bedürfnis zu glauben». Konfessionelle Konfessionslosigkeit und religiöse Revolte bei Julia Kristeva: Miriam Rose/Michael Wermke (Hg.), Konfessionslosigkeit heute. Zwischen Religiosität und Säkularität, Leipzig 2014, 241–260.

David Plüss, * 1964; Prof. Dr. theol., VDM, ordentlicher Professor für Homiletik, Liturgik und Kirchentheorie der Theologischen Fakultät der Universität Bern und Co-Leiter des Kompetenzzentrums Liturgik der Theologischen Fakultät. Neuere Veröffentlichungen in Auswahl: Evangelische Spiritualität und Sakrament: Handbuch Evangelische Spiritualität, Bd 2: Theologie, hg. von Peter Zimmerling, Göttingen 2017, 464–484; mit Christoph Morgenthaler, Trauerfeiern «on demand». Vom Umgang mit assistiertem Suizid: On Demand. Kasualkultur der Gegenwart, hg. von Thomas Klie, Folker Fendler und Hilmar Gattwinkel, Leipzig 2017, 135–152; Bezugswissenschaften der Pastoraltheologie – am Beispiel des Zürcher Kompetenzstrukturmodells: Pastoraltheologie 106/2017, 38–49; Allgemeines Priestertum und Amt: Gottesdienst in der reformierten Kirche. Einführung und Perspektiven, hg. mit Katrin Kusmierz, Matthias Zeindler und Ralph Kunz, Zürich 2017, 145–161; Ekklesiologie der Volkskirche. Theologische Zugänge in reformierter Perspektive, hg. mit Matthias Zeindler und Matthias Wüthrich, Zürich 2016.

Otto Schäfer, * 1955; Dr. sc. agr., Biologe (Botanik und Vegetationskunde) und französisch-reformierter Theologe (bis 2017 beim Schweizerischen Evangelischen Kirchenbund, Bern). Neuere Veröffentlichungen in Auswahl: «Non, Salomon dans toute sa gloire n'était pas vêtu comme l'un d'eux». Nature végétale, culte de Rousseau et piété protestante: Jesko Reiling/Daniel Tröhler (Hg.), Zwischen Vielfalt und Imagination. Praktiken der Jean-Jacques Rousseau-Rezeption/Entre hétérogénéité et imagination. Pratiques de la réception de Jean-Jacques Rousseau, Genf 2013, 321–341; Natur und Imitation, Schöpfung und Lebenskunst bei Philippe Robert, mit Bernadette Walter: Gerd-Helge

Vogel (Hg.), Pflanzen, Blüten, Früchte. Botanische Illustrationen in Kunst und Wissenschaft, Berlin 2014, 87–98; «Le Royaume de Dieu comprend la délivrance de la créature». Inspirations eschatologiques de l'environnement: Jean-Philippe Barde (Hg.), Crise écologique et sauvegarde de la création. Une approche protestante, Paris 2017, 51–72; Naturphilosophie. Ein Lehr- und Studienbuch, hg. mit Thomas Kirchhoff, Nicole Karafyllis u. a., Tübingen 2017.

Christiane Tietz, * 1967; Prof. Dr. theol., ordentliche Professorin für Systematische Theologie am Institut für Hermeneutik und Religionsphilosophie der Universität Zürich. Neuere Veröffentlichungen in Auswahl: Dietrich Bonhoeffer. Theologe im Widerstand, München 2013; Kirche für alle und durch alle. Volkskirche in der Postmoderne aus systematisch-theologischer Perspektive: Claudia Kohli Reichenbach/Matthias Krieg (Hg.), Volkskirche und Kirchenvolk (denkMal 8), Zürich 2015, 57–67; Personale Identität und Selbstannahme: KuD 61/2015, 3–21; Dialog mit dem Anderen. Möglichkeiten und Grenzen interreligiöser Verständigung: Verständigung und Versöhnung. Beiträge von Kirche, Religion und Politik 70 Jahre nach Kriegsende (Beiheft 2016 zur Berliner Theologischen Zeitschrift), hg. von Ralf Karolus Wüstenberg und Jelena Beljin, Leipzig 2017, 124–136.

Matthias D. Wüthrich, * 1972; Prof. Dr. theol., VDM, Assistenzprofessor für Systematische Theologie an der Theologischen Fakultät der Universität Zürich. Neuere Veröffentlichungen in Auswahl: Raum Gottes. Ein systematisch-theologischer Versuch, Raum zu denken (FSÖTh 143), Göttingen 2015; Ekklesiologie der Volkskirche. Theologische Zugänge in reformierter Perspektive, hg. mit David Plüss und Matthias Zeindler, Zürich 2016; On Justification and Beyond – an Attempt: Hans-Christoph Askani/Christophe Chalamet/Enrico Norelli (Hg.), The Wisdom and Foolishness of God. Reconsidering 1 Corinthians 1–2, Minneapolis 2015, 239–260; Gott und das Leid. Karl Barths Deutung des menschlichen Leids im Kontext seiner Lehre vom Nichtigen: ZDTh 33/2017 (2), 55–80.

Matthias Zeindler, * 1958; Prof. Dr. theol., VDM, Titularprofessor für Systematische Theologie/Dogmatik an der Theologischen Fakultät der Universität Bern und Leiter des Bereichs Theologie der Reformierten Kirchen Bern-Jura-Solothurn. Neuere Veröffentlichungen in Auswahl: Freundschaft. Zur Aktualität eines traditionsreichen Begriffs, hg. mit Marco Hofheinz und Frank Mathwig, Zürich 2014; Sühne für Gottes Zumutungen? Zu einer neueren Diskussion um den Opfertod Jesu: EvTh 76/2016, 101–110; Ekklesiologie der

Volkskirche. Theologische Zugänge in reformierter Perspektive, hg. mit David Plüss und Matthias Wüthrich, Zürich 2016; Gottesdienst in der reformierten Kirche. Einführung und Perspektiven, hg. mit David Plüss, Katrin Kusmierz und Ralph Kunz, Zürich 2017; Heimat(en)? Beiträge zu einer Theologie der Migration, mit Amélé Adamavi-Aho Ekué und Frank Mathwig, Zürich 2017; Assistierter Suizid und kirchliches Handeln. Fallbeispiele – Kommentare – Reflexionen, mit Christoph Morgenthaler und David Plüss, Zürich 2017.